「満洲国」労工の史的研究

華北地区からの入満労工

王　紅艶

日本経済評論社

はしがき

　本書は筆者の博士論文に補論を加えて多少加筆したものである。本書は日本への中国人強制連行の前史といえる「満洲国」の強制連行を含む労働者移動に関する労務政策の形成、実施、および労働実態の研究である。同時に補論として日本への中国人強制連行問題を扱い、その実態および日中両国の一般市民による戦後補償運動の現状を明らかにする。

　なぜいまこのような作業をするか。疑問を持つ人が多いかもしれない。強制連行、強制労働と言えばドイツの外国人強制労働や日本の中国人強制連行を思い出すだろうが、実は戦時中に日本の傀儡国家といわれる「満洲国」では日本政府、軍、企業が一体として華北から大量な労働者や捕虜などを強制連行し、強制労働させることがすでに行われていた。そのプロセスを経て日本への強制連行が行われるようになった。こうした中で多くの被害者が犠牲となり、年々減少していく生存者が日本政府の謝罪と補償のために裁判を通して戦ったが、勝訴したものは一件もないのが現状である。

　今年（2015年）は戦後70年を迎えるが、日中関係は靖国神社参拝問題、尖閣諸島（釣魚島）領有権問題などによって悪化しつつあり、昨年11月10日に2年半ぶりに断絶していた両国の首脳会談がついに行われたが、日中関係は改善されたとは言い難い。テレビ画面に映っている会談前の両首脳の無表情の顔が印象に残っている人も多かっただろう。しかしながら、会談の基礎となる次の四項目の合意文書は大きな一歩となると言えよう。

　その内容は、①日中の戦略的互恵関係を発展させていく。②歴史を直視し、両国関係に影響する政治的困難を克服することで若干の認識の一致をみた。③尖閣諸島など東シナ海の海域で近年緊張状態が生じていることに異なる見解を有していると認識し、対話と協議を通じて、危機管理メカニズムを構築し、不測の事態を回避する。④政治・外交・安保対話を徐々に再開し、政治的相互信

頼関係の構築に努める。

これに対し、日中両国の多くのメディアは好意的に報道し、日中関係の好転の契機と受け止めた。アメリカのケリー国務長官は会談前の記者会見で「米国は心から歓迎する。日中の関係改善と緊張の緩和は地域にプラスだ。今回の合意は始まりであり、問題をどう解決していくか、今後話し合っていかねばならない」と評価した。

しかし、会談直後の外務大臣の発言および21日政府答弁書は、尖閣諸島に関する「異なる見解」の意味について「尖閣の領有権をめぐるものではない」、「日本政府の主張は今までと変わらない」と説明した。これに対し、中国政府は「日本側の言論に重大な関心と不満を示す」と発表し、「四項目の意味と意義がはっきりしている」ことを強調した。両国関係に最も障害となる問題の一つである尖閣諸島の領有権問題はかなり深刻な状況にあり、解決にはまだまだ道のりが遠いことが明らかである。一方、第二項目の「政治的困難」は明らかに安倍首相の靖国神社参拝を指しており、それを「克服する」というのは「安倍首相の参拝を束縛する」と中国側メディアが主張した。ところが、同答弁書はこの「政治的困難」に安倍晋三首相らの靖国神社参拝問題が含まれると認めた一方、首相の今後の参拝は「私人の立場で行う参拝は政府として立ち入るべきでない」とした。中国から見れば安倍首相は首相である以上、私人としての参拝を認めないだろう。

また南京大虐殺の問題についても両国の認識が大きな隔たりがある。戦後70年という節目を前に、昨年中国政府は77年前南京大虐殺が起きた12月13日を南京大虐殺犠牲者国家追悼日に決定し、歴史認識の見直しに熱中する安倍政権に対して警鐘を鳴らした。

日中首脳会談は凍結している日中関係にとって氷を解かす役割を果たせないが、双方の努力を期待したい。

ところが、戦後70年が経っても戦争中に残された様々な問題は依然として解決に至っていない。強制連行、強制労働、日本軍による性暴力などの問題は未解決のまま多くの被害者がこの世を去った。日本政府はこうした問題がすでに

戦後二国間の条約によって解決済みとの認識を持っているが、被害者から見れば奪われた尊厳を回復するために解決しなければならない現実的な問題である。こうした歴史問題を明らかにし、解決の道を開くための作業はいかに重要であるかを理解できよう。この作業は「恨みを続けるためのものではなく、歴史を鑑とし未来に向かう」（2014年12月13日南京大虐殺国家記念日での習近平の演説）ためのものである。本書を出版する意味はここにある。

目　次

はしがき 1

序　章 ……………………………………………………………… 1

　　第1節　問題意識 1
　　第2節　研究史における本研究の位置 2
　　第3節　研究方法 6

第1章　満洲労工の由来 ………………………………………… 9

　　第1節　九・一八事変までの華北と満洲の社会、経済状況 10
　　　（1）華北の社会、経済状況およびその背景 10
　　　　　①列強各国の侵略 10
　　　　　②軍閥の混戦 14
　　　　　③自然災害 17
　　　（2）満洲の社会、経済状況およびその背景 19
　　　　　①満洲の鉄道建設による移民 19
　　　　　②経済発展による移民 21
　　　　　③入満の経路と人数 23
　　第2節　「満洲国」の経済政策における労工問題 33
　　　（1）労工募集政策による入満者の急増 35
　　　（2）華北労工の家郷送金問題 39
　　　（3）労工移動防止策 42

(4) 華北労工協会成立以降における入満状況　46

　第3節　日本人移民と朝鮮人移民　56

　　(1) 日本人移民と朝鮮人移民政策の立案　56

　　　①日本人移民政策の立案　56

　　　②朝鮮人移民政策の立案　60

　　(2) 日本人移民と朝鮮人移民政策の実施　63

　　　①日本人移民政策の実施　63

　　　②朝鮮人移民政策の実施　67

　　(3) 中国人と日本人・朝鮮人移民との関係　71

　　　①日本人移民との関係　71

　　　②朝鮮人移民との関係　74

　第4節「満洲国」内の労工　79

　　(1) 募集方法　80

　　　①行政供出　81

　　　②地盤育成　88

　　　③昭和製鋼所と撫順炭鉱における「国」内募集　90

　　　④勤労奉公制度の実施　97

　　(2) 労工の対応　100

第2章　労務政策の立案過程 ……………………………………… 107

　第1節　関東軍と満鉄経済調査会　107

　　(1) 関東軍の設立と任務　107

　　(2)「満鉄経済調査会」の設立と任務　110

　　(3)「満洲国」の政策立案における関東軍の関与　115

　　(4)「経済調査会」設立後の動き　122

第2節　華北労工の入満制限政策と大東公司　131

(1) 入満制限問題の提起と議論　131

(2) 政策立案の基礎である労工需要数の調査　138

(3) 華北労工入満制限政策の問題点　143

(4) 大東公司の設置と役割　146

第3節　労工募集政策と満洲労工協会　158

(1) 満洲産業開発五ケ年計画と労働力問題　158

(2) 満洲労工協会の設立および労働統制の法的整備　162

(3) 華北労工の募集統制　166

(4) 華北側の対応　172

第4節　「満洲国」内の労工徴用政策および捕虜の使用政策　182

(1) 労工徴用政策の背景　183

(2) 労工徴用政策の登場と展開　187

(3) 捕虜使用政策の形成と実施　193

(4) 協和会の成立および労工徴用における同会の役割　198

(5) 新民会の成立および対満労工供出におけるその役割　204

第3章　華北入満労工の実態　213

第1節　把頭制度と特殊工人の隊長制　213

(1) 把頭制度の形成　213

(2) 撫順炭鉱の直轄制の確立およびその問題点　217

(3) 「満洲国」成立後における撫順炭鉱把頭制の変遷　219

(4) 県把頭　227

(5) 隊長制　229

第2節　華北労工協会と労工訓練所　234

(1) 華北労工協会の設立過程　235

　　　(2) 華北労工協会の役割　242

　　　(3) 各地の労工訓練所の概況　251

　　　(4) 石門労工訓練所の対外供出および収容者の実態　256

　　第3節　撫順炭鉱における一般労工の実態　264

　　　(1) 労働時間　264

　　　(2) 労働環境　268

　　　(3) 賃金　270

　　　(4) 生計費および生活の質の変化　272

　　　(5) 労工の対応　281

　　第4節　撫順炭鉱における特殊工人の実態　286

　　　(1) 特殊工人入満後の概観　287

　　　(2) 労働の内容と時間　292

　　　(3) 賃金　294

　　　(4) 食事、宿舎およびその他の待遇　296

　　　(5) 特殊工人の対応　300

結　び………………………………………………………………………311

補論　中国人強制連行問題と戦後補償………………………………321

　　第1節　中国人強制連行政策の制定と実施　321

　　　(1) 強制連行政策の成立過程　321

　　　(2) 強制連行政策の実施状況　325

　　　(3) 花岡事件から見る中国人の強制労働　327

　　第2節　遺骨送還と中国紅十字会の訪日　332

(1) 戦後直後の状況と遺骨収集の経緯　332
　　　(2) 遺骨送還運動のプロセス　336
　　　(3) 中国紅十字会の役割　341
　　第3節　戦後補償裁判の現状とその展望　348
　　　(1) 中国における戦後補償要求の背景　348
　　　(2) 日本型戦後補償のモデル――花岡和解――　353
　　　(3) 日本の戦後補償の現状と日中和解の可能性　360

あとがき　367

図表リスト　369

主要参考資料　373

序　章

第1節　問題意識

　中国人強制連行問題は、日中両国では戦後補償訴訟を通して多くの人々に知られているが、その原点は満洲にあり、強制連行の全体像を明らかにするためには、そこまで溯らなければならない。

　労工問題は日本の中国侵略の一部分、すなわち人的資源の略奪であり、その全体像を解明するうえで、避けて通れない問題であると考えられる。また、現在、日本では外国人労働者問題が重大な社会問題として注目されている。日本政府は公式には外国人労働者を受け入れない方針を採ってきたが、日系人労働者の日本入国に柔軟性を示している。その要因としては、80年代からの企業側、特に零細企業をはじめとする中小企業の労働力不足が深刻となり、日本国籍を持つ日系一世および就労可能な査証を取得できる外国籍の日系二世・三世に頼らざるをえないことが挙げられる。1989年、外国人の単純労働について、「働く機会を提供していくべきだ」と経済同友会は法務省、労働省など関係省庁に働きかけ、また、同年開催された全国中小企業団体中央会の全国大会では、「日本政府の外国人労働者への門戸開放」が決議された。日系人の受け入れは企業側が政府に働きかけた結果とも言える。こうした状況は日系人に限定していることを除けば「満洲国」の入満労工制限政策とよく似ている。「満洲国」の労務政策および入満労工の実態への分析を行おうとする本研究は、現在の日本における外国人労働者の問題にも通ずるものを持つと考える。

　満洲への強制連行、そこにおける強制労働は、盧溝橋事変以後に初めて実施

されたように考えられがちであるが、華北地区からの労働者としての入満は、実は長い歴史を持っており、清の時代からすでに始まっていた。しかし、大規模な移動は日露戦争以後、特に「九・一八」事変以後のことであった。ロシアの権益を入手した日本政府は、早くも満洲にある豊富な天然資源への略奪を始め、戦争の結果として作られた南満洲鉄道株式会社（満鉄）は、鉄道建設および多数の関連事業の発展に伴って大量の労働力を必要とした。特に、1932年3月、「満洲国」の成立によって日本の権益は全満洲に拡大された。日本は、満洲を経済的、軍事的な兵站基地とし、様々な経済計画を立案・実行し、そのためには、大量の労働力が必要不可欠であった。昔から「土地は広く、人口は少ない」と言われた満洲においては、こうした膨大な労働力を提供することは不可能であるため、地理的に近く、人口密度が高く、豊富な労働力資源を持つ華北地区が当然狙われたのである。関東軍、日本政府、日本企業、「満洲国」政府は一体となると、華北からの入満労工に対し、治安の観点から制限政策を採ったが、産業開発政策の実行によって労働力の不足が問題となり、制限政策が積極的募集政策へと転換した。しかし、戦争の拡大に伴って労働力の極端な不足が現われたため、労工政策にさらに新しい転換が見られ、「満洲国」内の労働力の強制徴用および捕虜の強制連行、強制労働が対応策として実施されたのである。

　こうした労務政策はどのような背景の下で、どのように立案、実施されたか、その実施過程で華北側はどのように対応したか、それに対し関東軍および「満洲国」政府はどのような対応措置を取ったのか、華北の労工はどのように移入されたか、その労働状況はどうであったか、企業側の経済的、政治的な圧迫に対しどのように対応したかなどを本書で明らかにしたい。

　本書に取り扱う「労工」は、主に華北からの農民で満洲の各炭鉱、土木建築、工場、港湾荷役、軍事工事等々の労働現場で就労する肉体労働者を指している。

第2節　研究史における本研究の位置

　華北からの入満労工の問題に関しては、日本では戦前、満洲の労務関係の仕

事に従事する人々によって多数の調査報告書がまとめられた。こうした調査報告書は、現地調査による豊富なデータを蒐集し、当時支配者側の労務政策の立案に大きい役割を果たしたと考えられ、また戦後の労工研究のために基礎的な資料として利用されている。例えば、

(1) 満鉄庶務部調査課『民国十六年の満洲出稼者』満鉄調査資料第70編、同社発行、1927年。
(2) 同上『民国十七年の満洲出稼者』満鉄調査資料第100編、同上、1929年。
(3) 満鉄調査課『民国十八年満洲出稼移民移動状況』満鉄調査資料第130編、同上、1930年。
(4) 同上『満洲出稼移住漢民の数的考察』同上、1931年。
(5) 満鉄臨時経済調査委員会『満鉄各個所使役華工調査報告』同上、1928年。
(6) 満鉄経済調査会『満洲の苦力』同上、1934年。
(7) 満鉄経済調査会『満洲労働事情総覧』同上、1936年。
(8) 満鉄調査部『満洲鉱山労働概況調査報告』満鉄調査研究資料第14編、同上、1940年。
(9) 大沼信耳『満洲の労務統制と労務興国会制度』調査研究第6輯、高岡高等商業学校調査課、1942年。
(10) 武居郷一『満洲の労働と労働政策』厳松堂書店、1942年。

等々が挙げられる。しかし、これらはすべて満洲支配者の立場に立って行われた調査研究であるゆえに、問題の視点が権力者側の思想に左右されていることが認識されなければならない。こうした状況の中で、寺島一夫「漢民族の満洲移住の経過と在満朝鮮人圧迫問題」(小林勇編『新興科学の旗のもとに』新興科学社、1929年)は、日本帝国主義の植民地政策による中国人への搾取、および朝鮮人移民と漢民族との紛争を利用して漁夫の利、すなわち日本の満洲における特殊権益を得る、ことを批判している。しかしながら、寺島の論文は20年代を中心にするもので、「満洲国」時代の日本の労務政策については論じていない。

戦後、この研究に関連する出版物は少なかった。以下は六つの代表的なもの

である。

（1）飯塚浩二「戦争末年の南満洲における経済事情と労務管理――密輸、行政供出と妙派、把頭制度、その他――」（『東洋文化研究所紀要』第32冊、東京大学東洋文化研究所、1964年）は、飯塚氏が1945年2月初めから6月下旬にかけての中国への"修学"旅行ノートの一部を纏めたものであるが、日本側関係者への聞き取りを中心としており、分析は行われていない。

（2）松村高夫「日本帝国主義下における『満州』への中国人移動について」（『三田学会雑誌』64巻9号、慶應義塾経済学会、1971年9月）は、満洲の労務政策の立案、実施過程を精密に分析したものである。しかし、具体的な労働現場の実態には説き及んでいない。

（3）依田憙家「日本帝国主義の中国東北における労働統制――大東公司の設立をめぐって」（『社会科学討究』23-1、早稲田大学社会科学研究所、1977年7月）は、大東公司の設立を通じての入満労工に対する労働統制に関し、日本人支配者内部の意見の相違が現われたが、結局、低賃金労働力の不足によって、華北からの入満労働者に頼らざるをえないことになった経過を分析するものである。これは、1930年代前半の労働統制問題に関する分析であるため、「満洲国」の時期にわたる労務政策の全体像を見ることはできない。

（4）窪田宏「満洲支配と労働問題――鉱山、港湾荷役、土木建築労働における植民地的搾取について」（小島麗逸編『日本帝国主義と東アジア』研究参考資料277、アジア経済研究所、1979年）は、前掲松村論文では触れられていない個々の労働部門における日本人による中国人労工への搾取の実態を論ずるものである。しかし、残念ながら、この二つの論文はいずれも捕虜の強制労働には触れていない。

（5）鍛治邦雄「1920年代における満洲への中国人の移動について」（小野一一郎ほか編『両大戦間期のアジアと日本』現代資本主義叢書18、大月書店、1979年）は、中国人の満洲移動は20年代では農業移民が主流であることを明らかにしたものであり、「満洲国」以後のことを論じたものではない。

（6）川野幸男「中国人の東北（旧満州）移民を再考する」（東京大学経済学

研究会『経済学研究』38号、東京大学出版会、1996年5月）は、世界システム論の視角から19世紀以降における中国人の満洲への労働力移動を政治的支配層と移民労働者との関係から考察したものである。それゆえに労務政策の制定過程および労工の実態についての分析がほとんど行われていない。

　中国で最も早くこの問題に取り組んだのは、筆者が見る限り南開大学の何廉である。何廉「支那人の満洲移住（上・下）」（『支那』第23巻第2、3号、東亜同文会調査編集部発行、1932年2、3月）は、華北地区を中心とする中国人の入満の原因、特徴、分布などを概略的に論じたが、中国人の労働実態には触れていない。以来、このような研究は終止符が打たれたようで、論文の類はほとんど見あたらなかった。

　80年代末90年代初頭になって、日本への中国人強制連行に関する調査研究が始まり、その影響を受け、満洲への強制連行が調査研究に取り入れられるようになり、その代表的なものとして次の四つが挙げられる。

（1）李聯誼『中国特殊工人史略』撫順鉱務局煤炭誌弁公室、1991年。
（2）何天義主編『日軍槍刺下的中国労工』四冊、新華出版社、1995年。
（3）傅波主編『罪行　罪証　罪責』遼寧民族出版社、1995年。
（4）蘇崇民ほか編『労工的血与涙』中国大百科全書出版社、1995年。

（1）は戦争捕虜および労工狩りによる一般人からなる「特殊工人」の形成原因、使用状況、管理システムなどを叙述するものであるが、書名に書かれているように概略的なものであり、詳細な分析には至っていない。（2）と（3）は、主に聞き取り調査および関係資料をまとめたものである。生き証人が少なくなってきた今日では、この作業の重要性は非常に大きい。それに対し、（4）は、いままで公になっていない膨大な資料を駆使して、中国東北工人の形成、発展および闘争状況を全面的に論ずるものである。しかし、労務政策および入満労工に関する分析は物足りない感がある。

　また、山根幸夫ほか編『増補　近代日中関係史研究入門』（研文出版、1996年）は、明治維新から現在にかけての近代日中関係史研究の状況を幅広く紹介する入門書であるが、労働統制の研究は、決定的に立ち遅れていると言われるよう

に、松村高夫、窪田宏、依田憙家の論文以外は見当たらなかった。最近、かつて「満洲国」の高官達が1950年代半ばの中国の撫順戦犯管理所において書いた供述書が『世界』に公表され、岩波書店がそれを『侵略の証言——中国における日本戦犯自筆供述書』（新井利男ほか編、1999年）という単行本にまとめて出版した。こうした供述書は日本の中国侵略、「満洲国」支配の実相を解明するために役に立つことは言うまでもないが、特に、当時「満洲国」国務院総務庁次長兼企画局長の古海忠之の「満洲労工に関する罪行」は、労務政策の制定および実施の過程、中国人労工の実態について支配者の立場から証言したものであり、資料として有意義である。

　以上紹介した研究においては、労務政策および労工の実態に関する総合研究が行われておらず、多くの問題はまだ解明されていない。以上の問題点を念頭に置いて、華北の入満労工を中心に「満洲国」の労務政策の立案・実施過程、およびその政策のもとで具体化された労工の実態を総合的、実証的に分析したい。また、本書では中日両国の研究者があまり取り組んでいない研究テーマの一つである「特殊工人」に関して、その政策および実態を明らかにする。

第3節　研究方法

　「満洲国」における労務政策の立案、展開過程について検討した論文は上述のようにごく少数である。しかも、そこでは多くの不明点がまだ残されている。例えば、関東軍の意志によるだけで華北の大量な労工の入満が順調に進んだとは考えられない。すなわち、華北に駐在する北支那方面軍および現地政府の協力がなければ実現できないはずである。しかし、それについて各論文はほとんど触れることはなかった。まして、「満洲国」の労務政策の実施に対する華北側の対応を論述したものは見つけることができなかった。これは今までの原典資料の不足によるものと考えられる。

　一方、中国側の証言集を除けば、上述の諸論文における労工の実態に関する分析は、日本側の研究者による当時の労働者からの聞き取り調査がほとんど行

われておらず、不十分であると考えられる。

　筆者は当該テーマのため、二つの方法を採ることにする。一つは、史資料の調査である。そして中国人留学生の立場で中日双方の資料をともに利用できるという利点を生かし、両国に保存されている原典資料を調査して、それを本書の有力な論拠にしたい。もう一つは、生存者への聞き取り調査である。当事者に対する聞き取りは、史資料を検証する上で良い方法であると考える。しかし、当事者の高齢、「満洲国」崩壊から50年以上を経ったことなどの事情を考慮すれば、証言に対する慎重な分析も必要である。

　1997年8月と1998年3月の二回にわたって、中国に帰国し撫順炭鉱鉱務局档案館、満鉄資料館、吉林省図書館などで資料調査を行い、今までだ解明されていない多くの事実に関する資料を見ることができた。一方、撫順炭鉱の元「特殊工人」に対し聞き取り調査を行い、「特殊工人」の労働、待遇および抵抗の実態を把握することもできた。この二つの方法が相互に補充しあうことによって、歴史的な事実を明らかにすると同時に、自分なりの分析および評価を与えることによって本書を進めたい。

　本書では満洲、満洲国、支那などの表現が頻繁に現われ、満洲国に限り「　」をつけて作者の立場を示すが、そのほかは煩雑を避けるためそのまま使うことにする。また「満洲国」以前の中国東北地方は本書に引用する多くの文献では満洲と記述されており、混乱を避けるために、あえてそのまま使うことにする。なお、引用にあたり、区切りがない文献は読みやすいように句読点をつけることにする。

第1章　満洲労工の由来

　本書は「満洲国」の労工に関する史的研究であるが、華北からの労働者は「満洲国」樹立後に入満を開始したわけではなく、その歴史は清朝初期にまで溯らなければならない。順治10年（1653年）、「遼東招民開墾例」の発布に基づいて入満開墾者および開墾民の取扱者がそれぞれ奨励され[1]、満洲の主に遼河流域に山海関内からの多くの漢人が流入し農業を行ったが、満民族の風俗習慣を守るため、また、入満者による人参の採取が満人の利益に影響を与えた、などの理由[2]で1668年、康熙皇帝は「遼東招民授官永著停止」の令を発布した。その後、入満禁止の命令が何回も清政府によって出されることになった[3]。しかし、1896年の「中露密約」の締結によって東清鉄道の敷設権を獲得したロシアが、鉄道敷設に伴って60万人を満洲に移住する計画を立てた[4]。これに対し、清政府は、満洲がロシア人の手に入ることを恐れて、辺境の安全を守るために従来の入満禁止政策から一変して積極的に入満開墾を奨励することになった。順治当時の移民奨励が経済的な原因によるものに対して、この時期のそれは政治的な原因によるものである。こうした移民の大多数は満洲に地理的に近い華北地区、特に山東省、河北省からの者であった。

　華北労工の大量の入満は20世紀に入って以後のことである。その要因は二つあると考えられる。一つは、地理的に近い華北側における人災、天災など社会的、経済的要因である。もう一つは、満洲側でのロシアと日本の経済侵略としての鉄道建設およびそれに伴う「満洲開発」による大規模な労働力の需要などの要因である。20世紀初期における満洲への大規模な労働力移動はこの二つの要因によって形成されたと考えられる。「満洲国」成立後、華北労工の入満政策は政治、経済状況に大きく左右され、入満者数もそれに伴って大きく増減し

た。本章では20世紀初頭から「満洲国」の崩壊にかける華北労工の入満について、その原因および状況を検討することにする。

第1節　九・一八事変までの華北と満洲の社会、経済状況

　20世紀初頭、中国は清朝の滅亡と民国政府成立の渦中にあり、列強各国の侵略、軍閥の混戦、土匪の横行など多数の人的災害に、水害、旱魃などの厳しい自然的災害も加わって国民の生活は極度な貧困、苦痛の状態に陥った。特に、中国人口の80％以上[5]を占める農民が受けた被害は多大なものがあった。以下、当時の華北の状況を見ていくことにする。

(1) 華北の社会、経済状況およびその背景

①列強各国の侵略

　20世紀初めから清末（1911年）までの時期に列強各国の侵略による中国農村経済の崩壊、農民の貧困は、華北労工の入満をもたらす重要な原因と考えられる。それゆえ、外国の侵略による華北農民の貧困化について検討しておきたい。
　1840年6月、イギリスは中国侵略の阿片戦争を起こし、中国近代史はここから幕を開けた。その後、甲午戦争による「馬関条約」（「下関条約」）、義和団事変の鎮圧に当たる八カ国連合軍との間で締結した「辛丑条約」などの不平等条約によって、清政府は多額の賠償金を支払わざるをえなくなった。一方、列強各国は様々な不平等条約、章程、合同によって鉄道の投資・経営権および沿線にある鉱山の投資・採掘権、電信架設権を獲得し、沿線地域における経済的、政治的な略奪を開始した。こうした権益が獲得されるたびに清政府は借款を強要され、その金額は清朝滅亡の1911年まで大小30数回、合計6億円以上に達したという[6]。
　このような膨大な賠償金と借款を支払うために、清政府は田賦、厘金、塩税および多数の雑税をもって財政の負担を農民にかけた。田賦については、「直隷［現河北省］定県歴年毎超税額及指数」（1819－1915）によると、1899年か

ら清朝滅亡の1911年にかけて正税の附加額は321.23％に増加した[7]。そのほかに多額の附加税も徴収された。「直隷定県歴年田賦附加税税額及指数」（1899-1914）によると、附加税は、1899年から1911年までの間に237.6％に増加した[8]。

1899年から1909年に至る10年間に軍費の増加、賠償金、塩の価額の調整、薬税の補充、鉄道の借款等々によって塩税が引き上げられ、それに伴う塩の価額は157％に高騰した[9]。

厘金の徴収は主に商売人に対して行われるものであるが、その税金の増加に伴う商品の値上がりは農民に直接負担をかけることになった。「江浙等十四省歴年徴収厘金額及分類所占百分比」（1869-1908）によると、江蘇、浙江、山東等14省合計の厘金は、1899年から1908年にかけて70％増加した[10]。この三種の租税だけでも農民の生活に激しい打撃を与えたにもかかわらず、そのほかにまだ多数の雑税が徴収され、労役が行われたのである[11]。

一方、列強各国は軍事侵略と同時に経済的な侵略も行った。外国からの商品、資本の侵入、各種の工場、銀行の設立などによって中国の工業、手工業は破壊的な打撃を受け、崩壊の境地に陥るようになった。鄭観応の「盛世危言」によると、外国商品からの被害は主に二つある。一つは阿片であり、一つは綿布、綿糸である。この二つで毎年銀5,300万両（海関両）を支払うことになったが、そのほかに無数の日常生活用品が輸入された[12]。最も顕著なのは対外貿易の大幅な輸入超過である。表1-1はこの状況を反映するものである。
表1-1をグラフ化すれば、図1-1のようになる。

1900年から1911年にかけて輸出額は図1-1の如く、増加の趨勢を呈するが、輸入額には及ばなかった。この状況は1928年まで続いた。1929年以後輸入額より輸出額の増加は、同年から1933年までの間にアメリカ、ヨーロッパおよび日本を席巻した経済大恐慌の影響によると考えられる。表1-1に示したように、1900年の入超額は5,200万両余であったが、同年米国に提出された二回目の「門戸開放政策」に対する列強の認可および1901年「辛丑条約」の締結によって中国の各方面における権益の多くが列強各国に奪われ、外国商品が大量に中国に運ばれ各地の隅々にまで侵入した。1902年に1億両を突破した入超にはこのよ

表1-1　中国対外貿易状況（1900-1931年）

(単位：海関両)

年別	輸入額	輸出額	入超額は−、出超額は＋
1900年	211,070,422	158,996,752	−52,073,670
1901年	268,302,918	169,656,757	−98,646,161
1902年	315,363,905	214,181,584	−101,182,321
1903年	326,739,133	214,352,467	−112,386,666
1904年	344,060,608	239,486,683	−104,573,925
1905年	447,100,791	227,888,197	−219,212,594
1906年	410,270,082	236,456,739	−173,813,343
1907年	416,401,369	264,380,697	−152,020,672
1908年	394,505,478	276,660,403	−117,845,075
1909年	418,158,067	338,992,814	−79,165,253
1910年	462,964,894	380,833,328	−82,131,566
1911年	471,503,943	377,338,166	−94,165,777
1912年	473,097,031	370,520,403	−102,576,628
1913年	570,162,557	403,305,546	−166,857,011
1914年	569,241,382	356,226,629	−213,014,753
1915年	454,475,719	418,861,164	−35,614,555
1916年	516,406,995	481,797,366	−34,609,629
1917年	549,518,774	462,931,630	−86,587,144
1918年	554,893,082	485,883,031	−69,010,051
1919年	646,997,681	630,809,411	−16,188,270
1920年	762,250,230	541,631,300	−220,618,930
1921年	906,122,439	601,255,537	−304,866,902
1922年	945,049,650	654,891,933	−291,157,717
1923年	923,402,887	752,917,416	−170,485,471
1924年	1,018,210,677	771,784,468	−246,426,209
1925年	947,864,944	776,352,937	−171,512,007
1926年	1,124,221,253	864,294,771	−259,926,482
1927年	1,012,930,624	918,619,662	−94,311,962
1928年	1,195,969,271	991,354,988	−204,614,283
1929年	1,015,687,318	1,265,778,821	＋250,091,503
1930年	894,843,594	1,309,755,742	＋414,912,148
1931年	909,475,525	1,433,489,194	＋524,013,669

出典：尤季華『中国出口貿易』商務印書館、1934年、5-11頁、「七十年来出入口貿易統計表」より。

うな背景がある。1911年までの12年間における入超の総数は約14億両にもなり、平均毎年1億両以上の入超である。

　輸入商品の中で最も主要な一つは綿布、綿糸である。1900年から1911年にかけ

図 1-1　中国対外貿易状況（1900-1931年）

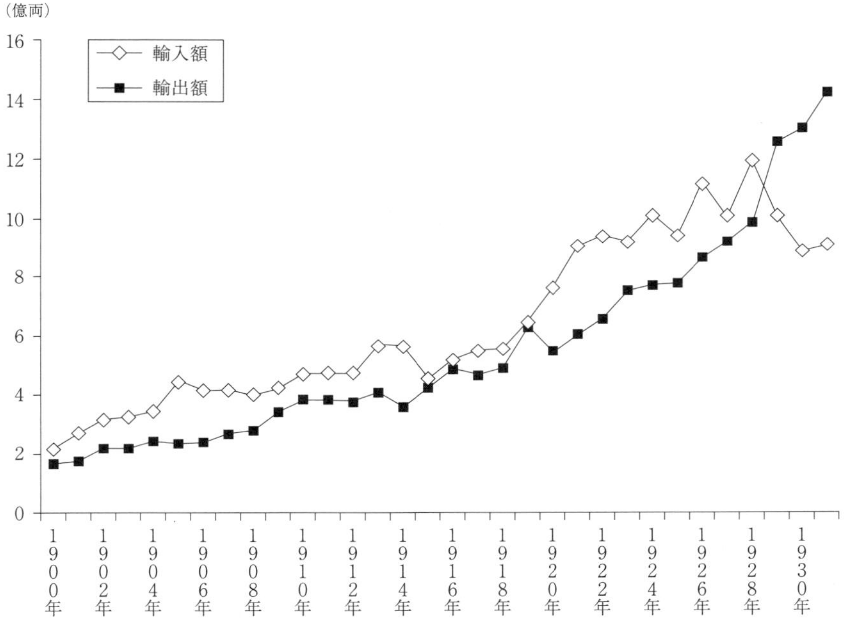

ての両者の輸入額の合計は同時期中国対外貿易輸入額の32％を占めていた。元々、綿布、綿糸は中国の農村の最も重要な家庭手工業の一つとして発展してきたが、外国からの洋布、洋糸の大量輸入以来、この手工業は激しい打撃を受け、衰退、崩壊し始めた。生計を維持するための重要な収入の源である紡績手工業の崩壊によって、農民の生活はさらなる貧困状態に陥ったのである。表1-2は1900年から1911年における外国からの綿布、綿糸の輸入統計であるが、毎年の輸入額がいかに大きいかが明らかになると同時に、それに伴い中国農村の手工業に少なからぬ影響を与えたであろうことが、この統計から読み取ることができる。

　表1-2の如く、綿布は、1900年の輸入額は約4,400万両であったが、1905年は急増し1億両以上にのぼった。1911年には少し下がったとはいえ、1900年より倍以上増加した。綿糸は、1900年は約3,000万両であったが、1911年には約2,000万両増加した。12年間にわたり両者の輸入額は合計約15億両に至った。

表1-2　外国綿布、綿糸の輸入統計

(単位:海関両)

年別	綿布輸入額	綿糸輸入額	合計
1900年	43,773,721	29,976,178	73,749,899
1901年	49,004,883	48,693,832	97,698,715
1902年	70,411,619	54,274,865	124,686,484
1903年	59,652,558	66,895,090	126,547,648
1904年	62,926,054	58,887,348	121,813,402
1905年	112,065,711	66,275,639	198,341,350
1906年	85,292,937	64,285,073	149,578,010
1907年	58,996,060	56,752,636	115,748,696
1908年	63,432,389	45,296,438	108,728,827
1909年	72,650,330	61,157,765	133,808,095
1910年	63,860,042	61,474,842	125,334,884
1911年	87,875,969	49,735,140	137,611,109
合計	826,942,273	663,484,846	1,490,427,119

出典:李文治編『中国近代農業史資料』第一輯、1840-1911、生活・読書・新知三聯書店、1957年、489-490頁「歴年外国棉布棉紗進口統計(1867-1911)」より作成。

華北地区の河北省と山東省の棉の栽培は、16世紀から揚子江下流地域および福建省、広東省の紡績市場の需要によって開始され、発展してきたのであり、他の作物より倍以上の収益が獲得できるので富農に高級社会階層の一員になる機会を提供し、貧農の生計を維持する能力を高めていた[13]。それゆえに、大量の栽培が行われ、それに伴う綿糸、綿布の紡績手工業が各家庭において盛んに行われるようになった。しかし、上述のような大量の綿布、綿糸の輸入は華北農民の家庭手工業に重大な打撃を与えた。「南宮〔河北省〕県誌」（1936年）によると、「因産棉故、紡績遂為家庭間之普通工芸、無貧無富、婦女皆習之。……其輸出、西自順徳以達澤尊、東自魯南以達徐州。銷售既多、獲利自厚。……西運太原、北至張家口、……自古北口輸出、内外蒙古、皆其市場也。自洋布盛行、其業愁衰。外人市我之棉、易為紗布、以罔我之利。而我之線布、遂不出里門、惟集市間尚有零星售売者、無工業之可言矣。」[14]と、綿布、綿糸の大量の輸入によって、棉の産地である河北省では綿布、綿糸の製造が衰微し、その販売は元来の華北各地、ひいてはモンゴル地区に至る広範囲の市場を失い、ただ田舎の市場にごく少数の販売者しか残っていないという状態を物語っている。そのほかに、華北における多数の外国人、特に日本人経営の紡績工場からの打撃も大きかった。

②軍閥の混戦

こうして、清末では列強各国の軍事的、経済的侵略による膨大な賠償金、借

款、商品の輸入は、旧税の加重、新税の徴収、自然経済の崩壊などによって農民の負担を膨張させた。民国時期に入ると、こうした状況は改善されるどころか、かえって軍閥の混戦によって深刻化した。特に華北地区は北洋軍閥による被害が多大なものであった。ゆえに、軍閥混戦は民国期における華北労工の入満の重要な原因の一つと考えられる。

　1911年、孫文の指導下で行った辛亥革命は清政権を打ち倒し、1912年の袁世凱の大統領就任をもって一段落となった。しかし、その後、袁世凱の暴政は、孫文が指導した革命党、および各地の民衆の反感を買い、農民の暴動、国民党からの反袁世凱の宣伝、軍閥のクーデターなど[15]が各地において展開された。それに対し、袁世凱は残酷な鎮圧を行った。その中で最も注目されたのは1913年3月の国民党の責任者の一人である宋教仁の暗殺である。この事件および同年4月の袁政府と英、仏、独、日露五カ国銀行団との間に締結された国家利権を売り出す「善後借款合同」とが全国民の激しい反対運動を引き起こし、「第二次革命」[16]の導火線となった。結局、「同党人心之涣散」[17]によって革命は失敗に終わる。その後、袁世凱の帝政回復に反対する「護国運動」[18]が行われ、帝政は撤廃されたが、その結果は、各省が独立し軍閥が割拠するという局面となった。国民政府を掌握する北洋軍閥は、内部の権力闘争およびそれぞれを支持する列強各国の在華利益の追求によって、直系、皖系、奉系の間の矛盾が拡大され、ついに1920年7月の直皖戦争、1922年4月の第一次直奉戦争、1924年9月の第二次直奉戦争が次々に勃発することになった。このほかに、1925年11月の郭松齢と奉軍との戦争、同月、および翌1926年2月の国民軍と張宗昌との戦争、同年3月の国民軍と奉直聯軍との戦争、同年6月から28年6月まで2年間にわたる後期の北伐戦争などは、ほとんど華北地区を戦場として行われたので、その地域の民衆に最大限の災難をもたらした。当時、直隷省議会議員の通電によると、軍隊によって至る所で居室の提供、輸送用具の徴用、人夫の使役、婦女の強姦、物品の略奪、兵匪の横行、食糧の徴収等々が強制され、すぐに停戦しても3年から5年以上経たないと活力が回復できない状態になったという[19]。また、1924年から1928年にかけて山東省は軍閥張宗昌の管轄範囲となり、

表1-3 軍費の支出および政府の支出総額中に占める比率

年別	軍費額（元）	備考	比率
1901年	47,055,000	J. Edkins 統計	
1910年	102,000,000	H. B. Morse 統計	
1911年	130,870,755	Ostasiatische Rundschau, Ap. 1, 1928	
1912年			33.87%
1913年			26.89%
1914年			38.08%
1916年	152,915,765	同上	33.81%
1918年	203,000,000	Victor Stein 推定	
1919年			41.68%
1923年			64.00%
1925年	600,000,000	同上	
1927年	700,000,000	同上	
1928年	800,000,000	7月初の何応欽の報告	

出典：陳翰笙「中国農民負担的賦税」王仲鳴訳『中国農民問題与農民運動』上海平凡書局、1929年、130-131頁より作成。

4年間戦争が絶えず、毎回の戦争後に「尸骨盈野、兵力損失則補充、補充則要銭、要銭則加捐、銭到即招兵、兵到又打仗」[20]という状態となった。すなわち、戦争によって減少した兵員を補充するための軍費を獲得するには、現地の民衆から税金を新たに徴収し、そして、軍費の獲得ができたら、また徴兵し、戦争する、という繰り返しで、民衆の苦痛は想像に絶するものであった。特に、膨大な軍費の支出による租税の増加が農民の大きな負担になった。表1-3は1901年から1928年にかけての軍費支出とそれが政府総支出に占める比率を示したものである。

表1-3に示すように、軍費の支出は増加する一方である。清末の1901年から1911年までの11年間、軍費は約8,400万元増加したが、北洋政府の統治期間の1918年から1928年までの11年間は、軍費の増加は約6億元であり、清末の10年間の増加より7倍余りの増加が見られる。1928年の数字は7月初めの統計であるので後の半年の軍費支出がどのぐらいであったかは不明であるが、多大な増加であるのは間違いないであろう。また、軍費は中央政府総支出の中でどのぐらいの比率を占めているかは、表1-3に示しているように、北洋軍閥統治の最初の1912年は、33.87％であったが、1923年は64％を占めるようになり、

12年間に倍増となった。北洋軍閥の混戦による軍費の支出がいかに大きいかが以上の数字から読み取れる。

　軍閥混戦のもう一つの結果は土匪の横行である。無論、土匪の出現はただ軍閥の混戦によるものだけではなく、上述のような列強各国の侵略による農民の貧困、後述の天災などもその原因だと考えられる。1930年、満鉄調査課の調査によると、山東省の曹州区、兗州区、沂州区、膠東区およびその他の区では47人の土匪の頭目が数えられ、その下に合計18,300人がいたという[21]。張宗昌が山東に駐屯して以来「山東全省の秩序は極端に紊乱され、恰も春秋戦国の縮図を見るの有様」[22]で、敗戦の兵士、削減された兵員の多くは土匪となった。土匪の横行は農民の離村の原因の一つにもなる。後述のように1927年の大量の入満者出現の原因の一つとしてこのことがあると考えられる。

③ 自然災害

　中国は歴史上自然災害が多発してきた国である[23]。20世紀に入って以来、前述のような人為的災害によりさらに自然災害が重くのしかかった。これについては、『中国近代農業史資料』第二輯が記述しているように、「直隷永定河蕪湖等処之潰堤……多半是軍閥造成的；因為軍閥只顧搶地盤、刮地皮、決没顧到這類防堤防圍的事、不惟如此、甚至将修堤修圍之経費亦居為己有、……旱災大半也是由于軍閥不惟没替人民顧及水利溝洫及種種防旱之工程、反而防害人民従事于此項工作」[24]とされている。要するに、軍閥が縄張りを争うことに専念し堤防の修繕、補強に決して気を配ろうとせず、ひいては修繕費用を個人のものにすることもよくあり、旱魃の発生も多くは同様の原因によるものである。表1－4は当時の自然災害発生の状況を反映する。

　表1－4の如く、山東省は民国時代以来、ほとんど毎年のように水害、旱魃、蝗の被害を受けていた。特に1927年、被害人口は2千万人以上で、全省人口の60％を占めている。これはまた、同年が入満者数のピークの年になる原因の一つである。河北省は山東省と同じように黄河の中下流に位置しているので、黄河の決壊による水害が多かったが、旱魃による被害も少なくない。1920－1921

表1-4　山東、河北両省天災統計

年別＼省別	山東省	河北省	備　　考
1913年		水害	
1915年	水害		
1917年	水害、旱魃	水害	河北の被害地区は103県
1918年	水害		
1920-21年	旱魃、水害	旱魃、水害	旱魃による山東の被害：35県、災民3,827,380人 同河北の被害：97県、災民8,736,722人
1924年	水害	水害、蝗の被害	河北の被害：面積5千方里、損失額2千5百万元以上
1925年	水害	蝗の被害	
1926年	水害		被害面積8百方里、損失額2千万元以上
1927年	旱魃、蝗の被害		被害地区56県、面積24万方里、災民20,860,121人（省全人口の60％）
1928-30年	旱魃	旱魃	山東の被害：災民4,106,031人（省全人口の22.28％） 河北の被害：災民1,538,284人（省全人口の5.53％）
1931年	水害		

出典：黄澤蒼著『中国天災問題』商務印書館、1935年、42-46頁。満鉄調査課『支那の動乱と山東農村』臨時経済調査委員会編資料第三十四編、1930年、64-69頁。章有義編『中国近代農業史資料』第二輯、1912-1927、生活・読書・新知三聯書店、1957年、618-619頁。同第三輯、1927-1937、611頁より作成。

　年の旱魃の被害は表1-4に示すように97県、900万人近くに及んだ。こうした天災は土地の荒廃、物価の高騰、農民の貧困を導いたが、山東、河北省の人口過密[25]、工業の不振も加わって、多数の農民が生存するために出稼ぎ、ひいては移民を選択せざるをえなくなった。

　政府側も急遽救済措置を講じる局面に立たされた。例えば、山東省当局は黒龍江省、吉林省に以下のような救済依頼の電報を打った。「魯［山東］省は土地狭少にして人民稠密、已に人を以って満つるの患あり、比［此？］年以来災欠頻りに来り生計日に蹙る、依って亟に法を設けて救済すべきも最も安全適切なる方法は移住開墾なりとす」[26]。こうした状況の中で鉄道建設および工鉱業の発展、未墾地の開墾などに伴う労働力への需要によって満洲は、華北地区の農民に出稼ぎ、移民の場を提供したのである。

　そのほか、20世紀初頭、華北労工の入満のもう一つの看過できない背景には、すでに入満した親族、友人等の存在がある。募集による団体入満者に対し、自

由入満者の多くは満洲にある彼らの関係者に身を寄せたものである。前述のように、従来、満洲は土地が広く人口が少ないことで華北労工の出稼ぎ地として知られていたが、華北労工は満洲だけでなくウラジオストックにもすでに1870年から移民している[27]。満洲で生活の根拠地を作ったこうした移民は、故郷の親族、ひいては隣人の入満の呼掛け人および世話人となったが、このような離郷する者の続出につれ「無縁の者迄も亦満洲を憧憬するに至り、遂には群衆心理に駆られて大胆に寧ろ冒険的に満洲渡来をなすに至つたやうである」[28]。

(2) 満洲の社会、経済状況およびその背景

20世紀初頭の満洲はロシア、日本、および奉系軍閥の勢力下に置かれていたが、日本とロシアとの間の覇権争奪の結果、日露戦争が引き起こされた。戦勝国である日本はその後、満洲での勢力を強め、ロシアの勢力は満洲北部に追い出された。20年代後半になると、北部を除く満洲はほとんど日本の勢力圏に収められることになった。日本は政治的覇権を獲得すると同時に経済的覇権をも手に入れ始める。

①満洲の鉄道建設による移民

ロシアは1896年6月、「中露密約」によって黒龍江、吉林省においてウラジオストックに繋がる鉄道（東清鉄道）を建設する権利、1898年7月、「東省鉄路公司続定合同」によって東清鉄道幹線から旅順、大連までの支線を敷設する権利をそれぞれ強要取得した。日露戦争後、日本はロシアから満洲南部の鉄道および沿線の附属地の経営権を獲得し、南満洲鉄道株式会社（以下「満鉄」）を創立し、これ以降、鉄道建設を行うと同時に各種の附属事業を開始した[29]。1898年5月の東清鉄道の正式敷設から九・一八事変までの間に満洲で敷設された鉄道の総延長は約5千キロメートルに達した[30]。こうした鉄道建設は華北からの移民の増加に大きな影響力を持っていたと考えられる。例えば、東清鉄道の敷設工事に従事する労働者は多い時17万人に達したが、その多くは山東、河北省からの貧困な農民である[31]。この問題について、川野幸男は以下のように分析

表1-5 吉林・黒龍江省の人口統計

年　別	人口（人）	指数
1887-1891年	1,500,000	100
1908年	5,700,000	380
1914年	8,000,000	533
1919年	9,000,000	600
1925年	10,300,000	686

出典：武居郷一『満洲の苦力』1934年、2頁より作成。

している。「鉄道建設は東北移民にとって交通手段の発達としての意義は低く、彼らの流動性を高めるようなものではなかった。……東北移民にとって鉄道建設の意義は建設労働力に対する需要、言いかえれば雇用機会の創出であった」として、その原因は「東北では鉄道建設のはるか以前から現地の地域的特性に適合した交通手段［夏季の水運と冬季の馬車］が発達しており、鉄道がそれを直ちに駆逐することは出来なかったからである」[32] としている。

　確かに、全満洲にわたる鉄道網の建設は大量の労働力を必要とし、華北からの移民に雇用機会を作り出したことは間違いないが、同時に鉄道建設が移民の輸送に大きな役割を果たしたことも否定できない。というのは、東清鉄道敷設前の1887-1891年までは150万人であった吉林省、黒龍江省の人口がその後、表1-5に示すように急増し、1925年には約7倍になったからである。

　このような膨大な数字はただ鉄道敷設に必要な労働力の増加によるものだけではなく、上述の社会、経済状況下において華北農民が満洲へ生存の地を求めるために鉄道という当時最も便利な交通手段を安価な料金で利用できたこともその一つの原因だと考えられる。中国政府経営の津浦線（天津～済南）、京奉線（北京～奉天）は大きな割引政策をすでに1920年あるいはそれ以前から実施しており、臨城～奉天間、兗洲～奉天間、泰安～奉天間、済南～奉天間は、それぞれ約80％値下げし、営口行きの華北移民にはさらに数十仙［銭］の割引きが行われた[33]。これと同様に満鉄でも同じ時期に運賃割引制度を実施していた[34]。すなわち、大連、営口経由の華北労工に限り最も安い四等票を使用していたことである。1924年以後、特に1927年の大量の山東難民の満洲移民に対し各鉄道は対応策としてさらに運賃を引き下げた。例えば、1925年、東清鉄道は50％弱を割引き、子供・老人の運賃は無料にし、満鉄は35％から40％の割引を行ったが、1927年、満鉄は女性と子供の運賃をさらに上述の割引の半額に値下げ、15

歳未満と60歳以上の運賃は無料にした。同時に四洮線（四平街～洮南）、洮昂線（洮南～昂昂渓）、奉海鉄道（奉天～海龍）、東清鉄道（長春～ハルビン間に限り）、京奉線もそれぞれ大幅に割引料金を実施した[35]。このように、鉄道は安価な運賃によって華北移民の増加を大いに加速させたと言えるであろう。

②**経済発展による移民**

　鉄道交通の発展は、多数の華北の入満者を満洲に輸送すると同時に当地の農業を世界市場に巻き込み、商品的な農業の発展（不均衡な発展）を促進する役割を果たした。1903-1930年、満洲の貿易総額は1,600万海関両から70,300万海関両に上昇し、中国全体の貿易総額の3％から29％に昇った[36]。そのうち最も顕著なのは「大豆三品」（大豆、豆油、豆粕）の輸出である。1908年から1930年まで満洲の耕地面積は804万ヘクタールから1,360万ヘクタールに69％拡大したが、同時期の大豆の生産量は150万トンから584万トンと約3倍に増加した[37]。1931年に世界における大豆の総生産量は800万トンであるのに対し、満洲は530万トンでその66％を占めていた。こうした膨大な数字の裏には、後述の表1-8が示すような華北からの大量の農業労働者の入満開墾があることは言うまでもない。

　20世紀に入って以来、満洲においては「油坊、粉坊、焼鍋」を三大柱としての民族手工業、および製粉、製油、紡績などの民族工業が大きく発展していた。1930年、国民政府工商部の統計によると、満洲における大きい工場は464件が数えられ、そのうち大部分は南満（吉林省南部および遼寧省）に集中していた[38]。しかしながら、中国の民族工業の多数は軽工業に属し、重要な鉱工業はほとんど外国、特に日本の資本に独占された。例えば、南満における鉄道、撫順、本渓湖の炭鉱、鞍山の製鉄、そのほかに各地の製油、電気、ガス、などが挙げられる。こうした交通、鉱工業の発展に伴って労働力の需要が大いに要求された。そのほかに経済、貿易の発展に応じて埠頭の運搬業が繁栄し、その結果、大連埠頭、営口埠頭の荷役作業に多数の労工が使役されることになった。こうした職業に就労する華北労工の数は表1-6のとおりである。

表1-6　満洲における工、鉱、交通業の労工数の推移

(単位：人)

類別	1924年		1925-1928年の増加分		1928年	
	人数	構成比(%)	増加数	構成比(%)	人数	構成比(%)
工場	126,336	61.1	17,758	19.4	144,094	48.3
鉱山	42,611	20.5	64,789	70.9	107,400	36.0
交通	37,970	18.4	8,839	9.7	46,809	15.7
合計	206,917	100.0	91,386	100.0	298,303	100.0

出典：蘇崇民ほか編『労工的血与涙』中国大百科全書出版社、1995年、9頁、「1928年東三省工鉱交通労工数目估計」より作成。

表1-7　撫順炭鉱労工数および出炭高

年度	1908	1913	1918	1923	1928	1931
出炭高（万噸）	49.4	231.3	277.7	544.8	832.5	736.9
同指数	100	468	562	1,102	1,683	1,489
労工数（人）	787	16,372	31,029	20,582	32,235	21,180
同指数	100	2,080	3,942	2,615	4,095	2,691

出典：解学詩編『満鉄史資料』第四巻煤鉄篇第一分冊、中華書局、1987年、214頁「九・一八事変前撫順煤鉱歴年煤炭産量」、293頁「1907-1931年撫順煤鉱職工人数表」より作成。

　同表によれば、工場、鉱山、交通業における労工の合計は1924年には、20万人余りで、そのうち工場が絶対多数を占めたが、1928年には、合計で9万人強の増加が見られ、そのうち鉱山が最も多く70.9%を占めた。その結果鉱山の構成比は16%増加し、工場は逆に約13%減少した。要するに、1924年に対し1928年には、軍事工業を支える鉱山の生産が重要視されたことが読み取れる。特に、満鉄経営の重要な柱の一つとしての撫順炭鉱の発展が顕著であった。

　1907年、満鉄は撫順炭鉱の経営を始めたが、1931年までに撫順炭鉱はすでに露天掘4カ所、坑内掘り6カ所を含む10カ所の鉱区を持っていた。その出炭高を5年置きに見れば表1-7に示すとおりその増加は著しかった。特に1923年度は1918年度より倍近くに激増している。これは1922年度から同炭鉱における千金寨、小瓢屯、第二露天掘りなど多くの新しい炭鉱が試錘、採掘されたことによると考えられる[39]。しかし、1931年度は前年比百万トン急減したが、これ

は同年九・一八事変に伴う入満労工の減少によるものではないかと考えられる。

　一方、北満（黒龍江省および吉林省北部）では東清鉄道の敷設による労働力の需要が起こり、「食物供給の関係上開墾事業を促進するに至った」ため、吉林省、黒龍江省の開墾事業は「面目一新加速度で進行するやうになり」、人口も増え、その発展は「人目を駭かす許りとなった」のである[40]。わずか340万町歩の耕地を持つ南満に対し、680万町歩の既墾地、その数倍の未墾地を持つ北満は、華北からの移民にとって魅力的な場所であり、上述のような大豆の生産拡大は労働力の需要をも増大させた。「1920年代の中国人「出稼ぎ者」には農業的性格が強まっていた」[41]ことは華北の社会、経済状況の影響以外に上述のような満洲側の事情があると考えられる。また、満洲の地方政府と軍閥は財源の充実および産業の振興のために中国人の北満移民を奨励し、土地購入資金の補助や移民労働者に対する上述のような鉄道料金の割引きを行い、未耕作地の開墾、綿工業や鉱山の開発を積極的に推進した[42]。

　以上のように、華北と満洲側の社会、経済事情の影響下において華北の人々は生存の場所を求めて「闖（闖）関東」[43]という出稼ぎ、移民への道の選択を余儀なくされた。

③入満の経路と人数

　まず、山東省、河北省の労工がどのような経路で入満したかを明らかにしたい。華北労工の入満は二つの経路がある。一つは海路であり、もう一つは陸路である。図1-2に示すように海路では、出発港は主に龍口、芝罘、天津、青島であり、到着港は主に営口、安東、大連である。

　具体的には、龍口〜営口間、芝罘〜営口間、天津〜営口間、芝罘〜浦港間、大連〜対山東省間の諸航路すなわち満鉄経営線：大連〜上海間（青島経由）、大連〜広東間（営口、芝罘、威海衛、青島経由）、大連汽船株式会社経営線：大連〜龍口間、大連〜青島間（龍口経由）、阿波共同汽船会社経営線：大連〜芝罘〜安東間、大連〜芝罘〜青島間、朝鮮郵船会社経営線：仁川〜大連間（青島、芝罘経由）、ほかに政記公司、田中商会等の取扱いによる大連〜芝罘線、

図1-2　華北労工の入満経路

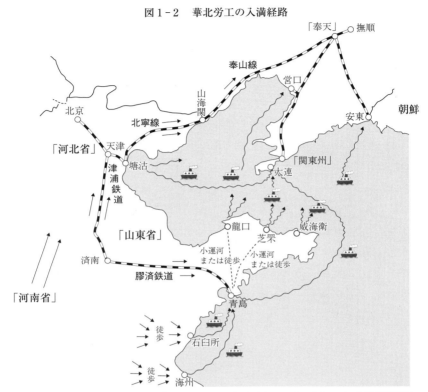

出典:「指紋なんてみんな"不"の会」編『抗日こそ誇り——訪中報告書』中国東北地区における指紋調査団発行、1988年、89頁「図5-2 入『満』経路（1937年前後）」より。

大連～安東～天津線などがある。陸路では膠済鉄道、津屯鉄道、京奉線（北寧線、奉山線）などがあるが、徒歩で赴く者も少なくない[44]。

　また、出身地によって出発港が違ってくる。山東省東北の者、特に膠済鉄道沿線地方の者は鉄道により青島に出て、あるいは徒歩または小運河を利用して龍口、芝罘に出てくる。同省南方の者は海洲または石臼所へ徒歩、ここから海路で青島に集まり、上記の方法で龍口、芝罘に向かうか、もしくは直接大連へ行く。同省北西部の者は津浦鉄道により天津に出て海路で大連に行くか、北寧奉山鉄道（京奉線）によって奉天に向かう。河北省の者は大部分北寧奉山鉄道

表1-8　入満者の職業と出身地との関係

出身地	山東省				河北省				其の他	合計	
職業	済南道 員数	済寧道 員数	東臨道 員数	膠東道 員数	津海道 員数	保定道 員数	大名道 員数	京兆道 員数	員数	員数	％
農業	327	806	967	834	8	23	1	2	51	3,084	27
自由労動者	369	875	1,446	953	151	95	2	4	43	4,049	36
工業	448	47	125	732	36	53	2	4	9	1,744	15
工場	63	30	48	219	17	23		2	2	676	
其他	385	17	77	513	19	30		2	7	1,068	
商業	144	67	115	915	23	61	2	1	16	1,367	12
交通	12	30	43	50	13		3			182	2
鉱山	3	14	8	12						37	
其他	60	40	105	231	5	14	1	32	9	505	4
合計	1,365	1,967	2,857	3,883	272	299	11	47	150	11,284	100

出典：栗本豊『満洲出稼移住漢民の数的考察』1931年、第三編「統計」38-41頁「職業と出身地との関係」より作成。
注：職業別混合、出身地別混合及び不明の分は除く。原資料の合わない数字についても、そのまま引用した。

を利用し、一部は天津より海路を選ぶ。河南省の者は鄭州に集まり平漢鉄道により豊台に至り北寧奉山線に乗り換えて満洲に移動する。

　一方、到着港によって仕事先も異なる。安東に上陸する者は主として現地の日支合弁の採木公司を主とする採木事業およびその他の工業会社に雇用される者と、沙河鎮より安奉線を利用して本渓湖、撫順に行く者がある。大連へ上陸する者は鞍山、撫順、開原地方に赴く者が大部分を占め、大連附近に留まる者はわずかな一部である。営口上陸者の大部分は当港に職場を求め、そのほかは京奉、南満両線によって北上する者である。後述のように難民の数の増加に従って北満に開墾民として移住する人も多くなった。

　労工の出身地によって入満後の職業にも相違がある。表1-8は、山東省の済南道、済寧道、東臨道、膠東道および河北省の津海道、保定道、大名道、京兆道を出身地とする労工の職業を大連と営口において調査したものである。

　全体から見れば、職業がまだ決まっていない自由労働者を除き農業労働者が最も多く、全体の27％を占めるが、そのうち山東省が95％で、河北省はわずか1％である。人数が少ない業種は鉱山で、わずか37人であるが、全員が山東省出身である。山東省では、農業に従事するものは東臨道が最も多く、その次は

膠東、済寧道で、済南道は最少で前掲三道の半数にも達していない。工業は前二者の傾向と違って膠東道が首位を占めているが、その次は済南、東臨道で、済寧道はわずかである。また、工業のうちほとんど職人で構成される「其他」の数は工場より2倍近く多い。商業は膠東道の出身者が過半数を占めており、ほかの3道は比較にならないほど少数である。前掲の各職業と比較すれば交通と鉱山が顕著に少数であるが、そのうち交通には膠東道の者が最も多く、鉱山には済南道の者が首位を占めている。これに対して河北省では、各職業には大名、京兆道出身者が極めて少ないので比較にはならないが、それ以外では農業には保定道の出身者が最も多く、津海道がその次である。自由労働者は津海道が半分近くを占め大名道がこれに次いでいる。工業と商業も農業と同傾向で保定道、津海道の順であり、交通労働者のほとんどは津海道出身である。

　要約すると、自由労働者以外、山東省出身者は農業に従事する者が多いが、そのうち済寧、東臨両道は農業移民の色彩が濃厚であり、済南膠東両道は商工業移民の出身地であると概ね言えるであろう。一方、河北省は農業移民が少なく、商工業者が絶対多数を占めることに異論はないであろう。

　また、主に出稼ぎを中心とした華北労工の入満は季節性が非常に強く、冬季仕事が少なく、特に旧正月（2月前後）を過ごすために帰郷し、正月以後、再び入満するものがほとんどである。1927－1930年の入離満者の月別統計によれば、3－5月の間に入満者が最も多く、離満者のほとんどは10－12月というように、季節的な移動が明らかである[45]。

　次は入満人数について考察しておきたい。前述のように華北労工の入満は清朝初期に溯るが、北満移民が東清鉄道敷設に従って行われていたことから、全満にわたる規模としての入満時期は1897年からであると言えるであろう。1923年までは統計が行われておらずいくつかの資料を参考にして概数を見てみよう。T. ゴッツチャンによれば、入満者数は1902年約38万人、1903年約31万人、1904年4万4千人余りであったが、それに対する離満者数は、約23万人、約28万人、6万2千人であり、さらに1905年約19万人、1906年約54万人であった[46]。また、1907年清朝政府が立てた黒龍江省への移民計画によって、同年から1911

第 1 章　満洲労工の由来　27

表 1-9　1912-1931年における対満中国人の移動

(単位：人)

年別	入満数	離満数	差引
1912	5,000　(88,102)	(56,075)	(32,027)
1913	10,000　(106,198)	(54,476)	(51,722)
1914	10,000　(88,442)	(51,728)	(36,714)
1915	15,000　(110,430)	(54,648)	(55,782)
1916	30,000　(156,533)	(74,916)	(81,617)
1917	30,000　(224,594)	(80,872)	(143,722)
1918	40,000　(180,013)	(93,563)	(86,450)
1919	50,000　(219,939)	(101,175)	(118,764)
1920	100,000　(262,958)	(118,864)	(144,094)
1921	300,000　(208,940)	(109,780)	(99,160)
1922	350,000		
1923	341,368　(175,837)	240,565　(125,532)	100,803　(50,305)
1924	384,730　(165,044)	200,046　(107,455)	184,684　(57,588)
1925	472,978　(193,802)	237,746　(95,816)	235,232　(97,986)
1926	566,725　(254,863)	323,694　(134,460)	243,031　(120,380)
1927	1,050,828　(452,739)	341,599　(122,287)	709,229　(300,452)
1928	938,492　(506,553)	394,247　(168,530)	544,245　(338,023)
1929	941,661　(512,947)	541,254　(219,293)	400,407　(293,654)
1930	673,392　(388,046)	439,654　(197,195)	233,738　(190,857)
1931	416,825	402,809	14,016

出典：1912-1922年は近藤康男「満洲経済の封建性について」農業経済協会編『農業経済研究』第10巻第1号、岩波書店、1934年1月、55頁「満洲への移民概数」。1923-1927年は陳翰笙ほか「難民的東北流亡」(国立中央研究院社会科学研究所集刊第二号)上海、1930年、4頁「大連営口安東遼寧[山海関?]四処入境出境人数統計表」。1928-1931年は満洲国史編集刊行会『満洲国史』各論、満蒙同胞援護会、1971年、1156頁「一九二六年以降、中国労働者入離満数」より作成。
注：計算が合わない元の数字はそのまま引用する。( )内は大連からの上陸・離陸者数である。1912-1921年度は前掲『中国近代農業史資料』第二輯、659頁。1923-1928年度は満鉄調査課『調査時報』第4巻第3号、56-57頁、59-60頁、同第7巻第1号、100-101頁、同第8巻第1号、155頁、同第9巻第3号、391-392頁、400-401頁。1929年度は満鉄調査課『満蒙事情』1930年3月、31頁、47頁。1930年度は満鉄調査課『民国拾九年満洲出稼移民移動状況』1931年、5頁、84頁。

年までの五カ年において200万人すなわち毎年40万人を同省に送ることとした[47]。

　1912年以降の入満者数は後述のように様々な説があるが、そのうち近藤康男の数字は具体的であるため、引用することにする。例えば、川野幸男の前掲論文には、1912年は66万人、1913-1927年までの15年間に入満者が年平均50万人程度とされている。また、章有義の前掲書によれば、『海関十年報告』1922-1931 (第1巻40頁) では、1923-1927年の入満者数はそれぞれに433,689人、

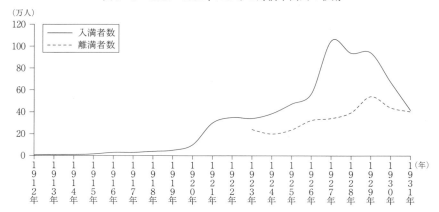

図 1-3　1912-1931年における対満中国人の移動

482,470人、532,770人、607,352人、1,178,254人となっている。1923年以後は、満鉄によって統計が行われていたにもかかわらず、多くの不備が含まれており[48]、全体入満者の合計数字は「一つの推定値」と考えたほうが妥当であろう。また、本書では入満労工を中心に検討するため、入離満者数には家族を含まず労工に限ることにする。

　表1-9をグラフ化すれば図1-3となる。1912年から1927年まで入満者数は増加する一方であるが、1920年までは10万人以下に留まり、1921年は急に30万人に上昇し、それ以後、緩やかな上昇が見られるが、1927年は100万以上に激増した。要するに、1920年代は、華北側の社会的、経済的状況の悪化によって農民の貧困化が加速され、特に1927、28年には蒋介石の国民革命軍の北伐と、これに対する日本の山東出兵によって山東、河南、河北の難民が多数満洲に流出し、その結果、1927-1929年の入満者は年間100万前後に達した。一方、北満の移民開墾計画の実施は華北労工の入満に拍車をかけた。満鉄の調査によれば、1927、28年の上半期に入満者数はそれぞれ63万人、72万人であるが、いずれも約60％は北満を目的地とすることになった[49]。しかしながら、1930年は「銀価の暴落、郷里農村の豊作、時局の安定」[50]などの理由で入満者が減少し、特に1931年は41万余に激減し当年の離満者数もわずか1万余超過するにとどまっ

た。これは「九・一八事変」に関係することが明らかであろう。入満者数の急激な増減に対し離満者数の変化は緩やかで、残留者数と見られる両者の差引きは図1-3のように拡大したが、30年代以後入満者数の減少によって縮小した。20年代、満洲定住の傾向が強いと見てよかろう。

「満洲国」以前の入満者数を明確にすることは極めて困難であることは前述の如くであるが、満鉄の統計によれば、1923-1931年のそれは合計5,276,999人になり、年間平均64万弱の華北労工が入満したと言えるであろう。近藤康男の推測は疑う余地があるが、一つの推測としてみれば、1912-1922年の入満者数は合計925,000人である。そして、この20年間の入満者数は620万人余りになる。一方、川野によれば、さらに膨大な数字になることは間違いないであろう。

注
1） 田方ほか編『中国移民史略』知識出版社、1986年。
2） 前掲『中国移民史略』121-122頁、稲葉岩吉『満洲発達史』大阪屋号出版部、1915年、326-334頁を参照。
3） 李文治編、中国科学院経済研究所中国近代経済史参考資料叢刊第三種『中国近代農業史資料』第一輯、1840-1911、生活・読書・新知三聯書店、1957年、775頁。
4） 前掲『満洲発達史』422頁。
5） 『民国二年世界年鑑』140頁によると、1913年の中国人口は4億3,200万人であり、1914年の北京農商部の調査（丁達『中国農村経済的崩潰』上海聯合書店、1930年、12-14頁）によれば、中国農民の戸数は59,402,315であった。丁達によると平均的に一戸6人で計算すれば農民の数はおおよそ3億6,000万人になるという。そうすると、農民は全国人口の83％を占めることになる。なお、清末と民国初期の中国人口については、梁方仲編著『中国歴代戸口、田地、田賦統計』上海人民出版社、1980年、264-271頁「甲表85. 清同治、光緒両朝各直省口数」「甲表86. 清宣統年間調査之戸口数的修正」および謝忠梁「中国歴代人口略記表（修訂稿）」『人口問題論叢』（四川大学学報叢刊哲学社会科学版、1979年第三輯）四川人民出版社、1979年、104-112頁を参考されたい。
6） 姫田光義ほか著『中国近代史』上巻、東京大学出版会、1982年、104頁。
7） 前掲『中国近代農業史資料』第一輯、309頁。
8） 同上、310頁。
9） 同上、358頁。

10） 同上、372-373頁。
11） 同上、378-385頁参照。
12） 同上、483頁。
13） 黄宗智『華北的小農経済与社会変遷』中華書局、1986年、115頁、119頁。両省の栽培面積については同書139頁を参照されたい。
14） 前掲『中国近代農業史資料』第一輯、508頁。
15） 農民の暴動で最も注目されたのは1912年夏から1914年8月までの間に河南省で起きた「白朗暴動」。白朗は河南省出身で、この暴動は河南省の過酷で雑多な税金が原因で行動範囲が河南、安徽、湖北、陝西、甘粛の五省にわたり、袁政府に重大な打撃を与えたが、北洋軍閥の鎮圧によって失敗した。この暴動については小山清次『支那労働者研究』（続支那研究叢書第二巻、東亜実進社、1919年）は支配者の立場で当時の状況を記述した。それによると、白朗軍を「討伐」する費用として北京政府および各省の支出は合計900万ドルに達したという。国民党の反対宣伝は、宋教仁による国会選挙活動であるが、結局宋の暗殺により終了することになった。軍閥のクーデターは1912年、山東、奉天、湖北、江西、安徽、河南、江蘇の各省で行われ、その原因が俸給の支払停止あるいは減額によるものであった。
16） 1913年、宋教仁の暗殺および「善後大借款」が袁世凱の革命鎮圧、独裁統治の実態を暴露し、孫文を中心とする革命党人の呼び掛けに応じて袁氏反対運動が南方各地で行われ、江西、広東省等が次々と独立したが、この時の革命党は内部闘争によって団結力がかなり弱くなり、袁氏の鎮圧に加え、反対運動は失敗に終わった。この運動は辛亥革命の後に継いで二次革命と呼ばれる。
17） 来新夏編『北洋軍閥史稿』湖北人民出版社、1983年、102頁。
18） 1916年、袁世凱の帝政回復に反対するため、雲南省で蔡鍔将軍が「護国軍」を組織し反対運動を起こした。この運動は共和国を擁護する目的なので護国運動と呼ばれる。
19） 章伯峰編『北洋軍閥 1912－1928』第五巻、武漢出版社、1989年、392-394頁。
20） 同上、404頁。
21） 満鉄調査課『支那の動乱と山東農村』元臨時経済調査委員会編資料第三十四編、1930年、27-30頁。民国時期の土匪の数については、前掲『中国農村経済的崩潰』165-182頁をも参照されたい。
22） 前掲『支那の動乱と山東農村』1頁。
23） 黄澤蒼によると、1世紀から19世紀までの間に水害は658回であり（そのうち河北省が第二位で164回、山東省が第四位で118回）、旱魃は1,013回である（そのうち河北省は回数が最も多く144回、四番目は山東省で112回）。黄澤蒼『中国天災問

題』商務印書館、1935年、37-39頁。1911年までの中国の天災については、陳高傭ほか編『中国歴代天災人禍表』上・下、上海書店、1986年（1939年版の影印本）が詳しい。

24) 章有義編『中国近代農業史資料』第二輯、1912-1927（中国科学院経済研究所中国近代経済史参考資料叢刊第三種）、生活・読書・新知三聯書店、1957年、618頁。また、自然災害の発生原因については、菊田太郎『北支洪水の原因に就いて』（二委内一中間報告第一号、1939年）を参照されたい。

25) 1926年度郵政管理局の人口調査（武居郷一『満洲の苦力』満鉄経済調査会、1934年、3-4頁）によると、山東省の人口密度は全国18省のうちの第3位を占める1平方哩553人であり、河北省は295人であった。

26) 前掲『満洲の苦力』5頁。

27) 原暉之「国際都市ウラジオストク——東北アジア海運ネットワークの関連で」1998年12月12日東京経済大学で開かれた東北アジア近現代史研究会で発表した論文。それによると、同時期、河北省および山東省から150人の労工がウラジオストクにはじめて移民したが、その後、毎年春になると、芝罘からは約2千人の中国人労工が当地にやってきて、9月から10月の前半の間に帰っていくとのことである。

28) 小澤茂一『山東避難民記實』1928年、50頁。

29) 鉄道建設については、吉林省社会科学院《満鉄史資料》編集組『満鉄史資料』第二巻路権篇（第1分冊～第4分冊、中華書局、1979年）を参照されたい。附属事業については、『満鉄附属地の経営沿革全史』（上・中・下）、蘇崇民『満鉄史』（中華書局、1990年）が詳しい。

30) 馬千里ほか編著『中国鉄道建築編年簡史』1881-1981、中国鉄道出版社、1983年、178-200頁。

31) 金士宣ほか『中国鉄路発展史』（1876-1949）、中国鉄道出版社、1986年、45頁。

32) 川野幸男「中国人の東北（旧満洲）移民を再考する」東京大学経済学研究会『経済学研究』第38号、東京大学出版会、1996年5月、25頁。

33) 満蒙産業研究会編纂『満洲産業界より見たる支那の苦力』満洲経済時報社、1920年、62頁。

34) 同上、76頁。

35) 中島宗一『民国十六年の満洲出稼者』満鉄調査資料第70編、1927年、172-174頁。

36) 天野元之助「満洲経済の発達」『満鉄調査月報』第12巻第7号、1932年7月、19-20頁。

37) 同上。

38) 蘇崇民ほか編『労工的血与涙』中国大百科全書出版社、1995年、2頁。

39) 南満洲鉄道株式会社『南満洲鉄道株式会社第二次十年史』同社発行、1928年、254頁参照。
40) 前掲『満洲産業界より見たる支那の苦力』38-39頁。
41) 鍛治邦雄「1920年代における満洲への中国人の移動について」小野一一郎ほか編『両大戦間期のアジアと日本』現代資本主義叢書18、大月書店、1979年、129頁。
42) 前掲「中国人の東北（旧満洲）移民を再考する」26頁。また、前掲『民国十六年の満洲出稼者』第五章「難民の救済及移民の招致」によると、吉林省においては、難民の救済のために各地で救済弁法が実施され、特に依蘭道では「依蘭道区招墾簡章」が1927年5月5日に発布されることになり、荒地の開墾に農民を招致した。黒龍江省においては、「黒龍江省招墾規則」（1914年4月15日黒龍江公報63号載）がすでに1914年4月に公布され、同規則を載せる印刷物を山東省、河北省、河南省等近隣各省に配布し、墾民の招致に努めたが、1927年3月1日に同規則の延長線と見られる「黒龍江省各所属招墾章程」が実施され、また4月1日から黒河道移民案が計画実施されることになった。一方、奉天派の軍閥張作霖も移民屯墾事業を計画した。これについては、満鉄『調査時報』第5巻第3号、1925年3月、3-4頁を参照されたい。
43) 「関東」は山海関より東の地方（東北三省）を指すが、昔、故郷で生活できなくなった人、特に華北地区の人が東北へ生活の糧を求めていったことが「闖関東」と呼ばれていた。
44) 前掲『民国十六年の満洲出稼者』および栗本豊『民国十七年の満洲出稼者』（満鉄調査資料第100編、1929年）によると、1927年1～6月末まで京奉鉄道沿線の徒歩者数は36,372人で全体630,000人の5％強を占めており、1928年同期は24,162人で全体720,000人の3％強を占めている。しかし、これらの数字はいずれにしても推測であり、栗本豊が言うように「端数のつかない……数にする為に造った数字」である。
45) 栗本豊『民国拾九年満洲出稼移民移動状況』満鉄調査資料第161編、1931年、11頁、83-84頁。
46) 前掲「中国人の東北（旧満洲）移民を再考する」25頁。
47) 前掲『満洲発達史』422頁。
48) 例えば、鍛治邦雄が前掲論文に記述しているように、女子については1925年までの数値には含まれていない。「出稼ぎ者」数として扱われているのは、海路では、いわゆるデック・パセンジャーの数であり、陸路では、主として貨車輸送者数（3・4等乗客を含める場合もあるが）である。海路のものは、大連については水上警察署統計が、営口・安東については海関統計が、原資料として用いられており、

すべてが同一原則で蒐集された数値であるというわけではない。陸路徒歩によるものの数値は前述のようにまったくの推計に過ぎない、ということである。
49) 前掲『民国十六年の満洲出稼者』44頁、71頁、前掲『民国十七年の満洲出稼者』69頁、90頁。
50) 前掲『民国拾九年満洲出稼移民移動状況』12頁。

第2節 「満洲国」の経済政策における労工問題

　1931の年九・一八事変から1932年2月のハルビン陥落にかけての5カ月間、満洲の主要都市および鉄道沿線の広大な地区は日本の占領下に置かれた。3月、「満洲国」が関東軍の手によって樹立された。しかし、日本の占領に対する抗日運動は全満で行われ、関東軍に重大な打撃を与えた。そして、関東軍およびその指揮下にある元東北軍の一部の帰順兵を中心とする「満洲国」の軍隊、警察は抗日軍民に対し討伐作戦を行い、残酷な鎮圧を始めた。1932年3月から同年10月までは討伐の第一期であるが、主要な討伐は第一次東辺道地区と京奉吉龍地区の作戦、馬占山の討伐、蘇応文の鎮圧、安奉線三角地帯、吉林省東境および遼河四角地帯の掃蕩などが挙げられる。第二期は同年11月から翌1933年12月に至る1年間であるが、徹底的な討伐が行われた結果、「日満議定書調印当時〔1932年9月15日〕、全国三六万と称せられた匪賊は、翌三三年八月末には……計六五、一〇〇の数にまで激減した」1) とある。討伐作戦の凄まじさを物語っている。

　一方、関東軍が「不断の討伐経験から割り出した結論として、治安の全きを図るためには治安不良地区において分散した住戸を一カ所に強制移住させ、住民の通匪を根絶し匪団に対する糧道と武器弾薬補給のルートを絶ち、且つ討伐隊の基点とするため」2)、「集団部落」3) の建設が必要となり、1933年3月、実施に至った。その結果、多数の民家が焼き払われ住民が家を離れざるをえない状況になった。こうして、「満洲国」樹立当初は、治安第一主義が経済建設より先行し、軍事作戦と同時に、それに協力することを目的とする「集団部落」

表1-10 満洲産業開発五ケ年計画所要資金概要

(単位:百万円)

部門別	当初計画 (五年間)	当初計画 (第二年度以降の四年間)	修正計画 (同)	同増加額
鉱工業	1,600.8	1,500.0	3,880.3	2,380.3
交通通信	798.0	644.0	644.0	—
農畜移民	478.0	438.5	438.5	—
総計	2,876.8	2,582.5	4,962.8	2,380.3

出典:満洲国史編纂刊行会『満洲国史』総論、満蒙同胞援護会、1971年、543頁「第四表 第一次五ヶ年計画資金計画、A部門別品目別所要資金額」より作成。

の建設をも包含する「治安維持会」[4]の政治工作が進行した。1936年には「国家」としての権力建設が一段落となり、「満洲国」建設の第二期、すなわち経済建設期が到来し、重要な課題として産業開発の日程がクローズアップされることになった。

　1936年9月の湯崗子会議で関東軍、「満洲国」政府〔実質的には日本からの派遣官僚〕、満鉄の関係者によって策定された五ケ年計画の基礎原案は、その後、検討が加えられた結果、同年11月、満洲産業開発五ケ年計画案が決定、同案大綱が発表され、翌1937年4月にはいわゆる当初計画の実施が開始された。しかしながら、芦溝橋事変によって軍事物資の需要が激増し、また、日本政府から重要産業生産目標の拡大の要請があって、1938年5月、満洲産業開発五ケ年計画(以下五ケ年計画)は大幅な修正を余儀なくされ、いわゆる修正計画が作られることになった。表1-10は同計画の所要資金を表わすものである。

　表1-10の如く、当初計画第二年度以降の4年間より修正計画の4年間における所要資金の1.5倍強の増加は、もっぱら鉱工業部門で見られた。要するに、第一次五ケ年計画は日本の中国侵略に対応する軍需産業を中心に遂行されたといってよい。しかしながら、修正計画の実施に際し、労働力の不足が重要な課題として取り上げられ、これに対し関東軍、「満洲国」政府はいかなる方法を持って解決に向かったか、そのことが華北労工の入満にどのような影響を与えたか、以下では、この問題について検討することにする。

表1-11 「満洲国」以降における対満中国人移動の推移

(単位：人)

年　別	入満数	離満数	差　引	備　考
1932	372,629	448,905	−76,276	1943年の離満数は同年8月まで、それ以降は不明のため空白
1933	568,768	447,524	121,244	
1934	627,322	399,571	227,751	
1935	444,540	420,314	24,226	
1936	364,149	366,761	−2,612	
1937	323,689	260,000	63,689	
1938	492,376	250,000	242,376	
1939	985,669	390,967	594,702	
1940	1,318,907	846,581	472,326	
1941	918,301	688,169	230,132	
1942	1,068,625	661,235	407,390	
1943	904,895	139,910		
1944	362,240			
1945年7月	49,115			
合　計	8,801,225	5,319,937	2,304,948	

出典：1932−1942年の入離満数、43年8月までの離満数は満洲国史編纂刊行会『満洲国史』各論、満蒙同胞援護会、1971年、1156頁「一九二六年以降、中国労働者入離満数」より、1943−1945年の入満数は居之芬ほか編『日本在華北経済統制掠奪史』天津古籍出版社、1997年、420頁「附表19　暦年華北"強制労工"及家属掠往日本"満洲"蒙彊華中人数統計表」より作成。

注：居之芬の統計は1935−1945年であるが、入満者数しかない。1942年までの同統計は『満洲国史』各論の統計とほぼ同じである。なお、1941年を除き1936−1944年の入満労工家族数（合計2,212,202人）があるが、本書は入満労工を論ずるものであるため、家族数は省略することにする。

(1) 労工募集政策による入満者の急増

　五ケ年計画の実施によって、労働者の需要が急増し、建「国」後関東軍の主導による治安第一主義の観点に基づいて実施された外国人労働者入満制限政策（この政策の立案については第2章第2節で詳述）は180度の転換を余儀なくされ、華北労工の積極的導入政策が実行されるようになった。1938年1月、労働統制実行機関としての「満洲労工協会」が設立され、5月、立案機関としての労務委員会が設置され、さらに12月、法的根拠としての「労働統制法」（勅令第268号）が公布された。こうして、1938年で完成した戦時労働統制の下で、華北労工の大規模な入満が展開されたのである。表1−11は「満洲国」時期における中国人の入離満の状況を表わすものである。

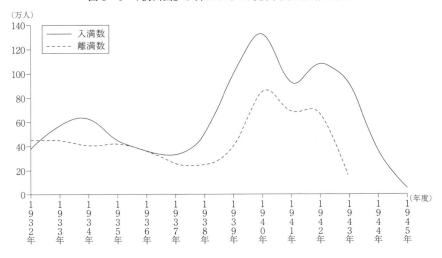

図1-4 「満洲国」以降における対満中国人移動の推移

表1-11をグラフ化すれば図1-4である。

第1節表1-9と併せて考えればわかるように、1932年、華北労工の入満者数は九・一八事変によって減少したが、翌33、34年は事変以前のレベルに近い60万人に増加した。しかし、1935年には、「外国労働者取締規則」（民政部令第1号）の公布・実施、およびそれに反発する中国政府による華北労工の渡満阻止、外国人労働者取扱人である大東公司（第2章第2節で詳述）の募集禁止命令の実行[5]によって入満者数は減少し、同年労働統制委員会による当初決定の入満許可数60万人に及ばず、その74％しか達成できなかった。同年11月、関東軍の「華北分離工作」[6]によって華北で最初の傀儡政権「冀東防共自治委員会」（12月に「冀東防共自治政府」と改称）が設立された。1936年の入満数が許可数36万人とほぼ一致していたことは、同政権の協力があったことを示唆している。1937年は、盧溝橋事変によって許可数38万人を下回る32万人余となったが、1938年以降は、五ケ年計画の実施に伴う募集政策の実行によって入満者が急増し、特に1939年6月から、対ソ作戦準備の一環である「北辺振興計画」が実施され、労働力の需要がさらに拡大された。一方、盧溝橋事変後の1937年

12月に、華北では日本軍の占領地域を支配範囲とする「中華民国臨時政府」（行政委員長王克敏）が日本の手によって設立され、同時に、冀東防共自治政府がそれに吸収されることになった。その管轄下に北平（北京）、天津、青島の三つの特別市および河北省、山東省、山西省、河南省の四省が設置され、豊富な労働力を持つ同地域の労工の対外送出は同政府の支配による影響を受けて1938、39年の入満者数は募集計画数49万、91万人をそれぞれ超過することになった。

さらに、1940年3月、南京の「中華民国維新政府」（1938年3月、行政院長梁鴻志）と北京の臨時政府を合併して「中華民国国民政府」（主席汪兆銘）が南京に設立されると同時に、華北では「華北政務委員会」が国民政府の隷下に「北支の特殊性処理」[7]機関として設立された。しかし、「同委員会は一応中央政府の隷下に属する一政府機関ではあるが、一方では、国務の中核をなす軍事と経済に広範囲の権限を付与され、高度の自治機能を持ってゐる」[8]と、日本の利害が深く絡んでいることを示唆している。そして、華北政務委員会は日本の「内面指導」[9]の下で1940年、約132万人の労工を満洲に送り出し、労工数は華北労工の入満史上のピークとなった。しかし、同政権が設立後、後述のような満洲、蒙彊、華中および華北自身の労工需要に直面し、「①満、華北間国際収支を偏向せしめる、②華北における通貨膨張を結果する、③強度の募集競争の結果地域的に起る労力逼迫現象は華北全般に及び移動、動揺の因子となり、④地域的労力不足前貸金の昂騰はまた華北全般の賃金動揺の根源となる」弊害を除去するために、同年、「特定地域を定め満蒙側に対する募集禁止地域」とするなどの措置を実施した[10]。そして、結果的に労工数が計画数140万人を達成できなかったことは、この影響によるものと考えられる。

また図1-4からは、30年代における華北労工の入離満の変動は20年代のそれと明確に異なっていることがわかる。20年代では残留増加分の増大が顕著な特徴である。これについてはすでに鍛治邦雄が指摘したように、20年代における満洲への中国人の移動の基本的特徴は定着者の増加であり、永住の意志を持つ農民や農業労働者が多く含まれていたことが指摘できる[11]。30年代の入満数は政治に左右されることもあり、大幅な変動が見られたのに対し、離満数が安

表1-12　華北入満労工の産業別人数

(単位：人)

年　別	農林漁業	鉱業	製造業	土木建築	交通運輸業	商業	雑役	合　計
1936＝100	57,414	9,490	128,745	79,684	21,702	23,555	37,532	358,122
1937	50,993	13,496	88,570	77,574	16,047	31,675	40,932	319,286
1938	28,835	34,528	118,707	119,924	39,570	60,384	90,428	492,376
1939	93,227	116,152	186,940	277,407	84,638	69,925	157,380	935,669
1940	187,879	120,789	259,998	389,972	86,988	89,080	184,201	1,318,907
1940指数	327	1,272	202	499	401	378	490	368

出典：満洲鉱工技術員協会編『満洲鉱工年鑑』亜細亜書房、1942年、69頁「康徳三［1936］年以後の産業別入満工人数」より。

定的に推移し残留増加分が縮小していくことになった。要するに、30年代に入ると、華北労工の「出稼ぎ」的性格がさらに強くなり、満洲と華北との間での往復が頻繁となったことを示している。それは、20年代は農業移民が多いことに対し、30年代は、満洲の産業開発によって労働力が鉱工業に多く吸収されるようになったことによると考えられる。特に1938年以降、鉱工業が五ケ年計画の中で最も重要な部門に位置づけられ、募集による労工の大部分はこの部門に投入された。これを明瞭に示すのは表1-12である。

　1936年の指数を100とすると、1940年には、指数の増加が最も激しいのは鉱業で1,300弱である。これは表1-10の鉱工業の投資金額が最も多いことを反映している。その次は土木建築業で499であるが、この業種は季節性が強いので元来出稼ぎ労工が大量に使役されており、五ケ年計画の実施による基礎施設の建設、特に1939年6月の交通、通信を主とする「北辺振興計画」の実施による軍事施設の構築によって、さらに膨大な労働力が投入された。

　1939年から農林漁業の労工の激増が見られるが、これは、日本人移民の開拓用地を整理するため、同年から大規模な農地造成が実施されたことによると考えられる[12]。

　一方、1938年以降、図1-4に示したように残留増加分の拡大が見られるが、これは労働統制政策による団体入満者の増加傾向にもかかわらず、その政策掌握外の自由入満者の激増に伴う定住意志を持つ農業労働者の増加によるものである。

こうして、労工の大量の入満が、ある程度満洲鉱工業の労働力不足問題を解決したとはいえ、同時に労工の家族送金が「満洲国」の国際収支を悪化させることにもなった。次に、この問題に対し「満洲国」政府がどのように解決を図り、華北労工はどのように対応したかについて明らかにしたい。

表1-13　滞満期間別離満労工数
（1939年度）

滞満期間	離満労工数（人）	比率（％）
半年未満	8,668	18
一年未満	97,653	25
一年以上	38,354	10
二年以上	27,979	7
三年以上	33,357	9
四年以上	28,904	7
五年以上	82,467	21
十年以上	10,994	3
二十年以上	2,591	
合　計	390,967	100

出典：前掲『満洲鉱工年鑑』86頁「滞満期間別離満労工数（康徳六［1939］年度）」より。

(2) 華北労工の家郷送金問題

　1930年代は、華北労工は定住の意思を持つ農業移民が多く含まれていた20年代と異なり、出稼ぎが中心であることは前述したが、表1-13に示すように労工の滞満期間からもこの傾向を示すことができる。

　表1-13は1939年度の離満労工の滞満期間を表す統計であるが、離満労工のうち、滞満期間が一年未満の者が16万6千人強で全離満者の43％を占め、最も多いが、5年以上の者は9万6千人余りで24％を占めている。要するに、華北労工は出稼的性格を持つのが一般的である。それゆえに、家族への送金が彼らにとって重要な意味を持つことは当然である。

　しかしながら、華北労工の家郷送金や、離満時の持帰金および募集費による資金の華北流出は、1939年末に「満洲国」の対華北支払勘定が約7千万円の超過、40年6月には1億円の負債勘定という結果を導いた[13]。表1-14はこの状況を表わすものである。

　表1-14が示す1932、33年の1,500万円近い膨大な持帰金問題を、すでに「満洲国」政府は抱えていたのである。1935年の入満制限政策は、これに対する一つの対応策として実施されることになった。しかしながら、前述のように1937年以降は、五ケ年計画の実施によって入満制限政策が重工業生産の強行に対応できなくなり、国家権力により組織的、統一的な募集政策を施行せざるをえなくなった。その結果、持帰金および送金問題が再び「満洲国」政府を悩ませた。

表1-14 華北労工の持帰金と送金額の統計

年度	離満者数（人）	持帰金（万円）	在満者数（人）	送金額（万円）	合計（万円）
1932	497,000.0	1,491.0			1,491.0
1933	482,000.0	1,446.0			1,446.0
1937	259,098.0	819.0	323,689.0	109.7	928.7
1938	252,795.0	799.0	313,482.0	106.2	905.2
1939	390,967.0	1,235.8	870,072.0	294.5	1,530.3

出典：1932－1933年は横浜正金銀行頭取席調査課『最近北支より満洲国への苦力移動状態』1934年、7頁「経路別苦力離満統計」、14頁より、以降は、横浜正金銀行調査部『満洲に於ける北支労働者及労働統制に就て』1942年、13-14頁より作成。

注：1933年まで持帰金は1人30円に離満者数を乗じて推算したもの。ほかは、持帰金は1人31.61円に離満者数を乗じ、送金額は1人3.39円に在満者数を乗じてそれぞれ推算したもの。

　1937、38年はそれぞれ900万円強の金額が華北に流入したが、1939年はその金額が急増し建「国」当初よりもさらに多くなった。これについて、1940年4月、新京で「満華経済協議会」が「満洲国」と華北政務委員会との間に開かれ、華北経済の一般状況、産業の建設状況、華北の日本占領地区に流通する貨幣聯銀券の現状などについて議論を行い、通貨の「国」内持込みと国外持出しについて制限を強化し、取締りをさらに厳重にすると、経済部は発表した[14]。

　それに基づいて6月以降、外国貨幣である聯銀券、蒙銀券の「満洲国」での兌換、流通が禁止されることになった。また、同年7月の「満洲国為替管理法」の改正によって華北労工の郷里送金並びに持帰金は一切許可を要することとなり、持帰金も50円を限度に制限されたが、許可手続き取扱銀行である満洲中央銀行奉天分行資金課が新しい手続きに対応にできず、7、8月の労工の家郷送金は不可能な状態になった[15]。さらに、鉱山労働者に限りしかも家族持ちを条件として、年額50円と山海関経由の際の持帰り50円、合計一カ年100円を限度とし、鉱山以外の労働者の送金は一切不許可となった。その後方針が緩和されたが、それは軍事工場の労働者にのみ適用されるもので、一般の軽工業などに従事するものには認められないこととなった[16]。

　この影響で1941年には入満者が急激に減少し[17]、1940年と比べ40万人マイナスの920万人となった。前掲の図1－4に反映されているように、この減少は一目瞭然であろう。これは松村高夫が指摘したように「満洲国の産業開発5カ年

計画を遂行するために、大量の不熟練・低賃金労働力を国外から求めなければならなかったという満洲の労働力構造のもたらす必然的帰結であった」[18]のである。一方、華北側のインフレの進行、物価の高騰が満洲側の労働力不足問題に拍車をかけた。1938年以降、日本側が聯銀券をもって法幣の流通を禁止し、華北の通貨統一を図ろうとしたが、結局、聯銀券は激しいインフレにさらされた。その理由は「法幣インフレを遮断できなかったこと……同時に、連［聯］銀券自体の増発機構が存在した」[19]ことによる。

　ここでは聯銀券のインフレの背景については言及しないが、これによる物価の上昇が労工の対満移動にもたらした影響は重要視しなければならない。1936年から1940年（9月）にかけての卸売物価指数をみると、新京では2.3倍であるのに対し、天津では4.1倍となっている[20]。1941年になると、天津ではさらに上昇し約5.2倍になった[21]。物価上昇のもう一つの原因は、日本軍占領地域の食糧生産の大幅な低下である。例えば、1936年から1940年にかけて、華北の穀類生産は約32％、綿花は70％減である[22]。こうして、生活に欠かせない食糧、衣料品は1937年12月より1940年9月までの間にそれぞれ3倍、4.2倍に高騰しており、ゆえに、入満労工1人当たり平均35元、多くても40－60元の家郷送金と持帰金は、この物価上昇により家計に対する重要度が4分の1に低落し、出稼ぎの魅力はほとんどなくなったのである[23]。そのほかに、戦闘力を保有するために「北支労力の対満移動が第八路軍、国民党軍に依って阻止せられんとする」[24]こと、1939年11月以降華北において「日本側は本格的『経済建設』の段階に踏み込んだ」[25]こと、特に、1941年からの「北支産業開発五ケ年計画」の実施なども入満減少の原因であると考えられる。

　こうした状況の下で満洲側は送金の制限緩和、ひいては取消を対応策として実施することになった。すなわち、1940年11月から「離満労働者の持帰金制限額を、一般労働者にたいしては60元、技術工にたいしては120元と緩和し、また、送金額も、労工協会発行の労働票所持者に対しては特別優先的取扱をなすものとし、さらに翌41年4月26日の為替管理法の改訂によって、北支送金制限を撤廃せざるをえなくなった」[26]のである。そして1942年、入満労工の数は入満許

可数85万人を遥かに超えて100万人以上に及ぶことになった。

　以上、送金制限による華北労工への影響について分析したが、一方、華北側の物価騰貴とともに後述のように満洲側の物価が高騰し、入満労工の生計に大きな影響をもたらした。それゆえ、より高賃金を獲得するための労働者の移動が企業および政府にとって重大な問題となった。特に、鉱山では労工が「日本人社員や把頭の冷たい態度には一入萎縮し、就中監督の強権的な使駆や理由のない打擲にはたまらない羞恥を覚へ面子の為に」移動し、また、「鉱山労働はその作業が最も苦役であり、作業日数が低下される関係上、彼等の賃金取得は必然的に減少し生活上の不安の虞が尠くない」し、上述の物価高騰の状況下で生活が他の職業よりさらに不利となり、職場を移動せざるをえなくなった[27]。頻繁な移動は企業の生産に不利な影響をもたらしたが、一方、労働力を確保するために各企業は労工の引抜きを行い、この引抜き行為がさらに労工の移動を加速した。次項では、産業開発五ケ年計画の実施に直接影響するこの当面する大問題に対し、関東軍がどんな政策で対応したか、労工にどのような影響を与えたか、この問題を撫順炭鉱を中心に検討することにする。

(3) 労工移動防止策

　「満洲国」成立以降、華北労工の入満制限および「満洲国」内の労働力の統制を実施するため、1934年4月、満鉄経済調査会は「労働者指紋管理法案」を作成した。それによると、指紋管理を行うことによって次のように「直接効果」と「間接効果」を得ることができる。すなわち、「直接効果」というのは、「イ、全満労働者の分布竝労働移動状態を正確且迅速に知り得るを以って、全産業部門に亘り必要労働者数の算定を容易ならしむ、ロ、労働者の偽名、変名を取締り得、ハ、反国家分子の入国を阻止し、不良分子の検挙を容易ならしむ、ニ、善良なる労働者を徹底的に保護することを得、ホ、盗募の弊を一掃せしむることを得」であり、「間接効果」というのは、「イ、居住証明を為し得るを以って、国籍法実施に大なる効果あり、ロ、労働者の地方的竝季節的移動状態の統計的研究を可能ならしむ、ハ、不良分子の誤採用を防止し得、ニ、犯意を抑制せし

め得」である[28]。要するに、治安の面から反満抗日分子を取り締まろうとするものである。

　実は、満洲では労工の指紋登録は早くも1924年7月から撫順炭鉱で開始した。その理由は「真面目なる老実の華工を擁護し、一面彼等の移動の悪癖を矯正し、その取締に資せんがため」[29]である。しかし、同鉱は「採炭華工」の募集にあたり、募集地の華北ではすでに1922年11月から労工に対し指紋押捺を強制した[30]。さらに、募集地における拇印だけの一本指紋に対し、撫順炭鉱現地では、十本指紋に拡大し、一方、募集地の下級労働者の「採炭華工」から、「常役華工」に指紋登録が拡大されるに至った[31]。というのは、20年代、撫順炭鉱の指紋登録の裏には厳しい背景があった。それは南満で行われた激しい労働運動である。満洲における労働争議の統計によると、1920年から1928年にかけての満洲全体の争議は407件にのぼったが、ほとんどが南満に集中しており、奉天は67件で全体の16％強、大連は65件で約16％、本渓湖は38件で約12％、撫順は34件で8％強をそれぞれ占めていた[32]。これは「南方支那に於ける国民党竝に共産党のめざましい発展に刺激せられ」[33]た結果であると言える。撫順炭鉱の指紋登録は労働運動への取締策の一つであると考えられる。この時の指紋登録は、華工採用カード（左手食指）、指紋カード（十指）および給料時指紋により構成されていた。

　「満洲国」成立を境にそれ以前と以降の指紋登録の原因を比較検討すると、以前の指紋登録は労働移動を防止することを中心にしていたが、以降は労働運動への鎮圧、すなわち治安問題に重点が置かれている。しかし、「満洲国」成立後、抗日運動が激しく展開される最中で討伐作戦に忙しい関東軍と「満洲国」政府は「労働統制」にまで手が回らなかった。結局、「法制面、行政面、警察権力面のいずれをとっても、中国人労働者民衆を「掌握」できる状態ではない」[34]ので、経済調査会により提出された上述の案は1938年まで実現できなかった。

　五ケ年計画実施後、膨大な入満労工による労働移動問題がさらに悪化した。表1-15は満洲鉱山労働者の移動率を示すものであるが、それがいかに高いものであったかがわかる。

表 1-15　鉱山労働者移動率

(単位：％)

年　別	移動率	備　考
1938	370.2	1940年までは民生部労務司の調査による
1939	368.9	
1940	347.2	以降は満洲重工業開発株式会社の調査による
1941（A炭鉱）	224.0	
（B炭鉱）	290.7	
1942（A炭鉱）	149.0	
（B炭鉱）	222.1	

出典：満洲鉱工技術員協会編『満洲鉱工年鑑』東亜文化図書株式会社、康徳11（1944年）年、76頁「鉱山労働者採用率及解傭率」より作成。

注：移動率は（採用者数＋解雇者数）÷年間平均一日在職者数（あるいは年末、月末の在職者数）の比率で示され、採用率と解雇率に分かれる。前者は月末労働者数に対する月間に増加した労働者数の比率であるが、後者は減少した労働者数の比率である。両者の合計は労働移動率をなしている。

前述のように、討伐作戦による治安工作は1937年の時点で一応終結に向かっており、「満洲国」政府は工作の重点を産業開発に移し始めたが、当面の労働移動に対し、いかにして産業開発に必要な労働力を確保するか、問題解決を迫られた。そして、1938年8月、「満洲国」政府が民生部令第86号をもって「十本指紋登録実施に関する件」を発布し、3市8県から実施を開始した。この最初の十本指紋登録実施市、県は、撫順炭鉱、昭和製鋼所、本渓湖煤鉄公司など多くの重要炭鉱および重要工場の所在地である。これは、産業開発五ケ年計画の中で重要視される重化学工業化を目指して、炭鉱、鉱山の労働統制が強化されたことを示唆するものである。翌1939年1月、指紋登録は11市12県に広がり、4月、北辺振興計画に関連して「入国労働者十本指紋」の実施が開始されることになった。それに基づき、同年7月、大東公司が満洲労工協会国外部として統合されると、従来は華北労工が身分証明書を持って入満後最寄りの満洲労工協会で労働登録をし十本指紋を押捺していたものが、華北募集地においてそれを実施することに変わった。

これには華北労工の中の抗日反満分子を入満時に排除する意図があったと考えられる。これについて、「指紋管理局設置理由書」（1939年1月）は次のように記述している。「『コミンテルン』ノ指導目標ガ専ラ労働者層ニ指向セラレアリシ點及ビ支那事変終局ニ於ケル中国共産党ガ所謂在満共産党ノ再建ヲ企テ、然モ其ノ重點ヲ労働者層ニ指向シ、此ノ集団ニ地下組織ヲ目論ムベキコトハ容易ニ窺知セラルルヲ考慮シ、思想警察ノ對象トシテ労働者ノ動向ヲ確実ニ把握

シ置クコトハ刻下ノ緊要事トス」35)。一方、同月、「満洲国」内では上述の指紋登録が12市34県に拡大し、さらに、翌1940年9月、ほかの主要都市・県・旗ごとに実施されることに至った。表1-15のように、1941年から労工の移動率が低下したことは、この広範囲にわたる指紋登録の徹底した厳しさを反映するものである。指紋登録が労工の労働移動を防止するためだけではなく、抗日反満分子への取締策として広範に使用されたことは以上の流れから読み取ることができる。

こうした中で、撫順炭鉱では、1940年6月に鞍山で開かれた第9次鉱山労務懇談会において提出した常傭夫の移動率が121.5%で、同時期における昭和製鋼所の169.8%（鉱夫）、満洲炭鉱株式会社（満炭）の210.4%（常役夫）より大幅に低かった36)。上述の表1-15が示した同年満洲鉱山の平均移動率よりさらに低い。これは指紋登録に長い歴史を持つ同炭鉱の労工に対する取締の厳しさを物語るものである。同炭鉱は1938年9月の時点で「保管スル指紋原紙ハ約二十三万枚デアルカ、此ノ制度開始以来指紋ヲ採取セル数ハ四十万枚ニ上ル」37)としているが、指紋管理局において1939年1月開局の時点での労働登録指紋数（満洲労工協会から）は20万枚、同年末までの累計は約44万枚であるから、それに匹敵するだけの作業が早くも撫順炭鉱だけで実行されてきたことになる38)。なお、1940年末現在では、指紋管理局の労働者指紋原紙数は147万枚強にも上った39)。そこで、指紋採取は実際にどのようにして労工になされたか、どのような効果があったか、具体例を挙げることにする。

山東省出身の呂新科は、1940年に生活のために家族と一緒に撫順炭鉱に来た。当時、炭鉱の募集員が山東省に来て「撫順に行けば美味しい米が食べられ、いい住居に住めて、お金もたくさんもらえる」と、労働者を募集した。そして、この甘い言葉に騙され、済南の労工協会で写真一枚、名前、国籍、年齢が登録され、指紋も採取された。その後、貨物列車で1日半立ったままで撫順炭鉱に着いた。労務係で登録し、十本指紋が採られた。食事は高粱、団栗粉、とうもろこしで、しかも少量なので、逃亡を試みた人が多かったが、捕まったら指紋を再度押して照合され、もし合えば、そこで処罰される。そのことで銃殺され

る者もあった。呂は父親と逃げようとしたが、駅で捕まえられひどく殴られたという。遼寧省出身の王高楽が、指紋を拒否した場合、政治犯となり、どこに連れて行かれるかわからない。何か疑われると、警察に連れて行かれ、回転指紋を採られ、足の裏まで黒インクで採られる、と話すのを聞いた[40]。以上が彼の証言である。

指紋押捺による労工移動の取締の凄まじさがこの証言からも聞き取れる。そして、こうした中で太平洋戦争が勃発し、満洲では第二次産業開発五ケ年計画が実施されることになった。

1942年9月に確定した第二次五ケ年計画は、太平洋戦争の勃発、特に日本側の戦局の不利によって修正を余儀なくされた。すなわち、食糧、鉄、石炭、非鉄金属、人造石油などの増産が強要され、そのため、あらゆる人的物的資源を総動員し、物資の生産、配給、輸送並びに資金、労務等各部門にわたる経済統制をより一層強化せざるをえなかった。しかしながら、増産要求に応える人的資源は、従来華北に依存してきたが、後述のような華北側の事情より労工の入満が円滑に行うことができず、華北の依存度を軽減するため、国内募集体制が確立された。一方、華北労工の募集計画数が減少されたにもかかわらず、実際募集した数は軍の作戦状況に左右され、計画通りにいかなかった。以下、第二次五ケ年計画下において、華北労工の募集がどのように行われ、また、どのような結果になったかについて明らかにしたい。

(4) 華北労工協会成立以降における入満状況

華北労工の募集は直接募集、斡旋業者およびその他の機関による委託募集、統制募集という三つの方法で行われたが[41]、いずれも把頭による募集が最も多く採用された。なぜならば、「苦力の労働組織が把頭を中心とする」からであり、また「募集の成功や否やは把頭の募集地農民の中における活動能力による」からである[42]。1941年7月の華北労工協会（第3章第2節で詳述）の成立まで、こうした募集は主に大東公司とその後の満洲労工協会の統制下において実施された。しかしながら、この統制はあくまでも満洲側への統制であり、華北労工

に対しては全面的な統制ができなかった。一方、華北労工への需要は満洲のみならず、華北自身の産業「開発」における交通建設、石炭、運輸をはじめとして、製鉄、化学工業、およびその他の戦時工業、製塩業、ひいては農業等の幅広い分野に及んだが、そのほか、以下のように各地からも供給を要請されていた。

「①日本——戦時工業の急速増産体制強化は国内労工のみでは十分ならざる現状となってゐる、②蒙疆——従来比較的華北需要が緩慢であったが共栄圏の強固なる一貫として賦存資源の開発利用、辺境防衛のうへからその需要は急速に増大しつつある、③華中——元来労力不足地ではないが鉱山坑内労働者などにおいては華中労働者に比し遥かに優秀なるため同地の要求は従来から強く、労働編成上にも坑内労工は漸次華北労工をもって代替しつつあり、華中開発の重要性に鑑みある程度は今後も供給の必要がある。また境界の厳重でない華北中間の制限は効果を期待し得ず自由意志による個人的出稼ぎを見てゐる、④朝鮮——従来毎年極めて少数の供給はあるが数字上問題にならず、今後も著しい期待は予想されぬが将来一時的供給問題が起り得る可能性はある」[43]。

これらの事情によって華北側の労働力の枯渇が現出した。それに、前述した華北送金の制限、為替管理の強化、華北側のインフレ、および物価の高騰による半工半農的華北労働者の工場出稼ぎ意欲の鈍化、中国共産党の日本企業への就業阻止の呼掛け[44]などを加えて、募集が極めて困難な状態に置かれた。

このような状況の中で、華北労働力の一元的統制機関としての華北労工協会が1941年7月に設立されることになった。そして、同年、前述の満蒙に対する募集禁止地域を更改し「華北主要炭鉱ならびに主要都市および港湾の周辺十キロを募集禁止地域に指定」[45]することになったが、「募集の無益なる競争排除、募集能率の向上、華北産業開発の保護を目標として……十七年［1942年］度から画期的な地区割当制を実施」[46]した。実はこれに先立って、1941年10月上旬から同年12月までの間に、華北交通株式会社[47]が満鉄撫順炭鉱などの要請に応じて満洲重工業開発株式会社（以下満業）傘下の阜新炭鉱株式会社、本溪湖煤鉄株式会社、昭和製鋼株式会社の三社宛1,800名、満鉄撫順炭鉱1,200名、合

表1-16 華北交通による労工の鉄路局別割当数

鉄路局名	割当募集人数	募集斡旋先別及人数		備 考
北 京	900名	満 業 撫 順	540名 360名	満業は阜新炭鉱、本渓湖煤鉄、昭和製鋼
済 南	1,200名	満 業 撫 順	720名 480名	
太 原	300名	満 業 撫 順	180名 120名	
開 封	600名	満 業 撫 順	360名 240名	
合 計	3,000名	満 業 撫 順	1,800名 1,200名	

出典:1941年10月11日華北交通株式会社総裁宇佐美寛爾より満鉄撫順炭鉱長大垣研宛「満洲向工人ノ募集斡旋ニ関スル件」撫総庶文01第14号6ノ57(撫鉱蔵)より作成。

計3,000名の割当募集を「事前ニ関係兵団及特務機関ト充分連絡シ其ノ指示ニ従フコトハ勿論、新民会其ノ他関係機関トノ連絡」[48]の上で、表1-16のように愛路村地域ですでに行っていた。「其の他の関係機関」には当然ながら華北労工協会が含まれている。愛路村、または愛護村は、後述のように日本軍警備隊、のちに華北交通株式会社の指導、監督下で共産党情報の収集、鉄道の警備、沿線の治安維持を目的に、華北における日本軍支配地域の鉄道沿線各村において設立したものである。

太原に割り当てられた員数が最も少ない理由としては、山西省大同炭鉱の労働者の確保を考慮に入れたことが考えられる。一方、済南から最多の1,200名が狩り出されたことは、同地に対する日本軍の支配力の強さを物語っている。

この愛路村地域の割当募集はその後も引き続き行われ、人数も増加傾向にあった。例えば、1942年9〜11月、愛路村から満業、撫順炭鉱に5,000人が供給されることになった[49]。しかし、満洲側の第二次五ケ年計画における労働力の需要が増大し、華北自体の重要産業の労工需要度がさらに高くなるにつれて、労工不足はますます顕著となった。この状況と労工協会の下部機関の整備と相俟って、1943年12月、「労工供出体制確立要綱」並びに「労工隊供出要領」が本格的な労工配分調整策として制定、実施されることとなった。これは「華北

労工協会自体の手により華北農村における余剰労力を組織動員し、これを内外の需要部面へ供出するといふ本質的な労務動員計画であるが、……この供出体制を全華北にわたって一時に実施することは予算、人員などの関係上困難なるため」[50]、最初は治安、交通の点で日本に有利な山東11県、河北4県、蘇淮地区1県、合計16県を特定県として指定し、1944年1月実施したが、その後40県に拡大した。

　しかしながら、戦争の進行に伴い、日本軍の占領地域が縮小しつつある状態において、同協会による労務統制だけでは労工の募集が極めて困難となり、行政手段による強制供出がようやく実行されるようになった。そして、1944年8月から華北政務委員会の行政力を根本的基盤とする全面的行政供出制が華北四省において実施されることになった。これは「参戦華北の自主的、決定的かつ強力なる労工供出体制で、華北政務委員会管下行政機関の推薦したものを事業体へ供出することであり、省長・県長は割当量の供出に努力し日本側軍・官もこれに積極的援助を与え、大使館はとくに生必品など労工に対する物の供給をなし労工協会・新民会・合作社の三者協力一体化によって実務を担当するいわゆる軍・政・会・民・社一致の供出推進策」[51] である。ここで、強制的な行政供出体制が日本側の直接参与の中で都市部（新民会職業分会）から農村（合作社）まで推進されたことは明らかである。しかし、この行政供出制は1944年後半の段階で中国側抗日軍の占領地域の拡大により、もはや実施困難な状態となり、対満供出は計画数より大幅に低下した。表1-17は、1941年から日本敗戦に至るまでの華北労工の供出計画および実際供出人数を表わすものであるが、数字の変動は華北側のこうした状況をよく反映していると考えられる。

　華北労工の対外供出計画数の制定は、満洲側と華北側の事情に影響されたが、実際の供出数は1941年以後、主に日本の華北支配、治安状況、労務統制などによって左右されたと考えられる。1941年には、前述のように満洲側の送金制限と、特に華北側のインフレなどによって入満者数が激減したが、その重要な原因の一つとして華北労工協会が設立されたばかりで、労務統制体制がまだ完全に確立していないということも考えられる。1942、43年に、満洲向けの供出数

表1-17　1941年以降の華北労工の対外供出統計

(単位：人)

年別	計画数	実際供出数	計画完成率	備考
1941	1,100,000（満洲）	949,201（満洲）	86%	計画数については、1942-1943年は満洲だけでなく、蒙彊、華中向けも計画されたが、数は不明。また、1943-1944年の日本向けの計画数も不明。供出数については、1945年の入満者数は華北交通会社業務報告による同年1-7月の入満労工輸送数。日本向けの数は1943-1945年の合計。なお、同時期、中国全国（華北、満洲、華中）から日本に強制連行された中国人は合計38,935人と記録されている。
1942	850,000（満洲）	1,038,476（満洲） 40,796（蒙彊） 7,362（華中） 1,086,634（合計）	122%	
1943	680,000（満洲）	904,895（満洲） 83,093（蒙彊） 19,047（華中） 1,007,305（合計）	133%	
1944	700,000（満洲） 100,000（蒙彊） 42,500（華中） 842,500（合計）	362,240（満洲） 47,275（蒙彊） 32,812（華中） 442,327（合計）	52% 47% 77% 53%	
1945	410,000（満洲） 70,000（蒙彊） 62,000（華中） 50,000（日本） 592,000（合計）	49,115（満洲） 35,778（日本）	12% 72%	

出典：東亜新報天津支社編『華北建設年史』同社出版、1944年、「産業経済第三部　一般経済篇」419頁。「華満蒙労務連絡会議議事案」石家庄市党史研究会『華北労工協会文献資料』1994年11月複製、43-47頁。中国抗日戦争史学会・中国人民抗日戦争記念館編『日本対華北経済的掠奪和統制』北京出版社、1995年、1061-1062頁「1941年度華北労工入満数額表」1065頁。前掲『日本在華北経済統制掠奪史』420頁「歴年華北"強制労工"及家属掠往日本"満洲"蒙彊華中人数統計表」、田中宏ほか編『中国人強制連行資料──「外務省報告書」全五分冊ほか』現代書館、1995年、112頁、より作成。

が同計画数を大幅に超過したのは、前にも触れたように家郷送金制限の撤廃に原因があるが、一方、1941年3月から1942年12月までの間に北支那方面軍が数十万の兵力をもって華北において五回にわたり「治安強化運動」[52]を実施したことによって、八路軍の根拠地の縮小に伴い日本軍の占領地域が拡大し、特に占領地の農村に対する「清郷」（討伐）が実施される中で、華北労工協会の統制下で行った「地方割当制」は、現地日本軍の協力なしでは強制的に実行しえなかったであろう。また、討伐作戦による俘虜が「特殊工人」（第3章第4節で詳述）として満洲に多数送られることになったのもこの時期である。

1944年、日本軍の中国南方作戦のため、華北の兵力が減少し、それに伴い八路軍の占領地域が拡大されたことにより、上述のように割当地域が16県に縮小され、のちに40県に拡大したにもかかわらず、募集の効果は上がらず、結局は、行政命令による強制的供出に政策を変更せざるをえなくなった。しかし、同年後半期、日本の敗戦局面が現われ、八路軍が激しい反攻を行った結果、日本軍の占領地域はわずかに大都市（点）、鉄路沿線（線）のみとなった。それゆえ、行政供出命令も、この限られた点と線の範囲でしか実施できず、対満実際供出数は計画数の52％しか達成できなかった。一方、同年「華北における賃金高、未曾有の小麦豊作による農村の好況、4月1日から実施された鉄道運賃の大幅引上げ、家族同伴の制限、為替管理の強化などが対満出稼ぎの魅力をますます減退せしめた」53) ことも対満供出減少の重要な原因となった。

1945年、敗戦目前の日本は、依然として軍事物資の生産を必要としていたが、「満洲国」においては「国」内労働力の自給体制を強化したため、表1-17に示したように華北に対する労働力の需要はかなり減少した。同年7月までの対満供出は、わずか5万人弱であったが、その背景には中国側の戦場における勝利に伴う労工の強制供出への抵抗、および労工狩り作戦の難航もあると考えられる。

なお、蒙疆、華中向けの労工供出は1942年から開始しており、その数は、1943年は上述の原因で両方とも倍増し、1944年は、蒙疆向けが対満供出と同様の原因で1942年の水準までに減少したが、「炭鉱労働を嫌忌する傾向」54) もまた重要な原因である。しかし、同年、華中では依然増加傾向にあり、これは「同地の稼動賃金の絶対額が高く、送金の自由」55) があることによる。一方、日本向けは1942年11月の閣議決定により「試験移入」が始まり、1944年2月の次官会議決定によって「本格的移入」となった。そして、1943年4月から1945年5月までの間に中国全土から38,935人が日本各地の35社135事業所に強制連行されたが、表1-17に示す通り、その中の35,778人は華北から連行されたものである。

こうして、1941年以降の華北労工の対満供出は強制的行政供出を中心とする

ため、華北の産業「開発」、傀儡政権の支配状況、特に戦争局面の進退に大いに関係し、日本の占領地が拡大すると労工が多く供出され、逆に占領地が狭くなると、供出数は大幅に低下していった。そして、日本による華北の労務統制は、日本の敗戦によって完全に崩壊することになる。

注
1) 満洲国史編纂刊行会『満洲国史』総論、満蒙同胞援護会、1971年、322-323頁。
2) 満洲国史編纂刊行会『満洲国史』各論、満蒙同胞援護会、1971年、332頁。
3) 「集団部落」は、日本軍が抗日武装勢力と現地農民との関係を分離させるために強制的に実施した統治政策の一つである。周囲には正方形あるいは長方形の囲い壁があり、そのうえ鉄条網が張られ四つの角にトーチカが修築されるのが一般的である。部落居住を強要された農民は全員登録され証明書を持たされ、持たない人は直ちに処罰される。最も早い時期に建設されたのは1933年3月、間島省で作られた8カ所の集団部落であるが、一定の効果を収めたため、1934年には間島省全省の36カ所に広がった。同年12月、「満洲国」は「集団部落建設に関する件」（民政969号令）を発布し、地理上のみならず、経済的、思想的にも分離させる意向を現実化した。その後、この集団部落は急激に発展し、全満洲に広がり、1939年までに13,451カ所に達し、約500万人の農民を強制的に収容した。具体的な農民の被害については、趙聆実編『日軍暴行録』吉林分巻、東北淪陥十四年史叢書、中国大百科全書出版社、1995年、213-245頁を参照されたい。
4) 1933年6月、関東軍が徹底的に「討伐作戦」を行うために部隊を分散配置し、それに伴う治安維持に関する企画統制に任ずるために、治安維持会を設置した。同会は、中央、省、地区、県の各級委員会があり、関東軍および「満洲国」政府の官吏が委員長および委員で構成された。会の任務は抗日軍の討伐および帰順工作、兵器の回収整理、自衛団の強化、訓練などのほか、戸口調査、保甲制度の確立、交通通信網の建設、抗日軍の情報収集、等々治安維持に関する事項であった。特に「集団部落」の建設などに力を入れ、それによって抗日闘争勢力は大きな損失を被った。1938年、同会は解散された。
5) 「外国労働者取締規則」の実施は中国側の大きな反発を招き、南京政府は河北省、山東省および各市の政府、警察機関に対し華北労工の渡満禁止および大東公司の募集禁止命令を発令して反発を示した。『北平辰報』（1935年3月21日社説「日本阻止中国人入満事件」[「日本の中国人入満阻止事件」]）、『大公報』（天津、同年3月22日社説「日本禁阻華工出関問題」[「日本の華工渡満禁止問題」]）、『申報』（上海、

同年3月20日社説「日本禁止我国農工出関」[「日本我国農工の出関を禁止す」])等々の新聞も「満洲国」の労工取締政策に対し社説で激しく批判した。この問題について、満鉄経済調査会『外国労働者入満取締強化後における北支事情調査書』(1935)年が詳しい。

6) 1935年8月、陸軍次官の名で支那駐屯軍に提出した「対北支那政策」には、「五、(北支五省の) 彼等政権をして、対日・満関係に於て同一歩調をとらしむると共に、……南京政権 (蒋介石政権) の政令によって左右せられず、自治的色彩濃厚なる親日・満地帯たらしむることを期す」(歴史学研究会編『日本史史料5 現代』岩波書店、1997年、69頁) とあり、華北で親日・満の自治政権を設立する方針が明示された。これを受けて、9月、支那駐屯軍司令官多田駿は、天津における談話で、「日満支共存の素地をなす北支のいわゆる明朗化は北支民衆の力により、徐々に達成さるべきものであるが、これを阻害する国民党部および蒋介石政権の北支よりの除去には威力の行使もまたやむを得ないであらう、この根本主張に本づくわが軍の対北支態度は (一) 北支より反満抗日分子の徹底的一掃 (一) 北支経済権の独立、北支民衆の救済は北支財政を南京政府の隷属下より分離せしむるの外はない (一) 北支五省の軍事的協力による赤化防止、これらのためには北支政治機構の改正確立を必要とするが、さし当り北支五省聯合自治体結成への指導を要する」(『大阪朝日新聞』1935年9月25日) と述べた。これは明白に華北を中国中央政府から分離させようとするものである。こうした構想に基づき、同年11月の冀東防共自治委員会をはじめとして華北では様々な傀儡政権が日本の手によって設立される。この華北分離工作は第二「満洲国」を目指すものと言える。

7) 『大阪朝日新聞』1940年3月23日。

8) 同上。

9) 「満洲国」とは別に、日本は華北分離工作の中で、いくつかの傀儡政権を設立したが、表面ではこれらの政権に官吏として関与しないものの、通常顧問という形式で裏で「指導」することにより直接関与する。

10) 東亜新報天津支社編『華北建設年史』同社、1944年、「産業経済第三部 一般経済篇」422頁。

11) 鍛治邦雄「満洲への中国人の移動について」小野一一郎ほか編『両大戦間期のアジアと日本』現代資本主義叢書18、大月書店、1979年、127頁、129頁。鍛治によると、20年代を通じて入満者総数のほぼ5割を占めていた大連経由者の職業構成は、入満数激増の1928、1929年に自由職業を除き農業はそれぞれ23.2%、20.1%であり、それ以外はすべて3.6%以下である。1930年の農業は全入満者の3分の1を占めていた。

12) 満鉄および「満洲国」の調査資料によると、1930〜1944年度における「満洲国」の耕作面積が最も多いのは、1940年度（15,196,339ヘクタール）であり、次いで1944年度（15,180,123ヘクタール）と1939年度（15,031,895ヘクタール）である。姜念東ほか著『偽満洲国史』大連出版社、1991年、357頁。
13) 松村高夫「日本帝国主義下における『満洲』への中国人移動について」『三田学会雑誌』64巻9号、慶應義塾経済学会、1971年9月、49頁。
14) 『支那』第31巻第6号、東亜同文会、1940年6月、215-216頁。
15) 横浜正金銀行調査部『満洲に於ける北支労働者及労働統制に就て』調査報告第130号、1942年、29頁。
16) 同上、29-30頁。
17) 同上、30-32頁。満洲労工協会山海関出張所の調査によると、「満洲国為替管理法」改正前（1940年6月13〜23日の調査）は、労働者離満理由のうち、最も多いのは「家族面接及瞻墓」で全体の50％を占めるのに対し、同法改正後（同年8月7〜16日の調査）は、「為替管理強化による家族送金困難」を理由とする離満者が最も多く、全体の43.5％を占めることになった。
18) 前掲「日本帝国主義下における『満洲』への中国人移動について」50頁。
19) 中村隆英『戦時日本の華北経済支配』山川出版社、1983年、211頁。
20) 満洲重工業開発株式会社『労務対策研究』（上）、調査資料第12号、康徳8（1941）年、86頁。
21) 前掲『戦時日本の華北経済支配』213頁。
22) 同上、199-200頁。
23) 前掲『労務対策研究』（上）、88頁。
24) 同上、89頁。
25) 前掲『戦時日本の華北経済支配』241頁。
26) 前掲「日本帝国主義下における『満洲』への中国人移動について」50頁。
27) 満鉄調査部『満洲鉱山労働概況調査報告』満鉄調査研究資料第14編、南満洲鉄道株式会社、1940年、49頁。
28) 満鉄経済調査会『満洲労働統制方策』立案調査書類第30編第1巻、1935年11月、16-17頁。
29) 指紋なんてみんなで"不"の会編『抗日こそ誇り――訪中報告書』中国東北地区における指紋実態調査団、1988年、33頁。
30) 撫順炭鉱庶務課華工係「撫順炭鉱に於ける支那人労働」満鉄『調査時報』第3巻第1号、1923年1月、54頁。前掲『抗日こそ誇り――訪中報告書』32-33頁。
31) 前掲『抗日こそ誇り――訪中報告書』33-34頁。

32) 永野賀成『満洲に於ける労働運動並に労働争議』出版社不明、1929年、25頁。
33) 同上、2頁。
34) 前掲『抗日こそ誇り――訪中報告書』93頁。
35) 満洲国治安部警務司『満洲国警察史』上巻、康徳9（1942）年、700頁。復刻版は1976年出版。
36) 蘇崇民ほか編『労工的血与涙』中国大百科全書出版社、1995年、99頁。原本は新京支社調査室『満洲工業労働概況調査報告』1940年、9頁。
37) 近藤浩『撫順炭鉱ニ於ケル労働管理状況』弘報資料第50号、1938年9月、9頁。
38) 前掲『満洲国警察史』705-706頁。
39) 同上、706頁。
40) 前掲『抗日こそ誇り――訪中報告書』133-135頁。
41) 前掲『労工的血与涙』274頁。また、興亜院華北連絡部政務局編『華北労働問題概説』興亜院華北連絡部、1940年、204-226頁も併せて参照されたい。
42) 前掲『労工的血与涙』274頁。
43) 前掲『華北建設年史』「産業経済第三部　一般経済篇」420-421頁。
44) 小林英夫『「大東亜共栄圏」の形成と崩壊』御茶の水書房、1975年、468-469頁。
45) 前掲『華北建設年史』「産業経済第三部　一般経済篇」422頁。
46) 同上。
47) 1938年11月、満鉄が華北進出への挫折を受け、「名を捨て実を取る」形で達成した結果として設立された会社で北支那開発傘下にある。総裁は満鉄理事の宇佐美寛爾、副総裁は中国側の殷同である。事業内容は鉄道事業、自動車運輸事業、内国水運事業、およびその附帯事業の経営と臨時政府の国有鉄道およびほかの政権などから委任された鉄道の経営。
48) 1941年10月11日華北交通株式会社総裁宇佐美寛爾より満鉄撫順炭鉱長大垣研宛「満洲向工人ノ募集斡旋ニ関スル件」撫総庶文01第14号6ノ57（撫順炭鉱鉱務局档案館蔵、以下、撫鉱蔵）。
49) 1942年7月17日華北労働者募集協定加入者会長左枝常一より満洲労務興国会、大使館、天津総領事館、済南、青島領事館、満洲重工業、撫順炭鉱、各事務所、各評議員宛「愛路村工人供出実施ニ関スル件」（番号不明）別紙添付「第三次工人供出実施要領」およびそれに対する同年8月（日不明）撫順炭鉱の返答「華北交通株式会社愛路村供出工人ニ関スル件」撫総労庶02第1号23（撫鉱蔵）。
50) 前掲『華北建設年史』「産業経済第三部　一般経済篇」423頁。
51) 同上、424-425頁。
52) これについて、北京市档案館編『日偽在北京地区的五次強化治安運動』上・下、

北京燕山出版社、1987年、防衛庁防衛研修所戦史室『北支の治安戦』〈1〉、戦史叢書、朝雲新聞社、1968年、同〈2〉1971年、を参照されたい。
53) 前掲『華北建設年史』「産業経済第三部 一般経済篇」421頁。
54) 同上。
55) 同上。

第3節　日本人移民と朝鮮人移民

「満洲国」が1934年から実施した入満労工制限政策の背景には、関東軍が日本人、朝鮮人移民を考慮に入れたことも挙げられる。というのは、第2節で触れたように、20年代の中国人移民は農業にたずさわる者が多く、日本人、朝鮮人移民にとって土地の開墾と利用のライバルになることがその理由と考えられる。中国人の入満制限に深く関わる日本人移民および日本の植民地である朝鮮人移民について、その政策がどのように立案され、実施過程の中で現地の中国人にどのような影響をもたらし、日本人と朝鮮人の移民が中国人とどのような関係を持っていたかを、この節では今までの研究[1]に基づいて検討することにする。

(1) 日本人移民と朝鮮人移民政策の立案

①日本人移民政策の立案

満洲への日本人移民は「満洲国」成立以前からすでに始まった。すなわち、1904-06年、満鉄によって行われた鉄道守備隊満期兵の満鉄附属地への移民、1905-06年、関東都督府によって行われた関東州租借地「愛川村」への移民、1929年、満鉄により関東州租借地内に設立された大連農事会社による移民、さらに、東亜勧業や華興公司（大倉組）による移民、満鉄、関東都督府（関東局）および朝鮮総督府の援助による「自由移民」などが農業移民として入満した[2]。しかし、「満洲国」における日本人移民の前史とも言えるこの農業移民は政治的、経済的な要因によっていずれも失敗に終わった[3]。

1931年「九・一八」事変以前、満洲植民地化の重要な基礎としての土地に関する商租権は、中国人の根強い抵抗運動によってほとんど形骸化したが、事変後は、日本の全面的な満洲支配の下で権力の行使が可能となった。特に日本が「満洲国」の承認を内外に宣言した「日満議定書」（1932年9月15日）では、土地商租権を含む「満蒙特殊権益」を「満洲国」政府に承認させた[4]。この問題の解決に伴って、満洲への移民問題が再び日本国内および満洲現地の関東軍によって提起された。その背景には以下のような事情がある。(1) アメリカへの日本人移民は、1924年、排日気運の最高潮となった「米国新移民法」によって禁止されていた[5]。(2) 20年代後半、特に1929-1931年の世界大恐慌によって、日本の農村は大きな経済的打撃を受けることになり、農民の生活が極めて困難な状態になった。特に、「満蒙開拓の父」といわれる加藤完治が、山形県自治講習所所長時代にすでに明言した「農村子弟と耕地問題」解決の活路を満洲に求める[6]ことが「九・一八」事変によって実現可能となった。(3) 対外侵略、領土拡張の国民意識の存在も否定できない。これについて日本大学の講師で、満洲拓殖公社参事として「開拓」企画の中枢に参画した喜多一雄は著書『満洲開拓論』の中で、以下のように述べている。「満洲開拓を促進せる動因は、単にそれ［経済的原因］のみではない。斯くの如き経済的社会的行詰りに逢着しつゝ、国家的存亡の境に立ちし我国の政治指導方針の錯誤、就中外交の無力に反発する国民の愛国的自衛心、国家的威厳の発揚欲望等が亦強力なる能動的因子となれることを否むわけに行かぬ。……日満蒙支を圏域とする日本ブロックの築成を要望する世論が漸くにして繁くなつた。否それは世論と謂はんより、全国民が抱ける国民的熱情であつたと謂へよう」[7]。この発言は一部の国民の中に存在する中国侵略の意識を露骨に反映している。(4) ソ連の軍事力の発展および「満洲国」内の反満抗日運動の高揚は、関東軍にとって脅威的なものであり、これを鎮圧するために関東軍だけでは不可能に近く、「治安維持協力者」としての移民の必要性が関東軍の希望によって現実のものとなった。こうした移民は「第一に心身強健なる日本在郷軍人の集団を以て組織せられ、第二に全満、なかんずく北満各地に散在配置せられて、匪賊の集結乃至通路地帯を扼し、

第三に食料其他物資の輸送困難なる事情に鑑みて、農耕生活により自給体制を編成すると、所謂『屯田兵』の要求となって」[8]あらわれたのである。

上述のような背景において、日本国内の加藤グループ（日本国民高等学校長の加藤完治、農林省農務局長の石黒忠篤、東京帝国大学農学部教授の那須皓、京都帝国大学農学部教授の橋本傳左衛門、農林省農政課長、のち農林次官の小平権一）による対満移民案および満洲現地の関東軍による案がそれぞれ立案されることになった。加藤グループ案は「満蒙六千人移民案」[9]といわれるもので、のちの拓務省の最初の農業移民案の下敷きでもあったが、この第一回移民案は1932年3月20日の第61臨時議会に提出される前、高橋是清大蔵大臣の反対のため閣議で否認された。主な理由は、治安問題と従来の農業移民失敗の事実である。実はこの時期、満洲移民の可否論に関しては桑島節郎が指摘しているように「拓務省をはじめとする政府の満洲移民に対する考えを見てみると、一言でいえば否定的であった」[10]のである。一方、1932年2月、関東軍統治部（のち特務部）は「移民方策案」と「日本人移民案要綱」と「屯田兵制移民案要綱」を最初の移民計画案（第一回移民案）として作成した[11]。

しかし、注目すべきなのは、加藤グループ案が終始在郷軍人を主力とする「武装移民」という案であったのに対し、最初の関東軍案は満鉄沿線に入植を想定した「経済移民」であった。この経済移民案の作成には様々な要因が働いたが[12]、同案作成に当たった特務部の主任参謀である森赳少佐の、軍事色彩濃厚な屯墾軍制に対する反対は看過できない[13]。にもかかわらず、関東軍の石原莞爾参謀ともう一人「満洲開拓の父」といわれる東宮鉄男大尉の固執的裏工作[14]によって、北満への集団的な武装移民が1932年10月、「満洲における移民に関する要綱案」および「佳木斯移民実施要領案」[15]をもって関東軍で正式決定された。ここで指摘したいのは、同要綱案（第二回移民案）は日本人移民だけではなく、朝鮮人、中国人移民に関してもその大綱を提示し、「関東軍が日本人、朝鮮人、中国人の対満移民に関する全般的方針をはじめて提示した移民計画案」[16]としたことである。そして、加藤の高級官僚に対する裏工作[17]もあるが、結果的に関東軍の圧力によって、関東軍案をほぼ生かした拓務省の

「一千戸移民計画案」(第三回移民案)の中の1932年秋に送出すべき500人案がようやく日本政府に承認されることになった。すなわち、1932年8月17日、「満洲試験移民に関する件」が発表され、同日、試験移民に関する予算案が閣議通過し、8月30日、第63臨時議会により決定された。こうして、関東、東北12県より募集した在郷軍人425人が1932年10月、第一次武装移民として東京を出発し、翌33年2月に先遣隊が、4月に本隊が三江省樺川県永豊鎮に入植した。関東軍主導による治安対策の性格を濃厚に刻印した満洲移民は、上述のような過程を経て実現するに至ったのである。

　1936年は、「満洲移民にとって、『試験移民期』から本格的・大量的移民期へ移行するための過渡期」[18]といわれるほど、重要な年であった。同年1月、満洲現地の移民助成機関としての満洲拓殖会社(資本金1,500万円)が設立され、同時に、日本国内の移民助成機関である満洲移住協会(1935年11月設立)もその業務を開始した。第五次集団移民はこうした状況の下で実現したのである。同年二・二六事件が発生し、「満洲移民の『大なる障壁』」、「満洲大量移民計画の実施を財政的にチェックしていた最大の『トーチカ』」であった前述の大蔵大臣、高橋是清が殺害されて[19]、満洲大量移民の実現の好機が作り出された。

　1936年5月11日、関東軍が「第二回移民会議」を新京で開催し、「三大国策」[満洲第一次産業開発五ヶ年計画、北辺振興計画、百万戸移民]の一つと言われる「満洲農業移民百万戸移住計画案」およびその具体的な実施計画案である「暫行的甲種移民実施要領案」を提出した[20]。そして、同年8月、この二つの案と去る7月に関東軍参謀長通牒の形で出された「日本人移民用地整備要綱案」[21]に基づいて日本政府は「二十ヶ年百万戸送出計画」を七大国策の一つとして決定した。1937年5月、拓務省は同送出計画の第一期(1937-1941年)の10万戸送出計画の実施大綱である「満洲移民第一期計画実施要領」を作成し、9月、日満合弁の満洲拓植公社(満洲開拓会社の改組・拡大化したもの、以下満拓と略す、資本金5千万円)および満洲現地における開拓事業の最高責任機関である開拓委員会が設立された。満拓は、移民地の獲得を主な業務とし、40年末には、日本国内耕地総面積560万陌を超える650万3,500陌の熟地と可耕地

を獲得し、大量移民計画の実施に不可欠な条件を確保した[22]。

しかし、このような大規模な可耕地の相当部分は、第2節で触れたように、また第4節でも述べるが、1939年から始まった多数の中国人労工を使役した農地造成によるものである。

こうして、1937年から始まる百万戸計画に基づいた日本人移民は、関東軍の主導権を離れて、日本の国家権力の統一的、組織的発動の下で本格的に行われることになった。

②朝鮮人移民政策の立案

朝鮮人の満洲移民は古くから始まったが、急激に増加した時期は三つあると言われる[23]。一つ目は1870年前後、朝鮮の五年間にわたる大飢饉の発生によって、咸鏡道・平安道など北朝鮮の難民が満洲、特に間島に流入した時期である。二つ目は1910年、日韓併合による日本支配に対する嫌悪という政治的な要因、および1908年に設立した「東洋拓植株式会社」の土地収奪などによる経済的な要因に伴う満洲移民期である。三つ目は満洲事変以後、日本政府の朝鮮人移民政策などによる移民期である。ここでは、最後の移民期を中心に検討することにする。

1931年の満洲事変の時点で、在満朝鮮人移民は60万人を超えていたが[24]、事変勃発後、帰国者数は移住者数を大幅に超える事態となった。例えば、朝鮮総督府警務局の調査によれば、1930年には移住者9,258人、帰還者1万2,354人、1931年は移住者5,862人、帰還者1万3,699人で、いずれも帰還者数が移住者数を上回り、1931年は特に倍以上となった[25]。また、朝鮮の平安道の調査によれば、1930年には朝鮮への帰還者数は満洲への移住者数の3.5倍、1931年5.5倍、1932年12倍、1933年1－4月には7倍余りとなっている[26]。事変が在満朝鮮人に与えた影響がいかに大きいかを物語っていると言える。この時期、朝鮮国内では「農民ノ多数ハ土地兼併ノ結果、所謂小作農民ニ堕シ其ノ耕作面積ノ如キモ五反歩未満極メテ多数ヲ占ムル有様ナルヲ以テ、其ノ生活ノ困難ナル到底実地ヲ瞥見セザル者ノ想像モ及バザル所ナリ」[27]という状況であり、大量の帰還

者の増加は朝鮮国内の失業人口、特に農村の過剰人口をいっそう激化させ、農民の生活をさらに低下させた。同時に、農業危機の深刻化に伴う小作争議、特に対日本人地主争議が急増した[28]。また、日本への朝鮮人移民が日本国内の失業問題が深刻化するにつれて厳しく制限され、1932年9月、渡航朝鮮人身分証明書携帯義務が実施され、34年10月、「朝鮮人内地移住対策」、すなわち朝鮮での移住阻止方針が決定されることになった[29]。このような状況の中で朝鮮総督府が、対満移民を朝鮮国内問題の解決策として主張し、一方で、前述の「満洲国」以前の日本人移民の失敗の補完策として、適応性があり、移住経費が低い朝鮮人の満洲移住を唱えた。

しかし、総督府側の主張に対し、関東軍の朝鮮人移民に対する考えは消極的、ないしは否定的であった。その理由は日本人移民との競合を恐れることと、満洲国内の治安問題にある。前者は「朝鮮人移民が水田事業に従事する故に日本内地移民の最も得意とする所と競合」[30]とするものであり、後者は大量移民の入満が「思想的傾向を悪化せしめ、満洲の治安に対しても重大なる悪影響を及ぼす」[31]ことを恐れたことによるものである。要するに、日本人移民を最優先することが関東軍の方針であった。こうした中で、1932年8月、満鉄調査会は「朝鮮人移民対策案大綱」を作成し、既住朝鮮人の安定を中心に考慮し、新たな移住を積極的に行わないことを明確に指摘した[32]。

こうした関東軍の方針を変更させたものこそが後述の「土竜山事件」であり、日本人移民の挫折を朝鮮人移民によって克服することを、関東軍は志向することになる。そして、1934年11月、関東軍特務部は「第一回移民会議」を開催したが、席上で日本人移民奨励、朝鮮人移民統制、中国人移民制限を方針とし、朝鮮人移民の実施に向け、「駐満帝国最高機関と協議の上当分の間朝鮮総督府之を取扱ふ」[33]とする内容を含む「満洲農業移民根本方策案」（同年8月作成）を提出した。拓務省がこれを受けて立案した「満洲農業移民根本方策案に関する件」（1935年5月）では、朝鮮人移民も日本人移民と同様に配慮するとした。

そして、1936年8月に制定された関東軍司令部「在満朝鮮人指導要綱」に基づく「鮮農取扱要綱」および「鮮農移住統制並安定実施要綱」では、一、新規

入植戸数を毎年一万戸以下とすること、二、新規入植地域は間島省および旧東辺道の23県に限定すること、三、国境地帯の朝鮮人農民を指定箇所に移住させること、という方針を決定し、翌9月、朝鮮人移民機関として、朝鮮総督府令第7号による特殊会社「鮮満拓植株式会社（以下鮮満拓と略す）」を朝鮮の京城に、また同社が全額出資する子会社で「満洲国」政府勅令第94号による特殊会社「満鮮拓植股份有限公司」（1938年7月、満鮮拓植株式会社と改称、以下満鮮拓と略す）を新京に設立することになった。満鮮拓は基幹事業として「一、朝鮮よりする新規移民の入植援助、二、在満既往農鮮［鮮農？］の統制集結、三、在満既往小作鮮農に対する自作農創定」を行うこととした。その後、朝鮮人の満洲移民は朝鮮総督府、関東軍、「満洲国」、日本国等の国家機関の統制下で組織的、統一的に遂行されることになった。

　1937年7月、盧溝橋事変が勃発し、翌1938年7月に改訂された「在満朝鮮人指導要綱」は、「満洲国」治安維持および国防における朝鮮人の役割を強調し、同月、それに基づく「満洲国」政府「鮮農取扱要綱」12項は毎年1万戸の入植の励行と前述の入植地域制限の撤廃を決定した[34]。この決定は盧溝橋事変による中日戦争の拡大と関係があると見てよかろう。また、同年10月、「満洲国」治安部の発表によると、「満洲国」軍第二軍管区間島省司令部隷下に朝鮮人部隊が特設されることになり、上述の治安維持、国防上の朝鮮人の役割を示した。

　太平洋戦争の勃発を受け、1942年、対満朝鮮人移民の「第二次五ケ年計画」が対満日本人移民の「第二次五ケ年計画」と対応して実施されることになった。今までにこの第二次五ケ年計画を取り扱う原典資料や朝鮮人移民の研究が多数あったが、第一次五ケ年計画に言及する論文は筆者の知る限りまだない。朝鮮人の対満移民に対し関東軍は積極的ではなかったが、1937年満鮮拓による集団移民から第二次五ケ年計画の実施までの五ケ年が第一次五ケ年（計画）ではないかと考えられる。

　こうして、日本人、朝鮮人移民政策は中国人の入満制限の前提として実施されたが、優位的な立場にある日本人移民に対し、朝鮮人移民はそれとの競合を避けるよう、補佐的な位置づけとなった。

(2) 日本人移民と朝鮮人移民政策の実施

①日本人移民政策の実施

　第二次武装移民は1933年7月に行われ、494人が1934年3月、三江省依蘭県に到着したが、依蘭など六県における土地収奪と武器回収などに反対する現地の農民が抗日暴動を起こした。この「土竜山事件」（中国側は「土竜山大惨案」「土竜山大血案」と呼んでいる）は関東軍および移民団の守備隊に鎮圧されたが、関東軍や拓務省などに大きな衝撃を与え、以後の土地買収、ひいては移民政策に大いに影響したことは後述する如くである。

　事件による衝撃を受け、関東軍特務部は、それ以後の移民方針を変更すべく、前述のように同年11月、開催した「第一回移民会議」で特殊移民機関としての「満洲拓殖株式会社」の設立を決議した。それ以降の移民募集地域は全国に拡大され、対象者は必ずしも在郷軍人である必要はなくなった。この意を受け「移民の資格を必ずしも在郷軍人でなくてもよく、佐官の陸軍将校もおらず、携行した兵器も小銃のみで服装も中国人を刺激しないように軍服着用を避けて民間人の服装であった」[35]。そして、第五次移民は1,109人が1936年7月に送出されたが、これは同時に、試験移民にあらざる本格的移民への足掛かりとなる拓務省の「五ケ年二万戸送出計画」の第68通常議会（1935年12月召集）の通過によって同計画の第一年目として実行され、「試験移民」とは呼ばず「集団移民」と呼ばれるようになった[36]。こうして、1932年から1936年までの試験移民期は、表1-18の如く、集団的に3,104人が満洲に送出された。

　表1-18はいくつかの特徴を示している。一つ目は第三次送出人数の激減であり、これは第二次移民が遭遇した「土竜山事件」の影響によるものと考えられる。その後の増加は募集方針の変更による募集地域の拡大、一般人応募者の増加に伴うものである。二つ目は定着率（当初数の補充分を含む）の増加。これは退団、病死、戦死者の減少によるものである。表1-18に示すように、第一次、第二次移民の退団者数は送出人数の半分近くにも達し、病死、戦死者も多かった。その原因は、「治安の不良、貧しい食生活、何も娯楽もない生活か

表1-18 試験移民期の対満集団的移民数（人）と定着率

送出年度	送出人数	1937年人数	1940年人数		1940年までの減少人数					移住地
			実数	定着率	合計	退団	病死	戦死	不明	
1932年（第一次）	493 (525)	337	294	56.0%	231	196	75	20	—	三江省樺川県永豊鎮
1933（第二次）	494 (672)	322	413	61.5%	259	224	16	19	—	三江省依蘭県湖南営
1934（第三次）	298 (303)	240	204	67.4%	99	91	7	1	—	浜江省綏稜県北大溝
1935（第四次）	500 (489)	484	415	84.9%	74	52	17	5	—	浜江省密山県2個所
1936（第五次）	1,109 (1,115)	1,025		91.9%	90	60	22	6	2	浜江省密山県数箇所
合計	2,894 (3,104)	2,351			753	623	137	51	2	

出典：満洲史研究会『日本帝国主義下の満洲』御茶の水書房、1972年、221頁「第3・1表 試験移民期の対満日本人移民数（1932年-1936年）」より作成。
注：（ ）内はその後の補充人数を含む数。

ら生じる『屯墾病』」によるが[37]、その後の退団者などの減少は、関東軍の激しい鎮圧による抗日活動の低落および漸次営農主義への転向による生活の改善が重要な原因であると考えられる。なお、第一次武装移民493人は1945年8月12日には241人しか残っていなかった。それ以外の252人の内実は、退団者198、病死者28、戦死者25人であったが、あと1名の行方は記録されていない[38]。

しかし、1937年、盧溝橋事変が勃発し、戦争の拡大によって日本国内の労働力の不足が表面化し、移民の送出が計画通りにできなくなって、計画は修正を余儀なくされた。同時に、「満蒙開拓青少年義勇軍」（以下義勇軍）の送出が関東軍によって決定された。白取道博が指摘するように、「義勇軍は、農業移民を主軸とする満洲移民が荷わされていた軍事・治安上の役割を補充・代位する形で、1937年度を起点とする『20カ年100万戸送出計画』の補完策として案出されたものである」[39]。義勇軍の応募資格は年齢16歳から19歳までで、職歴は問われず、農村を主体とする開拓団の募集より広範囲であった[40]。そして彼らは、3年間の訓練を受け義勇隊開拓団として入植することとなった。

1939年12月、本格的移民期の「最高の宝典」といわれる「満洲開拓政策基本

要綱」が日満両国政府によって発表された。同要綱は、満洲移民を従来の「日本ニ於ケル移民国策ノ一環」という規定から「日満両国ノ一体的重要国策」へと拡張変更した。これは「満洲移民事業の在満中国人に対する『侵略的印象』をやわらげ、満洲支配の安泰をはかるため」[41] とのことである。これによって従来の移民形態であった集団移民と自由移民が集団、集合、分散の三つに変更され、現地住民との混住が図られた。また、「実質は日本政府の代行機関」[42] である満拓が満鮮拓植会社（後述）と統合したが、満洲移民の主導権は依然掌握していた。しかし、土地の強制買収に恨みを持つ中国人との関係を緩和するために、その移民用地取得の権限を「満洲国」政府の開拓総局（1938年12月設置）に譲ることになった。義勇軍についてはその訓練、営農の統轄、訓練場経営を、満拓の代わりに満洲開拓青少年義勇隊訓練本部が担当することと規定した。朝鮮人移民についても「統制」の名で制限することを志向した。

同要綱は、日本政府が満洲移民の主導権を放棄しないにもかかわらず、中国人の抵抗および中国人官吏の不満（後述）のため、各種の権力を「満洲国」に移譲せざるをえなくなったことを示している。しかし、「関東軍＝『満洲国』」[43] のため、その権力を関東軍に任せただけに過ぎないといえる。

その後、「開拓三法」と呼ばれる「開拓団法」（1940年5月公布、満・勅令第107号）、「開拓協同組合法」（同年6月公布、満・勅令第162号）、「開拓農場法」（1941年11月公布、満・勅令第280号）が次々と公布され、移民用地に関する自由売買を厳禁し、獲得した土地を再び中国人の手に戻すのを阻止しようと図った。こうして、開拓移民を廻る政策、機構、法令などが整備される中で、第一期五ケ年計画が実施されることになったが、戦争の拡大に伴う日本国内の労働力不足によって、計画は二度修正されたにもかかわらず、送出実績は表1-19に示す通り再修正計画の38％しか達成できなかった。義勇軍の送出実績はそれより比率が高かったが、合計約68％に過ぎなかった。

1942年1月、「満洲開拓第二期五ケ年計画要綱」が日満両国政府より正式に発表され、百万戸移民計画は第二期に入った。表1-20に示すように、同要綱では一般開拓民159,600戸、義勇隊開拓民60,400戸、合計220,000戸を満洲に移

表1-19　対満日本人移民第一期五ケ年計画および満蒙開拓青少年義勇軍の送出計画とその実績

年　度	1937	1938	1939	1940	1941	1942	合　計
当初計画（戸）	6,000	15,000	21,000	28,000	30,000		100,000
修正計画（戸）	6000	6,000	11,000	30,000	47,000		100,000
再修正計画（戸）	6000	6,000	11,000	20,000	34,600		77,600
送出実績（戸）	4,091	4,814	9,212	6,677	5,052		29,846（38%）
義勇軍送出計画（人）		30,000	30,000	12,600	12,000	10,200	94,800
同送出実績（人）		20,149	10,818	9,156	12,411	11,604	64,138（68%）

出典：前掲『日本帝国主義下の満洲』256頁「第3・5表　対満日本人移民第一期五カ年計画とその実績（1937年－41年）」、満洲移民史研究会『日本帝国主義下の満洲移民』龍渓書舎、1976年、102頁「第1・10表　満蒙開拓青少年義勇軍の送出計画と実績」、塚瀬進『満洲国「民族協和」の実像』吉川弘文館、1998年、213頁「表14　一般開拓団・義勇隊開拓団の入植動向」より作成。
注：1941年度の当初計画から両修正計画までの戸数には義勇隊開拓団、大陸帰農開拓団を含む。

表1-20　1942年以降における日本人移民の推移

年代	一般開拓団			義勇隊開拓団			合　計		
	計画（戸）	実績（同）	同人口（人）	計画（戸）	実績（同）	同人口（人）	計画（戸）	実績（戸）	同人口（人）
1942	13,000	4,526	13,903	10,500	10,100	10,597	23,500	14,626	24,500
1943	25,600	2,895	7,642	8,800	9,049	9,194	34,400	11,944	16,836
1944	33,000	3,738	12,489	11,700	11,541	11,541	44,700	15,279	24,030
1945	41,000	1,056	3,255	9,700	10,300	10,300	50,700	11,356	13,555
1946	47,000			19,700			66,700		
合計	159,600	12,215	37,289	60,400	40,990	41,632	220,000	53,205	78,921

出典：前掲『日本帝国主義下の満洲移民』86頁「第1・4表　第二期五カ年計画年度別入植計画戸数」、前掲『満洲国「民族協和」の実像』213頁「表14　一般開拓団・義勇隊開拓団の入植動向」より作成。

民することが規定された。ほかに、義勇軍13万人を送出することとした。しかし、太平洋戦争突入後における日本の労働力枯渇がますます激化し、満洲移民の計画通りの実現は不可能であった。そのため、「満洲国」開拓総局は1943年の具体的な移民方策を提示する「康徳十年度開拓政策実行方策」を1942年12月決定し、日本政府は1943年9月に関東軍が提出した「戦時緊急開拓政策実行方策に関する件」に基づき、ほどなく「入植確保のため採るべき方策」を決定した[44]。しかし、「北辺鎮護」と「食料増産」を中心とする第二期満洲移民を実現するために、「満洲国」および日本政府がこうした政策を制定したにもかか

わらず、その結果は表1-20に示す通り、合計戸数は計画の24％しか実現できなかった。一般開拓団の一戸5人という従来計画に対し実際には一戸が平均3人に過ぎなかったことになる。

　また、第二期の移民は、表1-20に示したように義勇軍による義勇隊開拓団が中心であることが特徴である。これは、一般開拓団が「一九四三年時点ですでに事実上、崩壊していた」[45]ことによる。1945年7月、日本人の満洲移民は日本政府の中止命令によってついに全面的に崩壊することになった。

　満洲移民の第二期に一つ注目されることは、「被差別部落民」の移民である。「満洲に移住すれば、差別はなくなる」[46]と、融和運動（部落差別撤廃運動）の中で宣伝された。「行政側の呼びかけが［被差別部落民の］満洲移民を決意させた大きな要因であった」[47]とされている。この種の移民は、1938年以後、熊本県、兵庫県、高知県などの「被差別部落」から満洲に送られはじめたが、日本敗戦までの人数はまだ明らかになっていない。結局、差別されていた者が差別する側に立った、と塚瀬は指摘している[48]。

　もう一つは「大陸の花嫁」といわれる女性の満洲送出である。「未婚男子で編成された義勇軍開拓団に家庭を持たせ、将来的にも満洲国で農業を営んでいく条件づくりが求められた」ため、「義勇軍開拓団への『花嫁』捜し」が浮上したと、塚瀬は指摘したが[49]、実は「大陸の花嫁」の満洲送出は武装移民期の1934年9月からすでに始まっていた[50]。1942年に拓務省により作成された「女子拓植事業対策要綱」によって満洲への花嫁送出が全国に広がり、そして、「開拓政策遂行の一翼」、つまり「開拓民の定着」「民族資源の量的確保と共に大和民族の純血を保持すること」「日本婦道を大陸に移植し満洲新文化を創建すること」「民族協和の達成上女子の協力を必要とする部面の多いこと」として役割を課せられた「大陸の花嫁」は、日本の敗戦に伴って開拓団移民と同じように「棄民」とされ、その中、多数が戦後のいわゆる「残留婦人」となった[51]。

②朝鮮人移民政策の実施

　前述のように、盧溝橋事変を受けて翌1938年7月に「満洲国」政府によって

制定された「鮮農取扱要綱」により、朝鮮人の満洲移民が決定された。新規入植は1939年から集団移民、集合移民、分散移民、の三種類に区分されたが、集団移民は、鮮満拓成立後の1937年から同機関の指導下ですでに行われていた。この種の移民に対しては「原則として希望者を自作農たらしむる方針であり、土地代家屋建築費、営農資金および食継［経？］費等部落建設に要した経費は、収容鮮農が実際農耕に着手して、収穫を挙げ得るやうになった年より二十個年以内の期限で年賦償還せしめ、其の償還の完了を待って該農耕地の所有権を鮮農に移譲する」[52]とした。集合移民は1939年から開始されたが、「其の規模の稍々小なる点と開拓地の斡旋を実質上会社に於て為す外、満洲国政府の委嘱により地方金融会社に於て其の一切の指導援助を為す建前であって、満洲国政府よりの具体的入植可能戸数の通知に基き、移住希望者数に応じ朝鮮の各道に割当てて、所定の手続を経、旅費等自弁にて入植する」[53]ことが集団移民とは異なる。分散移民は以前の自由移民と同義であり、多数の「漫然渡満」を防止するために、同じく1939年から制限措置を実施し始めた。つまり、渡満希望者を満鮮拓とは関係なく朝鮮側が詮衡し、所定の移住証を発給し、同証所有者に限り渡満が認められた。一方、「満洲国」開拓総局が安東、輯安、臨汀、開山、図門の五カ所で拓政弁事処を設け、移住証を持たない者を朝鮮に送還する措置を講じた。

　1939年12月、前述の「満洲開拓政策基本要綱」の発表により、満洲における朝鮮人移民の位置づけは「数の点に於ても取扱の点に於ても、また助成の面でも共に原則として日本内地人開拓民に準ずる」[54]ことになり、同要綱によって1941年6月、満鮮拓は満拓に統合された。1937年以後の対満朝鮮人移民の数は表1-21、表1-22の通りである。

　こうして、1937年から1941年までの朝鮮人移民の新規移民数は表1-21、表1-22に示す通り、集団、集合移民が15,616戸、73,188人となり、そのうち約44％の人口が間島省に集中しており、一方、分散移民は8,851戸、30,172人となり、約38％の人口が吉林省に集中した。前者は満ソ国境に近い間島省における治安維持の目的によると考えられるが、後者は、土地が広く、産業が発達す

表1-21　1937-1941年における対満朝鮮人集団、集合開拓民の推移（1941年12月末現在）

省別	1937年		1938年		1939年		1940年		1941年		合計	
	戸数	人口	戸数	人口	戸数	人口	戸数	人口	戸数	人口	戸数	人口
間　島	2,392	12,325	1,893	9,647	1,346	7,210	550	2,994	—	—	6,181	32,176
北　安	—	—	—	—	—	—	2,810	6,274	622	3,039	3,432	9,313
牡丹江	—	—	—	—	1,376	7,603	—	—	—	—	1,376	7,603
通　化	—	—	602	3,019	356	1,871	173	895	—	—	1,131	5,785
吉　林	—	—	147	683	768	4,293	51	256	100	479	1,066	5,711
其　他	198	1,111	—	—	1,167	6,245	1,024	5,060	41	184	2,430	12,600
合　計	2,590	13,436	2,642	13,349	5,013	27,222	4,608	15,479	763	3,702	15,616	73,188

出典：満洲国通信社『満洲開拓年鑑』康徳9（1942）年、204頁「集団・集合開拓民入植表」より。復刻版は『満洲移民関係資料集成』第33巻、不二出版、1991年。
注：満鮮拓成立以後における新規集団、集合開拓民は10省のみ。

表1-22　1938-1941年における対満朝鮮人分散開拓民の推移（1941年12月末現在）

省名	1938年		1939年		1940年		1941年		合計	
	戸数	人口	戸数	人口	戸数	人口	戸数	人口	戸数	人口
吉　林	1,065	3,516	1,131	4,014	617	2,416	401	1,392	3,214	11,338
奉　天	960	3,285	327	1,135	572	2,292	282	854	2,151	7,566
間　島	28	80	208	954	60	182	894	1,696	1,190	2,911
通　化	160	725	153	618	85	349	225	1,158	623	2,850
浜　江	280	685	181	630	181	693	35	79	677	2,087
其の他	237	668	310	1,122	327	1,274	132	355	996	3,420
合　計	2,730	8,959	2,310	8,473	1,842	7,206	1,969	5,534	8,851	30,172

出典：前掲『満洲開拓年鑑』204-205頁「分散開拓民入植表」より。
注：1938-1941年の新規分散開拓民は14省のみ。政策的には分散開拓民は1939年から開始したが、1938年はそれ以前の自由移民と考える。

る吉林省への移民が比較的容易であることが原因であると言ってよかろう。新規移民数は両者を合計した24,467戸、103,360人となったが、それにしても、前述の「鮮農取扱要綱」に決定された毎年1万戸の計画がただの皮算用であったことは明らかであろう。

　前述のように、太平洋戦争開戦後、第二次五ケ年計画は日本人移民のそれに対応して実施することになるが、それによると、入植戸数は1942年以後毎年概ね一万戸とし、集団、集合開拓民五千戸、分散開拓民五千戸、五カ年で合計五万戸となり、分村計画の実施、朝鮮の「大陸の花嫁」の訓練、送出が規定され、

表1-23 朝鮮人対満移民の推移

年次	中国側解放後報告			満拓資料（人）				総督府資料 分散（推計、人）	合計最大値（人）送出分
	戸数A	人口B	A/B	集団	集合	分散	合計		
1937年	2,590	13,439	5.2	13,436			13,436		(13,436)
1938年	5,373	24,408	4.5	13,349		8,959	22,308	8,290	22,308
1939年	7,323	35,695	4.9	27,222		8,473	35,695	20,412	47,634
1940年	6,450	22,685	3.5	8,719	6,760	7,206	22,685	42,336	57,815
1941年	2,732	9,236	3.4	3,033	663	5,534	9,230	25,753	29,449
1942年	8,383	23,025	2.7	8,761	2,140	13,732	24,633	19,382	30,283
1943年	7,204	8,000	1.1	5,409	1,965		7,374		(7,374)
1944年	750	500	0.7						(500)
合計	40,805	148,988	3.7	91,457		43,904	135,361	116,173	208,799

出典：松本武祝「朝鮮人の対満洲『国策』農業移民——政策と若干の実態」1998年12月12日近現代東北アジア地域史研究会で発表された報告より。

原注：総督府資料の分散移民数は、移民農家戸数に満拓資料より求めた各年次の移民農家1戸当たり平均人口を乗じて推算したもの。合計最大値は、満拓資料による集団集合移民数に分散移民のうち総督府資料と満拓資料のいずれか大きい方の数値を加えて求めたもの。（ ）内の数値には、分散移民数が加えられていない。また、中国側の資料『東北区農林概況 第三編偽満時代之農業政策及其実績（其二）』（ハルピン図書館所蔵）では1944年の戸数と人口が合わないが、不明である。

特に新規開拓民の質の向上、既住朝鮮人の補導安定が重点として志向された。

しかし、戦争の拡大に伴う日本国内の労働力の不足が極端に現われ、表1-20に示したように日本人の一般開拓民の送出は、減少する一方であった。同時に、1939年7月に強行された朝鮮人大量集団募集許可政策に次ぎ、1942年3月、「官斡旋」政策が実施されるようになり、日本への朝鮮人および中国人の強制連行がついに行われることになった。このような状況の下で、対満朝鮮人移民の送出も激減せざるをえなくなった。1944年に至っては対満送出がほとんど不可能となり、ついに対満朝鮮人移民政策が完全に崩壊することになった。表1-23は各資料別朝鮮人対満移民数の推移を表わすものである。

表1-23が示すように、朝鮮人移民を国策として実施して以来、中国側の資料によれば4万戸余り、約15万人、満洲側の資料によれば14万人弱、総督府側の資料によれば分散移民だけで12万人弱が満洲に送出されたことになり、どちらが正確かは不明であるが、仮に15万人が正確だとすれば、それは1942年在満朝鮮人151万人の10％に、また1937年から42年までの在満朝鮮人増加数58万人

の約26％に相当する。また、日本人移民が集団移民を中心とするのに対し、朝鮮人の場合、分散移民の比率が高い。それは前述のような既住朝鮮人縁故者の存在によるものと考えられる。一方、上述のように日本人一般開拓団が一戸当たり3人に対し、朝鮮人移民のそれが中国側の報告によれば3.7人であり、表1-21、1-22によれば4人以上であることが明らかである。

　以上のように、関東軍、日本政府、朝鮮総督府および「満洲国」が一体となって実行した日本人移民と朝鮮人移民は、日本の中国侵略に伴って展開された国策であり、また日本の敗戦によって終止符が打たれた。そして、その実施過程において、その政策を変更させるほど中国人の抵抗が強かったということを無視することはできない。以下、これに関連して、中国人と日本人、朝鮮人との関係について検討することにする。

(3) 中国人と日本人・朝鮮人移民との関係

①日本人移民との関係

　「満洲国」成立の翌1933年2月、第一次日本人武装移民が満洲の三江省樺川県永豊鎮に入植したことは前述したが、この時点から現地中国人と日本人移民との間に直接的な衝突が始まった。言うまでもなく、それ以前の満拓による移民用地の収奪に対し、中国人はすでに抵抗を行っていた。そして、ついに前述の「土竜山事件」の勃発に至ったのである。ここでは、まず直接的な衝突について触れたい。

　永豊鎮に到着した武装移民は、月5円の生活費に耐えられなくなり、中国人の料理店で無銭飲食をする者が次々と現われ、最初に記録に残っているのは到着後13日目のことである[55]。それだけではなく、中国人に対して掠奪、強姦、暴行、殺人、放火等々がほしいままに行われた。これについては、「満洲国」の高官である日本人も認めざるをえなかった。当時「満洲国」最高検察庁検察官の野村佐太男が1941年まとめた『満洲国開拓地犯罪概要』には、「開拓民（内地人及朝鮮人）ト現住民トノ軋轢及夫レニヨリ生シタル犯罪」の項目に28件の犯罪が掲げられたが、そのうち、10件が殺人、過失致死である[56]。その動機に

ついては中国人に対する優越感が指摘された。そのほか、「開拓民ノ犯罪」の項目では、ある強盗殺人の犯罪原因動機については「満洲ニ於テハ如何ナルコトヲ為スモ差支ヘナシトノ思想」[57]が記されている。これは当時の日本人開拓民の中国人に対する蔑視、それによる殺害を活写したものである。しかし、こうした犯罪に対し、日本人裁判官はたかだか数十円の罰金、重くても3、4年の懲役しか科さなかった。したがって、中国人が反感を持つのは当然である。

　また、上述のような思想に基づき、開拓民と中国人との関係を悪化させたもう一つの原因は、農繁期、農閑期にかかわらず現地農民を駆使し、農具、家畜を使用したことである。その典型的な事例は鈴木久の殺人事件であろう[58]。1939年7月、浜江省五常県に入植した朝陽川開拓団の鈴木久が開拓団の住居建設、農地耕作のために、低廉な賃金（1日1人当たり銀1円、現地のそれは金2円50銭）で農民を雇用しようとしたが、当時農繁期に当たり、多数の農民が農耕の繁忙と賃金の低廉を理由に雇用を断った。そこで、鈴木は農民に怒りを覚え、ついに農民の1人を銃殺した。1941年10月から12月までの2カ月の間に、鎮東県に入植した開拓団の現地住民に対しての殴打、掠奪などの暴行事件は8件に達した[59]。移民団は中国人に「屯匪」と呼ばれ、「暴戻あくなき屯墾軍」という歌が作られるほどに中国人に憎まれた[60]。もちろん、日本の中国侵略の手先としての開拓民が、中国人との間に良い関係を持つことはありえないが、このような事件の多発は、開拓民と現地中国人との関係を極めて悪化させ、日本敗戦の直後に一部の開拓民が受けた現地住民からの攻撃の原因にもなったと考えられる。

　現地の中国人に最も損害を与えたのは農地の収奪である。移民団用地については、従来「未利用地開発主義」を提唱したが、実際は土地買収の過程で熟地収奪を伴うものであった。これについて、塚瀬は「開拓民は未耕地の開拓をして、満洲国での生活を切り開いたというよりは、先住民を追い出して買収した耕地に入植した形態がほとんどであった」[61]と指摘している。そして、こうした「有料の買収は実際、掠奪に等しい」[62]ものであった。

　1933年10月、依蘭、樺川など6県の165万垧（1垧は15ムー相当）の可耕地

（同 6 県可耕地の約57％）が買収され、そのうち、熟地は18.2万坰（同 6 県熟地の約41％）であった。また、熟地、生地を問わず一律に 1 坰 1 円とされ、現地価額の40分の 1 （生地の最低価額）から120分の 1 （熟地の最高価額）であった[63]。翌1934年 3 月、関東軍は第二次武装移民のために依蘭県の耕地買収を強制的に行い、拒否する住民の土地契約証明書を探すために壁を壊すなどの暴行を行った。こうした行為は、現地農民、特に地主・富農層の不満を引き起こした。というのも、「三江省一帯は、地主・富農の社会的支配力の強いところであり、社会の内部分裂が比較的希薄な地帯であった。依蘭地方はその代表的地域であり、かつ人口の集中率（三江省の四二％）が高く、可耕地中の既耕地割合も高い地域であった。……移民用地は既耕地に食い込む結果になる」ことは、「必然的に自己の経済基盤を失う」からであり[64]、また、生計を営む土地を失うことは一般の農民にとって命が奪われることに等しいことだからである。そして、失った土地を奪い返すために保董（地域の責任者）兼自衛団団長の謝文東が地域の住民を指導して暴動に立ち上がった。これが「土竜山事件」の原因である。

　日本側の土地収奪は、農民の不満を引き起こしただけではなく、「満洲国」政府の中国人官吏さえもが反対の声を発した。当時「満洲国」の皇帝である溥儀は、自伝『わが半生』の中で以下のように述べている。「日本は東北で『拓植移民』政策を実行するにあたって、地価の 4 ないし 5 分の 1 の価額で東北の農地を強制的に買収することを規定した法案を『国務会議』に承認させようとした。韓雲階ら何人かの『大臣』は、一つには『民衆の反乱』を引き起こすことを恐れたため、もう一つには自分が大量の土地を持っていたので損をしたくなかったために、反対を表明した」[65]が、しかし、中国人官吏の反対にもかかわらず、関東軍が法案を通過させたことは、関東軍がコントロールする「満洲国」の実態を物語るものである[66]。「土竜山事件」は結局、関東軍に鎮圧されたが、その後の土地買収政策は方針変更されることになった。1936年 5 月の前述の「満洲農業移民百万戸移住計画案」では、土地整備方針が極めて重視され、移民用地は先住民に悪影響を及ぼさないよう考慮する、と決定されていた。そ

して1941年4月末現在、整備土地のうち、未利用地は81％であるに対し既耕地はわずか19％に過ぎなかった[67]。これは明らかに同事件の影響によるものと言えよう。

一方、移民用地として開拓団の使用分以上を獲得できたため[68]、満拓は、余分の土地を小作管理人を通して、あるいは直接に現地の中国人、あるいは朝鮮人に貸して、小作料をとることにした。例えば、密山県では60％の農民が満拓の支配下に置かれた[69]。しかし、この小作制は満拓に留まらず、開拓団にまで及ぶことになった。例えば、瑞穂開拓団には、中国人小作人138戸、朝鮮人小作人50戸があり、大八浪開拓団には、中国人小作人414戸、朝鮮人小作人84戸があった[70]。こうして、日本人移民は日本国内における被支配者の立場から中国人に対する支配者の立場となった。このような状況は日本の敗戦まで続くのである。

②朝鮮人移民との関係

朝鮮人の対満移民が長い歴史があることは前に触れたが、「満洲国」成立まで土地商租権問題を廻ってたびたび紛争が起こった。最も典型的な事例は1931年7月の「万宝山事件」である。当時、いわゆる「朝鮮人圧迫問題」が多く取り上げられたが、そのうち、朝鮮人金三民がこの問題について、「一般朝鮮人は、支那人が我等を圧迫するのではなく、日本人が我等を圧迫せしめるのであると言っている」と指摘し、その解釈として「日本人が朝鮮人の［中国への］帰化も許さず、保護という美名の下に、朝鮮人の後に付き廻って、種種の干渉を為し、中国人を困らすから、中国人が我等を圧迫駆逐せんとするのは当然なことで、その凡ての非が日本にあるから、結局、中国人が朝鮮人を排斥すると言ふよりも、日本人が朝鮮人を排斥するものだと言ふべきであり、中国人は朝鮮人を排斥するのが其の本意でなく、日本人又は日本人の勢力を排斥せんとするのが、根本精神である」と、朝鮮人圧迫問題の実質を分析した[71]。これは、「朝鮮人圧迫問題」に対し、当時の一般朝鮮人の認識を反映したものとして注目に値するものである。

「開拓政策」による移民期に入ると、集団移民が多数入満したが、全体から見れば自由・分散移民が圧倒的に多い。こうした朝鮮人の大多数はパンチョン（漢字は榜青、満洲における小作制度の一種であり、すなわち、収穫を一定の比率によって分配すること。五割がほとんどである）として小作農になった[72]。彼らは「他の小作形態よりもより多く地主に収奪される」にもかかわらず、中国人小作農と同じ立場であり、日本の意図的な策略がない限り、現地中国人との関係が維持できたと考えられる。この意味で彼らは、収奪した中国人の土地に入植し中国人の恨みのまととなった「集団・集合移民」とは異なる。日本敗戦直後、多くの日本人、朝鮮人集団移民が中国人の襲撃を受けたのに対し、朝鮮人パンチョンは受けなかったのと、戦後、「集団・集合移民」より多くが中国に残留したという事実がこのことを最もよく説明している[73]。パンチョンが襲撃を受けなかった理由のもう一つは、貧しくて財産が少ないためとも考えられる。また、「満洲国の崩壊とともに満洲を離れようとした人のすべてが、日本の支配から脱した祖国での生活に将来をかけたのではない。満洲国の中で得られたほどの［日本の］保護も得られなくなる危険性に怯えて逃げたのである」[74]と、鶴嶋雪嶺が指摘したが、こうした保護は中国人に対する圧迫に直接繋がるものであり、したがって、日本の敗戦とともに「集団・集合移民」の多くが帰国した理由の一つとして、土地を奪われた中国人からの報復を恐れることがあったからではないかと思われる[75]。

　もう一つ見逃してはならないことは、日本の植民地支配に対する朝鮮の独立運動と中朝人民の抗日闘争である。これについては、いままで中国側に多くの研究成果があり[76]、朝鮮人の闘争を高く評価することで一致している。1930年3月、朝鮮共産党満洲総局が解散し、党員の多くが中国共産党に参加することになった。特に「九・一八事変」後、中国共産党が満洲の朝鮮族を中国少数民族の一つと認め、民族統一戦線を遂行し、共同の敵・日本に抵抗することを志向した。そして、中国共産党との統一戦線の下で朝鮮人が抗日闘争に積極的に参加し、大きく貢献することになった。また同時に、多大な犠牲をも払った。例えば、延辺には抗日烈士が2,841人いたが、そのうち、朝鮮人烈士は2,773人

であり、97.6％を占めていた。

　こうして、朝鮮人は「日本の手先」として戦後処罰された人がいた一方で[77]、多数の人が中国人と「肩を並べ」て抗日戦争を行った。戦後、移民の一部は朝鮮に帰還したが、残留者は中国の少数民族・朝鮮族として中国に生活の場を置くことになった。

注
1) いままで、この問題について多数の研究成果が見られるが、本書では主に満洲史研究会『日本帝国主義下の満洲』（御茶の水書房、1972年）、満洲移民史研究会『日本帝国主義下の満洲移民』（龍渓書舎、1976年）、桑島節郎『満洲武装移民』（教育社、1979年）、伊藤一彦「日本の在満朝鮮人政策」（『東京女子大学比較文化研究所紀要』第53巻、同所刊、1992年1月）、小川津根子『祖国よ──「中国残留婦人」の半世紀』（岩波書店、1995年）、解学詩『偽満洲国史新編』（人民出版社、1995年）、などを参考にした。
2) 前掲『日本帝国主義下の満洲』215-216頁。
3) 失敗の原因については同上、216頁を参照されたい。
4) 前掲『日本帝国主義下の満洲』第四章「満洲における土地商租権問題──日本帝国主義の植民地的土地収奪と抗日民族運動の一側面」を参照されたい。
5) これについて、今野敏彦ほか編著『移民史』Ⅲアメリカ・カナダ編、新泉社、1986年、を参照されたい。
6) 前掲『満洲武装移民』23頁。
7) 喜多一雄『満洲開拓論』明文堂、1944年、32頁。
8) 同上、42頁。
9) 正式な名前は「満蒙植民計画書」である。詳しくは前掲『満洲開拓論』70-74頁。
10) 前掲『満洲武装移民』55頁。
11) この三つの移民計画案の内容については、山田昭次編『近代民衆の記録6──満洲移民』新人物往来社、1978年、355-367頁を参照されたい。
12) 前掲『日本帝国主義下の満洲移民』8頁を参照されたい。
13) 前掲『満洲武装移民』90頁。
14) 同上、95-102頁。
15) 「満洲における移民に関する要綱案」の全文は、前掲『近代民衆の記録6──満洲移民』367-369頁、「佳木斯移民実施要領案」の全文は、前掲『満洲開拓論』81-88頁を参照されたい。

16) 前掲『日本帝国主義下の満洲移民』14頁。
17) 同上、102頁。
18) 同上、44頁。
19) 同上。
20) 二つの案の全文は前掲『満洲開拓論』156-168頁を参照されたい。
21) 同上、168-171頁を参照されたい。
22) 前掲『日本帝国主義下の満洲』254頁参照。
23) 前掲伊藤一彦「日本の在満朝鮮人政策」68頁。一方、高崎宗司『中国朝鮮族』(明石書店、1996年、18-21頁) によると、「満洲国」時期に行われた朝鮮人移民の最大のプッシュ要因は、生活難である。
24) 前掲『中国朝鮮族』16頁、「在満朝鮮人人口」参照。
25) 前掲伊藤一彦「日本の在満朝鮮人政策」73頁。
26) 同上。
27) 前掲『日本帝国主義下の満洲』229頁。
28) 争議件数については、同上、233頁を参考されたい。
29) 同上、233頁。
30) 「鮮人に対する社会施設案」満鉄経済調査会第五部、1932年7月、『満洲農業移民方策』(立案調査書類第二編第一巻第一号) 1936年、292頁。復刻版は『満洲移民関係資料集成』第13巻、不二出版、1991年。
31) 「満洲移民対策案大綱」満鉄経済調査会第二部第一班、1932年8月、前掲『満洲農業移民方策』254頁
32) 同上。
33) 前掲『満洲農業移民方策』174-175頁。
34) 『現代史資料』11、みすず書房、1965年、956-958頁参照。
35) 前掲『満洲武装移民』18頁。
36) 前掲『日本帝国主義下の満洲移民』40頁参照。
37) 塚瀬進『満洲国「民族協和」の実像』吉川弘文館、1998年、202頁。
38) 前掲『満洲武装移民』246頁、表「第一次武装移民492名の去就」参照。
39) 白取道博「『満洲』移民政策と『満蒙開拓青少年義勇軍』」『北海道大学教育学部紀要』第47号、同学部刊、1986年2月、107頁。
40) 前掲『満洲国「民族協和」の実像』209-210頁参照。
41) 前掲『日本帝国主義下の満洲移民』75頁。
42) 前掲『満洲開拓論』302頁。
43) 前掲白取道博「『満洲』移民政策と『満蒙開拓青少年義勇軍』」112頁。

44) この二つの方策についての検討は、前掲『日本帝国主義下の満洲移民』88-96頁を参照されたい。
45) 同上、103頁。
46) 前掲『満洲国「民族協和」の実像』211頁。
47) 同上、212頁。
48) 同上、213頁。
49) 同上、215頁。
50) 前掲『祖国よ――「中国残留婦人」の半世紀』71-72頁参照。
51) 「残留婦人」については、前掲『祖国よ――「中国残留婦人」の半世紀』のほか、相庭和彦ほか著『満洲「大陸の花嫁」はどうつくられたか』(明石書店、1996年)が詳しい。また、1994年、日本政府は「中国残留邦人等の円滑な帰国の促進及び永住帰国後の自立の支援に関する法律」(平成6［1994］年法律第30号)を公布し、ようやく「残留婦人」を援助する立場に立つことになった。しかし、「残留婦人」および「残留孤児」にとっての日本帰国に伴う生活難、就職難の現実は、日本政府が決して避けては通れない問題であると言えよう。
52) 満洲国通信社『満洲開拓年鑑』康徳7 (1940) 年、209頁。復刻版は『満洲移民関係資料集成』第31巻、不二出版、1991年。
53) 同上。
54) 同上、66頁。
55) 前掲『満洲武装移民』141頁。
56) 前掲『近代民衆の記録6――満洲移民』494-504頁参照。
57) 同上、506頁。
58) 「浜江省警務庁長秋吉威郎致治安部警務司長植田員太郎函」1939年8月21日、浜敬特秘発第8666号、中央档案館ほか編『東北経済掠奪』日本帝国主義侵華档案資料選編14、中華書局、1991年、724-725頁参照。また、前掲『近代民衆の記録6――満洲移民』497-498頁参照。
59) 解学詩『偽満洲国史新編』人民出版社、1995年、567頁参照。
60) 前掲『満洲武装移民』146頁参照。
61) 前掲『満洲国――「民族協和」の実像』199頁。
62) 趙冬暉ほか編『苦難与闘争十四年』上巻、東北淪陥十四年史叢書、中国大百科全書出版社、1995年、463頁。
63) 同上、463-464頁。
64) 前掲『日本帝国主義下の満洲移民』655-656頁。
65) 愛新覚羅・溥儀著、小野忍ほか訳『わが半生』(下)、築摩書房、1992年、71頁。

66) 中国人官吏と関東軍との関係については、浜口裕子「満洲事変と中国人──『満洲国』に入る中国人官吏と日本の政策──」『法学研究』第64巻第11号、慶應法学会、1991年11月、同「『満洲国』の中国人官吏と関東軍による中央集権化政策の展開」『アジア経済』第34巻第3号、アジア経済研究所、1993年3月、を参照されたい。
67) 前掲『満洲開拓論』371頁。
68) 同上、364頁、「開拓用地整備面積総括表」によると、1941年4月までに整備着手面積は20,026,000ヘクタールであるが、原計画1,000万ヘクタールの2倍となり、また、日本内地の耕地面積約6,000,000町歩の3.7倍に当たる。
69) 前掲『偽満洲国史新編』565頁参照。満拓の小作面積と小作戸数については、前掲『日本帝国主義下の満洲移民』203頁を参照されたい。
70) 前掲『偽満洲国史新編』566頁参照。
71) 前掲伊藤一彦「日本の在満朝鮮人政策」73頁。原出典は金三民『在満洲朝鮮人の窮状と其の解決策』新大陸社、1931年、124頁。
72) 金賛汀『日の丸と赤い星』情報センター出版局、1988年、109頁参照。
73) 同上、111頁参照。
74) 鶴嶋雪嶺『中国朝鮮族の研究』関西大学出版部、1997年、353頁。
75) これについて、残留したある朝鮮人（現、中国朝鮮族）が「敗戦後、元の地主の縁者たちが押しかけてきて、開拓村での全収穫物や、村の財産を全部押収してしまいました」と述べた。もう一人の朝鮮人（同上）が「敗戦後、日本人開拓団に対して現地の"土匪"が襲撃してきましたが、朝鮮人も襲撃を受け、私の部落でも二人、殺されました。……襲撃を恐れて朝鮮に引き揚げる人も大勢いました」と述べた。前掲『日の丸と赤い星』118頁。
76) 前掲『中国朝鮮族』第8章「中国における朝鮮族研究の現状」では、このような研究について中国側の出版物をまとめて紹介している。
77) 前掲『中国朝鮮族の研究』379-380頁参照。

第4節 「満洲国」内の労工

第2節で述べたように、盧溝橋事件以後、第一次産業開発五ケ年計画の実施に伴って、「満洲国」の労働力不足が顕著化した。それに対応するために、1938年2月「国家総動員法」（勅令第19号）、6月「暫行労働票発給規則」（民

生部令第63号)、12月「労働統制法」(勅令第268号)が相次いで公布され、法律の形で労働統制を行うことになった。しかし、華北からの入満労工の減少に伴う労働者の不足を解消することはできなかったため、ついに1941年9月、華北労工に依存せず、「満洲国」内で労働力問題を解決しようとする「労務新体制確立要綱」(国務院可決)が登場した。この要綱を具体化したのが、10月に公布された「労働統制法改正ノ件」(勅令第252号)と「労務興国会法」(勅令第253号)である。こうした労務政策の立案過程については第2章で明らかにすることにするが、この節では、労務新体制以後における「満洲国」内の労工募集がどのように展開され、労工がどのように対応したかを明らかにしたい。

(1) 募集方法

上述の「国家総動員法」の中で、政府の命令による一般人の就労がすでに規定された[1]。そして、「労働統制法」では、就労に関する規定が具体化され、行政命令による割当募集が明示された[2]。しかも、労働者の不足などにより事業地所在省で募集が困難な場合は、事業地以外の地域での募集を可能とし、割当範囲が拡大されることになった[3]。ただ、この段階では、まだ行政斡旋による割当募集が一定の地域、特別な業種に限定されており、全面的に実施するには至らなかった[4]。しかし、挙「国」勤労運動の展開、「国」内労務動員の強化、移動防止による労働統制の効率化、労務管理の向上による能力の増進、賃金統制の強化と労需の適性配給を主な内容とする「労務新体制確立要綱」の実施によって、上述のように限定されていた業種は拡大されることになった。

1941年12月「労働者募集統制規則」(民生部令第88号、治安部令第48号)によれば、募集に適応する業種は林業、漁業、鉱業、工業、土木建築業および交通業に拡大され、省の限定も撤廃された。翌1942年2月「労働者緊急就労規則」(民生部令第2号)、3月「労働者緊急就労規則施行ニ関スル件」が相前後して公布された。前者によると、「公共事業又ハ国策事業ニシテ重要ナルモノノ遂行ニ付緊急ノ必要アル場合ハ、当該事業ヲ行フ者ハ……所要労働者ノ配置ヲ民生部大臣ニ申請スルコトヲ得」(第二条)とし、これに対し、民生部大臣が「省

長又ハ新京特別市長ニ所要労働者ノ供出ヲ命ズ」（第三条）と行政供出を明確に指示した[5]。また、緊急就労された者は「労働報国隊」を組織することも規定された。1942年11月「国民勤労奉公法」（勅令第218号）の公布により、21歳から23歳までの男性は、12カ月の国民勤労奉公に服する義務が課されることになった。こうして、「満洲国」内では、労工の募集は行政供出と勤労奉仕などの形で展開されるようになったのである。

①行政供出

「労働者緊急就労規則」の実施は、従来自由募集が主であったのに対し、行政供出が主となったことを意味している。というのは、撫順炭鉱総務局労務課から炭鉱長宛の文書にあるように、「労働力の極端な不足と賃金の不均衡により、自由、或は親友による募集はほとんど不可能であるため、半強制的供出の手段以外には、労働者の獲得ができない」[6]からである。これに対し、かつて「満洲国」の総務庁次長であり、戦後撫順戦犯収容所に収容された古海忠之は、供述書の中で次のように語った。

「産業開発五ケ年計画関係会社ハ大体ニ於テ、華北労工及割当地区内募集ニ依リ其需要ヲ充足シ得タノト、市県旗側ガ直接供出労工及勤労奉公隊ヲ民間事業者ニ托スルヲ喜バザリシ為、［労務動員］計画実施ノ過程ニ於テ供出労工及勤労奉公隊ハ関東軍及特ニ緊急ナル事業ニ充当セラルコトヲ原則トシ、後ニハ全体トシテ労工ニ過不足アルヤ否ヤニ論ナク、上述工事事業ハ、労工ノ取得確実容易ニシテ且安価ナル供出労工及勤労奉公隊ヲ使用スルコトトナリ、［私は］数々ノ重大犯罪ヲ犯スコトトナツタ」[7]と。行政供出および勤労奉公（後述）により容易に獲得した労工は、ほとんどの事業で使用されたことを支配者側も認めたのである。

同規則によれば、「一、同盟国ノ兵役ノ義務ヲ有スル者、二、軍人及軍属、三、官公吏、四、外国ノ官署ニ使用セラルル者、五、学生、六、国家総動員ノ為特ニ必要ナル業務ニ従事スル者、七、壮丁適齢期ニ在ル者、八、年齢十八年未満ノ者又ハ五十年以上ノ者」（第六条）のほか、すべての者が行政供出の対象と

なった。そして、就労を命じられた労工［同規則では「就労義務者」と称された］は、「当該官公署ノ指示及労働ニ従事スル場合ハ当該事業者ノ指示ニ従フベシ」（第七条）と規定され、抵抗者に対しては、「免ルル為逃亡シ若ハ潜匿シ又ハ疾病ヲ作為シ其ノ他詐偽ノ行為ヲ為スコトヲ得ズ、他人ヲシテ就労スルコトヲ免レシムル為逃亡セシメ若ハ潜匿セシメ又ハ疾病ヲ作為シ其ノ他詐偽ノ行為ヲ為スコトヲ得ズ」と厳しい懲罰を示唆した。

　また、「労働報国隊組織要領」によれば、「労働報国隊」は、何何県労働報国隊何何隊と称され、統制上のことで勝手に名称の変更を許さず、供出数に応じて小隊（60人）、中隊（三つの小隊）または大隊（三つの中隊）に編成され、必要に応じて小隊を若干の分隊に分けることもできる。幹部については、労工により担当するのは分隊長であり、それ以外は、供出地の統轄力がある者により担当することとした。幹部および隊員は、その出身市、県、旗名を明示する符号（例えば腕章、胸章、帽章、身分証明書）を着用しまたは携帯することが義務づけられた。幹部の給与については、分隊長は供出労工の所定賃金に若干の手当を加給するものとし、小隊長および中隊附は月給60元以上、中隊長および大隊附は80元以上、大隊長は100元以上とした。これらの給与は事業者により負担することが規定された。

　一方、労務新体制以後、「満洲国」では、従来の華北労工依存、「国」内労工の自由募集という労工獲得方法に対し、「国」内労工を中心とする中央による一元的な労務動員計画が立案されるようになった。上述の古海忠之の供述書および『満洲国史』各論によれば、同計画は中央計画と地方計画の二つに分かれており、前者は産業開発五ケ年計画担当事業および重要な国防建設事業に限られた。具体的には、総務庁企画処の要求に基づき、各部門が物資動員計画の立案と同時に、所要労工数を提出し、民生部労務司が同年度労工獲得可能人員案を提出することとした。企画処はこの案に基づいて、物資動員計画の立案と平行して労務動員計画を策定し、各部門別にその労工総数を決定するのである。そして、毎年２月ごろ開催する各省動員課長会議において、この部門別労工数に従い、労務司と各部局および各統制団体（例えば、石炭協議会、土建協会な

表1-24 1942-1945年の労務動員計画

(単位:万人)

年別	総数	供出労工	勤労奉公隊	華北労工	その他	備考
1942	130 100%	35 27%		30 40	65.0	1944年華北労工を除く内訳概数(人)は、鉱工業20万、森林伐採10万、土木建築60万、関東軍30万、満鉄10万。 1945年のそれは、鉱工業30万、森林伐採10万、土木建築80万、関東軍30万、満鉄10万。
1943	160 100%	50 31%	2.5 (2.5) 2 %	50	67.5	
1944	180 100%	60 33%	3.5 (3.5) 2 %	50	66.5	
1945	210 100%	60 25%	15 (8.0) 7 %		85.0	
合計	680 100%	205 30%	21 (14.0) 3 %	170 25%	284.0	

出典:「満洲国」国務院総務庁次官兼企画局長古海忠之「満洲労工ニ関スル罪行」、『世界』第649号、岩波書店、1998年6月、176頁、180頁より作成。
注:%は総数に対する各種労工の動員計画数の比率。勤労奉公隊欄の( )内は実績、1945年の8万人は8月15日まで。

ど)と協議し、概算した華北入満労工、各省の緊急供出、勤労奉公隊および事業者の地盤募集による労工数を割当配分することとなった。事業者の地盤募集は、まず募集地盤の割当を決め、その地盤内において労工を募集することであり、この募集方法は、のちに触れる「地盤育成」と一体化して強制供出を避けようとしたものであるが、戦争の進展に伴って結局、行政力による強制的なものにならざるをえなかった。後者は、中央計画に漏れた事業で地方的に必要な労力の募集計画を策定し、中央から割り当てられた数を加えて、これを市、県、旗長に割り当て指示することであった[8]。このように、行政供出と勤労奉仕による労工は労務動員計画に組み込まれることになり、結果的に満洲労工の最も重要な部分に位置づけられた。

なお、1942年からの労務動員計画の概数は、前述の古海供述書によれば、表1-24のようである。

表1-24に示すように、労務動員計画では華北労工より供出労工のほうが多数を占めており、1944年までは、総数に占める比率は毎年増加しつつあったが、1945年は対前年比8%の減少を示している。これは、同年勤労奉公隊および地

表1-25 「満洲国」労務動員統計（1943、1944年実績）
(単位：万人)

需要者別	1943	1944	供給者別	1943	1944
建設関係	60	112	「国」内一般募集	130	160
特殊工場	50	30	華北自由労工	50	40
軍建設関係	48	71	緊急供出	48	70
緊急農地造成	16	26	華北集団募集	30	20
軍用工場	5	30	日本人勤労奉公隊	10	15
各省政府	3	43	勤労奉公隊	6	25
その他	98	18	その他	6	―
合　計	280	330	合　計	280	330

出典：「労務動員統計」吉林省档案館档案資料、282-41より作成。

盤募集（「その他」の欄は、地盤募集と自由入満者による労工が主であると考えられる）による労工数が増加したからと考えられるが、いずれにせよ、合計30％の高い比率を示している。一方、勤労奉公隊は毎年のように増加の一途をたどり、特に45年は計画数15万人に対し8月15日の時点で実績がすでに8万人に達した。全「国」的な勤労奉仕運動の様子がこの数字からも見てとれる。また、総数の増加は、戦争の進行に伴って同計画に民衆が大量に動員されたことを物語っている。

　また、当時満洲中央銀行経理部用度課参事の金田弘が1946年8月20日に作成した労務動員統計によれば、1943、44年における需要と供給の実績は表1-25の通りであった。一方、『満洲国史』各論によれば、1944年、1945年の労務動員は表1-26、表1-27に示したとおりである。

　表1-25の如く、需要者側の需要数は、1943年は合計280万人であるが、1944年は330万人で表1-26の計画数とほぼ同様であり、いずれも古海忠之の供述より倍近く多い。また、1944年の需要数は、前年度より特殊工場と「その他」が減少した以外は、大幅な増加が見られ、全体的には50万人の増加が必要となった。一方、供給の実績から見れば、1943年は、「国」内一般募集が最も多いが、これは労務新体制による「国」内労働力依存の反映であり、後述の「地盤育成」と密接な関係を持つと考えられる。緊急供出は華北自由労工とほぼ同数であり、華北集団募集より約20万人多い。これは、同時期における「満洲国」の強制的な行政供出の激しさを物語ると同時に、前述の華北側の産業開発に伴う労工需要による集団募集の困難を示すものである。また華北自由労工が多いことは、第2節でも触れたように、集団募集による労工より政策掌握外の自由入満者が

表1-26 1944年の労務動員計画

(単位：千人)

区 分	1日平均在籍数	所要総数	男子				朝鮮・日本人	女子	学校卒業者
			中国人						
			勤奉隊	行政供出	国外募集	一般募集其他			
特官建設	481	481	56	425					
特官工場	65	65				65			
土 建	854	1,352	162	164	103	923			
地方関係	600	302				264	9	29	
重要産業	1,294	1,111	20	128	79	784	67	33	12
合 計	3,294	3,311	238	717	182	2,036	76	62	12

出典：満洲国史編纂刊行会『満洲国史』各論、満蒙同胞援護会、1971年、1170頁「一九四四年度労務動員計画」より作成。
原注：重要産業の内訳は石炭、鉄鉱、運輸、林業、其他。

多いことを裏付ける。勤労奉公隊は同年開始したばかりなので、全体の中で数がまだ少ない。1944年は、前年度より「国」内一般募集が30万の増加となり、緊急供出と勤労奉公隊がそれぞれ20万前後の増加となり、団体と自由の華北入満労工がそれぞれ10万人の減少が見られる。要するに、1944年の時点では、満洲において華北労工が激減し（全体の18％）、「国」内労工を中心として使用され、そのうち緊急供出と勤労奉公隊（日本人を含む）による者が急増した（全体の約29％）ことがこの表から言えるであろう。

表1-26に示したように、1944年の総動員数は331.1万人であるが、そのうち、一般募集が最も多く203.6万人で、次いで行政供出と勤労奉公隊であり、合計95.5万人である。また表1-27に示したように、1945年の動員査定数は221.414万人であり、前年より100万人以上減少したが、そのうち、行政動員は198.2008万人であり、前年より100万人以上増加したことがわかる。

こうして、1942年から膨大な労務動員計画数を実現するために、前述のように市県旗側が直接供出労工および勤労奉公隊の民間事業者への委託を好まないにもかかわらず、全民皆労体制の下で行政供出が全面的に行われるようになった。今回は各省における行政供出の全容を知る詳細な統計を見つけることはで

表1-27 1945年の労務動員計画

(単位：人)

区分	動員査定数	同内訳		在籍査定数
		行政動員	一般募集	
建　設	542,820	463,180	79,640	366,930
交通通信	60,280	60,280		247,085
林　業	240,400	120,200	120,200	161,563
鉱　業	402,427	402,427		534,178
工　場	168,213	135,921	32,292	225,621
特　官	550,000	550,000		
予　備	250,000	250,000		
合計	2,214,140	1,982,008	232,132	1,535,377

出典：同前「一九四五年度労務動員計画」より。

表1-28 各省における行政供出の労工数

省別	人数	年次	就労内容	備考
浜江省	10万余	1941-43	工場、鉱山、軍事工事	浜江省長于鏡涛より
奉天省	14万	1943-44		奉天省長于鏡涛より
東安省	4.7万	1939-41	道路建設、軍事工場	東安省長岐部与平より
間島省	2.7万	1943	同上	間島省長岐部与平より
四平省	毎年8万	1943-45	軍事工事、炭鉱、ダム建設	四平省長曲乗善より
三江省	9.3万	1939-42	軍事工事	三江省長盧元善より
吉林省	5-6万	1942	軍事工事、工場、鉱山	吉林省長閻傳胼より

出典：中央档案館、中国第二歴史档案館、吉林省社会科学院編『東北経済掠奪』日本帝国主義侵華档案資料選編14、中華書局、1991年、874-881頁より作成。

きなかったが、戦後戦犯となった当時の関係者5人の供述書によれば、各省で行政供出された労工数は表1-28に示すとおりである。

　毎年2.7万人から8万人までの行政供出が各省で行われていたことが表1-28からわかる。また、ほとんどの供出労工が軍事工事、工場、鉱山で使用されたことは明らかである。表1-28が示すのは、限られた期間内の七省だけであり、当時19省1特別市（新京）[9]ではさらに膨大な数になることは容易に想像できよう。そして、必然的にこうした強制的な行政供出に伴うのは労工の移動、逃亡であり、熟練工の養成の困難である。特に、行政供出による「摊派」が農業生産、民衆の生活に大きな不安をもたらした。「摊派」については後述するが、

第1章　満洲労工の由来　87

表1-29　各炭鉱の募集地盤

炭鉱名	地盤設定県旗
満鉄撫順炭鉱 （煙台採炭所を含む）	復県、新民県、清原県、遼陽県、撫順県、清龍県、岫巌県、荘河県
同鉱蛟河採炭所	永吉県、蛟河県、樺甸県、盤石県
同鉱老頭溝坑	延吉県、安図県、懐徳県、
満炭阜新鉱業所	吐黙特左旗、錦県、義県、北鎮県、彰武県、黒山県、台安県、囲城県、喀喇沁左旗、承徳県、翁牛特左旗、翁牛特右旗
同	湯原県、枚浜県、富錦県、樺川県、鶴立県、白城県、筱南県、龍江県、開通県、木蘭県、珠河県、双河県、蘭西県、
同鶴岡鉱業所	郭爾羅斯後旗、青岡県、孩州県、枚化県、慶城県、北安県、海倫県
同西安鉱業所	東豊県、海龍県、西安県、西豊県、昌図県、開原県、梨樹県、荘河県
同北票鉱業所	興城県、枚中県、吐黙特右旗、吐黙特中旗、喀喇沁中旗、喀喇沁右旗、綾漢旗、青龍県、
同三姓炭鉱	方正県、依蘭県、通化県、巴彦県
同和龍炭鉱	和龍県、阿城県、
同東寧炭鉱	東寧県、蜜安県
同愛輝炭鉱	愛輝県、孩東県
密山炭鉱株式会社	密山県、林口県、鶏寧県、勃利県、寧安県、延寿県、葦河県、双城県、阿城県、呼蘭県、賓県、珠河県、鳳城県、岫巌県、隆化県、喀喇沁右旗、囲城県、喀喇沁左旗、
本渓湖煤鉄公司（渓城炭鉱牛心台採炭所田師付溝を含む）	遼中県、康平県、法庫県、鉄嶺県、本渓県、興京県、荘河県、鳳城県、安東県
東辺道開発株式会社	長白県、臨江県、輯安県、通化県、柳河県、輝南県、撫松県、蒙江県、桓仁県、寛甸県、安東県、鳳城県
舒蘭炭鉱株式会社	永吉県、徳恵県、楡樹県、扶余県、舒蘭県、賓県、五常県、
琿春炭鉱株式会社	琿春県、汪清県、農安県、郭爾羅斯前旗、通陽県
営城子炭鉱株式会社	九台県、長春県
穆説煤鉱公司	穆説県、安達県、孩東県、
鶏西炭鉱	林口県、鶏寧県、勃利県、隆化県
奢裔炭鉱株式会社	奢裔特旗、科爾沁右翼前旗、科爾沁右翼中旗、科爾沁左翼中旗、科爾沁右翼後旗、杜爾伯特旗、白城県、大賚県、安広県、泰来県
渓城炭鉱株式会社田師付炭鉱	本渓県、岫巌県
株式会社昭和製鋼所	遼陽県、海城県、復県、蓋平県
合　計	149（130県、19旗、そのうち重複の県、旗を含む）

出典：『満洲鉱業協会誌』第8巻、第5号、満洲鉱業協会発行、康徳9（1942）年5月号、44頁「重要炭鉱業鉄鉱業労働者募集地盤設定ニ関スル件」より作成。

これらの欠点を補うために、戦争経済の中で重大な役割を果たす炭鉱、鉄鉱業では地盤育成による地域募集が行われ、多数の農民を炭鉱に就労させるようになった。次では、地盤育成の実施について検討してみたい。

②地盤育成

　前述の「労働者募集統制規則」の第二条第二項では、労働者の募集地盤として特定の地域を指定することが規定され、これに基づいて1942年3月「重要炭鉱業鉄鉱業労働者募集地盤設定ニ関スル件」(民生部訓令第61号)が公布され、各炭鉱および採炭所の合計23カ所に対し、募集地盤が表1-29に示すように設定された。実は、これよりかなり早い時期に炭鉱の地盤育成問題はすでに提起されていた。1939年、北票炭鉱の所在旗の総務課長を担当した坂本登が、北票炭鉱の華北労工募集について以下のような三つの問題点を指摘している。1、大量の資金の国外流出、2、共産党、八路軍の混入、3、華北労工の逃亡。そして、これらの問題の発生を防止するために地盤育成案が提出された。すなわち、年齢が18歳から50歳までの男性「良民」はすべて炭鉱に就労する義務があり、就労期間は3カ年、毎年4カ月(のちに6カ月に変更)として、期間内一切の費用を私費とし、期間完了後、免役証書を発給するというものである。この案が所在旗、省、中央政府に提出、許可され、2年間の試行を経て1941年、全満に広がるようになった[10]。「労働者募集統制規則」第二条第二項の規定にはこのような背景がある。この規定を具体化したのが上述の「重要炭鉱業鉄鉱業労働者募集地盤設定ニ関スル件」である。

　表1-29に示したように重複の県、旗を含めて149県が23カ所の炭鉱、採炭所の募集地盤として決められることになった。募集地盤とする県のほとんどが募集炭鉱の近辺にあることは注目すべきであろう。これは、炭鉱側が募集地盤の労工の状況を容易に把握し、移動、逃亡を最小限に防止するためであると考えられる。

　この目的を達成するため、1943年4月、「国内労働者募集地盤育成要領制定ノ件」(民生部訓令第123号)が公布された。別添要領の中で、方針としては「炭

鉱業、鉄鋼業等ノ労働者募集地盤設定要綱ノ趣旨ニ則リ、事業体ト地盤トノ渾然一体ノ体制ヲ確立シ定着性アル労働力ノ培養確保ヲ為シ、速ニ緊急供出的（行政斡旋）募集型態ヲ脱却ノ上、鉱山労働者ノ需給ノ安定ヲ図ルヲ以テ能率ヲ増進シ生産増強ニ資セントス」[11]と、前述のような行政供出の欠点が認識され、事業体と募集地盤を一体とする体制の確立を図ろうとする意図が明示された。要領は、一現地会議、二駐在員配置、三厚生工作、四宣伝工作、五労働者の組織、の五項目により構成され、事業体と地盤である農村を緊密化するための具体的な措置を規定した。例えば、厚生工作では、事業体は、農村の余剰労働力を培養するため、家畜、農具改良などの配付、斡旋、通勤道路の改修、その他必要な農村厚生施設につき、積極的配慮をし、駐在員に一般救急薬品を常備させ、労工家族の患者に配付するなどの厚生工作を通じて、鉱山に対する親密感を醸成、助長すること、等々が取り上げられた。また、協和会（第2章で詳述）が市街村民に対し、鉱山に関する宣伝工作を実施することも規定された。労工募集の協力者として、協和会の重要性が示されたことになる。

　上述の地盤の設定はその後、一部変更された。1943年7月「重要炭鉱業鉄鉱業労働者募集地盤中改正ノ件」（民生部訓令第172号）がそれで、撫順炭鉱の募集地盤に清原県を追加し、北票炭鉱のそれから三つの旗が削除されることになった[12]。さらに、1944年1月「国内労働者募集地盤改正ニ関スル件」（民生部訓令第22号）によって、上述の地盤が全面的に改正され、当初の149の県、旗から95に縮小され、事業体としては満炭の一カ所（炭鉱名不明）と舒蘭炭鉱、穆説煤鉱が名簿から削除され、満炭の老黒山炭鉱と康徳鉱業株式会社の賽馬集炭鉱、満洲特殊鉄鉱株式会社錦西炭鉱錦州製錬所が新しく追加された[13]。募集地盤の縮小にはいくつかの原因があると考えられる。一つは、同制度の実行による移動率の減少、もう一つは1943年12月公布された「国民手帳法」（勅令第319号）に伴う取締の厳しさによるものである。

　同手帳法は「国ノ総力発揮ニ必要ナル人的資源ノ実態ヲ把握」するものであり、「帝国ノ領域内ニ居住スル帝国人民ニシテ、左ノ各号ノ一ニ該当スル者ハ国民手帳ヲ受有スルコトヲ要ス、但シ現役中（未入営期間及休伍期間ヲ除ク）

及召集中ノ軍人、軍所属ノ生徒並ニ軍属ハ此ノ限ニ在ラズ」と規定した[14]。その各号の一に該当する者は以下のようである。一、年齢が15歳以上の男子で総理大臣が指定する地域に居住する者、二、壮丁適齢者および徴集決定の処分を受け、まだ入営していない者、三、国民勤労奉公服務義務者および志願により国民勤労奉公に服する者、四、職能登録令（1939年9月勅令第232号）により登録を要する者、五、総理大臣の指定する事業に雇用される労働者、六、以上の各号のほか、総理大臣の定める者。総理大臣が指定する地域は吉林省、龍江省、四平省、錦州省、興安総省の合計23県、旗と熱河省の全部であり、指定する事業は林業、水産業、鉱業、工業、土建業、交通業である。こうして、15歳以上の「国」民の全員近くが手帳法によって登録されることになり、また、住所、姓名、生年月日、職業、来満と来住年月日、指紋（十指）などの登録によって移動、逃亡が困難となった。

　行政供出と地盤募集が、企業では具体的にどのように実行されたかについては、以下、昭和製鋼所と撫順炭鉱を例として検討することにする。

③昭和製鋼所と撫順炭鉱における「国」内募集

　昭和製鋼所は振興公司（1916年設立）、鞍山製鉄所（1918年設立）を経て1933年6月に設立されたものであるが、従来、労工の募集が「国」内募集、特に現地募集を中心とする労務政策を一貫して実行してきた[15]。現地募集は同製鋼所の近辺の農民を募集対象とするものである。昭和製鋼所の成立以後、生産規模の拡大に伴って、労工の需要数が増大し、華北労工の使用数がますます増加したにもかかわらず、出来高工以外、労工全体の中での比率は現地労工を中心とする「満洲国」内の労工よりかなり低い。この状況を反映するものが表1-30である。

　表1-30に示したように、同製鋼所が成立して2年後の1935年、東北地方出身者は全体の68.4％を占めたが、関内出身者はその3分の1に及ばなかった。前者は奉天省が中心で、特に遼陽が最も多く、海城、蓋平、復県、営口がその次である。表1-29に示したように営口以外の四県はその後、募集地盤として

指定されたが、その背景には同地域での伝統的な募集体制の影響があったと考えられる。後者は、山東、河北省が中心であるが、その内、山東省が出来高制を中心とし、河北省は常備工を中心とした。全体から見れば、東北出身者は主に常備工で、華北出身者は出来高工が多いことが表1-30から言えるであろう。これは、第1節にも触れたように、山東省出身者の体力が強健であることによるものであ

表1-30 昭和製鋼所鋼鉄工場の常備工、出来高工の出身地統計(1935年)

(単位：人)

地域		常備工	出来高制工	合計	同構成比
東北	奉天省 遼陽	2,721	358	3,079	43.2
	海城	762	196	958	13.4
	蓋平	202	24	226	3.2
	復県	298		298	4.2
	営口	152	8	160	2.2
	その他	117	11	128	1.8
	その他	19	9	28	0.4
	小計	4,271	606	4,877	68.4
	関東州	48		48	0.7
関内	山東	431	717	1,148	16.1
	河北	511	437	948	13.3
	その他	31	81	112	1.6
	小計	973	1,235	2,208	31.0
	合計	5,292	1,841	7,133	100.0

出典：昭和製鋼所『業務統計』1935年、243頁より作成。

る。なお、同製鋼所では、1938年の現地募集数は同年募集総数の91.7％(53,694人)を占め、1939年は同81.3％(60,019人)、1940年は同82.8％(44,863人)、1941年1〜7月は同時期募集総数の72.4％(25,337人)をそれぞれ占めていた[16]。

　なぜ、昭和製鋼所は現地募集を実施できたのか、その原因はいくつか挙げられる[17]。

　一、南満は人口密度が高く、1人当たりの土地面積が少なく、余剰労働力が存在していた。1935年、遼陽の1人当たりの土地面積は10.76ムーで、同時期の永吉県の3分の1に過ぎない。1943年になると、遼陽、海城、蓋平、復県の同土地面積はそれぞれ5.25ムー、4.8ムー、3ムー、5.7ムーであり、平均値は当時の黒龍江省の3分の1にしか及ばなかった[18]。同製鋼所が位置する奉天省では、1935年の余剰労働力が18万7,000人に達し、「満洲国」全体の38.7％を占めていた[19]。大量の余剰労働力の存在が同製鋼所の募集に必要不可欠な条件を

表1-31 昭和製鋼所と撫順炭鉱における傭員の賃金

(単位：元)

年別	昭和製鋼所	撫順炭鉱	
		第一種傭員	第二種傭員
1939	30.51	24.73	24.48
1940	34.97	29.49	31.37
1941	49.79	34.43	35.73
1942	55.12	41.60	39.00

出典：昭和製鋼所『調査彙報』第三巻第二号、1943年、16-17頁、『撫順炭鉱統計年報』第二編、1943年、18頁より作成。

満たしたのである。

　二、農民の貧困によって、家計補充としての副業的収入の確保が迫られ、工場、鉱山への出稼ぎが重要な収入源として余儀なくされることになった。1935年版の『満洲経済年報』に記載されている南満農民の収入の中、「言ふに足りなかった被傭労賃」が1941年10月（満鉄新京調査室調査）になると、激増し、「労賃及仕送の占める比率は中農下層以下に於ては最大の収入となり、極貧農に於ては71％を占めるに至った」のである[20]。

　三、通勤できる範囲での出稼ぎは家賃の節約ができる[21]。

　四、作業条件は炭鉱より比較的安全であった。同製鋼所は一部の鉱山以外、地上作業が多いため、落盤、ガス爆発の危険性が比較的低い。

　五、比較的高い賃金。同製鋼所の月平均賃金は撫順炭鉱のそれと比較すれば、表1-31の通りである。

　表1-31に示したように、1939年、製鋼所の傭員の賃金は、撫順炭鉱の第一種傭員のそれより23％、第二種傭員のそれより約25％高く、1942年になると、それぞれ約33％、41％と上昇した。

　一方、製鋼所は炭鉱より熟練工の要求が高いため、移動率が高い華北労工より経験がある現地の労工を使用するほうが有利であった。また、華北募集より募集費用が少なくて済むことが、現地募集の重要な一因であることも看過できない[22]。

　1942年3月、募集地盤が設定され、その後、製鋼所は愛護村（募集地盤と設定された村）地盤育成計画を作成した。同計画は、上述の四県中の21村を重点村として設定し、農業用物資の提供、農事実験場、合作社の設立、鉱山就労への宣伝、労働者を就労に安心させるための部落の建設、交通の発展などを通じて地盤と会社との関係を緊密化しようとするものである[23]。これについて、同

製鋼所総務部労務課長の山田宗次は次のように述べた。「四県に対する地盤培養工作も本年正式に五カ年計画を決定し具体的育成工作に取掛り、既に遼陽県下に於ては各村別の共助援護会の結成を見た次第であります」[24]。この五カ年計画とは上述の育成計画を指すと考えられるが、具体的には同計画によれば、表1-32に示す通りである。

表1-32 愛護村基地四県の確保・募集労工五ケ年計画

(単位:人)

年別	需要人数	確保人数	確保率(％)	募集人数
1942年末	64,000	25,600	40	25,600
1943 〃	68,400	32,832	48	38,420
1944 〃	72,800	40,000	55	42,250
1945 〃	77,200	48,636	63	47,530
1946 〃	81,600	57,121	70	49,320

出典:解学詩編『満鉄史資料』第四巻煤鉄編第四分冊、中華書局、1987年、1555-1556頁「関于愛護村基地内工人保有五年計画之件」より作成。

　確保人数は募集可能の人数である。1942年末、同製鋼所は上述の四県からの25,600人をすでに確保した[25]。その後同製鋼所の需要人数の増加に対し、四県の確保人数も増加し、確保率は7-8％上昇した。1945年から募集人数は確保人数以内となり、1946年、その増加は少なくなった。これは、地盤育成による移動率の減少、労働効率の引上げを予想したのではないかと考えられる。

　しかし、1943年以後、食糧の対日供出に伴う農村の食糧出荷運動が強化されるなかで、「物資配給の不円滑による闇相場の暴騰、之に伴ふ社外賃金の高騰にも拘らず当社［昭和製鋼所］の賃金は極めて低賃金を以て抑え来たりたる為、工人の移動は減少せざるのみか寧ろ増大の傾向にあり、出勤率も之に伴って多少低下さへ見られ」[26]ることになり、地盤募集が満足に実施できない状況に陥った。そして、地盤募集は間もなく行政供出と勤労奉仕運動に合流し、強制的な募集へと改変していった。

　一方、現地募集を中心とする昭和製鋼所と異なり、撫順炭鉱の労工募集は、華北を中心として行われてきた。表1-33は1937-1943年の撫順炭鉱の募集状況を示すものである。

　華北での募集は、毎年増加する傾向であるが、1943年になると、前年より半分以下に激減し、逆に現地採用は増加した。これは、同年華北での募集困難お

表1-33　撫順炭鉱の募集状況

年別	募集地	人数	合計
1937	華北	1,282	19,636
	現地採用	14,806	
	東北	3,548	
1938	華北	16,910	38,301
	現地採用	14,852	
	東北	6,539	
1939	華北	24,924	46,574
	現地採用	19,514	
	東北	2,136	
1940	華北	15,743	43,418
	現地採用	11,638	
	東北	16,037	
1941	華北	28,859	46,225
	現地採用	6,847	
	東北	10,519	
1942	華北	46,605	74,081
	現地採用	19,880	
	東北	7,596	
1943	華北	21,742	68,959
	現地採用	30,882	
	東北	16,335	

出典：「撫順炭鉱統計年報」1942年、1943年、『解学詩編「満鉄史資料」第四巻煤鉄編第二分冊、中華書局、1987年、504頁「1937-1943年撫順煤鉱招募工人人数」より作成。

注：東北は「現地」以外の東北地方。

よび1942年から開始した「国」内労働力を中心とする労務新体制の実施による減少であると考えられる。一方、現地採用は1941年を除き毎年1万～2万人近くに達したが、そのうち華北からの自由入満者も多数存在したことが十分に考えられる[27]。華北入満者が団体入満者（華北で募集された者）と自由入満者に分けられ、団体より自由のほうが遥かに多かったことは前述の通りであるが[28]、こうした自由入満者は満洲の農業、商業、土木建築業、製造業、鉱工業、交通運輸業など、団体入満者よりさらに幅広い様々な業種に分散された。しかし、結局彼らの多くが華北に近い南満の最も規模が大きい撫順炭鉱に吸収されたことは容易に想像できよう。1941年は入満者全体が減少したため現地採用数も少なくなり、1942、1943年の現地採用数の増加は上述の原因のほかに、行政供出と地盤募集による国内募集数の増加が考えられる。東北での募集も大体同じと考えて間違いなかろう。

　撫順炭鉱が華北労工を中心に募集を行った理由はいくつかあると考えられる。

　一つ目は、歴史的経緯によるものである。同炭鉱が採掘を開始する当時から採炭労工の大部分は山東省からの者であり、日本が同炭鉱を占領したのち、満鉄がこれを受け継ぎ、規模を拡大し、それに伴う労働者の増加が必要となった。そして、炭鉱側が「鉱員ヲシテ当鉱採炭苦力大部分ノ原出身地タル山東省即墨方面ニ於ケル移動状態ヲ調査セシメ、以テ原出身地トノ密接ナル連絡ヲ図リ乗船ノ便宜及募集勧誘ニ便セシムヘク明治四十四［1911］年三月芝罘ニ招工出張

所ヲ開設シ、爾来其募集ニ努力シ其需要ニ応スルコトヲ得タリ、其後大正三［1914］年八月、日独戦々勝ノ結果、同年十一月山東鉄道ハ我軍ノ占領スル所トナリテ船車ノ便益開カルルニ従ヒ、奥地ヨリノ苦力出廻リハ芝罘ヲ離レテ青島ニ移リツツアル状態ナリシヲ以テ、大正五［1916］年一月、同地ニ出張所ヲ開設シ芝罘ト相俟テ募集勧誘ニ当ラシメ……」29)たのである。

　満鉄が1908年正式に同炭鉱を受け継いでから、すぐに労工の募集のために山東省に調査に出かけた。三年後の1911年はすでに同省芝罘に招工出張所を設置し労工の募集に便利を図った。このような歴史から見れば、撫順炭鉱の労働力の大部分は華北からの労工であることが分かる。

　二つ目は、炭鉱の労働が危険で苛酷であるため、地元の労工は炭鉱就労を避けることである。これは上述の昭和製鋼所が地元労工を中心としていた理由の一つに繋がるものである。

　三つ目は、華北労工は出稼ぎが中心であるため、移動はやむをえないが、常時募集の炭鉱は彼らにとって都合がいい場所であったということである。

　四つ目は、当時技術はあまり必要がない採炭労働に、移動率が高い華北労工が簡単に就労できることである。以上は撫順炭鉱が華北労工を中心に採用していたゆえんである。

　撫順炭鉱は、1941年7月から前述の行政供出を内容とする「国内労働者募集緊急対策要綱」を実施することを決定し、同月21日、安東省労務課長が炭鉱労工の募集方法について撫順炭鉱長に文書を送った30)。それによると、同省における炭鉱労工の募集は1～3月は目標の42.7%、4～6月は同20.6%しか達成できず、以降の募集方法としては各市、県が街、村長を督促し、攤派（割当）表に決定される人数を供出することが規定され、さらに、各炭鉱に対する各市、県の供出人数、供出時期（第一期は8月まで）、労働期限（6カ月）などが詳しく記述された。同年、撫順炭鉱の「満洲国」内での募集計画数は12,500人であった31)。翌1942年の「重要炭鉱業鉄鉱業労働者募集地盤設定ニ関スル件」により、15県が撫順炭鉱および同鉱の各採炭所の募集地盤として規定され、同年、同鉱の「国」内募集計画数は14,300人で前年より1,800人を増加した。これを

表1-33と比較してみると、この2カ年の計画数は実際募集数よりかなり少ないことがわかる。後者のうちに、相当数の入満労工が含まれていることを知ることができるだろう。

しかし、1944年になると、労工の獲得がさらに困難となり、撫順炭鉱は日本政府の製油増産計画に基づき、製油工場建設の関連工事を行うために、自身の労工だけではなく、請負業者の労工の供出までも各省に要求することになった[32]。例えば、同年2月に炭鉱長宮本慎平は、同鉱の請負業者である総成土木株式会社のために1,000人の労工を安東省次長秋吉威郎に要求し、4月、奉天省長于鏡涛に同業者のためにさらに1,000人を要求した。また、同鉱鉱務局档案館所蔵の「吉林省供出工人状況報告書」（同年10月）によると、11月から翌1945年4月までの間に農安、吉林、など7県から6,000人の供出が要請され、結局5,466人が供出された[33]。11月、熱河省次長岸谷隆一から撫順炭鉱宛の文書によると、民政部長の指示に基づき、1944年度の労務動員計画のほか、同省の滦平、豊寧、青龍、翁左の四県旗から2,200人が採炭夫として炭鉱に送られた[34]。1945年2月、同炭鉱は、製油工場を建設するために、民生部大臣金名世に1,000人の土建労工を要求し、3月、同鉱所属の光義炭鉱が労工不足のため、同大臣に3,410人の募集を申請した[35]。同申請書によると、光義炭鉱は、3月の時点で経営に必要な労工数は4,610人であるが、在籍人数は150人しかいなかったとのことで、撫順炭鉱の労工不足の一端を窺うことができよう。また、地盤募集はこの段階で行政供出と同じように強制的なものとなった[36]。

こうした地盤募集と行政供出は戦争の激化に伴う軍需用品の増産に対応するための手段であったため、労工の獲得を容易とし、逃亡者の増加を防止するという利点を持つ一方、「労働効率が低下し、賃金、労働条件への不満が高まり、限定される6カ月の労働は熟練労働者への養成に不利であるという欠点をもつことになった」[37]と、炭鉱側も認めざるをえなくなった。

以上のように、労務新体制以後、撫順炭鉱は行政供出と地盤募集による労工の獲得に力を入れたが、にもかかわらず、表1-34に示すように、華北労工は炭鉱の中で依然多数を占めていた。

表1-34 撫順炭鉱の労工出身地別統計

年別	合計	東北（関外）出身者		関内出身者		
		小計	内奉天省	小計	内山東省	内河北省
1932	24,055	4,386	4,365	19,572	12,570	6,674
1933	28,230	6,630	6,155	21,527	13,566	7,636
1934	30,232	6,917	6,498	23,363	14,549	8,473
1935	33,037	7,735	6,852	25,234	16,011	8,867
1936	37,932	9,969	9,093	27,009	18,423	9,080
1937	41,954	13,170	11,817	28,721	18,815	9,416
1938	49,385	17,101	13,932	32,222	20,748	11,037
1939	66,243	18,307	14,850	47,585	28,602	18,277
1940	65,388	19,840	15,761	45,148	27,444	15,714
1941	73,768	22,796	16,917	50,480	29,616	15,456
1942	79,290	17,687	14,087	61,024	38,172	16,003
1943	83,021	23,640	18,979	58,773	32,590	18,362

出典：同前、472頁「工人出身地別統計」より。
原注：合計数には少数の朝鮮人とロシア人を含む。

　表1-34を見ると、労工の数は、奉天省を中心とする東北出身者より山東省、河北省を中心とする関内出身者のほうが圧倒的に多い。撫順炭鉱の労工は華北出身者が中心であったと言っても過言ではないだろう。

　1943年から行政供出、地盤募集の実施と同時に、勤労奉公制度も全「国」的に実施されたが、次に、この制度について検討することにする。

④勤労奉公制度の実施

　この制度は1942年春、浜江省協和会の幹事長半田敏治が、ドイツの勤労奉公制度にならって同省で始めたものである。かつて国民勤労部大臣・勤労奉公隊総司令であった于鏡涛の戦犯供述書[38]によると、半田の発想はまず同省の賓県、双城県で実施され、国兵徴用に不合格な19～25歳の青年4,000人を勤労奉公隊に組織し、ハルビン～長春の鉄道工事に就労させた。そして、この工事を計画より2週間早く完成させた「成功」によって勤労奉公制度は全「国」に広がるようになった。

　1942年10月、民生部に「国民勤労奉公局」（局長半田敏治）が設立され、11

月「国民勤労奉公法」(勅令218号)、同月「国民勤労奉公隊編成令」(勅令第219号)、翌1943年2月同奉公法施行規則（民生部令第4号）が相前後して公布され、国民の勤労奉公制度が法的に規定されることになった[39]。同奉公法によると、兵役に服する者、不具廃疾者、精神異常者、身体が著しく虚弱なる者などを除き、21〜23歳の男性（当時「国兵漏」といわれた）は勤労奉公隊員（以下勤奉隊員と略す）として12カ月の勤労奉仕に参加しなければならない。参加事業は、国防建設事業、鉄道および道路建設事業、治水・利水および造林事業、土地開発事業、重要生産事業、農産物生産収穫事業、災害救護事業、その他民生部大臣の指定する事業、とした。また、勤労奉公を免れるため、逃亡、または詐欺行為を行う者は2年以下の徒刑、または20元以下の罰金を科すことが規定された。勤奉隊の編成は同編成令によれば、一般隊と特技隊に分け、両者は大隊または中隊に編成され、中隊（300人）以下は小隊5個、小隊以下は分隊3個、1個の分隊は20人で構成された。

　1945年3月、国民勤労奉公法が改正され、年齢の上限を30歳に引き上げ、期限も18カ月に延ばした。この制度は1943年から全「国」的に実施され、1945年まで3期にわたって勤奉隊員を徴集したが、第一期の1943年は、概ね10万人が徴集され、主に交通運輸、軍事工程、水利建設などに就労させ、第二期の1944年は、農地造成、水利建設などが中心であり、第三期の1945年は、主に鉱工業、農地造成などに使用されることになり、同年、30万人が徴集されたという[40]。勤奉隊を大量に使役するのは軍事工事と農地造成であった。

　ここで指摘したいのは農地造成である。第2節で触れたように、1939年から日本人開拓民のための大規模な農地造成が行われたが、太平洋戦争勃発後、日本は対満食糧要求が急増し、これに応じるため1943年、「満洲国」政府は農地造成計画を作成し、松花江下流と東遼河地域で25万ヘクタールの農地を造成することを図った[41]。これに対し、同年11月、日本政府は支援計画を作成し、資金、資材の面での援助方針を決定した。当然、生産された食糧は「満洲国」民の生活を最低限維持するものを除き、日本、関東州、華北に送ることになり、農地造成に使用する労働力は、「満洲国」が担当することになった。古海忠之

の供述によると、この計画で常時15万人が使用され、そのうち、勤奉隊員は1944年2万人、1945年10万人近くが動員され、また、使用された労工の総数は30万人に達したという[42]。

一方、「国民勤労奉公法」が公布された翌12月、「学生勤労奉公法」（勅令第277号）、翌1943年6月「学生勤労奉公法施行規則」（民生部令第33号、文教部令第8号）が公布され、学生の就労について法的な根拠を作った[43]。「学生勤労奉公法」によると、大学（民生部指定する大学に準ずる特別教育施設を含む）に在学する男子学生は全員就労が義務づけられ、期間は毎年30～45日であり、就労すべき事業は「国民勤労奉公法」のそれと同様であり、学生勤労奉公隊は国民勤労奉公隊総司令（于鏡涛）の指揮下に置くことになった。また、勤労奉公を完了しない学生に対し卒業は認めないとの罰則が規定された。こうして、勤労奉公は一般国民だけでなく学生をも強制し、行政供出と同じように「国」民を全民皆労体制の中に強いるものとなった。

撫順炭鉱では、勤奉隊員の使用を開始したのは1944年2月からである。同年度、同鉱は第1回1,020人、第2回2,500人、1945年度、同鉱は5,000人の勤奉隊員を要求したが、全員が無事に到着したかどうかは資料の制限で確認できなかった。表1-35、表1-36は同鉱の勤奉隊の使用および申請状況を反映するものである。

表1-35に示したように、第1回は浜江省730人のうち、86人が減少し、減少率は12％に達した。その主な原因は逃亡で、次いで病気であった。にもかかわらず、炭鉱側は、成績が良好と判断したため、第2回は前回より約1.5倍を超えた2,500人が使用された。しかし、第2回は最高36％の減少となり、勤労奉公に対する民衆の抵抗、労働条件の劣悪などの状態を裏付けたと言ってよかろう。1944年末には、華北でも行政供出に頼らざるをえなくなり、「満洲国」内外とも自由募集が極めて困難な状態となったため、撫順炭鉱はほとんど行政供出と勤労奉仕に頼らなければ労工を獲得できなくなってしまった。この状況を反映したのが表1-36である。日本敗戦までに一部が供出されたと考えられるが[44]、実態は不明である。

表1-35 撫順炭鉱の勤労奉公隊の使用状況

到着年月日	1944.2.26－3.30（第一回）		1944（第二回）		合　計
隊員供出地	浜江省	奉天省	撫順県	清原県	
到着人数	730	290	1,300	1,200	3,520
減少人数	86（12％）	1（0.3％）	474（36％）	119（10％）	680（19％）
減少原因	逃亡73、病気12、死亡1	病気1	不明	不明	
成　績	良	良			

出典：蘇崇民ほか編『労工的血与涙』中国大百科全書出版社、1995年、324-325頁より作成。

表1-36 1945年度における撫順炭鉱の勤労奉公隊の申請状況

（単位：人）

到着年月	45.1-46.5	45.4-46.3	45.1-12	45.1-12	45.4-46.2	45.3-46.2	45.4-46.3	合計
隊員供出地	楡樹県	法庫県	新民県	清原県	安東県	撫順県	安東県	
供出人数	600	300	100	1,000	750	1750	500	5,000
作業場所	東製油工場	機械製造所	製鉄工場	西露天鉱	同	同	東露天鉱	

出典：同前、326頁より作成。

　上述の行政供出と勤労奉仕は労工およびその家族にどんな影響をもたらしたか、それに対し、労工はどのように対応したか、次に、この問題を明らかにしたい。

(2) 労工の対応

　行政供出、地盤募集は上述のように農村を中心に展開し、農民が直接に影響を受けることになった。この影響は、家庭生活、農業生産など様々な面で現われたが、その中で最も農民の生活に関わったのは前述の「攤派」である。「攤派」とは、すなわち強制的な割当であり、行政供出の場合、民生部から各省、市、県、村（旗）に供出労工数を割り当て、各村が割り当てられた人数を供出しなければならないが、自主的に応募する農民がほとんどいないため、警察は武力で強制的に労工を就労させるほかに、各村の村、甲、牌長は村民から賦課金を徴収し、それをもって貧困な農民を雇って供出した。これについて、1942年7月、承徳憲兵隊長は、関東憲兵隊司令宛の報告に次のように記述している。「今年1～6月に、各村は、すべて供出労工を3回募集し、合計（26村）2,500人に達した。

表1-37　労工供出における供出労工への雇用金および賦課金

(単位：元)

村　名	労工1人への支出額		徴収者	徴収対象	賦課金額	
	最高	最低			最高	最低
八里罕	150	80	甲長	各戸	30.00	0.50
八里罕甸子	100	平均	牌長	1ムー当たり	0.80	0.70
楡樹営子	200	140	甲長	各戸	15.00	3.50
黒里河	150	70	甲、牌長	各戸	50.00	0.50
頭道営子	100	平均	甲、牌長	各戸	17.00	1.00
卑西郎営子	100	平均	甲、牌長	1ムー当たり	10.00	0.50
二十家子	260	150	村、甲、牌長	各戸	40.00	1.00
南坡	120	80	甲長	各戸	10.00	1.00
九房	100	30	村、甲、牌長	各戸	10.00	0.50
寧城	220	140	村、甲、牌長	各戸		
和頭金	200	100	甲、牌長	1ムー当たり	5.00	0.10
三座店	180	100	甲長	1ムー当たり		0.10
一肯中	250	70	甲、牌長	各戸	3.45	
八肯中	150	80	牌長	各戸	2.50	0.10
平泉街	130	100	甲、牌長	各戸	5.00	0.50
五十家子	140	平均	甲、牌長	各戸	3.00	
黄土梁子	140	平均	甲、牌長	各戸	2.00	1.00
窪子店	120	平均	甲長	1牌	70.00	
天義	200	平均	甲長	各戸	17.00	2.00
五化	200	160	甲長	2割増税		
三十家子	150	120	甲長		10.00	3.00
馬站子	150	80	甲、牌長	各戸	15.00	2.00
潮子	200	80	甲長			
楡樹底	150	120	甲、牌長	各戸	15.00	2.00
石橋子	200	80	甲長	各戸	7.00	3.00
山頭	200	120	甲長	税金同額		

出典：前掲『東北経済掠奪』887頁「労工供出時賦課金及雇傭工資一覧表」より。

本人の意思で応募する者がいないため、村の甲長より村民に割り当てるしかない。労工1人当たりに最高260元、最低30元が割り当てられ（就労時間が6カ月）、合計約50万元が徴集された。割当の方法は、村の甲長、または牌長が責任を持ち、土地税を基準に各戸に割り当てることであるが、その中で多数の不正行為があった」[45]と、支配者側が摊派の事実、およびそれに伴う後述のような不正行為を認めた。報告した摊派の状況を表わしたのが表1-37である。

表1-37に示したように、労工1人当たりの支出額は、最多の二十家子では

260元を支払うために、村民1戸当たり40元の賦課金を徴収したことになる。徴集した賦課金の金額は、最高各戸50元（黒里河）にも達した。供出期間に対応する徴収は、農閑期は少なく、30〜150元で、農繁期は多く、100〜260元である。1942年、昭和製鋼所の傭員の月給は55.12元、撫順炭鉱の第一種傭員は41.6元、第二種傭員は39元であった（表1-31を参照）ことから見れば、こうした高額の賦課金が農民に対し大きな経済負担であったことは明らかであろう。また、村、甲、牌長は公開徴収、または秘密徴収の方法を通じて賦課金を徴収したが、村側は、賦課金の全部を労工に支払うことなく、あるいは供出する労工の人数分以上を徴収し、あるいは就労地に到着する以前に逃亡した労工の賦課金を農民に返済しない、などの手段を利用して、多くの賦課金を横領した。

同報告によると、供出された農民はほとんどが以下の三種類の人である。一つ目は土地、家、家族を持っていない者、二つ目は住所不定の貧困者、三つ目は阿片中毒者である。これらの人は生活のため、やむをえずに雇われたが、このような人が多数を占めたため、結局死亡率が増加し、逃亡者が跡を絶たず、労働効率が低い結果となったことを、承徳憲兵隊長は認めざるをえなかった。要するに、生活が貧しい農民がこの行政供出の犠牲者である一方で、抵抗者でもある。なぜ農民が高額の賦課金を支払えるようになるまで供出に応じないのか、など農民が持つ反感の原因については、上述の報告の中で労務管理の不備による高い死亡率、賃金の不支払、があげられている。

また、当時吉林省長閻傳紱の戦犯供述書によれば、1942年、同省は5、6万人の労工を供出したが、労働条件が悪く、死亡率は20％にも達した[46]。同年4月斉斉哈爾憲兵隊長から関東憲兵隊司令官宛の報告によると、1941年8月から1942年4月までの間に製炭工場に供出した龍江省の労工1,180人のうち、逃走者は550人、怪我人と疾病者は176人、死亡者は17人、合計743人の減員があった[47]。また、1944年、現黒龍江省訥河県は2,000人余りを黒河に供出したが、同年、死亡者は36人、逃亡による殺害は20人、翌年、査哈陽の水利工事の使役による凍死者は40人余りで、合計100人前後の死亡者が出た[48]。こうして、過酷な労働条件による死亡者の続出が、供出を恐れる重要な原因の一つとなった

と考えられる。つまり、農民にとって賦課金は、大きな負担である一方、行政供出を免れる一つの手段でもあったと言えよう。

一方、供出労工の賃金支払について、1942年3月「就労義務者ノ労務管理ニ関スル件」[49]（民生部訓令第47号）によれば、労働報国隊の幹部に対し報酬を支給するが、隊員である労工に対しては、日常必要な雑費に相当する額しか支給せず、残りは帰還時に持帰金にする、とした。しかし、実際に労工がどのぐらい受け取ったかは、上述の死亡者、疾病者、逃亡者数を見ればわかるように、生活の最低限さえ保障できるものではなく、支配者側も認めたように未払が多かった。1943年5月、阿爾山独立憲兵分隊の報告によると、軍工事に就労中の龍江省供出の報国隊員は、給与の低下により著しく健康を害し、就労困難となって25人が逃走した[50]。

また、供出された労工は家庭の重要な労働力であるため、その供出によって農作業を女性、子供が代わりに担当する家庭が多くなり、それに伴って農産量が低下し、生活の貧困が顕著化した。こうした状況の中で、労工は逃亡への道を選ばざるをえなかったと言えよう。1942年4月6日、通化憲兵隊の報告によると、東辺道開発会社に就労する労工は3月20日現在、総数21,842人であったが、報告の時点で逃走者は701人にのぼり、その原因は待遇の不満、または解氷期に伴う農耕従事などである[51]。農繁期、特に春の種まきの時期における労工の供出は、秋の収穫量に直接影響を与え、また、収穫量の減少は、日本への食糧供出のための糧穀出荷という重荷に加え、農民の生活にいかなる影響をもたらしたかは容易に想像できよう。

一方、勤奉隊員は軍の編成となり、作業服、食事が支給されることになったが、物資の不足により、食事が制限され、服が支給されなかった隊員も多い。1943年6月、遼陽水利工事に動員された勤奉隊員は合計5,171人であったが、服の支給は690人分しかなかった[52]。同工事の勤奉隊員は、供出労工と同じように貧困な農民が多数を占めており、苛酷な労働、食糧不足、医療施設の不備、幹部の暴行、などによって、重病者は1,776人も出て、全体の3分の1を占め、死亡者は109人で全体の2％以上を占め、逃亡者は591人で11％以上を占めるこ

とになった53)。要するに、勤奉隊員は「国兵漏」より組織され、年齢層が供出工人より低く、労働効率が比較的に高いと考えられるが、1943年以後、重要産業の増産、軍の工事および農地造成の速度が強要される一方で、各種の物資が日本国内および日本軍に提供されたために、「満洲国」内の物資が極端に不足し、在満日本人でも配給制に組み込まれる状況において、勤奉隊員の待遇は上述のように悪化し、多数の病人が出されており、その結果、労働効率が低下し、隊員は供出労工と同じように逃亡を選ぶことになった。

こうして、行政供出、地盤募集と勤労奉仕は全民皆労体制の中で強制的に実施されたが、それによる多くの労工は上述のように様々な原因によって逃亡し、支配者側の「勤労を尊重し、国民皆労の美風を作興し以って国家興隆の根基を確立させる」（上述の労務新体制確立要綱の要旨を参照）目的はついに達成できずに日本の敗戦を迎えたのである。

注

1) 「国家総動員法」（抄）（康5［1938］、2、26　勅令第19号）改正（康6［1939］、9、23　勅令第231号）、民生部労務司『労務関係法規集』（日文）、康徳8（1941）年、59頁参照。
2) 「労働統制法」（康徳5［1938］年12月1日　勅令第268号）改正（康徳7［1940］年8月1日　勅令第198号）、同上12頁参照。
3) 同上。
4) 蘇崇民ほか編『労工的血与涙』中国大百科全書出版社、1995年、297頁。
5) 『満洲鉱業協会誌』第8巻第3号、満洲鉱業協会発行、康徳9（1942）年3月号、24頁。
6) 解学詩編『満鉄史資料』第四巻煤鉄編第二分冊、中華書局、1987年、501頁。
7) 「満洲労工ニ関スル罪行」満洲国国務院総務庁次長兼企画局長古海忠之、『世界』第649号、岩波書店、1998年6月、176頁。1999年8月の『世界』に連載された古海忠之など戦犯の自筆供述書が『侵略の証言――中国における日本人戦犯自筆供述書』（新井利男ほか編、岩波書店、1999年）という単行本として刊行された。上述の古海の供述は同書139頁。
8) 前掲『侵略の証言――中国における日本人戦犯自筆供述書』138頁、満洲国史編纂刊行会『満洲国史』各論、満蒙同胞援護会、1971年、1169-1170頁参照。

9）　各省の名前は、アジア経済研究所図書資料部『旧植民地関係機関刊行物総合目録　満洲国・関東州編』同研究所、1975年、192頁「満洲国地方行政区画変遷」を参照されたい。
10）　前掲『労工的血与涙』306頁。
11）　前掲『満洲鉱業協会誌』第9巻第6号、康徳10（1943）年6月号、61頁。
12）　同上、第9巻第9号、康徳10（1943）年9月号、40頁。
13）　同上、第10巻第3号、康徳11（1944）年3月号、30-31頁。
14）　「政府公報」（「満洲国」）第2866号、康徳10（1943）年12月21日、「国民手帳法」。
15）　満鉄調査局第二満洲調査室「昭和製鋼所国内労働者募集地盤育成工作ニ就テ」解学詩編『満鉄史資料』第四巻煤鉄編第四分冊、中華書局、1987年、1547頁参照。
16）　満鉄調査部『昭和16年度総合調査報告書』別冊、満洲部分、資料編、1941年、106頁参照。
17）　趙光鋭「昭和製鋼所的中国工人状況」（未発表）参照。
18）　東北糧食総局『東北農産統計』1949年、14頁参照。
19）　前掲『満洲経済提要』729頁参照。
20）　隅谷三喜男「満洲労働問題序説」下、昭和製鋼所『調査彙報』第2巻第3号、1942年、7頁。
21）　同上「満洲労働問題序説」上、同第2巻第2号、11頁参照。また、昭和製鋼所総務部労工課『昭和製鋼所労務概況』（1941年）を参照されたい。
22）　前掲『昭和16年度総合調査報告書』107頁。昭和製鋼所労工募集費用によると、「満洲国」内では1人当たりの募集費は1938年に3.97元、1939年に6.54元、1940年に10.65元であったが、それに対し華北ではそれぞれ18.83元、34.35元、37.22元であった。
23）　前掲『満鉄史資料』第四巻煤鉄編第四分冊、中華書局、1987年、1547-1556頁参照。
24）　山田宗次「昭和製鋼所の労務管理に就て」『満業』第64号、満洲重工業開発株式会社、1943年12月、付録2頁。
25）　前掲『満鉄史資料』第四巻煤鉄編第四分冊、1555頁参照。
26）　前掲「昭和製鋼所の労務管理に就て」同2頁。
27）　満洲鉱工技術員協会『満洲鉱工年鑑』亜細亜書房、康徳9（1942）年、87頁参照。
28）　満洲労工協会の調査によると、1937〜1940年度、入満労工のうち、身分証明書発給労工数（自由入満者数）に対する団体証明書発給労工数（団体入満者数）の比率はそれぞれ、17％、29％、33％、31％であった（同上、81頁）。
29）　南満洲鉄道株式会社『南満洲鉄道株式会社十年史』同社発行、1919年、495頁。
30）　前掲『満洲鉱工年鑑』1942年、498頁参照。

31) 前掲『労工的血与涙』311頁参照。1942年の募集計画数も同頁参照。
32) 前掲『満鉄史資料』第四巻煤鉄編第二分冊、505-507頁参照。
33) 同上、508頁参照。
34) 同上。
35) 同上、509-510頁参照。
36) 同上、507頁参照。
37) 同上、501-502頁。
38) 中央档案館ほか編『東北経済掠奪』日本帝国主義侵華档案資料選編、中華書局、1991、903頁参照。
39) 満洲鉱工技術員協会『満洲鉱工年鑑』康徳11（1944）年、東亜文化図書株式会社、630-636頁参照。
40) 前掲『労工的血与涙』321頁参照。
41) 前掲『東北経済掠奪』750頁参照。
42) 同上。
43) 前掲『満洲鉱工年鑑』康徳11（1944）年、636-637頁参照。
44) 撫順炭鉱ではないが、例としては、1992年、東北淪陥十四年史編集委員会の聞き取り調査で、依蘭県の農民邵本海の証言によると、1945年2月に邵が黒龍江省鶴岡炭鉱に供出され、同年8月日本敗戦直前に家に逃げたところ、兄がまた供出され、港に集合されていることを聞いて慌てて港に行って事情を説明して呼び戻したという（郭素美ほか編『日軍暴行録』黒龍江分巻、東北淪陥十四年史叢書、中国大百科全書出版社、1995年、302頁）。
45) 前掲『東北経済掠奪』884頁。
46) 同上、881-882頁参照。
47) 同上、966-967参照。
48) 前掲『日軍暴行録』黒龍江分巻、322頁参照。
49) 前掲『満洲鉱業協会誌』37-40頁。
50) 1943年5月29日「軍工事就労中ノ勤労報国隊員党輿逃亡ニ関スル件」阿爾山独立憲兵分隊、阿憲高第81号I、吉林省档案館蔵。
51) 1942年4月6日「開発会社工人逃走ニ関スル件報告」通化憲兵隊、通憲高第135号、吉林省档案館蔵。
52) 前掲『労工的血与涙』336頁参照。
53) 同上、331-336頁参照。

第2章　労務政策の立案過程

　第1章では華北労工の由来について論じてきたが、「満洲国」成立以後、経済「開発」の前提とする「国」内治安問題が関東軍および「満洲国」の軍、警によってほぼ解決され、その後経済政策およびそれに伴う労務政策の立案が関東軍および満鉄経済調査会の主導の下で行われたが、華北入満労工を中心とする「満洲国」の労務政策がいかに立案されたか、関東軍および経済調査会（以下、経調と略す）はいかに関与したか、を明らかにするのが本章の内容である。

第1節　関東軍と満鉄経済調査会

　この節ではまず、関東軍と経調の設立、任務を明らかにし、そのうえで「満洲国」において、それぞれが労工政策の立案に対し、どのような役割を果たしたかについて検討したい。

(1) 関東軍の設立と任務

　1904年2月、日露戦争が始まり、翌1905年9月、ポーツマス条約をもって戦争が終結したが、この戦争に参戦した日本軍2個師団、約1万の兵力はそのまま満洲に駐留し、戦争の結果として日本が獲得した関東州（遼東半島南端、3,462.445平方キロ）、南満洲鉄道（長春〜旅順）およびその附属地（430キロ余りにわたる鉄道用地。幅は鉄道線路を中心に約62メートル）の守備を担当することになった。同年10月、「関東総督府」が総督府勤務令（9月26日）によって遼陽に設立され、関東総督（陸軍大将大島義昌）は「指定された軍隊その他の諸機関を統御して関東州の守備を行い、同時に民政を監督し、経理・衛生・

兵站業務を統轄、処理すること」[1] を任務とした。そして、上述の2個師団の日本軍は総督の指揮下に置くことになった。これが関東軍の前身である。しかし、ポーツマス条約の協定事項については、中国側（当時は清朝政府）の承諾が条件であったので、11月に中日間の談判を開始し、12月には清朝政府が日本の威圧に屈服し日本側の要求を完全に承認した「満洲善後協約と附属協定」に調印した。この中に鉄路沿線には1キロ当たり15名（総計14,419名）の守備兵を置くことが含まれていた。

関東総督府の軍政は中国および列強各国からの反感を招き、日本国内からも反対の声が現われた。その中心人物が韓国統監伊藤博文である。文治派の伊藤は、1906年5月に開催された「満洲問題に関する協議会」で「陸軍が満洲でとりつつある施策に対する英米側の不信と、清国側の強い不満」を指摘し、「排日運動激化のおそれ」を警告し、「軍政署を廃止して清国の人心をやわらげ、同時に将来すくなくとも財政的援助を期待しなければならない英米にも大連貿易の利を分つ必要がある」ことを述べ、軍政の改正を要求した[2]。そして、閣議決定の結果、9月、「関東総督府」は廃止され、そのかわり文治を目指す「関東都督府」が登場した。関東都督（前総督大島義昌）は「関東州の管轄・防備、南満での鉄道線路の保護・取締り、満鉄の業務監督」を任務とするほか、総督と同じように在満部隊の統率権を持っていた。

こうして、文治を目指す改正が行われたにもかかわらず、都督の権力範囲は依然として全面的なものであった。1906年7月、ロシアの権益を引き継ぐ形で満鉄が設立され、翌1907年4月、業務を開始すると同時に、その経営する鉄道の警備保護のため、南満に独立守備6個大隊が新設され、沿線各要所に配備することになった。その代わり、前述の2個師団は1師団に縮小されたが、人数は変わらなかった。

在満軍権および事務官としての領事を指揮命令する権限を持つ関東都督府に対し、これと反感を持った日本外務省は1919年4月、「関東庁官制」の公布をもって都督府を廃止した。この改廃によって関東庁長官（林権助）は文官となり、権限が縮小され、都督府陸軍部は関東軍司令部条例によって分離すること

になった。そして関東軍司令部は上述の駐箚1個師団と独立守備隊6個大隊を統率し、関東州の防衛、満鉄路線の保護に任ずることになった。ここに「関東軍」が誕生したのである。そして、「九・一八事変」まで関東軍の平時任務は、関東州および南満洲の陸軍諸部隊を統率して関東州の防備および満洲の鉄道を保護することであったが、関東庁長官の出兵要請がある場合、これに応じることができ、また緊急事態に対応して関東庁長官に申請せず兵力をもって処理することもできるとされ、そのほか関東軍司令官（立花小一郎中将）は、別に作戦および動員計画に関し参謀総長から命令を受け有事の場合に対する基本任務として、作戦計画に関する研究準備をしなければならないとされた[3]。要するに、「関東州と満鉄沿線の番兵」[4]として軍事的な役割を担当することが規定されたのである。

　しかし、ロシアを仮想敵とした「北向きの軍隊」と言われる関東軍はその後、軍事活動に限らず、政治活動にも関心を持って独走し、ついに1931年「九・一八事変」を起こし、1932年3月「満洲国」を作り上げた。政府や地方行政府に採用された日本人が、実質的に政治そのものを取り仕切ることを「内面指導」と表現したが、これは、のちに日本軍による華北政権樹立工作ともつながっていた。すなわち、第1章第2節に触れたように、日本軍はいくつかの華北政権を作り上げ、それに日本人が顧問として関与し、日本側はこれをやはり「内面指導」と明言した。しかし、「満洲国」の場合、その実態は日本人による中央独裁主義というべきものであった。というのは、「満洲国」の政治の中心である国務院では、国務総理鄭孝胥の仕事は書類に署名するだけで、日本人が就任した国務院総務長官（後総務庁次長）が事実上の首相のポストであり、一方、閣議相当の最高決定機関としての中国人による国務院会議はほとんど実権を持たず、日本人だけで構成する次長会議こそ事実上の最高決定機関であった。とはいえ、最後の総務庁次長古海忠之の回想によれば、関東軍司令官の「何何の件承認にありたるに付、命令により通知す」[5]という承認状がなければ、事が運ばなかった。関東軍の独裁は明らかである。1932年8月、武藤信義大将が新たに関東軍司令官に任命されると、「満洲国」特命全権大使と関東長官を兼任

することになり、関東軍の権限集中はさらに強化された。それ以来、関東軍が「満洲国」の主権を掌握し、政治、軍事、経済など様々な面で施策を行ったことについては後述する。

(2)「満鉄経済調査会」の設立と任務

満鉄設立当時の機構は大別して鉄道・港湾・炭鉱の現業機関と、鉄道沿線附属地の行政・文化を担当する地方部と、それから広範多岐にわたる社業を的確円滑に遂行するための調査に当たる調査機関とに分かれていた。「満洲国」樹立後、特に1937年12月、満洲重工業開発株式会社（満業、総裁高碕達之助）の成立につれ、満鉄の重工業は満業に移管し、同月、満鉄附属地の行政権も「満洲に於ける治外法権の撤廃及び南満洲鉄道附属地行政権の移譲に関する日本国、満洲国間条約」によって「満洲国」に移譲したが、調査機関のうち、1907年4月に設立された調査部は職制改正を何度も行ったが、日本敗戦まで存続した[6]。

満鉄調査部は初代総裁後藤新平の「文装的武備」という満鉄経営の指導方針に基づいて設立されたものである。「文装的武備」とは、後藤の表現で言えば「文事的施設を以て他の侵略に備え、一旦緩急あれば武断的行動を助くるの便を併せて講じ置く事」[7]である。上述のように、満鉄設立当時、広範多岐にわたる社業を的確円滑に遂行するための調査に当たる調査機関は、根本的には「他の侵略に備える」ために作った「文事的」なものであるといえよう。この点については、後述の調査部と関東軍との協力関係からもわかるだろう。

調査部は、1908年12月、調査課に名称が変更され、その後、調査課は幾度かの所属変更を経、調査範囲も拡大したり縮小したりして1932年12月、資料課の設立まで存続したわけである[8]。1929年2月に制定された同調査課の事務大綱によって本来の調査事務は調査事務と資料事務とに分けられ、調査事務の範囲は「一、地域的に於ては満洲及蒙古を中心として之に重大な関係を有する支那本部並西比利亜及欧露を副とし、二、事項的範囲に於ては政治、法律、経済、交通、文化の全体に及ぶべきものとした」のであり、調査方針は「イ、予定調査に対しては、当該調査事項が社内各実行機関の実行上若しくは企業計画上主

要な参考たるべきことに重点を置き、且調査事項は在満本邦政治機関及在満邦人並母国政府及私人の対満政策樹立上、若は対満事業樹立上主要参考たるべきことを主眼とした。ロ、臨時調査は、緊急を要し調査課の編成に於て予め項目の大綱を定め、之に基き課員の分担を決し、平素より調査研究せしめ、担当事項に関しては課員に調査時報編纂の責を負わせ、現実の動きに注意せしめ、ハ、時報の編纂に対しては刻々に変動し行く満蒙の政治経済実相を具体的に把握し、満蒙研究に必要な資料の紹介に努め満蒙現状の闡明をモットーとした」のである9)。この時期は、調査範囲がすでに満洲、蒙古に留まらず中国全土、ロシアなどにまで広げていたことは明らかであり、調査方針が満鉄の企業運営の参考にするためだけでなく、日本政府およびその在満政治機関の政策立案のためでもあることが明確であった。ここに満鉄という国策会社の役割が現われていた。

　1931年に「九・一八事変」が勃発し、同年末、錦州占領後、関東軍による軍事的行動が一段落となり、満洲での「国家」建設が関東軍によって動き出した。そのための政治、経済、外交、文化などの政策立案およびそのための調査は欠かせないものであり、関東軍の手では対応できなくなった。そして、1932年1月18日、関東軍参謀長三宅光治から満鉄副総裁江口定条宛に経済調査機関の設立を依頼する書簡が発せられ、同月21日には本件に関する満鉄重役会が開催され、全重役の賛同によって経調の設立が決定された。

　しかし、かつて経調のメンバーであった野間清に指摘されたように、同調査会設立の動きは「九・一八事変」勃発直後にすでに始まった。同じ経調のメンバーであった奥村慎次は野間清宛の手紙の中で次のように語った。「満洲事変勃発後間もなく、同年10月頃であったかに、奉天で、関東軍石原参謀および軍嘱託松木侠君から宮崎政義君［当時調査課ロシア班班長、1932年経済調査会第一部主査］および小生［奥村］に対し、満洲新政権の各種の政策立案の為、軍機関とし一組織をつくってもらいたい、但し、人材はすべて満鉄より提供すること、形式的には満鉄の一部局とするも、実質的には軍の指導の下に活動するようにとの話であった」10)と。この話を見ると、関東軍と満鉄調査部の一部とは関係がかなり緊密であることがわかろう。

実は、関東軍と調査部との関係は調査課時代のかなり早い時期に溯ることができる。『南満洲鉄道株式会社第三次十年史（下）』によれば、関東軍の前身であった在満陸軍時代、調査課がすでに何度も陸軍から調査の依頼を受け、一方、満鉄は陸軍に調査上の便宜供与を依頼し、相互に協力をしたが、ついに関東軍設立後、その資源班の調査を完全に引き受けることになり、特に菱刈関東軍司令官時代（1930年9月－1931年7月）、調査課との連絡が緊密に保たれ、隔たりなき意見が交換され、相互の連絡員として関東軍からは佐藤勇助が満鉄の嘱託となり、満鉄側は木村正道が軍の嘱託となり、満鉄の調査資料を軍に提供したという[11]。また、『満鉄経済調査会沿革史』は「関東軍と経済調査会の母胎たる満鉄調査課とは多年極めて密接な関係を持続し、共に提携協調して満蒙資源の調査なる国家的事業に従事してきたが、両者の関係が特に密接となったのは佐田弘次郎の調査課長［1923－1927年］就任以来であって、同氏は満鉄調査課の国策的機関たる使命に鑑み関東軍との提携の必要なるを力説し、両者の接近に努力する処少なからず、課員もまた課長の意志を体し関東軍当局も調査課を信頼し之に対し友好的態度を示した」[12]と記述している。

こうした記述に対し、野間清は反対の見解を示した。ちょっと長い記述であるが、両者の関係を確認する重要な証言であるため、あえて引用することにする。

「経済調査会がつくられる以前から、関東軍と調査課とは密接な関係にあったといわれています。私は昭和六年［1931年］春に入社しましたので、そういうことにはあまり気がつかなかったのですけれども、それにしても関東軍の将校や参謀が調査課に出入りしていたことを、見たり聞いたりしたような印象はありません。ただ、情報の交換や情報活動について相互に便宜をはかるという点では、かなり連絡がされていたのではないかと思います。また一部の課員は非常に密接な関係をもっておったようでもあります。現在もご存命ですが、ある調査課員のごときは、関東軍が全満洲を占領した時の財政規模はどうなり、その財源はどう調達するかといった点の非常に大ざっぱなメモをおつくりになっておられました。また調査課長の佐田弘次郎さんは、旅順の関東軍司令部で

講演をしたりしてもいます、ですから特定の課員は非常に密接な関係をもっておられ、関東軍のほうでも、特定の課員にはいろんなことをたのんでおったかと思われますが、それは必ずしも組織と組織との公然のつながりであったとは思われません」[13]と。

要するに、満鉄調査部は、組織として関東軍に関係したのではなく、個人レベルで関東軍と密接な関係を持っていたと、野間清は主張している。

しかし、小林英夫が指摘しているように、佐田弘次郎は積極的に関東軍と満鉄調査部を結び付けようとしていた[14]。佐田の努力の結果として現われたのは経調の設置であると考えられる。というのは、前述のように宮崎政義が佐田の下でロシア班の班長として働いており、関東軍と密接な関係を持つことが佐田の影響を受けなかったとは言えない。野間清も認めるように経調が生まれたきっかけ、あるいは橋渡しとなり、設置を推進したのは前述の奥村慎次と宮崎政義である[15]。一方、経調の設置の背景には従来の調査課を拡大強化する動きがあったことを、見逃すことができない[16]。要するに、関東軍と密接な関係を持つ調査課の一部（幹部）の積極的な活動は、関東軍の満洲「建国」の要求を合わせ、また調査課全体の機構拡大強化の要求を加えて、経調の設置となったのである。

経調の最高機関は委員会であり、初代委員長は十河信二（満鉄理事）、副委員長は石川鉄雄（同前総務部次長兼調査課長）、委員は山崎元幹（同総務部長）、田所耕耘（同監理部長）、根橋禎二（同技術局次長）、宇佐美莞爾（同奉天地方事務所長）、久保孚（同撫順炭鉱次長）、宮崎政義（第一部主査を兼任）、奥村慎次（第二部主査を兼任）、佐藤俊久（第3部主査を兼任）、中島宗一（第4部主査を兼任）、岡田卓雄（第5部主査を兼任）、幹事は宮崎と伊藤武雄（調査課長）であった。委員会は「各部調査立案の大綱を決定し其の結果を審議し成案を得れば重役会議を経て軍に提議し、又敢て会社の意図を決定する用がないものは直に之を軍に提議して之が実現を図り、参考案は軍若くは軍を経由し、満洲国政府に提議して諸政策樹立の参考に供した」[17]とされていたが、後述のように、立案課題は関東軍より与えられ、軍から示された基本方針に基づいて調

査が展開されたのであり、重役会議はそれほど大きな役割を果たしたとは言えない。

こうした経調は、「形式的には満鉄の機関であるが、実質的には軍司令官の統帥の下に在る軍の機関であって純然たる国家的見地に立って満洲全般の経済建設計画の立案に当たる」[18] ものであった。たとえ、調査課時代、関東軍との関係が個人レベルであったとしても、経調時代は完全に組織間の関係であったといえよう。

経調は、委員会の下に5部が編成され、さらに各部は数個班に分かれていた。各部の任務は以下のようである[19]。

第1部（6個班）——満蒙経済界の現状並びにこれを中心とする日支露との経済関係および世界経済一般に関する調査を為し、満蒙開発根本方策の確立に努めるとともに各部が個別的に各産業、交通、財政等々に関して立案するものを総合する任務に当たる。

第2部（6個班）——農牧林鉱水産、工鉱業など産業全般にわたってその開発策を研究し、日本の対満政策中刻下の急務である移民問題の対策を立案する。農牧水産業に関するものは産業行政方面よりの立案で、鉱工業方面の立案はその経営の形態、企業的価値如何を問題として取り扱うこととした。

第3部（8個班）——鉄道、港湾、水運、航空、通信等を主として交通関係の立案および治水、都市計画の立案を掌る。

第4部（4個班）——商業、貿易および金融関係に関する調査立案を掌る。

第5部（4個班）——財政、外交、教育、文化、社会施設など「満洲国」施政一般にわたる根本方針の研究を掌る。労工政策の立案は、この部の労働班が取り扱う。

経調の立案課題は、関東軍参謀部第四課から経調幹事室（のちに会務班）に伝達し、幹事室ではその立案担当箇所を課題によって第1部から第5部のどれかに振り当てる。立案の根本目標は「経済調査会ハ満蒙ソレ自体ノ経済開発ヲ

計ルト共ニ、日満経済関係ノ合理化ト日本経済勢力ノ扶植ヲ目的トシ、満蒙全域ト其ノ経済各部門ニ亘ル総合的第1期経済建設計画ヲ立案ス」、根本方針は「一、日満経済を単一体に融合し、両者の間に自給自足経済を確立す、二、国防経済の確立（国防資源の開発）、三、人口的勢力の扶植、四、満洲に於ける重要経済部門は之を自由に放任せしめず国家統制の下に置くこと」[20]と規定された。しかし、野間清が指摘するように、この根本目標と根本方針はのちに「満洲経済統治策」と「満洲国経済建設綱要」の布石となるが、上述の目標と方針を一々考慮する必要はなく、経調の各部が個々の立案を行う際に、その都度関東軍に指示され、それから外れることは許されなかった[21]。

　要するに、経調は関東軍の意向のままにそれを合理化、合法化するのが任務であった。

　こうして、経調が関東軍の指導の下で「満洲国」成立後、一連の経済政策および関連する労務政策などを立案し、中国人入満制限政策もその中の一つであったことは後述する。

(3) 「満洲国」の政策立案における関東軍の関与

　上述のように、関東軍の独走によって「満洲国」が作り上げられたが、中国人官吏がトップの地位に置かれていたにもかかわらず、実権を掌握したのは日本人官吏、特に関東軍であった。関東軍が「満洲国」の政策立案において具体的にどのように関与したか、を明らかにしたい。

　溥儀執政は就任した翌日の3月10日に関東軍司令官宛の以下の内容の書簡に署名した。①「満洲国」の国防、治安を日本に委託し、その経費は「満洲国」が支払うこと、②既設の鉄道・港湾・水路・航空路などの管理並び新設を日本に委託すること、③「満洲国」は日本軍が必要とする施設に関して極力援助すること、④日本軍司令官の推薦により、日本人を参議府（執政の諮問機関）のメンバーに任命し、その解職は司令官の同意を必要とすること、⑤日本軍司令官の推薦により、日本人を中央官庁や地方官庁の職員に任命し、その解職は司令官の同意を必要とすること、⑥以上の用件は、「満洲国」と日本国が将来締

結する条約の基礎となるべきこと[22]。これはのちの「日満議定書」の基礎であることは周知の通りであるが、同議定書が締結されるに至った経緯について、のちに溥儀は自伝『わが半生』においてその真相を語った。

「一九三二年八月十八日、鄭孝胥（国務総理）は勤民楼に来ると、ひと山の文章を出して私に言った。『これは臣が本庄司令官ととりきめた協定でございます。お上に御認可をお願い申し上げます』私はこの協定を読んだとたん、激怒した。『これは誰の命令で締結したのだ』『これはすべて板垣（関東軍参謀）が旅順で申しました条件でございます』彼は冷ややかに答えた。『板垣は前からお上にもお話してあった筈でございます』『板垣がだれに話したと？　私は彼の話など聞いたことはない。たとい話があったとしても、お前は署名の前に私に言わねばならなかったのではないか』『これも板垣が言いつけたことでございます。……』『いったい、権限を持っているのはだれなのだ。お前なのか、わたしなのか』『臣が権限を持っているなどとはとんでもございません。こういう協定はまったく臨時の処置でございまして、陛下が頼りにする力をお求めになるには、条件を認めないわけにまいりません。これはもともと既成事実なのでございますし、……』……私は腹を立てながらもどうにもできず、既成事実を追認した」[23]。

溥儀が皇帝になるために関東軍の野望を認めた一面があることは推測できるが、当時、関東軍の満洲支配はすでにこの方向に向かっており、溥儀が左右できるものは何もなかった。この記述からわかるように「日満議定書」は関東軍の意向によって作られたものであり、その内容はすでに関東軍によって実現されたものであるが、議定書の締結は関東軍の活動、および日本の利益を確定するために法的な根拠を提供したのである。これこそ日本が狙った「満洲国」の実態である。

1932年9月15日「日満議定書」の締結に伴って、関東軍司令官の任務が変更された。1932年6月、臨参命第25号の命令によって、同司令官は司令部条例に定める任務に服するほか、「満洲主要各地ノ防衛及帝国臣民ノ保護ニ任スベシ」[24]と、また、臨命第92号の指示によって、軍事行動に制限が加えられた。

しかし、その後、関東軍の軍事行動上の制限が逐次撤廃され、関東軍司令官は任務上必要ならば、随時随所全満に兵力を使用し駐屯させることができるようになった。要するに、この時期に関東軍は「関東州と満鉄沿線の番兵」から「満洲国」の防衛、対ソ戦備、および日本人の保護へと任務が変更されたのである。特に、対ソ戦備は関東軍の最も重要な仕事であった。日露戦争以来、ロシアを仮想敵とし続けてきた関東軍は、「満洲国」樹立に伴ってソ連軍と国境を隔てて近く相対することになった。そして、一連の国境紛争が起こり、そのピークであったノモンハン事件（1939年5月）によって、対ソ戦備が一段と強化されるようになった。前にも触れたが、大量の労工を動員した北辺振興計画の実施はちょうどこの時期であり、日ソ間の緊急事態に対応するためのものであった。1941年6月に勃発した独ソ戦争に対応して、翌月ソ連侵攻の準備であった「関特演」が実施され、多数の中国人がまた軍事施設の構築、物資の運搬に動員されることになった。

　しかしながら、関東軍は軍事上の役割を演じただけでなく、「満洲国」の各方面の政策決定に手を伸ばしたのである。

　まず、官吏の任免である。「満洲国」樹立当初、全体的には日本人官吏が2割を占めるよう指示されたが、重要な部門ではそれを大きく上回った。例えば、国政の重要事項が集中した総務庁では、日本人官吏はおよそ7割で、財務部、実業部では6割であった。こうした日本人官吏の人事は関東軍司令官の掌握下に置かれていた。「満洲国」政治の最大の特徴は「総務庁中心主義」であるが、関東軍が総務庁に対する「内面指導」を通じて「満洲国」をコントロールしたのである。一方、中央では建「国」に参加した、中国社会に勢力を持つ中国人官吏が「満洲国」の樹立につれ、次々と実権がないポストに棚上げされ、特に関東軍に異議を唱える者は排除され、その代わり親日派が登用されることになり、関東軍によって中央集権の強化が図られた[25]。地方でも、このような状況が反映され、1934年10月公布された「省官制」による行政改革によって、地方実力派である臧式毅、熙洽の省長職が解除され、4省から14省に区分され、権力の地方分散によって中央集権が逆に強化されることになった。1937年以後は、

こうした状況に変化が見られ、地方レベルに一定の自治権を与え、さらに拡大する傾向が見られるようになった。これは、浜口裕子が指摘したように「関東軍が地方自治権拡大策をとっても、満洲国をある程度コントロールできる」[26)]からである。こうした過程において日本留学経験者や、特に満ソ国境の各省においては日本人官吏が増加したことは無視できない。こうして、関東軍は「満洲国」の行政改革、官吏の任免を通じて中央集権を強化し、「満洲国」の実権を掌握することになった。

一方、「満洲国」の樹立に伴い、「国家」建設のための各面での政策立案に関東軍が対応できなくなったことは前述したが、上述の総務庁中心主義、強化された中央集権の下で、関東軍が一連の政策立案に直接参与することになった。具体的には、関東軍第四課が総務庁の長官、次長などによる「火曜会議」に参加することによって「満洲国」のすべての重要政策の決定に関与するのである。「火曜会議」は定期的に行われる次長会議であり、毎週火曜日に行われるので、こう名づけられた。この会議は、「満洲国」の「組織法」に基づく立法機関ではないが、総務庁長官、同次長、同各処長、各部の次長、興安局参事官など日本人高官、および関東軍第四課長の参加で決定された各議案が、そのまま立法機関である国務院会議に提出し、ほとんど異議なく通過した[27)]と、古海忠之が戦犯供述書で述べている。古海は、1935年10月以後は総務庁主計処長、1940年6月以後は経済部次長、1941年11月以後は総務庁次長の身分で同会議に参加したという。同供述書によると、必要に応じて開催された臨時日本人次長会議はより重要な政策を立案するものであり、しかも国務院会議を通らないまま実施できたのである。

このような会議で審議、決定された関東軍および「満洲国」の極秘事項は主に以下の通りである。①関東軍が日本の物資動員計画に基づき「満洲国」政府に石炭、木材、セメント、食糧など物資の動員、および労工の供出を要求すること、②重要物資の生産設備能力、実際の生産状況、爆撃・火災およびその他の事故によって受けた生産力の損害を回復すること、物資動員計画、資金動員計画、労務動員計画など、「満洲国」関係の極秘事項、③軍用地の買収、関東

軍の監督・管理下の工場の状況、国防道路の計画など、関東軍の命令による極秘事項[28]。このほかに、関東軍第四課長が直接参加して審議、決定された重大な事項は、主に以下のようなことである。①1941年7月、梅津関東軍司令官と笠原参謀長から関特演に関する命令を受け、戦時緊急物資の動員に関する実施計画要綱の制定、②太平洋戦争勃発後、戦時体制の確立に関する事項、③1942年7－10月、「満洲国」基本国策大綱の審議、④1943年初頭、経済統制の強化、戦時緊急増産の方針および計画の範囲に関する事項、などなど[29]。

要するに、「火曜会議」および臨時日本人次長会議は「満洲国」のすべての重要政策を審議、決定し、実質上「満洲国」の最高権力機関である。こうした会議では、多くの議題が関東軍からの指示を受け、軍の参加の下で決定されたことは明らかであろう。

関東軍の経済政策への参与は経調の設立に始まったが、経調設立の直後、1932年2月、関東軍は「満洲経済建設ニ関スル企画指導」[30]の機関として特務部を軍内で設置した。1933年9月、「満洲国」の労働統制を行うために特務部内に「労働統制委員会」を協議機関として設置することが特務部連合研究会で決定された。同委員会は特務部長を委員長とし、委員には、関東軍嘱託、陸軍、大使館、朝鮮総督府、関東庁、経調、「満洲国」各部の日本人官吏、満鉄、土建など関係者合計30名、幹事には関東軍および経調合計3名があたり、どちらにも軍関係者が含まれている[31]。この委員会の設置についてはのちに詳述するが、ここで関東軍が華北労工の入満に関わる労務統制政策の立案にどのように関与したかを検討することにする。

1934年1月、第一回労働統制委員会で関東軍嘱託が労工の持帰金および送金の問題に関連させて入満制限問題を提起し、一方、「満洲国」民政部警務司長は治安問題で入「国」者の取締りを必要とすると、入満制限を支持した。これに対し、3月、関東軍特務部長小磯国昭が第二回労働統制委員会の開催に関する経調への書簡に「労働者の入満に関する取締要綱」を提示した。その内容は以下の如くである。「一、労働者の入満に関しては治安維持、失業防止の上より見て治安を害するの虞あるもの、就業の見込なきものは入満を為さしめざる

ものとす、二、中華民国人の労働者入満者は土木建築、炭鉱、荷役、農業其他と大別して其数を制限すべきも、差当り調査終了の土木建築業従事のものに付、其数を十一万人と為し手配を為すものとす、三、右入国の取締は大連、営口、山海関に於て行ふものとす、四、右入国の取締は満洲国及関東庁に於て警察令を発して行ふものとす、五、必要に依りては入国票を発行するものとす」[32]。ここで第一回の委員会で「満洲国」警務司に提出された治安問題による入国取締が正式に要綱として関東軍に明示されることになった。そして、4月、関東軍司令部で参謀部第三課、大使館、関東庁、「満洲国」民政部の関係者が労働者入国制限の方針を決定し、具体的には華北方面出航地において制止するため大東公司をして査証を発行させ、同公司発行の査証を有しない者は入「国」を禁止することとなった[33]。ついに1935年3月、関東庁および「満洲国」がそれぞれ関東局令第5号、民政部令第1号をもって「外国労働者取締規則」を公布した。

　一方、中国人入満制限政策の背景には日本人、朝鮮人の満洲移民があることは第1章第3節で論じたが、1937年以前、これらの移民の政策立案に関しても関東軍が主導権を持っていたのは既述のとおりである。

　こうして、関東軍は労働統制委員会の最高責任者として労工の入満制限政策の立案に直接参加し、決定的な役割を果たしたのである。

　「満洲国」の政府機関が次第に整備されるにつれ、後述のように経済政策の立案およびそのための調査はほとんど「満洲国」の日系官吏の権力下に帰属し、経調の役割は弱くなり、1936年10月、それは満鉄産業部に編入されたのである。1937年、「産業開発五ケ年計画」の実行および盧溝橋事変の勃発によって、「満洲国」の労工問題が重要視された。そして、1938年7月、国務院に企画委員会が設置され、労務に関する大綱方策はすべてその分科である「労務委員会」において審議されることとなり、「労働統制委員会」は解消された。「労務委員会」の構成は「満洲国」政府当局者および民間会社関係者をもって組織され、総務長官が委員長に任命され、その下にさらに幹事会が設置され、幹事は政府当局者のみで組織され、企画処長が幹事長となった。「労務委員会」は労力の需給

調整およびこれに直接関連する各種重要事項、産業技術員の養成計画およびこれが需給調整に関する事項につき、具体的な方針および運用計画を審議立案するものであり、「労働統制委員会」の機能を吸収した[34]。

要するに、関東軍の指導下に置かれた「労働統制委員会」に対し、「労務委員会」は「満洲国」政府の中の一部門としてその指導に従うものとなった。しかし、関東軍が同委員会に関与できなかったわけでなく、労務委員会の運用要領に示す如く、「関東軍主務将校、総務庁各処長及協和会中央本部各部長は随時本委員会に列席することを得」[35]とされていた。

張鼓峰事件（1938年5月）後の12月、関東軍司令部は「国境方面における国防的建設に関する要望事項」を策定した。その中で所要の施設計画、およびそれを実施するための労働力の供給などに一元的な措置を取るよう規定されていた[36]。ノモンハン事件勃発後、この要求事項の内容は北辺振興計画として正式に発表されることになった。その中で労働力については、「労工協会が中心となり、各需要者協力の下に国内労働力の涵養と北支労働者の移入補充を図る。このため労働統制法の精神に基づき、不当移動の防止、賃金の規制、衣食の補給、福祉施設の完備を実行する」[37]と規定されていた。「国内労働力の涵養と北支労働者の移入補充を図る」ことによって、関東軍の国防建設における労働力に対する要望がかなったのである。華北労工の入満政策および「満洲国」内の労働力動員政策の推進に関東軍が積極的な役割を果たしたといえよう。

1941年6月に行われた関特演のために、関東軍が「満洲国」民生部に膨大な労働力の供出を要求したが、これに対し、岩沢労務司長は「もしこれを認めて慣例化されると民生の圧迫甚だしく民心離反し、憂慮すべき重大な結果をもたらす」として、拒否したが、結局関東軍に認められず、自ら辞任したのである[38]。「満洲国」民の人心離反を恐れる「国」の官吏と対ソ戦備優先の関東軍との間で考えがはっきりずれていたことは明らかである。同時に、「満洲国」の政策決定に関東軍が関与するだけでなく、決定権を持つことが明確に見てとれる。

一方、1940年以後、大量の「特殊工人」が華北から満洲に連行され、軍事施

設および民間企業に働かされたが、この「特殊工人」の使用政策が関東軍の関与によって立案されたことは本章第4節で検討することにしたい。

こうして、関東軍が「満洲国」では軍事的な役割を果たしただけでなく、官吏の任免、経済政策、労工政策などに対し、直接な関与を通じて最終的な政策の立案、実施を左右することが明らかとなった。しかし、時間が経つにつれ、「満洲国」の官吏が自らの手で政策を制定しようとする傾向が強まったことで、関東軍の建「国」当初に有していたあらゆる面における強い支配力は相対的に弱くなったといえよう。

(4)「経済調査会」設立後の動き

経調は設立から解散まで4年8カ月が経過し、その間を時期的に区分すれば、三つに分けられる。第一期は1932年1月から1933年春まで、第二期は1933年春から1935年10月まで、第三期は1935年10月から1936年9月までである[39]。

第一期は、経調は設立後の機構整備、強化と同時に、主として「九・一八事変」後の緊急諸対策の立案、さらに関東軍の要請による資源調査と関東軍の企画方針に基づく対満経済「開発」の根本方針「満洲経済統制策要綱」(1932年5月)、「満洲国経済建設要綱案」(1933年1月)をはじめ各種産業の個別的「建設」方案の立案がその活動のほとんどを占めていた。この時期は関東軍との関係が緊密であった。この期間の立案件数は331件で、経調全期間にわたる立案件数829件の約40％を占めていた。それ以外の立案のための調査報告書が1,053件にのぼり、のちの満洲経済研究に大きな役割を果たすと同時に、日本の満洲に対する経済侵略にも豊富な資料を提供した。特に、「満洲国経済建設要綱案」をもとにした「満洲国経済建設綱要」が1933年3月に「満洲国」により公表され、「満洲国」の経済政策全体に方向づけを与える「満洲国の経済的大憲章」[40]と位置づけられた。この綱要および一連の経済政策を作成した経調は、上述のような「満洲国」の経済「開発」の方針について当然責任を負う立場にあるため、「中国東北地区の完全な植民地化、軍事化に協力した」[41]と、のちの調査課のメンバーである野々村一雄に批判された。

同時期、経調が経済諸政策を立案すると同時に、日本人移民に関する政策の立案も行われた。1933年1月、「工鉱業及交通事業移民方策案」が経調によって作成された。同方策案は以下の内容を規定していた。

「一、在満日本最高統制機関は満洲に於ける工鉱業及交通事業に対し日本人殊に内地人の人的要素を拡充するを目的とし、企業者をして可成多数の邦人を従業員に採用せしむるやう指導統制するものとす、二、右方針に基き先づ大規模なる重工業、交通事業及独占的企業の経営者が其の従業員を採用する際には、事務員級及熟練工程度のものは原則として全部、半熟練工程度の者は可及的に日本人を採用せしむるものとす、三、日本政府及在満日本最高統制機関は工鉱業及交通事業移民奨励の為企業主体に対し必要に応じ左に記す如き適当の補助、保護の方法を講ずるものとす、（イ）独占の許可（ロ）従業員中の日本人に対して企業主体の行ふ教育、衛生、警備等の施設費用に対する補助金の交付等、四、（省略）」[42]。

この案が作成される前年、関東軍による日本人武装移民がすでに実施されたことは第1章第3節で論じたが、この案の実施によって、農業だけではなく、工鉱業および交通業でも日本人移民が導入されることになる。一の日本人従業員を多数採用するよう企業者を指導統制することは、中国人の使用をできる限り抑えることを意味している。二の熟練工は全部、半熟練工は可及的に日本人を採用することは、中国人に技術を持たせず、いつまでも低賃金、不熟練労働者として日本人の支配下に置くことをねらうと同時に、役人は言うまでもなく、事務員級にさえも中国人を使用しないことは、企業の管理に参与させないようにすることも意味している。また三の日本人移民を使用する企業主体に対する補助、保護は、ほかの企業主体に不利益をもたらし、各企業に日本人移民を強制的に使用させることにつながると言える。こうして、中国人、主に華北労工の入満が制限された背景には、日本人の農業、鉱工業および交通業への移民導入があったに違いない。

この案とともに、1933年4月、経調第一部第四班は「満洲労働統制問題に関する根本策」を作成した。その中では「今後満洲国に於て必要とする労働力は、

原則として内鮮満人を以て之が需要を充し得る様労働力の自給自足方策を確立する必要」[43]があることが指摘され、その自給自足方策の確立の前提となる対策としては、①満洲に永住する希望を持つ中国人出稼労働者に対し適当な策を講ずると同時に、その家族に割引運賃を提供すること、②労働力の需給調節に関し徹底的合理化を図ること、③流民（主に帰順兵および裁兵）の工人化、④熟練労働者は原則として内地人（日本人）を招致すること、⑤朝鮮人労働者の使役範囲を拡大すること、が取り上げられた[44]。

　要するに、1941年9月に公布された「労務新体制要綱」に規定された労働力の自給自足は、早くも1933年の時点で、すでに案として経調には出されていたのである。また、前提となる対策の①は、労賃の「国」外流出および労働者の移動防止策と見なすことができる。②は、企業側相互の需給調節によって最大限に労働者を利用することを意味している。③は、のちの俘虜の使用に繋がるものであり、そのための根拠を提示したのである。④は、上述の「工鉱業及交通事業移民方策案」の二の持つ意味と同様である。⑤は、日本の朝鮮支配による朝鮮人の貧困を軽減する方策と見なすことができ、朝鮮民衆の反対運動を弱める目的をも持つ。いずれにしても、こうした対策は、のちの華北労工の入満制限の前提であり、さらにのちの多くの労務政策の原型であるといえよう。

　関東軍の意向に沿って各立案が行われると同時に、経調が自主的な企画で調査を行ったことは、かつて経調のメンバーであった三輪武にすでに指摘されたが[45]、この自主的な調査研究活動はその中心メンバーであった大上末広によって展開され、その研究方法に大きな影響を与えた。大上は、経調第一部第五班主任であった天野元之助の紹介で、1932年10月、嘱託として同班に入ると同時に、『日本資本主義発達史講座』（1931－1932年）の論文や中国経済に関する外国文献をテキストとするマルクス主義の方法論を経調に導入したのである。その重要な成果としては1933年創刊された『満洲経済年報』が挙げられる。この年報の創刊号は全部で三部に分かれているが、その中で最も重要な内容は、満洲の社会経済構成体の歴史的・構造的分析（第一部）と当時に満洲経済の重要問題の理論的・批判的分析（第二部）であった[46]。前後7回にわたって発行さ

れた同年報は編集機関と書名の変更を経て1941年最終版をもって終了した。こ
の年報について、野々村一雄は「当時としてはまったく画期的な、満洲経済の
性格についての最初の科学的あるいはマルクス主義的な分析成果である」[47]と
高く評価している。にもかかわらず、この時期、やはり関東軍の意向を中心に
調査活動が展開されたことは事実である。

　第二期に入ると、「満洲国」の機関が次第に整備されるにつれ、経済政策の
立案にあたる経調の活動に対し、「満洲国」の日本人官吏が反感を持ち始め、
両者の不協和音が現われてきた[48]。一方、関東軍との関係も第一期の「緊密的
関係」から摩擦関係に変わった[49]。1934年9月、日本の閣議決定により経済面
における対満「指導」組織である「日満経済会議」が設立されると同時に、特
務部は解消され、特務部と隷属関係を持つ経調が従来通り存在するわけにはい
かなくなった。同年10月、満鉄重役会の決定によって経調は関東軍特務部を離
脱し、満鉄自体の組織に改組されることになった。さらに、翌1935年6月、大
連で開催された関東軍幕僚と経調幹部との懇談会における「……調査ニ就テ話
力アリマシタカ、満洲国カ出来タ以上、従来ノ様ナ調査ハ漸次満洲国機関ニ譲
ラレテユクヘキテ、ソレニツレテ逐次経調ハ他ノ方面ニ出テ行ツテ貰イタイト
思ヒマス」という秋永少佐の発言は、経調に対する「関東軍の基本的な認識」
を示したものであり、両者の関係が「一つの『時代』を終えた」と見なされ
た[50]。この見方は正確であろう。というのは、経調は関東軍の手で組織された
もので、一定の蜜月期はあったが、軍と「満洲国」の関係の緊密化につれて、
また軍に見捨てられたのである。

　この時期の経調活動の一つの特徴は、対ソ戦争のためと思われる「兵用給水
調査」と「資源調査」である。これらの調査は1933年から1935年にかけてほぼ
全満にわたって実施されたもので、その中の「兵用給水調査」は731部隊と呼
ばれている細菌戦部隊のための調査ではないかと疑われている[51]。また、もう
一つ注目されるのは、華北地区における調査立案活動の開始である。華北への
関心の背景には日本軍の華北に対する軍事圧力の強化があり、第1章で触れた
ように、1935年以後、華北では冀東防共自治委員会をはじめ、一連の地方政権

が日本軍の圧力で成立し、華北を第二「満洲国」にしようと関東軍側が意図的に動いていた[52]。1935年8月から11月にかけて支那駐屯軍司令部からの要請を受け、「北支が中支より独立した場合を前提として」[53]華北の金融、財政、貿易、経済について緊急対策を立案するために編成された丙嘱託班は、経調から派遣されたが、華北では多くの調査員を動員して調査立案活動を開始したのは、後述のように第三期に入った後である。

　一方、上述の活動以外に、この時期、経調、特に第5部の労働班は労働統制およびそれに関連する外国人労働者入満制限などに関する様々な調査、立案を行ったが、これについては、意外にも満鉄調査部の関係者の証言は触れていない。例えば、アジア経済研究所は1982年と83年の2年間、満鉄調査部関係者のヒアリングを行い、それをまとめて『アジア経済』第26巻第4号（1985年4月）から第31巻第2号（1990年2月）にかけて長期連載し、1996年にまとめて『満鉄調査部――関係者の証言』（井村哲郎編、アジア経済研究所）として刊行された。この本に収録した関係者のヒアリングとインタビューは、第1編「初期調査活動」（報告2）、第2編「満洲における調査」（同5）、第3編「華北における調査」（同5）、第4編「華中における調査」（同6）、第5編「調査組織」（同7）、第6編「調査部論」（同6）の6編、31の報告に分かれ、報告者は24人である。そのうち、経調に参加した者は合計11人であり、うちの6人が第5部所属者であるが、同部労働班の参加者は1人もいない。そのためか、あるいはアジア経済研究所の研究者が労工問題に関心を持たなかったのか、同書の31の報告の中では労働統制政策の立案、実施などの問題に一言も触れていないし、当時労働統制政策の立案に直接関わった第5部労働班の武居郷一、吉田美之の名前さえ報告およびそれに対する質問の中で一度も登場しなかった。

　第二期に入ってから労働者の需給調節についての方策案が二つ出されており、特務部に労働統制委員会を、統制の実行機関としての労工株式会社をそれぞれ設置することが取り上げられた。前者は前述した通り設置されたが、後者は「現在の情勢より考慮して相当の危険を伴ふものと思惟され尚早の感ある」[54]として設置は認められなかった。この案は結局1938年1月「満洲労工協会」の

成立をもってようやく実ったのである。第1章でも触れたが、労働統制のために1934年4月、労働者指紋管理法案が決定された。同年11月、同法案を前提に「労働統制方策」が決定された。すなわち「満洲国」内の各種企業に雇用されるすべての労働者は指紋登録および労働許可票の持参を要求されたが、外国人労働者も同じく指紋を登録し入国許可票を持参しなければならないとされた。また、企業経営者は上述の措置に従わない者を雇用することを禁止された。要するに、指紋は撫順炭鉱のように個別の企業だけではなく、すべての企業のすべての労働者が登録することを要求されたのである。しかし、第1章に述べたように、この段階では指紋登録の全面的な実施はまだ不可能であった。

　この時期、立案された外国労働者取締規則は、「満洲国」初期の労働統制の中で重要な法令であったが、そのために経調が綿密な調査を行った。例えば、「北支海運界に於ける支那出稼移民の地位」（第5部労働班、1935年1月）、「昭和十年度満鉄関係工事並荷役作業所要労工見込数調」（同）、「昭和十年度国外より需むべき農業労働者数調」（同）などが挙げられる。また、1935年2月、関東軍参謀部からの労働統制に関する資料調査の依頼に対し、経調は満洲における人口の自然増加と移住による増加との比率、および1934年度福昌華工株式会社が使役した中華民国出身荷役労工の移動状態を調査したが[55]、その結果、前者（1929年の調査）は、遼寧省を除きいずれも移住増加率が自然増加率より高く、しかも北へ行けば行くほど移住増加率の上昇が激しくなり、入満者の北満への移動を裏付けるものとなった。後者は、本国帰還者の比率44％に対し、残留者の比率が56％を占めたことを示しており、入満労工の多くが定住の傾向にあることを示唆するものである。こうした調査から得た概数が、入満労工の許可数の設定に根拠を提供したであろうことは間違いない。

　第三期は、満鉄の華北における活動の拠点とする天津事務所の開設に伴い、経調、および満鉄所属のほかの部門の調査員により編成された乙嘱託班が1936年4月から、調査活動を開始し、1937年3月に予定通り解散した。その活動は支那駐屯軍司令部が作成した「乙調査班調査綱領」に基づき、日本の国防上の観点から緊急開発に必要な資源および経済勢力を拡充強化する上で必要な主要

経済部門の開発計画を調査、立案することである。同班は1年にわたる調査の結果をまとめ、支那駐屯軍司令部乙嘱託班の名で6編80冊に編集されるほど膨大な立案調査書類を作成した[56]。そのうち、鉄道関係の調査報告書が最も多く、56冊に達した。この膨大な報告書は、のちに華北進出の道が閉ざされた中で、鉄道経営だけが許可された満鉄にとって、大きな役割を果たしたことは疑う余地がない。

一方、この時期、関東軍と「満洲国」は経済建設が第二期に入ったと考え、産業開発五ケ年計画の立案を開始した。この立案業務に協力する形で経調は1936年2月から8月にかけて満洲産業開発永年計画の調査立案に取り組み、満洲経済の基礎的な調査研究を始め、多数の立案計画書類をまとめた[57]。この永年計画案の最終案に、関東軍参謀部第三課の「満洲国第二期経済建設要綱案」と「満洲国」政府からの資金計画案を加えて、満洲産業開発五ケ年計画の基本構造が完成されることになった。この点から見ても経調が日本による満洲の植民地化過程で果たした役割は大きかったと言えよう。

こうして、経調は1936年9月産業部の成立に伴って解散されたが、その調査員の多くは産業部に、一部の調査員が天津事務所（1937年8月から北支事務局と改組）に入り、調査活動を続けた。こうした調査員が5年足らずの期間に満洲や華北における日本軍の占領政策のために大量な調査立案を行い、一方、これらの案に基づいて日本軍が占領地で植民政策を実施できたのである。経調がマルクス主義的な調査方法で満洲経済を自主的に企画、調査したことは前述したが、たとえこうした活動が自主的であっても結果的にそれは植民地政策に利用されることになり、「満洲経済の安定的な発展の条件を検討して、経済法則にもとづく各部門間の均衡を作り出す」[58]ことを主旨とする永年計画案にしても、結局のところ、日本の軍事侵略のための重工業開発の案に過ぎなかった。こうした中で、華北労工の入満制限政策が法案化され、その立案にあたった経調第五部労働班の役割が注目される。

注
1) 島田俊彦『関東軍』中央公論社、1988年、6頁。

2）同上、11頁。
3）防衛庁防衛研修所戦史室『関東軍〈1〉』戦史叢書、朝雲新聞社、1969年、14頁参照。
4）前掲『関東軍』39頁。
5）太平洋戦争研究会『図説満洲帝国』河出書房新社、1997年、70頁。
6）満鉄調査機関の変遷について、「満鉄調査機関変遷概表」アジア経済研究所図書資料部編『旧植民地関係機関刊行物総合目録——南満洲鉄道株式会社編』アジア経済出版会、1979年、を参照されたい。
7）小林英夫『満鉄「知的集団」の誕生と死』吉川弘文館、1996年、39-40頁。
8）南満洲鉄道株式会社編『南満洲鉄道株式会社第三次十年史（下）』龍渓書舎（復刻版）、1976年、2366-2368頁参照。
9）同上、2368-2369頁。
10）野間清「満鉄経済調査会の設置とその役割」『紀要』56、愛知大学国際問題研究所、1975年1月、10頁。
11）前掲『南満洲鉄道株式会社第三次十年史（下）』2373頁参照。
12）前掲『満鉄「知の集団」の誕生と死』108-109頁。
13）石堂清倫・野間清・野々村一雄・小林庄一『十五年戦争と満鉄調査部』原書房、1986年、15頁。野間清が「満鉄経済調査会の設置とその役割」井村哲郎編『満鉄調査部——関係者の証言』アジア経済研究所、1996年、など多くの論文、証言でこの意見を強調した。
14）前掲『満鉄「知の集団」の誕生と死』109頁参照。
15）前掲『十五年戦争と満鉄調査部』25頁参照。
16）前掲『南満洲鉄道株式会社第三次十年史（下）』2366頁、2382頁参照。
17）同上、2388頁。
18）前掲『満鉄「知の集団」の誕生と死』111頁。
19）野間清「満鉄経済調査会の組織的変遷」愛知大学法経学会『愛知大学経済論集』120、121合併号、1989年12月、291-291頁参照。
20）同上、293-294頁。
21）同上、294頁参照。
22）太平洋戦争研究会『図説　満洲帝国』河出書房新社、1997年、68-69頁参照。
23）愛新覚羅・溥儀『わが半生（下）』築摩書房、1992年、29-31頁。
24）前掲『関東軍〈1〉』104頁。
25）浜口裕子「『満洲国』の中国人官吏と関東軍による中央集権化政策の展開」『アジア経済』第34巻第3号、アジア経済研究所、1993年3月参照。

26) 同上、75頁。
27) 中央档案館・中国第二歴史档案館・吉林省社会科学院編『偽満傀儡政権』日本帝国主義侵華档案資料選編3、中華書局、1994年、330-331頁参照。
28) 同上、332頁。
29) 同上。
30) 前掲「満鉄経済調査会の組織的変遷」298頁。
31) 満鉄経済調査会『満洲労働統制方策』立案調査書類第30編第1巻、1935年、36頁、137-138頁（特務部発第1801号「労働統制委員会委員編成完了ノ件」）。
32) 同上、42頁（特務部発第289号「労働統制員会開催の件」）。
33) 同上、142頁（特務部発第417号「満洲国に於る労働者入国制限に関する打合事項送付の件」）。
34) 満洲労工協会『満洲労働年鑑』康徳7（1940）年版、巌松堂書店、1941年、324-325頁参照。
35) 同上、325頁。
36) 中央档案館・中国第二歴史档案館・吉林省社会科学院編『東北経済掠奪』日本帝国主義侵華档案資料選編14、中華書局、1991年、268頁参照。
37) 満洲国史編纂刊行会『満洲国史』総論、満蒙同胞援護会、1970年、661頁。
38) 満洲国史編纂刊行会『満洲国史』各論、満蒙同胞援護会、1971年、1170頁。
39) 前掲「満鉄経済調査会の組織的変遷」参照。また、前掲『南満洲鉄道株式会社第三次十年史（下）』(2388-2389頁）では、この区分は四つに分けられている。すなわち、第一期は1932年1月～同年6月、第二期は1932年7月～1933年3月、第三期は1933年4月～1934年7月、第四期は1934年後半より、とされていた。野間清の三つの区分は、経調と関東軍との関係によって分けられているため、本書ではこれに従うことにする。
40) 野々村一雄『回想　満鉄調査部』勁草書房、1986年、38頁。
41) 同上、39頁。
42) 前掲『満洲労働統制方策』29頁。
43) 満鉄経済調査会『満洲労働統制方策』立案調査書類第30編第1巻（続）、1935年、2頁。
44) 同上、4-5頁参照。
45) 前掲『満鉄調査部　関係者の証言』450頁参照。
46) 『満洲経済年報』について詳しくは、前掲『回想　満鉄調査部』41-44頁参照。
47) 同上、44頁。
48) 前掲『満鉄調査部　関係者の証言』466頁、注（7）を参照されたい。

49) 前掲「満鉄経済調査会の組織的変遷」319頁、注（44）を参照されたい。
50) 同上、302頁。
51) 同上、320頁、注（45）を参照されたい。
52) 天津事務所の開設の背景について、野間清は、1934年か1935年のはじめの頃に天津駐屯軍はすでに華北の武力支配を計画し、満鉄調査部も天津進出を予定していたではないか、と指摘している。前掲『十五年戦争と満鉄調査部』43頁。
53) 前掲『満鉄調査部　関係者の証言』466頁（注12）。
54) 前掲『満洲労働統制方策』15頁。
55) 同上、146-148頁参照。
56) アジア経済研究所図書資料部編『旧植民地関係機関刊行物総合目録——南満洲鉄道株式会社編』同研究所、1979年、442-446頁を参照されたい。
57) 調査の結果としてまとめた立案計画編集書類については、同上433-439頁を参照されたい。
58) 前掲『満鉄調査部　関係者の証言』393頁。

第2節　華北労工の入満制限政策と大東公司

　上述のように、「満洲国」の成立につれ、関東軍はその満洲支配を合理化するため、また満洲の資源を利用し、経済をコントロールするために、調査立案機関として満鉄経済調査会を設置した。経調は、満洲における労働統制の必要性を提唱し、華北労工の入満が問題視されるようになった。この節では、華北労工の入満制限政策の立案過程を明らかにする一方、政策の実行機関として大東公司がいかなる制限措置を実施したか、それに対し、中国側がどのように反応したか、また華北労工の入満にどのような影響を与えたかを検討したい。

(1) 入満制限問題の提起と議論

　1933年4月、「満洲労働統制問題に関する根本策」が経調によって作成されたことは前述したが、この文書は、従来満洲企業の労働力が華北労工に依存することに対し、はじめて労働力の「満洲国」内の自給自足、およびこれを前提とする華北労工の入満禁止を提起した。6月、経調が「労働者需給調整方策案」

の（一）と（二）を相前後して提出し、案（二）は、①、案（一）と同様に全満労働統制のためその協議機関として統制委員会を特務部に設置すること、②、労働統制の実行機関として案（一）の労務協会（財団法人）、華工会社（株式会社）、労働局（行政機関）の三案をまとめて日満合弁の労工供給株式会社を設置することを提案した[1]。①については、三つの理由が上げられた。すなわち、イ、労働統制はその地方および種類の両点において局部的でなく全面的なることが必要、ロ、特殊的事業（削減された兵員の訓練および労働化など）に対し優越的権能を有する機関が必要、ハ、日満鮮のいずれに対しても統制できるものが必要。②については、五つの理由が上げられた。すなわち、（イ）、協議機関としての労働統制委員会が実行機関の機能を持つと、計画と実施が混同され、その機能の発揮が害される、（ロ）、現経済機構においては統制の実行は経済的機構によらなければ、万全を期し難い、（ハ）、株式組織は営利を目的とする必然の結果として、労働需給調節に積極的活動を期待でき、業務の合理化を図ることができる、（ニ）、営利に走ることおよび労働統制の全面的機能発揮困難なることなどの弊害は統制委員会において十分監督統制すればこれを除くことが出来る、（ホ）、実行の比較的容易にして迅速を期しうること。

　要するに、満洲の労働統制には極めて強力な権力機関が必要であり、満洲だけではなく日本、朝鮮に対しても権力が発揮できるものが必要である。その結論は、統制委員会を特務部に設置することが最も妥当であるということである。また、統制委員会は計画立案機関であり、案の実施にあたると、混乱を招きやすく、むしろ営利機関としての労工供給株式会社のほうが実施に対し多くのメリットを持つとして、労工会社の設置に結論が下った。

　しかし、8月になると、経調は、労工供給株式会社の設置につき労工取扱関係当事者などを加え審議の結果、最初から全満の労務関係を統制する労工会社を設置することは「満洲国」当時の情勢で業務実行上に危険を伴うと考え、以下の措置を取るよう提案した[2]。

1、各土建請負業者に対する労工の供給はこれを共同にすることを建前とし、最初小資本の組合のようなものを作るか、または労工供給株式会社のよう

なものを設置してこれを行わせる。
2、福昌華工および国際運輸作業などの一般荷役関係は合併するよう指導する。
3、撫順炭鉱、昭和製鋼所などは現状のままとする。
4、上述のような各業者の相互間および各部門内における労工の統制は、統制委員会がこれを行うと同時に、労工の移動を防止するために委員会内に指紋部を設置する。
5、全満労働統制が有効に実施でき、さらに必要があれば、大規模な労工供給機構の設置を可とする。

この提案は、業者各自、あるいは業者間の協力によって統制を図り、統制委員会がこれに対し全面的に指導、統制し、こうした統制が順調に進むにつれ、次第に全面的に労工会社に向かうことを意図したものである。

この提案を受けて、同年9月、特務部聯合研究会が開かれた。同研究会で労働統制委員会は労働統制の協議機関として設置することを決定した。その統制内容は「一、労働需給関係ノ調節、二、労働者ノ国民的比率ノ統制、三、労働条件ノ改善、四、労働者保護及衛生的立法及施設ノ改善統制」[3]とされた。しかし、労工会社設置案は研究の余地があるとして認められなかった。そして、1934年1月、第一回労働統制委員会が開催され、労工の入満に関する取締、削減兵員および帰順匪の雇用、全満労働株式会社の設立、について議論を進めた。労工の入満取締に対しては、以下のように相反した意見が出された。

関東軍嘱託植木寿雄は、労銀逃避等の観点から入「国」制限の必要を述べ入満労工の取締を提起したが、国際間の問題を考えると、表向きは土建労働者に限るという意見をも提出し、民生部警務司長長尾吉五郎は、治安が安定するまで入「国」を認めたくないとし、関東軍嘱託梅谷光貞は、治安維持、日本の失業問題対策、「満洲国」人口の自然増加の観点から全面的な取締を希望した[4]。しかし、これに対し、土建協会理事長榊谷仙次郎は「能率の点に於て土着の者は山東苦力の3分の1であるのに、賃金は何うかと云えば、山東苦力には土着苦力の3分の2を払へばよいと云ふ状態である。入国を制限し土着苦力を使役

せば工事費が高くなる計りでなく竣工速度が遅くなる」と主張し、満鉄建設局次長田辺利男は「入国制限は労働者の不足を来すに至るもので、この点を懸念する、漸次制限するにしても茲二年間の間は従来と同様入国をさせる必要がある」5)と意見が対立した。

関東軍と「満洲国」政府側が「国」の治安維持、日本国内の失業問題解決の観点から労工の入満を制限する考えであるのに対し、日本の在満企業側は、企業経営の目的から労工の入満を歓迎したのである。結局、この議題は未決のまま閉会した。この委員会で議題として提出された削減兵員および帰順兵の工人化、労働需給調整の統制は、華北労工の入満制限によって予想された労働力不足の一つの補充策であると考えることができよう。

3月、第二回労働統制委員会が開催され、前回の労工の入満取締の件が議題とされ、議論は継続した。その結果、各委員は「入満取締の……原案に賛成」したが、ただ関東庁警務局長代理本田委員が「関東庁に之を取締るべき法権なく、又種々の関係上取締法規制定困難の事情」があることを理由として反対した6)。結局、取締は関東軍、「満洲国」、関東庁三者の協議の上で決定することになった。しかし、各委員は入満取締を賛成したとされたが、土建業者の反対はどのように説得されたか、あるいは無視されたか、それとも自ら賛成したのかについては、何の説明もなかった。関東軍の強権に賛成を強制されたのではないかと推測される。

そこで、関東庁所属の大連を除き、同月下旬に早速「国境警察隊長（山海関）海辺警察隊長（安東、営口）ハ夫々民生部ヨリノ指令ニ基キ、左記事項ニ該当セサル支那人労働者ノ入国ヲ禁止スル旨、安東ハ鴨渾両江水上警察局ヲ経テ（三月二十七日）営口又［ハ？］水上警察局ヲ経テ（日附不詳）各汽船会社ニ通告」7)し、取締を始めた。「左記事項」とは、すなわち、一、予め入国許可を受けた者、二、満洲に縁故関係を有し特別の用務があって一時的入国者と認められる者、三、公安並び衛生上支障なしと認められる者、四、かつて六カ月以上満洲に居住し「満洲国」人と認めることができる者、を指している。これは、関東庁の協力を得ない「満洲国」だけの取締であるといえよう。

しかし、4月、特務部で軍司令部、大使館、関東庁、「満洲国」民生部の関係者が「満洲国における労働者入国制限に関する打合」を行い、以下の事項を決定した。
「(一)　山東苦力の入国は極力之を制限すること、其の具体的方法左の如し。
　　　1、中華民国の自ら制限せんとする傾向を助長するものとす
　　　2、努めて北支方面出航地に於て制止する為、大東公司をして査証を発行せしむ
　　　3、国境（大連を含む）に於て大東公司の査証を有するものの外、苦力の入国を禁ず（以下略す）
　　　4、査証の発行並入国の許可は民生部に於て統制し、之を大東公司に通報するものとす
　　　5、関東州内及満鉄附属地内に於て使用するものに在りては、関東庁、満洲国側間に於て協議決定するものとす
(二)　国際関係を考慮し中華民国苦力の入国制限は其の根拠を飽く迄も満洲国治安維持上の必要に基くものとして取扱ふものとす
(三)　朝鮮人労働者は斉しく許可制に依り取扱ふも、其の入国を奨励する意を加ふるものとす」[8]。
　この打合は、企業側を除いて行われたことが参加者の所属から明らかである。ここからも上述の決定が企業側の意見を排除し、治安維持を中心とする観点から行われたと考えざるをえない。また、国境に大連を含めたことは、関東庁の協力を得たことを意味しており、関東庁を含む満洲全域で華北労工の入満を制限することが可能となった。一方、朝鮮人の入満は許可制より奨励への変更が示され、制限政策による入満労工の減少に対するもう一つの補助策であると読み取れる。この打合が従来の労工の入満制限に関する議論を一段落させ、関東庁および「満洲国」における入満制限政策が決定された。
　こうした状況の下で12月、外国労働者取締に関する根本方針の打合が行われ、一、入「国」許可苦力数の決定、二、「満洲国」政府および関東庁より発令すべき苦力入「国」取締令、三、大東公司の組織改正、四、苦力の居住および従

業取締、五、「国」内労働調節機関の設置、を議題として議論が展開された。しかし、同会合の筆録によれば、中心的な議題である入満取締令について、「満洲国」のほうは、成案およびそれに対する議論がまったく記録されておらず、確認できなかったが、関東庁のほうも、成案がなく同庁本田高等課長による取締状況の説明に留まった。結局、この議題はどういう方法で取締を行ったらよいかという本田の質問に沿って行われた。

　本田はまず、台湾の例を取り上げて、取締方法を提示した。すなわち、台湾では「南国公司と謂ふ法人が入境労働者取扱人に指定せられて居て、同公司が労働者の身元調査をして可と認定したものに票を発行する、之の無いものは入境を台湾官庁に於て禁じて居る。……関東庁の方にも現在大東公司と謂ふものがあり、……大体台湾の方法に依って、大東公司なりさう謂ふ風なものを置く事が一番無難な方法である」と、これに対し、特務部多久委員が「大東公司の取扱と、台湾の南国公司の取扱では、量的に於て非常な相違があります、故に一概に南国公司の例を採って身許の保証とか送還の責任を負はすと謂ふ事は現在の大東公司の組織其の他から謂って無理ではないか」と反対意見を出した。そして、本田は大東公司を「一種の財団法人組織にして、入境労働者の取扱をなすと共に、支那人労働者の困窮せるものを救済する様な仕事を併せて営むならば、名目も立ってよろしいのぢゃないか」、「表面には［関東庁の監督を］現はさなくとも現在の侭で良いと思いますが、仕事が一種の準官庁的なものであり、……台湾の南国公司等も準官庁的に取扱って居る」と、大東公司を取締の取扱人として表では財団法人化、裏では政府の一組織にすることを主張した[9]。また、本田は、入満制限の対象とする中国人労働者について、法令の中で「台湾の如く支那人労働者と謂ふ言葉を明確に用ひないで、外国人労働者として之を活用する」[10]と、国際的な問題を惹起しないよう注意した。

　ここで注目されるのは、満洲の労工取締と台湾の中国人労工取締との比較に始終したことである。要するに、「満洲国」は、実質的には台湾と同じように日本の植民地であるため、その政策立案過程においては台湾の経験を生かすことが植民地支配者にとって効果的だったのである。一方、「満洲国」は、皇帝

に権力がなくても表向きは一つの国であり、国際関係を考慮しなければならないため、完全に台湾のやり方をそのまま適用することはできない。そこで、台湾の経験に満洲の現実条件を加え、労働統制に関する満洲版が完成されるのである。

その結果、「満洲国」は「外国労働者取締に関する件」である民生部令を発布すること、関東庁は1918年３月関東都督府令第15号「外国人取締規則」を改正したうえ発令すること、また、二つの令は台湾総督府令第68号「支那労働者取締規則」に倣い、外国労働者取扱機関を設け、これを外国労働者取扱人（ここでは大東公司を指す）とし、この取扱人の発給する身元証明書を所持しない外国人労働者（ここでは中華民国人を指す）は入国を禁止すること、と結論した。なお、この会議のその他の議題の一については、土建業者には労工使用見込数を、経調、関東庁、大東公司、民生部には労工に関する諸統計を提出させ、翌年１月に協議すること、三については、後述のように大東公司は日本商法の私設会社とし、公司の業務は身元証明書の発行、入国労働者の検査、入国労働者の募集供給、入国労働者に対する保護施設、その他の附帯業務とし、身元証明料は当分金一元とし、民生部および関東庁の監督下に置くこと（この点についてはのちに詳述）、四については、不正入国者に対し就労させない方針の下に満洲国政府並び関東庁において満洲国の実情に即しその方法を考慮すること、五については、意見が統一できず、削除する[11]、と決議された。

そして、1935年１月、外国労働者入国取締令の審議に関する小委員会が開催され、関東庁および「満洲国」政府が出した二つの法令案を比較検討したが、両案は各条ともほとんど同文で、ただ両者の立場の相違によって言葉の表現が異なるに過ぎなかった。例えば、関東局令案における「立入」、「関東州又は南満洲鉄道附属地」、「出航地」、「駐満全権大使」、「許可」、「懲役」に対し、民生部令案はそれぞれ「入国」、「本邦」、「出国地」、「民生部大臣」、「指定」、「拘役」となっていた[12]。しかし、関東局令案第五条の「外国労働者取扱人ハ駐満全権大使之ヲ許可ス」るに対応する民生部令案同条の「外国労働者取扱人ハ民生部大臣ノ指定シタル者ニ限ル」に対し、座長長谷川が「許可」に対する「指定」の理

由を質問したところ、民生部米村事務官は「日本法人を許可すると謂ふのは可笑しいですから指定と謂ふ文字に代へた」と説明したが、関東局浅子警部は「日本法人であるとすると事実上民生部令は本条文全部が空文になる訳ですが関東局と満洲国とが腹を合わせてやる訳ですから問題はない」と主張した[13]。結局、発布された民生部令は上述の箇所を除けば、関東局令に統一されることになった。このようなことは後述の大東公司の組織改正に関する議論にも見られる。

　こうして、2月の第三回労働統制委員会の議決によって、華北労工の入満制限問題が1年以上の審議を経てようやく法令化とされることになった。法令としての「外国労働者取締規則」が関東局および「満洲国」においてそれぞれ3月9日関東局令第5号（15日実施）、同月21日民生部令第1号（同日実施）をもって公布された。同時に、関東局を含む同年入満労工の許可数が44万人と決定された。以下、この許可数の決定の根拠について検討する。

(2) 政策立案の基礎である労工需要数の調査

　上述のように、労工入満の制限が法律によって規定されたが、しかし、制限の基準、すなわち入満労工の許可数は政策制定以前に決定すべく、関東軍参謀部および経調は「満洲国」内における各業種別の需要労工数について調査を始めた。「外国労働者取締規則」に規定される外国労働者が従事する職業としては農業、林業、漁業、鉱業、商業、土木、建築、製造、運輸、交通などが挙げられた。そして、調査はこのうち、労工を最も多く使用する農業、土木建築、運輸関係の荷役、および重工業の開発に関連する鉱業を中心に行われた。

　第1章でも触れたように、「満洲国」成立以前、華北労工の入満後の職業としては農業が最も多く、その後においても、農業に従事するために入満した労工が少なくなかった。制限政策実施後の1935年3月下旬より4月上旬にわたり、陸路入満の門戸である山海関において、入満労工2,000人に対し、経調が素質調査を行った。そのうち、入満後いかなる労働に従事するかについて調査した結果、表2-1に示す通り、農業949人、47.5％が最も多く、次は土木建築で全体の35.9％を占めていた。最も少なかったのは鉱業である。入満労工のうち、

表2-1 華北労工入満後の予定職業

職業	人数	比率
農業	949	47.5%
土木建築	719	35.9
工業	83	4.1
荷役	50	2.5
鉱業	26	1.3
其の他	173	8.7
合計	2,000人	100%

出典：満鉄経済調査会『満洲労働事情総覧』南満洲鉄道株式会社、1936年、292頁より作成。

表2-2 「満洲国」における農業労働者需要数

	年度	1931	1935	備考
南満	耕地面積 需要労働者数 うち「国」外より	6,861,500町歩 2,812,090人（100%） 77,024人（3%）		農業労働者1人当たり耕地面積は、南満2.44町歩、北満3.40町歩。
北満	耕地面積 需要労働者数 うち「国」外より	7,187,610町歩 2,114,003人（100%） 921,494人（44%）		
合計	耕地面積 需要労働者数 うち「国」外より	14,049,110町歩 4,926,093人（100%） 998,518人（20%）	13,010,000町歩 4,585,000人（100%） 305,508人（7%）	

出典：満鉄経済調査会『満洲労働統制方策』立案調査書類第30編第1巻（続）、1935年11月、333-339頁より作成。
注：1931年度は満洲最高農地面積とされ、これを基準に労働者数を算出した。

農業従事者がいかに多いかがわかるであろう。

それゆえ、まず、農業が必要とする労工数についてから調査が始まった。1935年1月に参謀部第三課が作成した「昭和十［1935］年度満洲国所要農業労力数及所要外来農業労力数算出説明書」によれば、1935年度「満洲国」農業が必要する「国」外からの労働者数は1931年度の労働者数を基準に表2-2に示す通り算出した。

同表によれば、1931年度は1,400万町歩強の耕地に対し、需要労働者数は500万人弱であり、そのうち「国」外、すなわちほとんどが華北からの労働者で参

謀部によれば20％を占めていた。また、南満は華北労働者の需要数が全需要数の３％に過ぎないのに対し、北満は44％であり、半分近くを占めていた。

　要するに、南満では農業労働者は満洲労工を主とし、北満では農業労働者は華北労工を主としたのである。そのため、華北からの農業労働者は北満に向かう者が多数であると考えられる。1931年度の労働者数の算出方法によれば、1935年度は耕地面積が減少したため、需要労働者数460万人弱に対し、華北労工の需要数は７％の30万人強に過ぎなかった。これは、満洲農業労働者の自然増加によるものと見られ、その自然増加率は関東軍参謀部第三課の調査によれば、年平均1.2％であるという[14]。こうして、参謀部第三課の調査によれば、1935年度の農業労働者需要数のうち、華北労働者が30万人強が必要であるとされた。

　次に、満鉄は「満洲国」における最大の日本企業としてその事業拡大のために多くの建築労働者が必要であり、その所要労工の数を入満労工の許可数を設定する以前に明らかにしなければならなかった。それゆえ、同時期に、経調第五部労働班は1935年度における満鉄関係工事および荷役作業に所要する労工見込数について調査し結果をまとめた。内容は表２-３の如くである。

　「中国人」のうち、満洲労働者と華北労働者との比率は、満鉄の調査により、土建の場合、前者は46％、後者は54％で、荷役の場合、福昌華工会社では前者は１％、後者は99％で、国際運輸会社では前者は30％、後者は70％で、鉄路総局ではそれぞれ50％である。

　表２-３が示すように、満鉄関係工事の所要労工の合計は約11万人であるが、そのうち、華北労工は50.9％で最も多く、満洲労工がその次であり、日本人は朝鮮人より少し多いが、4.2％に過ぎなかった。休業率を加算すれば、さらに多くの華北労工が使用されることになる。荷役の場合は、国際運輸会社が少数の朝鮮人を使用するが、それ以外80％が華北労工を使用することになる。要するに、満鉄の土建および荷役に需要な労工は、中国人が全体の94.5％となるが、そのうち、華北労工が約60％を占めており、満鉄事業を拡大するための基礎建設が中国人、特に華北労工に支えられていたことになる。こうして、休業率を加味した土建と荷役との合計17万人強が、1935年度の所要人員見込数となる。

表2-3 1935年度における満鉄関係土建並びに荷役作業所要労工見込数

(単位：人)

個所別＼国籍別	日本人	朝鮮人	中国人			合計
			満洲	華北	小計	
鉄道建設局	1,490	820	28,170	33,070	61,240	63,550
鉄路総局	1,705	730	7,671	9,004	16,675	19,110
地方部	673		6,423	7,539	13,962	14,635
鉄道部	605	10	3,587	4,210	7,797	8,412
撫順炭鉱	188		2,017	2,368	4,385	4,573
土建小計	4,661	1,560	47,867	56,192	104,059	110,280
（構成比）	(4.2)	(1.4)	(43.5)	(50.9)	(94.4)	(100)
福昌華工会社			192	19,008	19,200	19,200
国際運輸会社		1,930	4,536	10,584	15,120	17,050
鉄路総局			735	735	1,470	1,470
荷役小計		1,930	5,463	30,327	35,790	37,720
（構成比）		(5.1)	(14.4)	(80)	(94.4)	(100)
合計	4,661	3,490	53,330	86,519	139,849	148,000
（構成比）	(3.1)	(2.4)	(36)	(58.5)	(94.5)	(100)

出所：同前、319-320頁より作成。
注：土建の休業率（全体に対する休業人数の比率）が20％とされ、実際所要労工は110,280人＋22,056人すなわち132,336人となる。これは満洲労工と華北労工により補充される。そして前者は58,013人となり、後者は68,102人となる。

　農業と満鉄以外に、各官庁および日本の在満政府機関、企業も土木建築、鉱山採掘などに大量の華北労工が必要であったが、その内訳は表2-4の通りである。

　満鉄関係土建の労工は華北労工が多かったのに対し、官庁の土建では満洲労工が多くなっている。また、日本人・朝鮮人の比率は満鉄より官庁のほうが高い。これは、治安上の考慮が払われたと考えられる。要するに、前述の「外国労働者取締規則」はもっぱら華北労工の入満に対応するものであり、治安の見地から満洲労工は、家族およびその財産などを満洲に置いているため、比較的安全で、管理しやすいと考えられる。これは「九・一八事変」後、満洲の抗日分子が関東軍に殺害されたり、逮捕されたりして、抗日運動がほぼ鎮圧され、残りの多くが関内に逃亡したためである。すなわち、華北労工には、抗日分子

表2-4　1935年度における主要官庁および企業所要労工数

(単位：人)

官庁及企業名	日本・朝鮮人	満洲労工	華北労工	合　計
軍経理部	1,000	4,157	3,243	8,400
関東庁	301	1,251	975	2,527
国道局	8,400	34,941	27,247	70,588
国都建設局	864	3,594	2,802	7,260
民生部土木司	574	2,387	1,862	4,823
土建小計（構成比）	11,139 (11.9)	46,330 (49.5)	36,129 (38.6)	93,598 (100)
昭和製鋼所		4,496	8,832	13,328
撫順炭鉱		11,071	30,708	41,779
本渓湖煤鉄公司		2,627	7,973	10,600
満洲炭鉱会社		442	150	592
鉱山小計（構成比）		18,636 (29.1)	47,663 (71.9)	66,299 (100)
合計（構成比）	11,139 (7.0)	64,966 (40.6)	83,792 (52.4)	159,897 (100)

出所：同前、306-316頁より作成。

および抗日の影響を受けた者が多く、満洲で活動しても危険を感じる時に関内に逃げることが可能である。この理由で、満洲出身者が官庁の工事に多く使用されたと推測できる。一方、企業よりも多くの日本人、朝鮮人が使用されたのは、官庁にとって安全であること、企業側が高賃金の日本人、朝鮮人をできるだけ採用しないことへの対応策でもあると考えられる。

　農業、土建、荷役、鉱山における華北労工需要数は上述の如くであるが、そのうち、農業はすでに「満洲国」以外からの需要数となっていたが、残りの三者は前年1年間の残留者を考慮に入れれば、1935年華北からの実際の需要数は表2-5に示すように、423,616人であった。

　以上の参謀部および経調による調査結果が1935年1月に参謀部内で開催された労働統制小委員会で審議され、調査数字よりさらに多くの60万人（農業38万人、土建84,700人、鉱業3,850人、工業1,450人、商業その他13万人）が一応入満予定者数とされたが、参謀部第三課「長谷川中佐の再考の結果に依る意見に基づき、満鉄経調及実業部が中心となり再検討を為し」[15] た結果、418,108人（農業30万人、土建88,169人、工鉱業17,757人、荷役12,182人）が入満予定者

数として、2月、第三回労働統制委員会に提出され審議されることになった。しかし、なぜ、60万人から約42万人に入満予定者数が変更されたか、について経調が作成した上記小委員会の議事録は記録していないため、不明であるが、「九・一八事変」から1934年までの入満者数は、

表2-5 産業別華北労工需要人数および入満許可状況

(単位：人)

産業	1935年華北労工需要数	同年需要入満者数	同年入満許可数
農業	305,508	305,508	300,000
土建	104,231	88,169	110,000
荷役	30,327	17,757	17,800
鉱山	47,663	12,182	12,200
合計	487,729	423,616	440,000

出所：同前、316頁、満鉄調査会『満洲労働統制方策』立案調査書類第30編第1巻、1935年11月、126頁より作成。

1934年が63万人近くであるが、それ以外の年は60万人以下であった。これを考えると、60万人の入満許可数の設定は意味がないと言わざるをえない。そして、満洲土木建築協会理事長代理加藤真利が「これ（民間工事）に要する労働者は約七八、〇〇〇人となる。然るにこの八萬［7万？］八千人の中には此の民間の分から這入って居ない。若これを算入しない場合には、労働不足を来し勢ひ官庁工事の竣工期が遅延することになる」[16]と意見を提出し、よって土建関係は11万人に増加し、ほかは端数を切り上げて工鉱業関係は12,200人、荷役関係は17,800人で、農業関係（農林業と名づけられた）は、労工数を変更せず通過した。すなわち、前述のように、1935年度華北労工44万人の入満が許可されることになったのである。

(3) 華北労工入満制限政策の問題点

上述のように、1935年度の華北労工の入満許可数が決定されたが、しかし、参謀部および経調が作成した上述のいくつかの調査資料は、両者自らの調査に基づいたものではなく、その基本数字としての入離満者数は各地の「国」境警察隊、海務局、海関、大東公司などの調査、あるいは推測したものであり、特に入満者のうち農業関係者はまったく資料がなく、「エキスパートの話に依て大体の推定」[17]をしたものである。それに基づいて作成された各資料は、根拠としては不十分であると考えられる。特に、産業別入満許可数の設定の基本の

一つとなる産業別入離満数は、「完全なるものは到底作成至難」であり、「満離
［離満］苦力の産業別は何れの機関に於ても調査出来難き」ため[18]、前述の外
国労働者取締に関する根本方針の打合で、産業別離満数は議題から削除される
ことになった。

　一方、華北労工の入満制限は、当然、満洲労工の「国」内労働統制を前提と
すべきであるが、しかしながら、「国」内労工に対して、基本的な調査はほと
んど行われていなかった。これについてその打合では以下のような議論が行わ
れた。

　　特務部多久委員：「満洲国に労働局と謂ふ様なものを造って、国内の労働
　統制を実現すると謂ふ様な意見もありますが、今日の場合実際之を行って見
　た処で、此の混沌たる満洲では実績を挙げることは至難ではないかと考へま
　すが、第一、労働者に関する基本調査も未だ何等出来て居ないのであります。
　土建労働者に就ては凡そ其の数も分布も判明するやうでありますが、農業労
　働者の如きは全く見当が附かないと謂ふ様な状態にあるのであります」。

　　関東庁本田高等課長：「此の国内的の取締問題を除外しますと、自然入国
　許可の条件と謂ふものも之と関連性を持たして相当考究せられなければなら
　なくなると思ひます」。

　　経調高田委員：「私の方で考へて居るのは、始めから、国内的の問題を取
　扱ふのが総ての基礎になる。満洲国で労働者の需給調節を図るとしても将又
　日本人発展の余地を見出すにしても、或は又労働政策を建てるにしても、現
　在の如きでは、之に対する何等の基礎的資料がない。入国の取締だけをして
　も、国内的取扱がお留守では、何だか『尻切れトンボ』のような感がありま
　す。完全なものは出来ないにしても、可成早く之に着手して、出来るだけ正
　確な記録を造り、先程申した様な総ての方面に対する貴重な基礎を作る手段
　としたいと思ふのであります」[19]。

　要するに、華北労工の入満制限政策は、「国」内労工の基本調査を欠き、労
働統制が実施されずに、また、華北労工の産業別入離満数など基本数字が不明
のままで、決定、実施され、入満許可数は、根拠なしの推測で設定されたので

ある。
　一方、こうした状況の下で「満洲国」が公布した「外国労働者取締規則」[20]は、その内容上どんな意味を持つか、について検討していきたい。
　同規則は全文14条により構成され、華北労工については入満前の取締から入満後の「国」外退去までの方策、外国労働者取扱人についてはその取扱方法を規定し、またそれぞれが同規則に違反する時の罰則を規定した。各条項が持つ重要な意味は、以下のようである。
　第1条では、「本邦ニ入国スル外国労働者ノ取締ニ関シテハ、本令及外国人取締規則ニ依ル。但シ本邦トノ間ニ別段ノ取極メアル国ノ労働者ハ此ノ限ニ在ラス」と規定されている。すなわち、日本人、朝鮮人の入満は、同規則では制限されず、取締はあくまでも華北労工に限られる。これは、日本人の商、工、鉱、交通移民、特に大量の日本人、朝鮮人の農業移民に対する最初の法的保障といえよう。
　第2条では、「本令ニ於テ外国人労働者ト称スルハ農業……ニ従事スル外国人ヲ謂フ」とされ、前述のように「支那人労働者」という言葉は使用せず、国際関係を考慮したのである。これについて松村高夫は「取締規則としての性格を粉飾するもの」[21]と批判した。
　第4条では、「外国労働者ハ常ニ前条身分証明書ヲ携帯」することが規定された。罰則は明確に規定されていないが、これによって、身分証明書の常時携帯が義務付けられ、携帯しない者は罰されることを示唆している。外国労働者の管理を容易にすることを図ったのである。
　第5条では、「外国労働者取扱人ハ外国労働者ニ対シ其ノ入国前、左ノ事項ヲ記載シタル身分証明書ヲ発給スヘシ　一、本籍地、名及年齢、二、労働種類、三、入国地、四、行先地、身分証明書ニハ当人ノ写真ヲ貼付シ、之ニ契印ヲ為スヘシ」と規定された。これによって、華北労工の身分は入満前、華北ですでに調査されることになり、許可該当者は身分証明書を発給され、同証明書を所持しない者は入満を拒否されることになった。
　第7条では、「一、身許確実ナラサル者、二、身体強健ナラサル者、三、就

業ノ見込ナキ者、四、本邦居住若ハ入国ヲ禁止セラレタルコトアル者」は、入「国」身分証明書を発給しないとされた。これは、「満洲国」の治安を「害」する虞がある者、満洲の経済建設にあまり役に立たないと思われる者の入満を拒否することを意味しており、逆に考えれば、「満洲国」に安全で、体が丈夫で、満洲の建設に十分に使役される者しか入満させないことになり、取締の目的が明らかにされたのである。また、一度入満を禁止された者は二度と入満できないことに、取締の厳しさが現われている。

第11条の規定によると、「北満特別区管官、首部［都？］警察総監、警察庁長、県長及特殊警察隊長ハ外国労働者ニシテ安寧秩序ヲ紊リ、又ハ風俗ヲ害スル虞アルト認ムルトキハ、之ニ本邦退去ヲ命スルコトヲ得」とされたが、これは、一応入満を認めても、支配者側の意向によって満洲を退去させることが可能であることを意味している。要するに、華北労工は、随時「国」外退去を命じられる立場に置かれていた。

こうして、治安維持を主要な目的とする「外国労働者取締規則」は、様々な問題点を抱えながら、法的に華北労工の入満制限を規定した。それ以後、華北労工の入満は、大東公司が発行する身分証明書を入満後、警察に提示し、入「国」許可の検印を受けることが必要となった。

(4) 大東公司の設置と役割

1934年4月、「満洲国における労働者入国制限に関する打合」で華北労工の入満制限が政策的に決定されたことは前述したが、これによって、大東公司を設立することになった。しかし、決議が4月4日であるのに対し、設立の日付は4月1日であった。これについて、経調が作成した極秘資料「大東公司ノ設置、組識並活動状況」は以下のように説明している。「決議ニ対シ時日ニ矛盾アルモ決議以前ニ準備カ進メラレテ居タモノト見ラレル」[22]と。要するに、入満制限政策が正式に決定される相当以前から、関東軍はすでに関連組識の設立を指示し、準備工作が行われたのである。それゆえ、大東公司の設立は上述の決定より3日早かったわけである。しかし、その準備工作がどのように行われ

たかは、入手した資料では確認できなかった。

　同公司は、本部（4月1日業務開始）を天津「満洲国」特務機関内に置き、査証事務所を6月末現在で、天津（同前）、山海関（4月4日同）、青島（4月8日同）、芝罘（4月12日同）、龍口（5月12日同）、威海衛（同前）の華北労工の各出発経路地に順次開設し、大連（4月27日）に出張所を設置した。その業務範囲および目的は、「一、渡満労働者ノ検査ヲ実施シ、入国証明書（身元証明書ニ改ム）ヲ発給スル、二、労働統制ニ必要ナル諸調査及統計ノ作成、三、機能ヲ利用シテ従来各請負組カ行ヘル原地募集業務ヲ代行シ、其ノ他労働者ノ保護、衛生ニ関スル事項、定款（不詳ナリ）記載ノ商行為ヲ実施スル」[23]とされた。査証の発給は、入満者がその原籍、姓名、年齢、職業、家族の状態を告げ、「満洲国」の治安および衛生上に支障がないと認められれば、査証料と引き換えに以上の事項（職業欄がない。保証人の欄があるが、実施されなかった）を記入する身元証明書が本人に交付されることとなった。しかし、こうした業務を実行して間もなく、日本外務省アジア局長より駐満大使館宛に問合せがあり、これに対し、5月14日、関東軍、大使館、関東庁、「満洲国」軍政部および民生部が協議した結果、以下のように決定した。

　「一、大東公司ハ満洲国ノ治安維持ノ見地ヨリ入国証明書ヲ発給スルモノナルモ、中国官辺ノ関係ヲ考慮シ、表面上ハ苦力供給ヲ業務トスルモノナルコト及公司ノ証明書ヲ持タサル者ハ失職ノ虞アルヲ以テ、満洲国ハ入満ヲ阻止スルコトヲ公司開設及証明書発給ノ理由トスルコト

　二、大東公司ヲシテ政治的策動ヲ為サシメサルコト

　三、大東公司ニ関スル責任ノ帰属ニ付テハ、満洲国中央政府ニ於テハ民生部ヲ以テ責任者トスル

　四、証明書発給手数料ハ可及的ニ安価トスルコト、値上ノ際ハ予メ民生部ニ連絡スルコト」[24]。

　この決定の背景には、大東公司の活動が中国側の強い反発を受け、国際問題になることを恐れる日本外務省の心配があったことは確かであろう。実は、大東公司の設立がまだ準備段階にあった時、すでに中国側の抵抗が始まった。経

調によると、中国政府は「満洲国」の発展を妨害するために、華北労工の渡満を阻止する方針を決め、山東省、河北省の主席に密令を発したという。その具体的な行動は、浙江省に大土木工事を起こし、そこに華北労工を大量に輸送したことである。さらに、大東公司設立直前の３月下旬から、天津をはじめ各出航地の公安局が満洲行き団体労工の抑留および強制解散、その他の乗船労工を一々尋問して満洲に特別因縁を有する者のほか、渡満を禁止し、勧誘者に対し拘留などの処罰をすることとなった。また、同公司の設立直後の４月９日、国民政府北平軍事分会は、労工入満禁止の密令を発した。これを受けた北平憲兵司令は、４月10日隷下の各部隊に以下の内容を伝達した。

「軍事委員会北平分会令戦字第271号密令ニ拠レハ、近来利ヲ以テ労働者ヲ誘ヒ関外ニ輸送スルモノ甚タ多キモ、日本カ積極的ニ東北ヲ経営セムトスルノ秋、国民ノ満洲ニ至リ労働ニ従事スルハ、民族精神並国家ノ実力ニ影響スル所甚タ大ナリ。故ニ須ク之ヲ禁止シ、以テ頽風ヲ挽回シ、将来ノ禍根ヲ除クヘキナリ。既逮捕者ハ其ノ罪ニ依テ之ヲ処罰シ、以テ偽瞞ノ労働者募集ヲ警戒スヘシ」[25]。

大東公司の本部および各事業所が華北の各地に設置されたことに対し、中国側がそれを放任するわけがなく、妨害活動を行ったことは前述のとおりであるが、大東公司の業務範囲にあるように、同公司は従来の請負組による募集業務を代行することになり、この密令は「満洲国」の建設に対する妨害であると同時に、同公司の労工募集に対する中国政府の抵抗策であると言えよう。

一方、大東公司の最も主要な業務が査証として入国証明書を発行することであるが、同公司設立当初の査証方針と査証料は以下の通りである。

「(一)、査証ハ満洲国苦力需要者ヨリ予メ直接当機関ニ対シ検査ヲ願出タルモノニ対シ審査ノ上之ヲ交付ス、自由入満者及満洲国移住者ニ対シテハ之ヲ許サス、但シ在満雇用主トノ契約ニヨリ例年春耕ノ為入満シ農閑ニ至リ帰国スルカ如キ習慣アルモノニ対シテハ審査ノ上交付スルコトヲ得

(二)、右審査ニ当リテハ苟モ満洲国ノ治安ヲ紊シ建国ノ本義ニ悖ルモノハ絶対ニ査照セス

（三）、入満ヲ差許スヘキ者ニ対シテハ、査証トシテ大東公司ノ入国許可証ヲ交付ス
　（四）、入国許可証ヲ交付シタル時ハ、査証手続料トシテ一人銀二十仙［銭？］（当分ノ内個人、団体共）ヲ徴収ス」[26]。

　このような方針によって、華北労工の入満は、査証がなければできなくなり、査証を取るためには銀20銭（山海関は1934年4月17日以後、個人査証料が30銭となり、ほかも順次30銭となった）を支払わなければならなくなった。もともと中国政府は「満洲国」を偽満と呼び、不承認であるゆえ、国民が自国内の移動で日本人による大東公司の査証を取らなければいけないことを「妨害」するのは当然であろう。中国側の新聞『青島時報』（1934年5月4日）の報道は、大東公司の査証料の徴収に対し以下のように怒りを表わした。

　「此レハ又何税ナリヤ、国人東北ニ赴クニ当リ日本人ハ上陸証明書ヲ売ル。日人ノ在華行動ハ自由主義ニテ取利ノ方法徴ノ至ラサルナシ。最近日商大東公司ト称スルハ各汽船公司及客桟公会ニ対シ云々」[27]。大東公司の査証料を税金と見做したこの報道は、「満洲国」を一つの「国」と認めていない中国人の考えを示すと同時に、大東公司の行動を厳しく批判したものである。

　査証の発行を実施するにあたり、大東公司は労工の出航地にある客桟（宿屋）や船会社に対し、査証を持たない労工の泊りを禁止するよう警告したが、客桟公会、航業公会は、中国政府の命令がないかぎり承諾できないと拒否すると同時に、公安局、市政府にその趣旨を報告し、各公安局、市政府はさらに行政院交通部に報告し、その結果、大東公司の業務を妨害する活動が各地で行われた。例えば、青島の埠頭に便衣隊（私服の警察）を派遣し、労工の査証受けを禁止したり、査証所持者を逮捕したりして、大東公司の査証業務を妨害すると同時に、労工の入満を阻止した[28]。また、公司の各事務所の所在地においても同様な行動が行われた。

　このような事態に対応するため、大東公司は日本の船会社の協力によって、無査証の労工に対し乗船後、あるいは航行中に査証の発行を強行する方法を実施した。しかし、最大の労工入港地である大連では、関東庁の取締がないため、

中国側の船に乗船する労工は無査証のまま、多く上陸した。そして、大東公司は上述のように4月27日大連に出張所を設置し、その業務を実施しようとしたが、4月30日関東庁が「大連上陸ノ苦力ニ対シ大東公司カ再検査若クハ上陸禁止ノ挙ニ出ツルコト」[29]を禁止する旨の通牒を水上警察署に出したため、関東庁の協力を得ることができず、業務の実行が困難となった。これは、前述したように関東庁の渉外事項に監督権を持つ日本外務省の関東軍の独走に対する反発によるものと考えられる。この問題は1935年「外国労働者取締規則」の実施によってようやく解決されることになった。

一方、業務の難航に直面した大東公司の協力要請に対し、日本総領事館側の態度は「頗ル冷淡」[30]であった。これは、前述のように国際関係を重視する外務省の考えを物語ると同時に、陸軍＝関東軍と外務省＝日本大使館との間における対満蒙策による対立関係を反映したといえよう。

こうして、大東公司は非公認的機関として機能してきたが、中国側は言うまでもなく、関東庁、日本大使館の協力をも得ることができず、1934年入満許可数12万6,055人（そのうち、満洲土建協会11万人、福昌華工会社1万人、撫順炭鉱1,755人、昭和製鋼所1,300人、東亜土木公司3,000人）に対し、同年入満者数は63万人弱（第1章第2節表1-11参照）で、許可数の約5倍となり、取締の前年の57万人弱より6万人多かった。この数字は入満制限の失敗を物語るものである。同公司設立の4月から12月までの間（大東公司の業務年度は1月から12月まで）に、25万7,164人に査証が交付され、1万1,684人が不合格となった[31]。この1万人強の労工は入満制限政策のはじめての犠牲者であった。なお、査証料は6万6,551.24元であり、1人当たり約25銭であった。

そして、1934年の入満労働者の統制における「不充分の点あり、其の実を挙げ得ざりし憾ありに鑑み」、1935年においては「取締の徹底を期せむ」ために[32]、前述のように、第三回労働統制委員会で統制方針を固めた。しかし、従来の大東公司の組識は「カムフラージュ的存在」[33]であり、組織改正を行うべきとして、1934年12月の外国労働者取締に関する根本方針の打合で議論が始められた。やや長いが、大東公司の組織改正に関する重要な議論であるため、あ

えて引用することにする。

　特務部多久委員：「関東庁及び満洲より外国人労働者入国取締令を発布されることになったが、同令により指定される労働者入国取扱者は、当然人格を有する機関でなければならない。然るに現在の大東公司の組識は、之に該当しない。故に財団法人なり、会社なり人格を有するものに改正せられなければならないが、之を財団法人とするのは如何にも政府関係が濃厚であるように見えて『実態をカムフラージュして置き度い』性質の仕事を行ふ上に於て、面白くない筋があると共に設立の便宜の上から謂っても、労働者の募集とか供給を請負ふ一つの営利法人のやうなものにして置く方がよいのではないかと考へる」。

　満洲国側（名前不明）委員：「満洲国としては大東公司の組識を日本法人たる私設会社とすることは警務司に於ても、地方司社会部に於ても不賛成である。理由は、……要するに敏活徹底せる監督統制を期する上から、尚差当り大東公司の業務とせる国内的の仕事は将来満洲国政府に於て行ふ意志があり、目下労働局の如きものの設置を準備中である。之が設置の暁には当然国内的の仕事は委管せしめる必要が起って来るが、其の場合に日本法人たる私設会社では種々面倒なる問題が生じて容易く行はれ得ない。故に、組識は現在の侭とし、之を拡充する第二案（「大東公司強化案」の第二案を指す）を選ぶもので法人格を必要とする法令との関係は、形式だけ法人組織にして、個人を指定することにしたい。尚、前述の監督と謂ふのは、会計上の監督と仕事上の監督両者を意味する。夫れは相当の収入を想像し得る仕事であるが為に自然利権問題を伴ひ且不正行為も行はれ易い。又仕事上に於ては査票を発行するのは公司であるが、実際取締を行ふのは満洲国である。従って大東公司の仕事の如何は直に満洲国の仕事に反響する。又大東公司のヤリ方が悪い為に起る国際問題は満洲国政府が矢面に立たなければならないのである。故に満洲国としては組識の中迄民生部が立ち入ってやりたいのが本旨であるが、日本法人とした場合には中迄立ち入って監督は出来なくなる」。

　大東公司大迫委員：「会社組織の場合に於ても、会計の監督は最も簡単明

瞭に出来ると思ふ。収入は査証発行数で明瞭であり、此の発行数に対しては一々控も残してあるから、支那に於て支那人より手数料を徴収するに、人格の曖昧のものが金を取ると謂ふのは、より大きな問題である」。

　経調吉田委員：「監督と謂ふのは満洲国領域内の問題であらう。国外で、満洲国が監督権を行ふのは事実不可能の問題と思ふ。さすれば、日本法人の場合には、支那領域に於ける監督は日本領事館が之を行ふから夫れでよいのではないか」[34]。

大東公司の組織改正にめぐって「満洲国」側と特務部、大東公司、経調との間の意見の亀裂は明らかである。要するに、取締上日本法人組識は華北では活動しやすいという特務部などの考えに対し、「満洲国」側は、華北労工の入満制限は当然「満洲国」が取り扱うべきであり、大東公司の日本法人化によって、それを直接監督する権限はなくなる。将来「国」内の労働統制はいずれにしても「満洲国」が実施する意図であるが、大東公司＝日本国から労働局＝「満洲国」への権利の移譲ができるかどうか、と恐れて、権利の所属を強く主張した。

結局、査証の印刷配給は「満洲国」委員の強い主張によって「満洲国」および関東庁において行うことにされたが、大東公司の組識は特務部などの案によって改正されたのである。すなわち、「一、日本商法に準拠する私設会社とすること、二、公司の業務概ね左の如し、イ、身元証明書の発行、ロ、入国労働者の検査、ハ、入国労働者の募集供給、ニ、入国労働者に対する保護施設、ホ、其の他の附帯業務、三、民生部及関東庁の監督の下に置くこと、監督事項、イ、身元証明書発給に関する事項、ロ、労働者保護施設に関する事項、ハ、会社並利益金の処分、ニ、重役の任免、四、前項監督の実施に関しては関東軍司令官と協議の上実施するものとす」[35]。

「満洲国」の反対にもかかわらず、大東公司は日本法人の私設会社として設立された。「満洲国」は大東公司の監督権を持つようになるが、この権限は関東軍司令官と協議しなければ行使できないものであった。「満洲国」の傀儡性がここからもわかるであろう。

こうして、大東公司は日本法人の私設会社として運営を始め、本社は天津よ

第2章　労務政策の立案過程　153

表2-6　大東公司の組識一覧

本店							在華北事務所及駐在員										大連支部		在満事務所				
新京本社	募集課	調査課	会計課	総務課	秘書役	保護課	威海衛事務所	芝罘事務所	青島事務所	龍口事務所	山海関事務所	塘沽事務所	天津事務所	冷口駐在員	喜峯口駐在員	古北口駐在員	保護課	庶務課	新京宿泊所	営口駐在員	安東駐在員	奉天宿泊所	大連事務所
	天津					大連																	

出典：満鉄経済調査会『外国労働者入満取締強化後ニ於ケル北支事情調査書』1935年、4-5頁より。

り新京へ移ったが、事務所の多くは表2-6の如く依然天津に置かれた。

　表2-6に示すように、会社規模は改正前よりかなり拡大され、特に在満事務所および大連支部の開設により入満前だけでなく、入満後にも労工の統制ができるようになり、また、関東庁においても実質的に業務を行うことになった。改正後の身元証明書は、原籍、姓名、年齢、職業、家族同行人、行先、移動方法、何回目の入満、保証人などを記入する報告書の写しに写真を貼付するものであり、査証料は銀1元で改正前より大幅に値上げした。

　実は、大東公司は設立後の1936年、機関誌『大東』を発行し、1939年満洲労工協会に統合されるまで合計4巻を発行した。同誌第3巻第2号に載せた「大東公司各出張所支店沿革と所在地事情」によれば、「当時の『大東公司』の名称は在天津満洲国特務機関が入満労働者の制限統制を実施する為の仮称に過ぎず、大東公司員＝特務機関員なりし」、「昭和十［1935］年二月二十六日現在の『合資会社大東公司』創立せられたるが実質的には前大東公司の改組躍進にして……新京は本店と称するも常駐するは一名の連絡員に過ぎず、社長は新京、天津間を往復すと雖も、天津所在期間が多く、総支配人、秘書役を始め各課長悉く天津に在りて公司業務は依然天津を中心とし天津支店は事業上の本店として、天津支店長は別になく社長を総帥として在支在満各事務所を直轄せり」[36]と、大東公司の職員はそもそも「満洲国」特務機関員であることが明らかにされると同時に、合資会社として設立された大東公司は依然として事業の中心を天津に置いていたことがわかる。

　「満洲国」についても関東庁についても大東公司において統一的に業務を実

施することができたが、事務所の設置や査証の発行などについては、「日支ノ関係諸機関カ同公司設立以来折衝シテ来タノデアルカ、未タニ最後的解決ニ至ツテ居ナイ」と[37]、各方面からの抵抗は依然として強かった。例えば、1935年3月3日、青島支店長より専務取締役宛「四等客の件」（青客第33号）によれば、「本日出帆十六共同丸ハ、表面上威海衛行客トシテ集客致居候、然ルニ公安局員ハ十六共同丸四等客ノ乗船ヲ阻止セル為、小林顧問及中村出張員等公安局長ニ面談交渉サレシ処、威海衛行ナレバ差支ヘナキモ大東公司証明書ヲ所持スル者ハ絶対ニ乗船ヲ禁止スル旨回答アリシ由ニテ、公安局員ハ公安局長ノ命令ナリトテ本船船側ニ於テ右証明書有無ニ対シ乗客ノ身体検査ヲ実施サレ」[38]た。四等船客が入満労工と見なされるのは一般的であるが、一等から三等までの船客でも入満を禁止する場合があった[39]。中国側の抵抗に対し、各地の領事館の申出を受けた駐南京日本総領事須摩は、中国の汪外交部長および唐次長に会見し取締を要求したが、中国政府は「機構性質共全然不明ノ大東公司ナルモノカ、華北各地ニ事務所ヲ設ケ而モ中国民ヨリ手数料ヲ徴収シ一種ノ出国旅券ヲ発給スルハ、国際法ヲ無視シ甚タ穏当ヲ缺ク故日本政府ニ於テ之ヲ中止サレ度」[40]と、抵抗活動を取締しないどころか、かえって国際法違反を理由に日本政府に査証の発行を中止するよう要求した。

　中国政府機関だけでなく、マスコミでも不満が見られた。第1章第2節にも触れたように、中国側の『申報』（1935年3月20日）、『北平晨報』（同3月21日）、『大公報』（同3月22日）などは、それぞれ社説で大東公司による入満制限の理由、目的、および労工にもたらす影響を指摘し、入満制限政策を批判した。一方、経調の調査によれば、在満日字新聞も「一、大東公司ノ査証ニ依テ入満苦力数カ極度ニ制限サレ、其ノ為労働力ノ不足ヲ来シ在満企業ノ発展カ阻害サレル、二、大東公司ノ制限的査証ノ結果ハ北支農村人口ノ過剰ヲ各出発地（陸路、海路）ニ集積セシメ重大ナル社会問題化シツツアル、三、大東公司ノ問題ハ日支親善ノ機運台頭シツツアル秋ニ当リ、其ノ関係ヲ対立化セシメル一因タリ」[41]と、大東公司の取締による様々な悪影響を厳しく批判した。

　にもかかわらず、1935年の入満許可数44万人に対し、同年入満者数は42万

314人に抑え、1936年の許可数36万人に対し、同年入満者数は36万4,149人とほぼ計画どおり制限され、1937年の許可数38万人に対し、同年入満者数は盧溝橋事変の影響を受けたこともあり、32万3,689人と許可数を下回ったのであった。この入満労工の減少は、中国側の入満禁止策の影響も大きく受けたものであった。大東公司の制限の成功は、「(日本)領事、軍部駐在員、大東公司、関係船会社全部一心同体トナリテ支那側ニ徹底的圧迫ヲ加ヘルコト」によるものであることは言うまでもなく、「此ノ方法ハ北支及長江沿岸等ニ於テ近来随所ニ着々実行シ殆ト例外ナク所期ノ効果ヲ挙ケツツアリ、現ニ問題ノ苦力関係ニ在リテハ天津カ好例ナリ、同地乗船満洲行苦力カ支那官憲ヨリ格別掣肘ヲ受ケサルハ船舶カ租界埠頭ニ着発スルモ一因ナルヘケレ共、最大理由ハ同地在留日本側官民ノ一致セル実力厳存ニ在リ」とされるように[42]、日本側の実力による圧迫が中国各地で「効果」を表わし、入満の制限にも力を入れ、その「効果」として入満制限が成功したではないかと考えられる。

　大東公司による制限は成功したとはいえ、入満労工の減少によって華北労工に依存する各企業に労働力の不足をもたらし、取締緩和要求運動が行われた。『満洲日報』(1934年11月11日)によると、「本年度柞蠶糸の躍進は極めて旺盛を想像されてゐるが、此等入注に応じ切れない生産状態を暴落して安東柞蚕業者は等しく悩んでゐる。その原因は苦力の不足から来る労働力の著しい減少で、昨年四月実施された苦力入国取締に近因してゐる。即ち従来七千名の安東柞蠶糸工場労働者は本年度になってその市場方面において格段の躍進を遂げてゐるに拘らず、三千名に減じてをり之がため生産機能を十分発揮し得ない状態にある。よって安東柞蠶糸業者はかゝる矛盾の克服、事業擁護のため断固起って根本的禍根である満洲国の苦力取締の緩和方につき運動を開始することになった」[43]と。入満が許可された労工は、労働統制に規定された重要産業に配分されることになるため、非重要産業の労働力が一段と減少したことが、この報道からも読み取れる。

　こうして、大東公司は、華北労工の入満制限に機能したが、盧溝橋事変後、「満洲国」産業開発五ケ年計画に伴う労働力不足の問題に対応して、1938年1

月には「満洲国」内の労働力統制機関として「満洲労工協会」が設立され、さらに、労働需給調節における「国」内外機関の緊密なる連携を図るために1939年7月、大東公司は同協会に統合され、その国外部となった。ここに大東公司は華北労工の入満統制に関する業務を満洲労工協会の指導下に行うことになった。

注
1) 満鉄経済調査会『満洲労働統制方策』立案調査書類第30編第1巻、1935年11月、9-14頁参照。
2) 同上、15頁参照。
3) 経済調査会第一部『大東公司ノ設置、組織並活動状況』出版年不明（1934年と推測）、国会図書館蔵、1頁、
4) 前掲『満洲労働統制方策』38-39頁参照。
5) 同上、39頁。
6) 同上、44頁。
7) 前掲『大東公司ノ設置、組織並活動状況』2頁。
8) 前掲『満洲労働統制方策』142-143頁。
9) 同上、54-57頁。また、満鉄経済調査会『満洲労働統制方策』立案調査書類第30編第1巻（続）、1935年11月、95-107頁によれば、台湾では、中国大陸からの労働者に対し1904年9月、台湾総督府によって「支那労働者取締規則」（府令第68号、改正は1915年府令第25号、1920年府令第98号）、「支那労働者取締規則施行細則」（訓令第242号、改正は1915年訓令第59号、1921年訓令第34号、1925年訓令第81号）が公布され、厳重な取締を行った。同取締規則によれば、「支那労働者ハ上陸ノ際支那労働者取扱人ノ渡航証明書ヲ携帯スヘシ」（第三条）、「渡航証明書ニ記載シタル地点ニ上陸スヘシ其ノ上陸セントスルトキハ当該官吏ニ渡航証明書ヲ差出シ上陸許可証ヲ受クヘシ」（第四条）と。ここにいう「支那労働者取扱人」は台北に本社を有する南国公司であり、同公司は「支那労働者」の出航地であるアモイ、福州、および汕頭、また上陸地である淡水、基隆、台南、および高雄などに出張所を設置し所轄警察官吏と協力して入台労働者の取締を行っていた。しかし、台湾に出稼ぎした「支那労働者」は、台湾本島人、在台日本人などに対する比率が、非常に低く、満洲の華北労工のそれに到底比較できないものである一方、毎年入台中国人労働者の総数が入満労工のそれより遥かに少ない。
10) 前掲『満洲労工統制方策』立案調査書類第30編第1巻、58頁。

11) 同上、47-50頁参照。
12) 同上、88-106頁を参照されたい。
13) 同上、95頁。
14) 前掲『満洲労働統制方策』立案調査書類第30編第1巻（続）、336頁参照。
15) 前掲『満洲労働統制方策』立案調査書類第30編第1巻、119頁。
16) 同上、128頁。
17) 同上、112頁。
18) 同上、51頁。
19) 同上、60-64頁。
20) 前掲『満洲労働統制方策』立案調査書類第30編第1巻（続）、239-241頁を参照されたい。
21) 松村高夫「日本帝国主義下における『満洲』への中国人移動について」『三田学会雑誌』64巻9号、慶應義塾経済学会、1971年9月、43頁。
22) 前掲『大東公司ノ設置、組識並活動状況』3頁。
23) 同上、8頁。
24) 同上、9頁。
25) 同上、20頁。
26) 同上、10頁。
27) 同上、21頁。
28) 同上、22頁。
29) 同上。
30) 同上、23頁。
31) 満鉄経済調査会『外国労働者入満取締強化後ニ於ケル北支事情調査書』1935年、13-14頁。
32) 前掲『満洲労働統制方策』立案調査書類第30編第1巻（続）、124頁。
33) 前掲『満洲労働統制方策』立案調査書類第30編第1巻、57頁。
34) 同上、73-75頁。
35) 同上、75-76頁。
36) 山崎尭「大東公司各出張所支店沿革と所在地事情」大東公司『大東』第3巻第2号、1938年2月、47-48頁。
37) 前掲『外国労働者入満取締強化後ニ於ケル北支事情調査書』20頁。
38) 同上、23-24頁。
39) 同上、22頁を参照されたい。
40) 同上、26頁。

41) 同上、12頁。
42) 同上、30-31頁。
43) 横浜正金銀行頭取席調査課『最近北支より満洲国への苦力移動状態』号外第52号、行外秘、1934年11月、24頁。

第3節　労工募集政策と満洲労工協会

　入満制限政策の実施によって、入満者数が急減し、各産業に労働力の不足をもたらしたことは上述した通りであるが、1937年4月から満洲産業開発五ケ年計画の実施によって、大量の労働力が必要となることが必然となり、労働力の不足がさらに顕在化した。そして、この状況に対応するために入満制限政策は余儀なく変更せざるをえず、華北労工の積極的な導入政策が実施されるようになった。本節ではこの政策がどのように登場したか、華北側がどのように対応したか、を明らかにする。

(1) 満洲産業開発五ケ年計画と労働力問題

　五ケ年計画の立案、実施については多くの研究がなされたので[1]、ここでは詳細な議論は省略するが、立案過程の大筋に触れることにする。五ケ年計画は、鉱工業などの重工業を中心とするが、満洲では重工業を計画的に発展させようとする動きが、中居良文が指摘したように1930年代以前からすでに始まっていた[2]。1935年11月、日本陸軍少佐の片倉衷が日満実業界第三回大会において国防の要求を満足させるために、重要産業、特に国防に密接な関係を持つ産業に全力を注ぐべきだと指摘した[3]。これは満洲の重要産業を国防との関連により発展させることを主張したものである。そして、1936年9月、石原莞爾と宮崎政義を中心とする日満財政経済研究会[4]が「満洲ニ於ケル軍需産業建設拡充計画」を作成した。もともと石原はソ連の軍備増強に対抗し、対ソ戦争に備えるために同研究会をして「日満総合軍需工業拡充五ケ年計画」を立案させたが、日本側の財政問題によって計画が進まないため、結局満洲側だけで進めること

になった。それは「満洲ニ於ケル軍需産業建設拡充計画」そのものであった。こうして作成した同計画は、軍需産業の建設拡充を目的とするものであったことが第一次中間報告で明確にされている。すなわち、

「本建設拡充案ハ帝国ノ東洋ニ於ケル重大ナル使命ニ鑑ミ、ソノ経済力ノ飛躍的発展ト日満共同国防力ノ十全ノ発達トヲ図ル為、本邦ニ於ケル軍需工業ノ建設拡大ト呼応シテ、満洲ニ軍需産業ヲ建設拡充スルヲ以テ目的トス。ソノ一般的目的ハ固ヨリ全満洲国民ノ文化及生活ヲ向上セシメテ名実共ニ東亜ノ我盟邦ナルノ国力ヲ有セシムルニアリト雖モ、又、一面、方今著シク切迫セル国際危機ニ備ヘテ、万一ノ場合、日東帝国ノ栄誉ト独立ノ為、将又、東洋平和ノ確守ノ為、我国防ノ第一線タル満洲ノ軍備ヲ完カラシムルニアルヤ勿論ナリ。

本建設案ニシテ完成センカ、五ヶ年後ノ満洲国ハ全ク面目ヲ一新セル近代的工業国家トシテ世界列強ノ間ニ登場スヘシ。幸ニシテ平和持続センカ、日満相携ヘテ新市場ノ開発、第二次建設ヘト進ムヲ得ヘク、東洋民族ノ救済解放亦歩ヲ一ニシテ展開スルニ至ラン、不幸ニシテ外敵ト戈ヲ交フルノ状勢ニ至ラハ、五年ノ成果タル新鋭ノ兵器ト、充実セル国力ヲ以テ鎧袖一触、之ヲ打倒シテ禍根ヲ永遠ニ根絶スルアランノミ。今日ノ事、和戦ヲ問ハス一意本案ノ実現ニ断乎邁進スルノ他ナシ」[5]。

要するに、日本の国防の第一線とする満洲はその役割を果たすために軍需産業を拡充しなければならないということである。

関東軍はこの案を基に「満洲国第二期経済建設要綱」をまとめた。三輪武によると、経調は1936年1月下旬、「満洲国」国務院総務庁企画処の首席参事官であった美濃部洋次から五ヶ年計画立案の協力を要請されたが、経調の反対のため、満洲経済の長期的な均衡発展のための基本条件を検討することによって五ヶ年計画立案についての「満洲国」の企画処への協力が行われることになった[6]。その協力は、同年2月から8月にかけてまとめた「満洲産業開発永年計画案」に盛り込まれた。関東軍案の目標数値に対応して「満洲国」側は「資金計画案」をまとめた。そして、1936年10月、湯岡子において関東軍、「満洲国」、

経調がそれぞれの案を提示し、懇談した結果、五ケ年計画の基本構想が採択されたのである。

しかし、関東軍は計画の目標数値を挙げたが、膨大な資金問題は解決できなかった。そして、この問題を解決するため、また満洲の産業開発に必要な人材を集めるために、当時商工省文書課長であった岸信介を満洲に呼ぶことに、関東軍と「満洲国」との間で意見が一致した。のちにノンフィクション作家・評論家の塩田潮が、岸本人およびその関係者の証言を基に岸の生涯を物語風に書いた『岸信介』の中で、岸の渡満から離満までの間の事情、特に満洲産業開発五ケ年計画の実施における岸の役割を詳細に述べている[7]。

それによると、岸は当時商工省で商工次官の吉野信次とともに「吉野・岸閥」と呼ばれる実力者であった。関東軍は、岸が満洲産業開発に不可欠な人材と判断したため、1935年秋から、陸軍軍事課満洲班の秋永月三中佐と片倉衷少佐を通して、商工省に岸の満洲入りを1年間にわたって要望したが、認められなかった。しかし、二・二六事件後、新任商工大臣の小川郷太郎が吉野、岸を商工省から追放しようと図り、岸の渡満が決定されることになった。しかし、それまで満洲に対し、岸は無関心ではなかった。実は「満洲国」の成立過程に、関東軍の要請を受けて、商工省からはすでに1933年秋、臨時産業合理局の課長待遇の椎名悦三郎、1935年4月、貿易局の事務官の始関（伊平？）が満洲に送り込まれた。椎名は岸と相談してから入満し、始関は岸の命令で入満した者である。一方、1934年、岸は文書課長を担当するとともに、日本政府の対満行政事務を担当するために新設された対満事務局のメンバーを兼務した。その前に満蒙委員会という機関に商工省を代表して参加したこともあった。ゆえに満洲との関わりが浅いとはいえない。

そして、1936年10月、岸は商工省を退官と同時に、「満洲国」の実業部総務司長になった。また、満洲に着任すると、実業部（後産業部）次長に昇格し、「満洲国」の産業開発の責任者となった。岸は、資金問題の解決に当たり、日本産業株式会社（日産）の鮎川義介の協力を要請し、その結果満洲重工業開発株式会社（満業）が設立されることになった。

五ケ年計画はもっぱら軍事産業を中心とし、民生に関係がある産業はほとんど含まれなかった。計画の実施が満洲の中国人にもたらしたものはより悲惨な生活である。満業の副総裁として渡満した高碕達之助は、のちに「満洲人労働者の状況は不潔な宿舎に食事代のピンハネなど悲惨なもので、生産能率は低下の一途をたどっていた」と実感し、満洲には「王道も楽土もなかった。あったのは力を以てする支配ただそれだけであった」と指摘した[8]。

　五ケ年計画の実施に直接参加、指導する立場に立った岸は、1939年、日本政府の要請で商工次官として離満した。その際、「離任の言葉」をインタビューする新聞記者に対し、「出来栄えの巧拙はともかくとして、満洲国の産業開発は私の描いた作品である。これには限りない愛着を覚える。生涯、忘れることはないだろう」[9]と自信を持って語った。満洲の中国人が彼の「作品」の中でどのように位置づけられたかは上述の高碕達之助の話が物語っている。また、のちに東条内閣の商工大臣として日本への中国人強制連行に関する閣議決定に直接参加し、決定的な役割を果たした岸の責任も重大である[10]。

　五ケ年計画の立案は、上述のように目標数値とそれを実現するための資金調達に重点を置いたが、注意すべきなのは、同計画の実施に不可欠な労働力の問題が計画立案時点でまったく触れられていなかったことである。これについて、戦後、戦犯となった「満洲国」国務院総務庁次長兼企画局長の古海忠之は、供述書の中で次のように指摘している。「満洲国政府は、水力電気建設局を設置するなど、産業部の機構を拡充する一方、五ケ年計画関連の特殊会社を新設し、或は資本金を増加して、各項目の建設を開始したが、……その初期、物資動員計画もなく、労務計画もなかった」[11]と。この供述は労働力問題を無視する五ケ年計画の盲目性を物語っている。労働力問題無視の原因は「満洲の労働力が、植民地的低賃金を最大の槓杆とする過剰労働力の存在に依存し得たからであった」[12]。要するに、毎年膨大な数にのぼる華北の入満労工が五ケ年計画に必要な労働力を補充しうるという関東軍の予測が働いたと考えられる。しかし、盧溝橋事変によって入満者数は急激に減少した。表2-7はこのような状況を表わしている。

表 2-7　1937年の華北労工の入満状況

(単位：人)

月別	一月	二月	三月	四月	五月	六月	七月	八月	九月	十月	十一月	十二月
労工数	18,701	84,267	88,186	81,176	44,265	25,634	16,658	13,692	4,929	8,595	9,895	13,005

出典：満鉄調査部編『満洲経済年報』(1938年版) 改造社、1939年、124-125頁より。

表2-7に示すように、事変勃発後の8月から11月にかけ、入満労工の急減が事変に直接影響されたことは明らかである。これは「民心の不安、動揺、交通機関の軍事使用による一方輸送の停止、農民の徴発など」[13]によるとされている。一方、事変によって日中戦争が全面的に拡大され、日本経済は準戦時体制から戦時体制に変更せざるをえず、日満を一体とするブロック化の中で「満洲国」においてもあらゆる部門にわたり戦時体制化が強いられた。これに対応するために、五ケ年計画の修正が余儀なくされた。すなわち、量的には石炭、鉄鋼など軍需物資の増産目標が大幅に拡大され、質的には満洲の軍需産業の自給自足から対日供給重視へと方針が転換された。そして、修正案の実施が入満労工減少による労働力の不足およびそれに伴う労働移動に拍車をかけた。1937年7月、民生部が全満にわたって「重要産業従事労働者需給状態調査」を行ったが、その結果、あらゆる産業部門の労働力が不足しており、特に鉱工業部門においては技術者および熟練工の不足が顕著であることが明らかにされた[14]。このような状況の中で労働力不足の緊急対策として国家権力による強力な統制機関が必要となった。

(2) 満洲労工協会の設立および労働統制の法的整備

「満洲国」内の労働統制実行機関の設立を提起したのは、前述のように1933年6月の経調による「労働者需給調整方策案」であるが、当時の情勢で業務実行に困難であるという理由によって設立は見送られた。五ケ年計画実施後、特に盧溝橋事変によって労働力の不足が著しくなり、「国」内労働力の統制配分および「国」外労働力の募集に対し、大東公司ではすでに対応できなくなっていた。一方、当時実施された入満制限政策および中国側の入満禁止は五ケ年計画開始後、各産業、特に華北労工に依存する土建業、鉱山業に影響を及ぼして

いった。当時「満洲国」の新聞紙『満日』(1937年7月1日)は土建業の労働力不足について次のように報道した。

> 「……本年度工事界は産業五ケ年計画実施第一年を迎へ、これに付随した建設工事が着々進行、今年度の如き昭和九年後の建設工事最高潮期にも次ぐべき工事量が予想され、新線工事だけでも一千八百萬圓を下らぬと見られ、その他水電工事、特殊工事等を加へると、全満土建界総動員の必要が認められるが、一方これに要する労力は山東方面の入満苦力制限のため需給円滑を缺き、土建業者の苦力争奪戦も起り兼ねまじき情勢に立至ってゐる。満洲土建協会調査によると、本年度土建関係所要苦力数は四十萬人で、このうち十一萬八千人は山東方面の入満苦力を使用、その他は国内苦力によって充当するのであるが、五月末現在土建関係入満苦力数は僅かに四萬前後で、今後必要とする残余の七、八萬人の入満苦力に対しては全く見込み立たずの状態となってゐる。これは寧ろ満洲国の入満制限に起因するといふよりも、南京政府の苦力統制と北支工事の激増の結果事実上山東苦力の出国防止策の結果によるもの……」[15]と。

毎年、労工入満のピークは3月から5月までの間であるが、同報道によれば、5月末現在4万人しか土建関係の労工が入満しなかった。これは、同年後半の7、8万人の入満が完全に不可能であることを意味する。加えて、この報道から一週間経たないうちに盧溝橋事変が勃発し、入満者数が急激に減少し、11万8,000人の計画が、到底実現不可能であることは表2-7からも一目瞭然であった。

そして、盧溝橋事変を契機に1937年7月「満洲国」政府は、労働統制実行機関の設立に着手し、同年11月成案をまとめ、12月14日に勅令第456号をもって、満洲労工協会法を制定公布し、翌1938年1月財団法人満洲労工協会を設立した。その設立趣意によると、「①産業開発特に五ケ年計画に対応し労働力の円滑なる供給を図り、以て之が計画達成を期す、②一朝有事の際に於ける国民総動員(労務動員)の要請に関し、現施設に於て人的資源の円滑なる育成を図り以て之が完璧を期す、③労資関係を調整し労働者の保護及扶助の途を講じ、其の他

社会政策の実現の途を講じ労働大衆の生活安定を期す、④労働者の統制（労働登録及労働票の発給）により犯罪捜査検索を援け、以て治安の粛正を期す」[16]とされた。

　また、こうした趣意は満洲労工協会法の中にも反映された。同法によると、同協会を設立する目的は、国内における労働者を保護し、労働力の配給を調整し、それをもって労働資源の涵養を図るため（第1条）であり、行う業務は一、国内労働者の募集、供給および輸送の斡旋、二、国外労働者の招致および輸送の斡旋、三、入国労働者の配給の斡旋、四、労働者の登録および労働票の発給、五、労働者の訓練および保護施設の経営、六、労働市場の管理経営および一般職業紹介、七、労働に関する各種調査、八、その他政府より特に命じられる事項（第2条）である。基本金は40万円で、その内20万円は政府の出資（第4条）であり、事業費は事業収入、基本金利息およびその他の収入によるが、必要に応じて政府がこれを補助する（第5条）とされた[17]。

　要するに、同協会は五ケ年計画、特に「一朝有事」の時に対応するために労働力の統制機関として設立されたものであり、また労働登録、労働票の発給などの業務は、中国人「犯罪者」を捜査するための一面をも持つものであった。しかし、設立趣旨にある労働大衆の生活安定がその後、戦時経済の中でいかなるものに変わったかは第1章第2節ですでに述べた通りである。基本金の半分が政府より出資され、また必要に応じて政府の補助を得ることは、財団法人と言えども政府の附属機関としての性格を示すものといえよう。同協会は業務上政府の命令および監督を受け、重要な事項については民生部大臣の許可を受けることになった（満洲労工協会法第9－17条）。さらに政府と密接な連絡を保つため評議員のうち若干名は政府官吏より選任し、支部長には原則として省の次長、出張所長には副県長をもって任用することになった。こうしたことによって政府の監督が一段と強化され、政府の附属機関としての色彩がさらに強くなった。

　同協会は本部を新京に、「国」内各省に支部、53県に出張所、13登録所を開設し、その業務を開始した。成立当初、業務の重点は労働登録に置かれ、1938年6月、「暫行労働票発給規則」（民生部令第63号）の公布に従って、30人以上

の労働者を使用する工場、鉱山、土建、交通通信業の経営者または管理者は、その使用する労働者のための労働票の発給を受けるべく義務づけられたため、同協会は国内の主要な地点15市、27県に対し登録を実施したが、その後、森林労働者の登録を追加し21県を登録地区としたため、1938年中における登録実数は全体で562,105人になった[18]。同協会創立の1938年、業務遂行に必要な基礎的な準備工作、すなわち協会機構の整備、諸規定の制定などが行われたが、各業務部門が本格的な運営に入ったのは1939年からである。同年、産業開発五ケ年計画、開拓移民と併せて三大国策と呼ばれる北辺振興計画の実施によって、労働力の需要が増加の一途をたどり、華北労工に依存することがいよいよ多くなり、従来の「満洲国」内外の異なる統制機関による労働力の需給調整が困難となった。ここにおいて、大東公司と満洲労工協会との統合の必要性が生じてきた。1939年4月、両者の幾度の議論を経てから統合準備委員会を組織し、6月30日、大東公司が解散し、7月1日、両者の統合が実現した。

一方、従来大東公司による関東州の労働統制に関する事項は、同公司と満洲労工協会の統合によって「満洲国」と調整する必要が出てきた。そして、1939年6月、日満軍人会館において「満洲労工協会及関東州労務協会労働統制一元化に関する要綱」が締結され、10月、関東州に来る華北労工の査証業務を満洲労工協会に委嘱することに関し、11月、同要綱実施に関する細目についての協定を見、ここに「満洲国」と関東州における労働統制は実質的に一元化されることになった。また、大東公司の統合と同時に、満洲労工協会の組織は整備拡大され、「国」内において15支部122出張所、「国」外において2支部9出張所を有する大機構となった。さらに、1940年10月になると、「国」内においては19支部、95出張所、19登録所を置くことになり、その他大連駐在員、吉林工人管理所、上海出張査証所が設置された[19]。

満洲労工協会は設立されたが、従来労働統制の立案機関として入満制限政策に機能してきた労働統制委員会は、すでに労工不足の状況に対応できなくなった。1938年7月、国務院に企画院が設置されると、労力の需給調整およびこれに関連する各種重要事項、産業技術員の養成計画および需給調整に関する事項

につき、具体的方針および運用計画の審議立案が、すべて企画院の一部門である労務委員会に任せられることになり、労働統制委員会は解散せざるをえなくなった。労務委員会は政府関係者および民間会社関係者より組織され、委員長は総務長官が担当し、委員長の下に幹事会が設置され、幹事はすべて政府当局者で構成され、幹事長は企画処長の担当となった。

こうして、労働統制の立案機関と実行機関が一応整備されたが、その実施に対し法的な保障が必要となった。1938年2月、国民総動員法（勅令19号）が公布され、戦時労務動員に関する政府の意向を明らかにした（同法第21-25条）。続いて6月、暫行労働票発給規則が公布され、それによって労工はまず満洲労工協会に申請し、それを受けた同協会は登録台帳を作り、それから労働票を労工に発行することになった。登録台帳には出身地、現住所、性別、年齢、職業、などが記載され、写真の添付、十本指紋の押捺が強要された。12月に労働統制の根本法規である労働統制法（勅令第268号）が公布され、1939年1月には同法施行規則（民生部令第2号、治安部令第3号）が制定され、2月にようやく実施されるに至った。労働統制法は「満洲国」労働統制の基本法であり、全文24条より構成されたが、国民総動員法中労務動員に関する規定の補充的な地位にある条項が多く（第2-6条、第10条、第11条、第17条）、また、法の根幹となる部分は同法が直接規定をせず、業者間の統制協定に譲り、政府がこれを監督すること（第2-6条）が同法の特徴である[20]。同法の実施に伴い、前述の外国労働者取締規則および暫行労働票発給規則は廃止されることになった（施行規則附則第52条）。

労働統制法の公布により、「満洲国」の労働統制が法的にも整備され、ここに実質的な運営を開始することになった。すなわち、満洲労工協会は「国」内で労工の募集、配給調整などの労働統制を実施するとともに、「国」外で華北労工の募集を積極的に行うようになった。

(3) 華北労工の募集統制

満洲労工協会が成立後、「国」内では労働登録を中心に業務を展開し、「国」

外での労工募集は依然として大東公司によって行われた。しかし、従来の入満制限政策はすでに積極的な募集政策に変更した。これは募集計画数からわかる。すなわち、制限政策を始めた1935年から1937年までの募集計画数は、44万人、36万人、38万人であるのに対し、1938年のそれは49万人となった。そして、統制機関の一元化および関連法律の公布につれ、華北労工の募集は満洲労工協会の統制下で行われることになり、その募集計画数は、修正五ケ年計画および北辺振興計画の実施に対応するため、急激に拡大され、1939年91万人、1940年140万人、1941年には110万人にも及んだ。このような膨大な計画数を達成するために、「満洲国」はどのように募集方針を制定し、その募集方針の下で実施した華北労工の募集はどのような結果になったか、以下、この問題を検討することにする。

　1938年、華北は、日満華経済ブロックの下で「満洲国」と同じように産業開発を開始したため、後述のように労働力の需要が増加した。こうした状況の下で、満洲の企業側、特に鉱工業部門においても、五ケ年計画の増産要求に対応するための労働力不足に悩み、華北労工の募集は競争的に行われた。各企業者による無統制な自由募集は、一方では華北の労働市場の混乱、賃金の昂騰（これについて後述）を引き起こし、他方では各企業者の募集費の昂騰、賃金の競争的吊り上げなどをもたらした。

　これに対し、1939年2月、民生部は訓令第16号をもって「中国労働者募集並ニ使用ニ関スル要綱」を公布し、募集の統制を目指した。同要綱によれば、中国労働者の募集に関しては、原則として統制団体が募集の申請を行い、民生部大臣の認可を受けることになっており、その募集は各業者の競争を避けるため、大東公司の統制下で統制団体による統制募集を実施するものとした[21]。また、同要綱は、各業者が募集する前に産業別に以下の事項を協定し、その協定事項を民生部大臣に提出し、その認可を受けるべきであるが、協定を締結せざるものに関しては民生部大臣が募集条件を指示することを規定した。その協定事項は以下の通りである。

　一、産業種別

表2-8　募集引抜き阻止に関する調査

年　別	件数	阻止労工数(人)
1937年7月	22	254
8月	14	598
9月	10	32
10月	12	270
11月	12	503
12月	4	84
1938年1月	0	0
2月	3	50
3月	6	676
4月	8	605
5月	14	580
6月	15	373
7月	18	520
8月	12	257
9月	11	801
合　計	161	5,603

出典：満鉄調査部編『満洲経済年報』1938年版、改造社、1939年、444-445頁より。

二、当年度において当該団体が中国より移入しようとする労働者数

三、必要労働者を募集しようとする時期

四、労働者1人当たり把頭の募集手数料、および前貸金

五、労働賃金およびその他の労働条件

六、使用期間および就労地

七、賃金より控除すべき前貸金および償還方法

八、募集期間および募集方法

九、その他参考事項

　ここに企業側に詳細な募集事項を提示させ、政府側の全面的な統制を目指そうとする意図が明らかになった。前貸金は労働者獲得の有効手段として各業者が華北労工の募集の中で常に使われるもので、特に労働力の需要が増加するに従い募集が困難となった状況において、その金額がますます増加した。これを阻止するために、同要綱は前貸金を貸さないことを原則とし、必要がある場合、最高5元以内と規定された。

　一方、「満洲国」内では物価上昇などによる労工の移動が激しく（第1章第2節表1-11参照）、企業者間の労工引抜き、募集条件につき虚偽の宣伝などが盛んに行われたため、「国」内における労工募集が混乱状態となった。表2-8は当時引抜きが発覚した状況を示すが、労工の不足がこの調査結果から見て取れる。

　2カ年全体の比較はできないが、1937年7-9月の合計が46件884人であるのに対し、1938年7-9月のそれは41件1,578人であった。件数が5件少なくなったが、引抜きの人数がかえって1.5倍に増加したことがわかる。

　そして、同年4月、民生部訓令第35号によって「国内労働者募集並使用雇入

ニ関スル要綱」が公布された。「国」内労工の募集に際し、上述のような虚偽の宣伝、または他事業者の募集の妨害など不正行為を禁止し、宣伝手段としてのポスターまたは伝単（ビラ）などを使用する場合は、これらを募集認可申請書に添付し監督官庁に提出することを規定した[22]。しかし、同要綱は、募集についての不正行為だけに気を配ったが、各業者間の統制はなく、募集の混乱を阻止することは困難ではなかったのかと考えられる。

「国」内外の労工募集に出現した問題を是正するために、各事業者の統制団体による統制募集が必要となった。また、募集の混乱に伴う労働力の配分が問題となり、五ケ年計画における重要産業の労働力を確保するために、労工の使用を統制する必要があった。そして、1939年4月、満洲労工協会は全国の代表的な事業主140人の同意を得て、「労働者雇入並に使用に関する全国協定」を締結し、5月、民生部指令第378号をもって認可された。統制協定の代表者は、原則的に満洲労工協会が担当することになり、加入者は林業、鉱業、工業、交通業の管理者または経営者でその事業の最盛期において30人以上の労働者を使用するものである。華北労工の募集に関しては、同協定によれば、その「認可申請ハ団体ヲ結成セルモノニアリテハ団体ニ於テ団体中ニ各需要者ヲ代表シテ之ヲ為スモノ」（第10条）とし、「前項募集行為ハ団体ニ於テ一括シテ之ヲナスモノトス、但シ特別ノ事情ニ依リ前項ニ拠リ難キ場合ハ、其ノ事由ヲ大東公司ニ申出デタル上其ノ承認ヲ得テ別途ニ募集スルコトヲ得ルモノ」（第11条）とした[23]。これは、華北での募集は原則的に団体募集と規定する一方、各事業者の自由募集を大東公司（のち満洲労工協会）の承認の上で認めることを示したものである。

また、上述の全国協定が、加入者中における各地区の特殊事情に対応できないことがあるため、地区協定の必要性が生まれた。同年6月、満洲労工協会は地区協定に関する参考案を作成し、各地区に特別な事情がなければ、協定の締結は同案によるとされた。この案の重点は労工の移動防止、および賃金の協定に置かれた。賃金の協定は労工移動の防止策と見ることができよう。また、地区協定加入者のうち、同種産業部門に属する者は、地区協定の協定内容以外の

表2-9 華北入満労工の身分証明書発給者数における団体証明書発給率の推移

年　別	身分証明書発給者数	団体証明書発給者数	同比率
1937年	323,689	56,692	17%
1938年	501,686	146,232	29
1939年	1,012,148	341,168	33
1940年	1,364,706	419,933	31

出典：満洲鉱工技術員協会『満洲鉱工年鑑』康徳9（1942）年、亜細亜書房、81頁より。

当該産業部門の特殊事項につき、分科協定を締結することとなった。このように、全国、地区、分科の三種類の協定によって、「満洲国」および華北側の労工の募集、雇用、使用などが満洲労工協会の統制下で全国統一的、組織的に行われることになった。統制募集の結果を見ると、表2-9の通りである。

表2-9に示したように、団体証明書の発給数は、1937年には証明書発給総数の17％を占めるに過ぎなかったが、1938年以降、29％、33％、31％と増加の傾向にあったことがわかる。これは、満洲労工協会の成立による労働統制機関の整備、労働統制法、募集統制に関する要綱、協定などによる労働統制の法的整備に伴うものであり、「労働統制政策の展開が、入満中国人労働者を掌握するようになったことの反映である」[24]といえる。しかし、統制募集がどの程度華北労工を確保できたかは、表2-9からもわかるように、入満労工の約3分の1でしかなかった。残りの3分の2は、政府の統制政策が掌握できなかった者である。また、華北での募集は各業者の無益の競争を避けるため、統制団体による統制募集（前述「中国労働者募集並ニ使用ニ関スル要綱」）、団体による一括募集（「全国協定」第11条）を原則としたが、実際には、この募集の多数が個々の事業者により直接行われた。例えば、炭鉱では、「直接鉱山労務係員を募集地に派遣し、或は把頭を出張せしめるとか、更に労働者自体に依頼して知人、親戚、村民を呼びかける等」[25]の方法で募集したのである。しかも、これらの募集方法の中で最も使用されたのは「『労働統制法』および『全国協定』が排除しようとした半封建的労働供給・管理組織＝『把頭制』による募集」[26]であった。

把頭制度は「中国の鉱山や埠頭では一つの例外もなく」とった「一種の封建主義による労務管理制度」である[27]。この点は満洲の各炭鉱の「募集規程」

（1939年11月現在）からも確認できる。各炭鉱では、いずれも把頭による募集が最も重要な労工獲得の手段として「募集規程」に規定され、特に撫順炭鉱では、満洲での募集は満洲労工協会を通じてであったが、華北での募集の唯一の手段は把頭によるものであった[28]。1939年撫順炭鉱で、把頭によって募集された華北労工は山東省だけで3万人に達している[29]。

　鉱山業と異なり、仕事の性質で作業が解氷期より結氷期までに限って可能である土木建築業は、所要労工のほとんどを短期間に募集することを必要とし、労工募集の成績如何は一カ年の工事の成敗を左右することになるため、募集上の競争は工場、鉱山など他の業者よりさらに激烈であった。それゆえ、土建業者の募集活動の中で前貸金に対する協定違反、賃金の競争的引上げ、引抜き争奪などの紛争が常に引き起こされた。例えば、1940年、満洲側の募集前貸金の協定額は10元であったが、土建業者のそれは25元、30元ないしそれ以上の例が少なくないとされ、そのため土建業者と炭鉱業者との募集に関する紛争は河北省塩滄一地区だけでも何度となく発生したという[30]。また、賃金の昂騰については、冀東地区、塩滄地域の農業日傭労働賃金は、最繁忙期に三食付き1日3元に昂騰した[31]。配給制による食料品の入手が難しい満洲側の募集に対し、華北側の募集条件は魅力的であった。

　このような事態に対し、1940年1月、「満洲土建協会国外労働者統制募集規程大綱」[32]が公布され、それにより土建関係各業者が所要する「国」外労工は、土建協会において統制募集をなし、協会会員各組にこれを配給することになり（第1条）、これをもって満洲労工協会の募集統制を補充し、労工の激しい移動を防止し、労工の確保、配給の円滑をはかることを目的とした。また、募集期間と募集数の関係について、同大綱は募集期間を二期に分け、2月初めより3月末までの第1期は募集数の3分の2、4月1日より5月末までの第2期は募集数の3分の1を募集することとした。同大綱は同種業者間の統制募集を規定するものであり、その統制が「華北側の募集統制でもなく、満洲国の公的統制でもなく、専ら業者側の自治的統制である」[33]が、内容から見れば、前述の全国協定の華北労工募集に関する条項と同様な意味を持っており、その具体化し

たものと思われる。にもかかわらず、この自治的統制募集は同大綱が規定するように、「統制募集従事員ハ各組ノ最モ経験ヲ有シ、信用確実ナル日本人及有力ナル苦力頭［把頭］ヲ必要ニ応シ協会ガ随時聘用ス」（第20条）と、把頭による募集は放棄できなかった。同時に、「統制募集が尚理想の如く行はれず、競争に依る前貸金協定額以上の支払、其他競争的募集に基く浪費があった」[34]と、自治的統制募集は、予想した目的を達成できなかったことを示している。

こうして、華北労工の募集は、五ケ年計画実施後、労工の需要の増加に伴う労工の頻繁な移動、業者間の引抜き、賃金の引上げを防止するため、「満洲国」が統制募集の方針を決定し、その募集は満洲労工協会（最初は大東公司）の統制下で業者の団体募集を原則としたが、結局は上述のようにその原則に反した業者による直接募集となり、また、業者間の統制募集にしても成功したとは言えなかった。一方、満洲の華北労工の需要に対し、華北側がどのように対応したか、を見てみよう。

(4) 華北側の対応

満洲側の企業による直接募集およびそれによる競争等の混乱を防止するための統制募集では、企業側に不足する労働力を十分に補足できなかったことにより、華北では、公的募集機関および営利を目的とする労働者周旋業者がこの情勢に応じて委託募集を始めた。

公的機関として、新民会労工協会（北京、1938年6月）、新民労働協会（天津、1938年9月）、山東労工福利局（青島、1938年9月）、山東労務公司（済南、1938年10月）が挙げられる。しかし、これらの機関は、新民会、山東特務機関の手によって設立されたため、「官僚的乃至準官僚的色彩が濃厚」であり、「華北民衆の官僚に対する恐怖、反感、不信頼の伝統的思想の為、好成績は挙げ難い実情にある」と言われた[35]。また、周旋業者として大陸華工公司（青島、1939年2月）があるが、同公司は華北の募集難に直面し、南京、杭洲、上海など華中に募集の手を伸ばしたが、華中の労工は、生活習慣、体力等の理由で満洲の労働に適さないため、結局失敗に終わった[36]。

華北労工の募集難の要因の一つとして、華北自身の産業開発による労働力需要がある。では、華北の産業開発はどのように立案されたかを、見てみよう。

1937年12月、華北では「中華民国臨時政府」が日本の手によって成立し、華北は満洲と同じように日本の戦時経済体制に編入され、日満華経済ブロックが形成された。日本は、不足の戦略物資の補充を華北に求めるために華北の産業開発を行うことになった[37]。同月末、「北支那経済開発の根本方針」が閣議決定された。その骨子は「①鉄道・港湾・治水・塩業・鉱山・通信・電力等の重要産業については特殊の統制（持株）会社を新設しその下に会社をおいて開発に当らせる。但し、右会社の設置は戦局一段落後とし、具体案は委員会を設けて研究する。②その他の諸開発対象たる棉花・羊毛・紡績等は一定の企画の下に、これを自由投資とし民間資本の積極的進出を認める。③過渡的方法として満鉄・興中等の進出は既成の事実として認め、その資本の使途ならびに技術などを有効に使う方法を考究する」[38]というものである。これに基づいて華北産業開発五ケ年計画が立案され、生産および拡充目標のための所要資金総額は14億2,300万元となり、そのうち、交通事業4億4,700万元、主要鉱産事業1億4,000万元、石炭液化4億6,000万元、主要発送電事業1億4,400万元、塩および塩利用事業3,600万元であった。

しかし、同計画は1938年、日本の生産力拡充四ケ年計画に照応して修正され、期間は4カ年に変更され、内容も修正された。修正計画では、交通事業に対する投資は総投資額の31.41％から55.26％に拡大され、鉱山への投資はほぼ変わらなかったが、液体燃料への投資は32.75％から11.77％に削減され、生産量も炭鉱以外はほとんど削減され、特に液体燃料は100万トン（1942年予定）から30万トンへと大きく削減された[39]。日独伊三国同盟締結後の新しい状況に応じて、同年11月「日満華経済建設要綱」が発表され、華北は「日満と協力して資源を開発し経済を復興し、特に交通の発達・物資交易の円滑・重要産業および資源の開発を図り東亜共栄圏の確立に寄与せんこと」[40]を要求された。

同修正計画は交通事業への大量投資を通じて華北占領地の支配を強化し、対日満物資の輸送を円滑にすること、また、炭鉱の拡大生産を通じて、日本の国

表2-10　1939-1945年の華北に対する労工需要数

年次	華北需要数	満洲需要数	蒙彊需要数	合計
1939	558,596	985,669	35,608	1,579,873
1940	800,000	1,400,000	66,000	1,946,000
1941	1,007,000	1,200,000	85,000	1,893,000
1942	1,122,000	1,000,000	101,000	1,720,000
1943	1,266,000	1,000,000	120,000	1,825,000
1944	1,370,000	1,000,000	146,000	1,889,000
1945	1,481,000	1,000,000	172,000	1,963,000

出典：北支那開発株式会社企画部『華北労働事情概観』1941年、40-41頁、前田一『特殊労務者の労務管理』山海堂、1944年、181-182頁より作成。
注：1939年は実際使用数。なお、合計が三者の需要数に満たないのは、華北満洲間の年間50％の移動率による減少（労働力の損失）を考慮に入れたからと考えられる。

防原料を補給することを目指そうとした。これを実施するために、1938年3月、日華経済協議会が最高指導機関として結成され、また、華北側の協力機関として臨時政府に実業部が新設され、11月、対華政策一元化のため「興亜院」が設置されると同時に同華北連絡部が開設され、華北産業開発の指揮をとることになった。同月、実行機関の「北支那開発株式会社」が特殊国策会社として誕生し、1年後には華北の国防基礎産業、資源産業を完全に統制し、産業開発が本格的に実施されることになった。

華北産業開発における華北労工需要数、またそれに対し満洲、蒙彊の華北労工需要数がどれぐらいであったかを表わしたのが表2-10である。

同表からわかるように、華北、蒙彊の需要数は増加する一方で、特に華北側が1940年7月、興亜院の要求に基づき、石炭、食糧生産の重点主義が強行されるなかで、労働力の需要が激しくなった。一方、満洲側の需要は1940年以後減少し、特に1942年以後は100万人に固定されたが、これは後述する労務新体制の実施に伴う労働力の自給自足、華北労働力依存の減少によるものと考えられる。全体的には華北に対する労工需要数は増加傾向にあり、1939年を除けば年間平均187万余人であった。

そして、華北側がどのぐらいの労工を供出可能であったかについて表2-11を見てみよう。

表2-11が示した通り、全人口の80％前後の農業人口を持つ華北では、経営面積10ムー以下の農戸が全農戸の半分以上を占めた。もし、10ムー以下の農戸が1人の出稼ぎ者を出せば、5,565,118人となるが、しかし、日本軍の占領地

第 2 章　労務政策の立案過程　175

表 2-11　華北農村の労力供出可能推定数

(単位：人)

種　別	河北省	山東省	調査所
人口密度（1平方キロ）	203	242	満鉄・北支経調
農業人口数	20,963,261	30,775,056	同
総人口に対する農業人口比	73.64%	82.70%	同
農戸数（戸）	4,223,704	5,918,280	同
農戸1戸当たり人数	4.96	5.20	同
経営面積10ムー以下農戸（戸）	2,170,984	3,394,134	同
農村人口増加率	1.33%	1.33%	バック支那農業論
総人口に対する男子の比	53.60%	54.00%	満鉄・北支経調

出典：前掲『華北労働事情概観』42頁より。

のうち、「治安良好」の地区を60％として算出すれば、実際供出可能数は240万しかないとされた[41]。にもかかわらず、この240万人は「1、治安関係、2、満、蒙、支労働需要の急増、3、労働移動による能率減、イ、農繁期に於ける移動、ロ、賃金の不統一並に物価に比し賃金の割安なること、ハ、労働管理に対する業者の理解の不足、ニ、業者間の引抜き及賃金競争、ホ、満蒙需要者による供給地の荒乱」などの原因によって全部は供出が困難であり、華北の産業開発に必要な労働者を確保するだけでも、「生産に要する稼働実数の三倍は常時在籍せしめる必要」があるという状態であった[42]。

　こうして、満洲および華北の産業開発によって両者の労働力需要が競合状態となり、それに蒙彊、華中の需要[43]を加えて華北労工の募集は、さらに困難となった。そして、1939年2月、軍主催の満支労働関係者会議が北京で開催され、関東軍、「満洲国」政府および北支方面軍が協議した結果、華北労工の満支配分調整に関する要綱案を審議決定した。この二月協定では、「満洲側の華北労働力に対する歴史的依存性は充分尊重せらるべきこと、華北労働力の対満供給斡旋は大東公司をして之を統制せしめること、華北労工協会（仮称）を設立し満洲側機関と緊密なる連絡協調を図らしめ、同時に華北労働力の保護、華北労働市場の調整に付必要なる政策実行機関たらしむること」が根本方針として規定されたが、華北労工協会の設立については、「まず河北省、山東省に各々の労工協会を設立し、其が連絡部を北京に置きて相互の連絡を密にすると共に

対外接渉を其処に於て行ふ事」に意見が一致した[44]。これに基づき河北省は新民会天津指導部が、山東省は済南特務機関が中心となって協会設立の準備を進めたが、その後華北労工募集の混乱が激しくなり、一元的な労働統制機関がなければ、その混乱を収拾できない状態となり、同年9月、北支方面軍および興亜院華北連絡部は、上述の二月協定に再検討を加え、新たに華北労工協会を設立することとなった。

　華北労工協会の設立過程については、第3章で詳しく述べるが、数十回にわたって行われた関連会議の中で、1939年12月、満洲および関係者側との労務連絡に関する大連連絡会議が行われた。出席者の満洲側は、関東軍司令部、「満洲国」総務庁、同北京通商代表部、同外務局大連弁事処、満洲労工協会、土建協会、関東州庁の関係者であり、華北側は、北支方面軍、興亜院華北連絡部、新民会の関係者であった。同会議で華北、満洲、蒙彊の労工配分および其他の労務に関する諸問題の連絡調整のため、「支満蒙労務連絡会議」の随時開催が決定され、同時に「満洲向の労働者に対する事項其他に関する満洲側及華北側間申合」が行われた。この申合で以下のことが決定された。

　　一、華北側は支満蒙労務連絡会議の協議に基づき満洲側に対し所要労工の供給を行い、そのため満洲側は翌年度所要労工数を一括し前年の11月末までに華北側に対し要請すること。

　　二、華北労工協会の機構整備ができるまで、満洲労工協会は従来通り入満労工の募集及び輸送を斡旋すること。

　　三、省略。

　　四、華北側は入満労工の身分証明書の発給業務を華北労工協会に委嘱し、満洲側は満洲労工協会又は関東州労務協会に査証の準備検査を実施させること。

　　五〜六、省略。

　　七、華北側関係機関は入満労働者の輸送に関し特に便宜を与えること。

　　八、満洲側関係機関は入満労工の保護に充分な措置を講ずること。

　　九、満洲労工協会北京出張所主任は華北労工協会嘱託に、華北労工協会新

京出張所主任は満洲労工協会嘱託にそれぞれ委嘱し、相互の連絡関係を緊密にすること。

十、本申合以外の諸問題につき、必要がある時は支満蒙労務連絡会議又は相互協議の上臨時協定を行うこと[45]。

　この申合は、華北労工の労働統制を華北側が行おうと図るとともに、対満供出を円滑にするために華北労工協会への満洲労工協会の参加を認め、華北側と満洲側との協力関係を目指そうとしたものである。また、支満蒙労務連絡会議の設置によって、三者の労働力配分が統一的、組織的に行われることになった。その後、華北労工の募集は、華北労工協会の成立まで主に「中央［興亜院華北連絡部と思われる］及現地軍機関」[46]によって統制されたのである。

　一方、1940年満洲労工協会の事業計画では、華北労工の入満誘致対策として、「華北農村に対し映画に依る満洲事情の紹介、農村有力者の満洲視察団の結成並に就労、帰還労働者に対す宣伝等により入満労働者の誘致宣伝をなすもの」[47]が決定された。これに基づく満洲労工協会の招致により、従来入満労働者の多数を占める地方の有力村長（山東省村長9人、河北省村長10人）による満洲視察団が、同年5月16－27日、同協会済南支部牧野事務員および天津支部三宅事務員の引率のもとで新京、ハルビン、奉天、撫順、本渓湖、鞍山の工場、鉱山で、労工の就労状況、宿泊、売店などの施設を見学した。終了後の座談会において、各村長は満洲の現状を「悪い所はなく、皆良い点許り」[48]と疑問なく認める一方、労工の待遇、募集方法に関する意見を提出した。この意見は、募集側の満洲と供出側の華北との間における労工募集に関する立場の相違による考え方の乖離を示したものである。すなわち、

　　川島（天津支部）：「諸君が出発される前に若干の希望も述べて置きましたので、満洲各地を視察せられた結果、諸君の眼に映じましたあらゆる事柄に対する感想希望等を承りたいためであります。どうか打寛いでザックバランに御発表を願ひたいと存じます」。

　　魏（河北省村長）：「吾々一行に労働者から郷里の家族に送る金を預って来たものもあります。通信送金方法を労工協会で考慮して下さい」。

川島：「入満労働者中入満一切の費用を負担して呉れる団体募集に応募しないで、自分で旅費其他の費用を支出し入満するものの方が多数であるけれども、何か団体募集を嫌ふような傾向はありませんか」。

韓（山東省村長）：「個人入満者は技術者が多く、他には知人を頼り又商売を為し手代になったり農業に行く者が多く、団体募集には技術者が少ない」。

劉（河北省村長）：「工人募集は就労地を明示して募集するようにして貰ひたいのです。それは各方面の労働の種類が異なり鉱山には鉱山労働者を、工場には経験者を、土木には土工を募集するのがよいと思ひます。又家族随伴を歓迎するところとそうでない所もありますので、適材適所に募集したほうがよいと思ひます。去年の募集と今年の募集は大分異ってゐる様に感じました。折角集めた工人を解散させた例もありましたが聞いて見ると輸送難と資金難らしいのです」。

川島：「近頃前貸金の増加額を要求する傾向もある様ですが、之に就て何か御意見なり希望なりありませんか」。

劉：「物価の昂騰により家人に残す糧食の必要からも多額を必要とします、悪苦力頭も中にはありますが、善良な小苦力頭等は一時自分で立替へたりして、財産を失ったものもあります。……一口に云へば前貸金を一定せず融通性を持たす方がよいと思ひます」。

川島：「前貸金は就労後返済する性質のもので、本年度は物価の騰貴其他奥地農村疲弊等の状況から十元迄と云ふことに定めたものです。然し乍ら、なるべく前貸金は貸さぬことが方針です。其の理由は、前貸金を横取りする悪質苦力頭や、前貸金を貰って逃亡すを［る？］悪苦力を防止して善良な工人を保護するのと、満洲で働いた賃金からの差引を多くしないと云ふ意味からであります」[49]。

1940年は、華北労工の入満史上のピークとなり、華北への送金は「満洲国」に多大な財政赤字をもたらしたことは第１章ですでに述べたが、上述のように労工の送金難は、満洲側の送金への消極的な対応を物語った。これに対し、各村長は送金の方法を講じるよう強く要求したのである。また、募集統制による

団体募集については、就労地が明示していないことが指摘され、ここに、もし過酷な就労地が明確に示されたら、応募者が来ない可能性があるのではないかと推測できる。上述の話は、団体募集における騙し募集を意味するとともに、募集協力を要求された村長が正直な募集を要請したことをも示した。前貸金については、村長は労工の立場から多額の必要性を要求したが、これに対し満洲側は想定した把頭の横取りや労工の逃亡などの理由でその要求を拒否した。要するに、村長らは満洲側の募集者の立場と異なり、入満労工の留守家族と対面しなければならない立場にあり、一方、留守家族は生活難をまず村長に向けて解決を求めることになり、村長の責任は重大であった。それゆえ、自分の村民である入満労工の待遇に関して強い関心を持つことになった。

　このように、満洲側の産業開発計画に伴う華北労工の募集は、満洲労工協会の統制下に積極的に行われたが、華北側の産業開発に伴う労働力需要と競合したことによって、競争的な募集になると同時に、前貸金、騙し募集の問題も出てきた。こうした行為を防止するために、華北労工の募集に関する統制協定が次々と締結されたが、その目的はなかなか達成できなかった。このような状況に対し、関東軍と北支那方面軍との間に華北労工の調整配分が行われ、ひいて華北側の統一的な労働力統制機関の設立が要求されることになった。また、募集難に直面した満洲側が、華北側、特に募集地の有力者の協力を求めたが、各村長は逆に労工の立場で募集中の問題点を指摘した。ここに、華北側と満洲側は労工供出と募集というそれぞれ違う立場にあり、考えのずれが存在するということを明確に示したのである。

注
1）　小林英夫「1930年代『満洲工業化』政策の展開過程――『満洲産業開発五ヶ年計画』実施過程を中心に」『土地制度史学』第44号、1969年7月。原朗「1930年代の満洲経済統制政策」満洲史研究会『日本帝国主義下の満洲』御茶の水書房、1972年。中居良文「経済計画の政治的決定――満洲産業開発五ケ年計画への視角」『中国研究月報』第495号、中国研究所、1989年6月。
2）　前掲「経済計画の政治的決定――満洲産業開発五ケ年計画への視角」を参照。
3）　中央档案館ほか編『東北経済掠奪』日本帝国主義侵華档案選編14、中華書局、

1991年、21頁参照。
4） 日満財政経済研究会は1935年12月、石原莞爾の要請で満鉄経調東京出張所の協力によって設立されたものである。石原は1935年8月、参謀本部作戦課長に就任してから、対ソ作戦の兵備計画を建てるために調査機関を作ることを決意した。そして、経調の東京在勤幹事の宮崎政義と図った結果、満鉄の全面的な協力、すなわち経調東京出張所の人員の派遣と年20万円の援助金の支出を得て、同研究会が設立されたのである。
5） 『満洲ニ於ケル軍需産業建設拡充計画』（第一次中間報告）1936年9月3日、181-182頁。
6） 井村哲郎編『満鉄調査部——関係者の証言』アジア経済研究所、1996年、377-379頁。
7） 塩田潮『岸信介』講談社、1996年、48-126頁を参照されたい。
8） 前掲「経済計画の政治的決定——満洲産業開発五ケ年計画への視角」13頁。
9） 前掲『岸信介』123頁。
10） 拙稿「中日関係における中国人強制連行問題」1996年3月、一橋大学社会学研究科に提出した修士論文、33頁を参照されたい。
11） 前掲『東北経済掠奪』205頁。
12） 満鉄調査部『満洲経済年報』（1938年版）改造社、1939年、123-124頁。
13） 満鉄産業部編『満洲経済年報』（1937年・下）改造社、1937年、462頁。
14） 満洲労工協会『満洲労働年鑑』康徳7（1940）年版、巌松堂書店、1941年、287頁。
15） 前掲『満洲経済年報』（1937年・下）、460-461頁。
16） 前掲『満洲労働年鑑』325-326頁。
17） 満洲労工協会『満洲労工協会概要』康徳7（1940）年、11-12頁参照。
18） 前掲『満洲労働年鑑』315-316頁参照。
19） 各支部、出張所、登録所について詳しくは、同上、25-36頁を参照されたい。
20） 前掲『満洲労働年鑑』290-292頁、労働統制法全文を参照されたい。なお、同法施行規則については、292-299頁を参照されたい。
21） 民生部労務司『労務関係法規集』康徳8（1941）年、85-88頁参照。
22） 同上、88頁参照。
23） 同上、70頁。
24） 松村高夫「日本帝国主義下における『満洲』への中国人移動について」慶應義塾経済学会『三田学会雑誌』第64巻第9号、1971年9月、47頁。
25） 満鉄調査部『満洲鉱山労働概況調査報告』（満鉄調査研究資料、第14編、1939年11月1日）南満洲鉄道株式会社、1940年、191頁。

26) 前掲「日本帝国主義下における『満洲』への中国人移動について」47-48頁。
27) 蘇崇民「撫順炭鉱の把頭制度」『日中にまたがる労務支配——中国人強制連行の背景と実相』97年秋季国際シンポジウム東京集会報告集、東京女子大学・松沢哲成研究室、1998年、10頁。
28) 前掲『満洲鉱山労働概況調査報告』197-203頁を参照されたい。
29) 興亜院華北連絡部編『華北労働問題概説』1940年、206-210頁。
30) 同上、185頁、注一参照。
31) 同上、注二参照。
32) 前田一『特殊労務者の労務管理』山海堂、1943年（1944年再版）、187-190頁参照。
33) 同上、187頁。
34) 前掲『華北労働問題概説』218頁。
35) 前掲『特殊労務者の労務管理』222頁。また、これらの公的機関については、222-224頁を参照されたい。
36) 同上、221頁参照。
37) 東亜新報天津支社編『華北建設年史』同社発行、1944年、「産業経済第一部　概観編」60-61頁参照。同書の記載によると、日本の重要物資自給状態は非常に悪く、自給率は最高14％、最低０％であり、すなわち全面的な対外輸入に頼らなければならないものが20品目以上に達した。
38) 同上、79頁。日本軍が華北を占領したのち、各地の鉱山、工場に進駐し軍管理を実施することになったが、しかし、軍管理の鉱山、工場は軍による経営ではなく、その統制企業に属するものは興中公司に委託することになった。興中公司が受託運営した範囲は重要産業としての炭鉱、電気、鉄鉱および製鉄、製塩等に及び、受託運営した企業は54ヵ所に達した。同公司は華北で最強な勢力を持つ経済機構であったが、北支那開発株式会社が成立後、1939年２月、同会社に接収された。一方、華北で軍管理の鉱山、工場は115ヵ所に達し、その中交通、電力、通信、鉱山など重要産業を除く一般産業では、山西省が最も多く38ヵ所、次いで山東省18ヵ所、河北省12ヵ所、河南省と安徽省13ヵ所、綏遠省１ヵ所であった（居之芬ほか編『日本在華北経済統治掠奪史』天津古籍出版社、1997年、87頁）。軍管理を通じて、日本は華北の交通、通信、電力、鉱山など経済の重要部門および製粉、紡績など民生部門を掌握し、もって華北占領地の支配を強化し、日本軍の戦備物資の輸送を確保する一方、日本への戦略物資の補給をも確保することができた。要するに軍管理の直接的意義は「戦争を以って戦争を培養する」（前掲『華北建設年史』「産業経済第一部　概観編」86頁）ことである。
39) 前掲『日本在華北経済統治掠奪史』85頁参照。

40) 前掲『華北建設年史』「産業経済第一部　概観編」95頁。
41) 北支那開発株式会社企画部『華北労働事情概観』1941年、43頁参照。ここに「治安良好」の地区が60％とされたが、1940年の段階では不可能と考えられる。仮に60％だとしても240万人という数字にはならない。
42) 同上、43-44頁。
43) 蒙疆の労働力需要は前掲『華北労働問題概説』によれば、1939年から開始された「蒙疆産業開発三ケ年計画」では、第一年度（1939年下半期）の対華北労働力需要数は61,000人であった。その内訳は以下の通りである。大同炭鉱8,000人、龍煙鉄鉱2,000人、下花園その他1,000人、土建工事50,000人。この労働需給対策として「蒙疆華北労働者配分に関する協定」が1939年5月、蒙疆聯合委員会と新民会との間に締結された。この協定によって新民会は、蒙疆側の華北労工の募集斡旋人となり、身分証明書発給業務を行うことになり、蒙古聯合委員会は原則として新民会の身分証明書なき労働者の入蒙を禁止した。同年7より8月にかける八達嶺、天津の水害のため、入蒙数は45,500人であり、上述の需要数より大幅に減少された。（同書、235-238頁）
44) 同上、182頁、369頁。
45) 同上、378-379頁参照。
46) 同上、226頁。
47) 『労工協会報』第3巻第4号、満洲労工協会、1940年4月、23頁。
48) 同上、25頁。
49) 同上、24-30頁。

第4節　「満洲国」内の労工徴用政策および捕虜の使用政策

　1937年から実施された第一次満洲産業開発五ケ年計画は大量の労働力が必要であったため、従来の華北労工の入満制限政策を変更せざるをえなくなったが、1939年以後の華北産業開発の実施、および蒙疆、華中の労工供給要求によって労働力の需要が競合し、満洲側にとって従来の労働力の華北依存体制は変更を迫られた。この状況に対応して「満洲国」内の労働統制政策は転換され、労工の強制徴用が実施されるようになった。一方、日本軍は華北での作戦による捕虜を労工として満洲に連行し、労働力不足の補充に当てることになった。この

節では、「満洲国」内における労工徴用政策および捕虜の使用政策がいかなるプロセスで決定され、その実施過程で満洲側の協和会および華北側の新民会がどのような役割を果たしたかを明らかにする。

(1) 労工徴用政策の背景

　1939年から労働力の需要が激増するにつれ、「満洲国」内の労働統制が強化され、同年8月、「統制協定ニ関スル要綱」（民官房発第1244号満洲労工協会宛、第1245号各省庁及新京特別市副長宛）、9月「労力ノ需給調整要綱」、「職能登録令」（勅令第232号）、「賃金統制方策要綱」、10月「職能登録令施行規則」（院令第42号）が次々と公布された。「統制協定ニ関スル要綱」は前述のような全国、地区、分科協定の締結を規定するものであるが、「労力ノ需給調整要綱」は重要国策事業の遂行を確保するとともに、賃金統制の基礎を確立するための労働力供給の増加確保を重点として労働力需給の調整を図るものである（同方針）。その要領において、国内の一般労働者供給を増加する方法として、労働尊重の民風作興、労働資源の開拓把握、労働力募集および配給方法の確立合理化、募集条件の遵守、労働者の定着、日傭労働者の活用、地元労働者の活用、労働奉仕の活用が取り上げられた。特に労働力の源泉である農村労働力に対して、街村を単位として17歳以上45歳までの男子住民につき募集可能な人数を調査し、その結果を県旗、省、中央に集計すること、特定の地方において特定の需要に応ずるためあらかじめ各々の範囲で名簿を作成しておくことが規定された。この調査はまず治安良好、地方制度の発達、特に剰余労働力の潤沢な地方より漸次開始し、そのため県旗、労工協会、農事合作社、協和会の協力が必要であるとされた。また、国防重要産業に労働力確保を図るため農業、軽工業、繊維工業などの職業に婦人労働者を当てる方策が立てられた。

　この要綱に関連する「賃金統制方策要綱」が、全満主要地区の標準賃金を定め、これに基づき関係業者に自発的または強制的に統制協定を締結させることを規定した。同時に熟練工の不足に対応するための「職能登録令」によって、「満洲国」内に居住する年齢14歳以上55歳未満の者は、国務総理大臣の定めに

より、生年月日、国籍、本籍、居住場所、兵役関係、学歴、就職先および種類、などを登録することが義務づけられた。

続いて、1940年6月、「労力ノ需給調整要綱」の具体化である「国内労働者募集統制ニ関スル件」（民生部訓令第63号）が公布され、それによって安東省、錦州省、熱河省三省が満洲労工協会募集専管実施区域として指定された。一方、「賃金統制方策要綱」の具体化として、同年5月「賃金協定ニ関スル件依命通牒」（民官房発第810号）、7月「農繁期ニ於テ農業労力ノ需給調整及農業労働賃金ノ不当ナル昂騰抑制ニ関スル件」（民官房発第1945号、興農政発第11号1-12）、9月「林業労働賃金協定ニ関スル件」（民官房発第1925号）が公布され、雑役夫および土建労工、農業労工、林業労工の賃金をそれぞれ規定した。

しかし、こうした募集統制の地域的協定、賃金統制の部門的な協定は、まだ全国的統一的に実施されなかったため、その効果は期待できるものではなかった。というのは、その効果の一つに労働者移動防止があるが、前述のように炭鉱では1940年の移動率が1938年から1942年の5年間において最高の年であった。そこで11月、「労働者移動防止対策要綱」が公布され、その方針の中で労工の移動は労務管理の不良、賃金統制の不徹底などによるものと指摘された。移動を防止するため、事業主において行うべき事項として労務管理の改善、政府において行うべき事項として賃金政策の適正化、労働登録および労働票の強化拡充、不当移動労働者の取締が取り上げられた。その中、労工の福祉に関して考慮を払ったことが注目されよう。

この時期、労工の保護補導に関する政策が次々と公布、実施され[1]、特に12月に公布された「労働者用主要物資配給調整要綱実施ニ関スル件」（民官房発第660号、経済部公函経商切第420号、興農部産第25号1-4）では、重要産業における労働者の生活物資の配給保障を規定した。これらの政策の実施によって、また第1章で述べた指紋登録実施の結果もあるが、炭鉱では1941年に移動率が低下した（第1章第2節表1-15参照）。しかしながら、移動率そのものは依然として100％を超えていた。また、「労力の国内動員体制確立、労務管理の徹底、北支労力への依存性打破等を企図して」いた労工の専管募集が上述のよ

うに3省に限られ、その募集数は1940年「既定目標には達し得ず」、専管募集の拡充強化が要求された[2]。

　一方、1940年4月、「国兵法」（勅令第71号）が公布され、男子満19歳の「満洲国」民が壮丁検査を受け、壮丁名簿に登録し、兵役に服する義務を有することを規定した。しかし、「満洲国」は国籍法がないので、国民がどのような人を指すのかさえ不明確であり、華北労工がこの範囲に入るかどうかは明らかにされなかった。8月、国籍法の準備段階といえる「暫行民籍法」（勅令第197号）の公布によって、民籍に登録されたものが国兵の義務を負うことになった。そして、民籍に登録され、国兵に徴収されることを恐れて多くの華北労工が離満した。同8月、満洲工業会の主催で開かれた工場労働者移動防止対策懇談会の議事録は、この状況をよく反映している。同懇談会に治安部、民生部、総務庁、奉天憲兵隊、同憲兵分隊、満洲労工協会の関係者が出席し、移動防止対策を議論した。国兵法による移動に関しては次のような議論が行われ、国兵法、民籍法の不備およびそれによる離満の激増、離満者の増加による各産業への打撃が窺えうる。

　　稲田（工業会副理事長）：「最近、労働者其他職工の移動といふものが大変激しいのであるます。これは独り奉天市のみでない事は勿論でありますが、各地方とも共通の悩みであります。殊に最近に至りましては国兵法、或は国外送金、かういった事に関して、色々デマがとんでゐるのであります。唯さへ困つてゐる業界に一層の困難を来たしてゐるのであります。……」。

　　香川（治安部軍事顧問）：「……国兵法には満洲帝国の男子たるものは、等しく国兵の義務を負ふといふ事になつてをりますが、現在国籍のない満洲国におきまして、満洲国の男子とは何を指すか、といふ事になるのでありますが、これは完全に法的の根拠を指してゐるのではありませんので、取敢へず国兵法の第一の準備として今度新たに施行された所の満洲国の民籍法によつて、満洲国の民籍に登録をされたものが、その義務を負担するといふ事に、唯今の所は定められてゐるのであります。……この実施によつて国兵法が拍車をかけたといふ状態を生んだのであります。……唯単に民籍といふものか

ら見ました場合、一般民籍をとって北支に行くからといって向ふに行くといふ事を禁止してゐるといふ状態ではないのでありますが、満洲国の人民は兵役義務が決まらない中に北支の方に出て行くといふ事は、到底許されない事になるのであります、兵役義務が終ったといふ事を証明する書類を持ってゐないと、国外に出る事が出来ない、……苦力も何もかも兵に引張るといふ事は全然考へてをりません、一応全国民が義務を負担するのであります、壮丁検査には全部引出します。……」。

　緒方（民生部労務課長）：「……華北の労働者を兵隊にするといふ事は、全然考へてをらないのであります。これは単なる誤解でありまして……民籍法が出来ます時に民生部も色々相談にあづかりまして、大体毎年入って来る苦力――主としてその翌年に帰って行く――は民籍の対象としない……最近支那の方に帰る者を制限する、或は北京行の汽車が廃止されて帰れなくなるのではないかといふ不安があるといふ事も聞いております。……これも単なるデマであります……移動防止に関しまして或は又民籍法の施行に伴ひまして、国民手帳といふものを制定して労働者に全部手帳を持たせる、その手帳を持ってゐないものは労働者として使はない、それには移動職歴を書き込むといふことにして移動制限としてはどうか……満洲国の労働者によって、自足自給をするといふ建前を取らなければ健全なる発達が図られないと思ふ……国外の労働者に依存する事なしに各自業界において国内の労働者を誘致する――募集をして国内の産業を開発するといふ事について、今後一層御尽力を願ひたい」。

　谷川（奉天憲兵隊長）：「労働者の動揺といふ事は、土建関係でも農業関係でも或は鉱山関係の方でも、或は工場関係でも誠に由々しき問題と思ふのであります。……この労働者の動揺による所の影響といふ事はさういふ呑気なものではないのであります、殊にこの工場労働者の華北に引揚げるといふ事は、私が申すまでもなく聖戦遂行上の軍需品を始め、これに関連する生産品の生産高に直に影響しますので、私共はこれにつきましては、非常に心配を致してゐる様な次第であります。何とかして速やかにそのデマが消しとんで

彼等が華北に引揚げる事を一日も早く止めるといふ事を期待してをります。……最近労働者の動揺によりまして軍需産業方面におきましても相当の打撃が影響があるといふ事を聞いてをります……」3)。

国兵徴収の対象は民籍に登録された者で、所謂「満洲国」民にあたる者であるが、「その翌年に帰って行く」華北労工を民籍の対象としないにしても、2、3年間滞満した者が民籍に登録されるかどうかは不明であり、いったん登録されたら、香川が言ったように、兵役義務を終わらないうちに華北に行くことは到底許されないことになる。それゆえ、国兵徴収の恐れによって、離満者数が激増したのである。これに対し、緒方は防止対策として国民手帳の制定、携帯を提言し、また労働力の華北依存をせず「満洲国」内の自給自足によるべきことを指摘した。また、国兵徴収による離満者数の激増は、谷川が言ったように満洲の各産業に影響し、特に軍需産業に大きな打撃を与えた。

こうして、国兵法の影響、および前述の華北送金の制限、華北側のインフレなど（第1章第2節参照）によって1940年離満者数が激増する一方、1941年の入満者数が激減したのである。

このような状況の中で1941年7月、ソ連を仮想敵としての関東軍特別大演習が行われ、70数万人の日本軍が満洲に集結された。兵力増強にあたり、関東軍は満ソ国境において道路、陣地および兵舎の構築に加え、作戦資材の莫大な集積を「満洲国」に命じた。これを行うには膨大な労働力が必要となるため、労働力の不足に拍車がかかった。岩沢労務課司長が関東軍からの膨大な労務供出要求に対する不満から辞職したことは、すでに前述した通りである。一方、これも前述したように1940年から華北側の産業開発計画が本格的に行われることになり、華北自身の労働力需要が激増すると同時に華中、蒙疆の華北労工需要も急増した。そのため、この労働力の不足を解決するために、全「国」民の労務動員を基本内容とする労務新体制が登場したのである。

(2) 労工徴用政策の登場と展開

1941年9月、「労務新体制確立要綱」が国務院会議で可決され、11月実施さ

れることになった。同要綱は、①労務行政の刷新および調整、②労務行政機構の整備、③労務興国会の設立、④事業体における労務機構の整備の四項目を取り上げ、勤労奉仕、国民皆労を通じて国内労働力の自給自足を目指そうとした。そのために中央および地方の労務機構の増設、強化を要求し、事業体の自主的協力機関として労務興国会の設立を決定した。同要綱に基づき、労働統制は従来の業者自治的統制より強制的な行政的統制に転換し、労働者の募集も自由募集から強制的行政供出へと変わった。

そして、同要綱の具体化として、同年10月、「労働統制法改正ノ件」（勅令第252号）、および「労務興国会法」（勅令第253号）が公布された。前者は、以前の労働統制法より労働能率の向上、さらに適正な配置を行うことを特に強調したことが注目される。すなわち、労働統制法の中核は乏しい労働資源をいかに緊要かつ重大な部門に配置するかにあることを示している。それを実現するための具体的手段として、民生大臣に各種の必要な命令を発する権限を付与したのである。そのうち、以前の満洲労工協会の申請によって行われる労工の割当募集は、民生大臣によって直接人民に指定の労働に従事させることができるように改正された（第8条）。これは、国家権力により人民を強制徴用することを意味する。

後者は、民生大臣が具体的統制を実施することが不可能である各地方の労働統制に関しては労務興国会を設置し、同会に実施させることを規定するものである。労務興国会は中央および各省にそれぞれ社団法人である満洲労務興国会および省労務興国会を置き、10人以上の労働者を使用する林業、漁業、鉱業、工業、土木建築業または交通業を経営する者およびこれに対し労働者を供給する業を経営する者は、同省の労務興国会の会員とし（第6条）、各省の労務興国会および民生部大臣が指定した満鉄、満業、土建協会などは、満洲労務興国会（中央）の会員とする（第29条）。前述の「労働者雇入並びに使用に関する全国協定」が最盛期30人の労働者を使用する経営者を加入者としたのに対し、「労務興国会法」は、同会の会員である経営者の範囲をさらに拡大したのである。しかも、労務興国会は政府の命令による強制設立、会員の強制加入制度を採っ

た。

　また、労務興国会が全国協定の加入者の代表でもある満洲労工協会と異なるのは、①労工協会は財団法人であるのに対し、興国会は社団法人であること、②したがって労工協会の政府半額出資に対し、興国会は経費の会員割当制であること、③業務において満洲労工協会の労働者登録、労働票の発給等行政的な事務が削除されたこと、などである[4]。要するに、各省の労務興国会は、行政的事務を除く従来の満洲労工協会の業務を実施するが、理事長が省次長、会員が事業者であるため、満洲労工協会より政府の政策をより効果的に実施することが考えられ、それゆえ、同会は官民一体の関係において、労務新体制を実施するための政府の施策命令の実践機関であり、労務行政を推進する政府の協力機関である。こうして、「労務興国会法」の公布に伴い、同会が設立され、同時に満洲労工協会は解消された。

　その後、労務新体制において、政府、労務興国会、協和会が三位一体となり、全国的に「国民皆労、勤労尊重、労務興国」運動を展開した。その具体的な施策は第1章でも触れたように労働者の行政供出と国民勤労奉仕である。

　1941年12月、太平洋戦争の勃発によって、同年9月に立案された第二次満洲産業開発五ケ年計画は修正を余儀なくされ、結局、日本の要請に応じて計画を変更し、重要物資の生産確保、対日供給の増大を図らなければならなかった。同12月に発表された「戦時緊急経済方策要綱」により、農産物、鉱工業の増産と対日供出が強く要求された。そのため、あらゆる人的資源を総動員し、全面的労働統制をさらに強化せざるをえなかった。その現われとして、1942年2月、「労働者緊急就労規則」（民生部令第2号）が公布され、3月に施行されることになった。同規則は改正労働統制法が規定した国民徴用を具体化し、行政供出の法制化を明らかにした。同規則の第6条（第1章第4節参照）に規定した者を除く全「国」民が行政供出の緊急対策である緊急供出の対象となった。供出労工は労働報国隊として編成され、民生部が指定した公共事業または国策事業に配置されることになった。しかし、緊急供出は緊急対策としては不備の点が多く、第1章でも触れたように、移動、逃亡、熟練工養成の困難および「擁派」

などの結果を生み出し、「国」民生活にもたらした影響は大きかった。同時に農村の「摊派」、農民の供出による農家経済に及ぼす影響と打撃は甚大であり、「市県旗または街村行政に有形無形の過重負担を与えた」5)ことを「満洲国」政府関係者も認めざるをえないほどであった。

　これに対し、政府は緊急供出の数を圧縮すると同時に、供出県市当局は緊急供出に当たり、次の対策を講じた。①供出義務の公平化と供出義務観念の高揚を実現するため、前述の壮丁名簿を平時から整備しておくこと、②供出労働者の組織を合理化し、指導者に適任者が得やすいように人選を厳正にすること、③残留家族に対する農耕扶助と生活必需品の特配、災害他による遺族救恤に努めること、である6)。また、省市県旗の幹部、街村長らは労働現場に巡回視察を行い、事業者の連絡折衝および労働者の慰問に当たった。しかし、上述の対策がいかに実施されたか、労働現場の状況はどのようなものであったか、について戦後戦犯となった「満洲国」高官は次のように口頭供述した。

　曲秉善（四平省長）：「私は四平省長を担当した期間に、偽民生部大臣の命令を受け、毎年省内の各市県より労工4万人、勤労奉仕隊員4万人、合計8万人を供出した。……［具体的には］各市県は私が指定した人数、就労地によって、各村に戸籍に基き各家庭に割り当てることを命令した。勤労奉公隊は壮丁名簿に基き、国兵検査に不合格のものは全員、奉公隊員にならなければならない。……労工が割当されて供出できない時、800元から1,000元までの金で人を雇って供出をして貰わなければならなかった。そうではなければ、警察が強制的に就労させる。これらの労工は毎日1人当たり0.5キロの雑穀或は団栗粉しか支給されず、湿気が多い小屋に泊まらせ、服もなく、夏は裸に近く、冬は麻袋やセメント袋をかぶり、厳しい監督の下で毎日12時間以上働かされた。過酷な生活条件によって死亡者及び怪我人が多く出た」。

　盧元善（三江省長）：「私は三江省長を担当した1939年から1942年までの間に、供出した労工は毎年3万人で臨時供出の労工3,000人を加えて合計93,000人であった。これらの労工はすべて各県、村の人口に基き割り当てられた者であり、大、中、小隊長を選んで管理させた。割当に反対するものは

警察に捕まえられ、殴られたあと、就労を強制された。……1942年夏、依蘭県の飛行場の工事現場を視察した時、富錦県より供出した300人の労工が裸足で砂利の上で就労させられ、足に流血を負った人が多かった。彼等は私に靴を発給するよう跪いて要求した。労工隊長の話しによると、300人のうち、すでに30人が逃げ出し、毎日怪我人がたくさん出る状態であった」7)。

労工の供出は、壮丁名簿に関係せず、各家庭によって負担されたことが供述からわかる。また供出労工がいかに過酷な労働条件の下で就労させられたかが、読み取れる。このような労働条件の下で、労働事故の頻発および労働率の低下は容易に想像できよう。

一方、1938年当時協和会中央本部の企画部長であった半田敏治は、ドイツの勤労奉仕制度を視察し、帰満後、「満洲国」でそれを施行しようと動き出した。1939年10月、半田の意見を受け、国務総理大臣を委員長とする人民総服役制度審議委員会を設置し、兵役、勤労奉仕制度について審議を重ねた。国兵法公布後、毎年壮丁適齢者が約30万人あり、徴兵されるものはその10分の1に当たる3万人前後であるため、障害者、病者を除いて残りの約24万－25万人を兵隊組織で3年間就労させるとすれば、少なくとも60万人の労働力を獲得できると半田敏治は推測した8)。そして、1940年、浜江省木蘭県で同県の壮丁名簿により壮丁6個中隊（1個中隊120人）編制の勤労奉公隊（以下、勤奉隊）が組織されたが、これは同制度試行の開始であった。勤奉隊員は、制服制帽が支給され、日満軍警の指導下で約2カ月の軍隊式訓練を受け、若干の現金と栄養がある食事を与えられた9)。ここに、勤奉隊員の待遇は上述の供出労工より編成された労働報国隊員と明確に異なることが示されている。このような条件下で、勤奉隊員は森林伐採、土木工事等の作業で「好成績」を示したのである10)。

そして、1942年3月、浜江省勤奉隊が結成され、さらに鉄道の路盤工事で「驚異的成績」を挙げた。この経験を全国に広げようと、協和会が積極的に提言し、それを受けた民生部大臣谷次亨は、「労務対策をつきつめれば勤労報国精神の涵養である。しかして高度国防国家建設のためには、一定年齢に達すれば義務として国労に服務する公役制度を作ることが必要である」11)と、全国で勤労奉

仕制度確立の必要性を認めた。このように、協和会と政府が一体となって全満における勤労奉仕運動の実施が推進され、遂に同年10月、国民勤労奉公局が設立され、11月「国民勤労奉公法」(勅令第218号)、「国民勤労奉公隊編成令」(勅令第219号)、12月「学生勤労奉公法」(勅令第277号) などの関連法令が次々と公布され、国民勤労奉公制度が法制化された。特に「学生勤労奉公令」の公布は「国民勤労奉公法」の「事由ヲ存続スル限リ国民勤労奉公義務ヲ免除ス」(第6条) にあたる大学生に勤労奉公の義務を課し、勤労奉公の範囲を大幅に広げた。さらに、1943年6月公布した「学生勤労奉仕規程」により、中小学生の就労も規定され、その後、勤労奉仕は、その範囲を大幅に拡大され、工場、政府機関、団体、事業単位、住民区内にも及んだ[12]。

　1943年以後、日本軍が各戦場で次第に形勢不利となり、満洲では、あとでも触れるが、労工逃走、ストライキ、食糧の強制出荷に抵抗する農民の暴動、抗日スローガンの落書きなどが頻繁に起こった[13]。このような抵抗活動を防止、鎮圧するため、また労働力の不足を補充するために、同年9月「保安矯正法」(勅令第238号)、「思想矯正法」(勅令第239号)、12月「矯正補導院令」(司法部令第35号) が公布され、これらの法令によって、思想上の犯罪を含む犯罪嫌疑があると認められた者は、強制的に矯正補導院に連行され、労働に従事させられた。このような人々に対する連行は当時「抓浮浪」(浮浪者を捕まえる) といわれ、「浮浪者」として強制労働させられる一方で、多くの人が731部隊の細菌実験に使われた[14]。同年、「満洲国」の「司法矯正総局の下に補導院が18個所、分院が10個所があり、収容人員は約13,000人」[15] あった。補導院は鉱山近くに設置するのが一般的で、これは鉱山に対する労働力の提供に容易なためと考えられる。

　こうした中で労働移動を徹底的に防止し、労務統制を強化し、また配給制度の合理化を図り、治安の維持を強化しようとする「国民手帳法」(勅令第319号) が1943年12月、公布された。それによって「満洲国」民全員が姓名、年齢、住所、職業、その他の必要事項を記載する国民手帳を所持することが義務付けられた。同法は一部の地域しか実施されないうちに「満洲国」が崩壊したが、労

働力の不足に対する「満洲国」の苛立ちが反映された結果といえよう。

「満洲国」内の労工徴用は上述のように主に行政供出および国民勤労奉仕の形で行われ、法的には「労務新体制要綱」およびその具体策としての一連の法令の公布により整備された。そして、行政供出および国民勤労奉仕の実施は後述の協和会の積極的な協力下に行われたのである。

(3) 捕虜使用政策の形成と実施

上述のように、「満洲国」内において、行政供出および国民勤労奉仕によって、全「国」民が労務動員され、強制的に各労働現場に就労させられた。しかし、「満洲国」内の労工だけでは戦時緊急事態による増産要求に対応できず、華北労工の入満招致が依然として積極的に行われた。満洲側の労務動員計画には華北労工の数がすでに算入されたことは、第1章に述べた通りである。労務興国会の設立後、華北労工の募集は、1941年7月設立された華北労工協会の協力で同会が斡旋することになった。しかし、戦争の進展に伴いその募集範囲および募集計画数の実現は、日本軍の占領区の大小に左右され、1944年以後入満労工数は抗日根拠地の拡大に伴う日本軍占領区の縮小によって激減し、計画数の半分に過ぎなかった（第1章第2節表1-17参照）。華北の労務統制については第3章で詳述する。

一方、盧溝橋事変勃発後、中日戦争が全面的に開始され、1938年10月、武漢が陥落したのち、戦争は膠着状態に入り、日本軍は華北で治安戦を展開し占領区の拡大および区内の支配確立を図ったが、これに対し国民党軍および八路軍が「国共合作」の方針に基づき各戦場で激しい抵抗を行った。しかし、国共両党の間に主導権の闘争があり、真の合作はなかなか出来ず、1939年に入って両党の局所的衝突事件が各地に拡大し[16]、抗日統一戦線は必ずしも強固なものではなくなっていく。1940年8月、共産党による「百団大戦」が行われ、日本軍占領区内の交通線および鉱山を中心とする生産地域に対し激しい攻撃を加えた。「北支那方面軍作戦記録」によれば、山西省においては、その勢いが特に熾烈で、石太（石家庄～太原）線および北部同蒲（大同～運城）線の警備隊を襲撃する

と同時に、鉄道、橋梁および通信施設などを爆破または破壊し、井徑炭鉱などの設備を徹底的に毀損した。本奇襲は日本軍のまったく予期しなかったところであり、その損害も甚大でかつ復旧に多大の日時と巨費を要したという[17]。この作戦が日本軍に与えた打撃がいかに大きかったかをこの記録から読み取れる。

そして、日本軍は「威信保持ノ為」[18]、共産党軍を徹底的に潰滅させる作戦を計画し、1941年初頭まで山西省を中心に華北で大規模な反撃作戦を開始した。それにより、共産党の正規部隊は大きな損失を被り、抗日活動はゲリラ戦を中心とすることになった。しかし、その活動は八路軍だけではなく、抗日民衆を基礎とする各種の抗日組織によって占領区の至るところに及び、日本軍の支配に少なからぬ不安を与えた。これについて、1941年4月の「方面軍状況報告」は、以下のように当時の状況を記述した。「其ノ徹底セル監察組織　酷烈ナル規律ト其ノ背後ニ伴フ軍政民一体ノ政治活動ヲ基礎トスル敵性ハ我治安確立ノ為ニ重大ナル障害ヲ為シアリ」[19]と。

この「重大ナル障害」を取り除くため、1941年3月から1942年12月にかけて華北では五回にわたる治安強化運動が実施された。第1章でも触れたように、この運動は華北政務委員会、北支那方面軍、新民会などが一体となって、華北全域を治安区、準治安区、非治安区に区分し、それぞれの地区に対し異なる戦術を展開した。中でも共産党軍を中心とする抗日勢力に対する討伐作戦、経済封鎖が最も中心的な工作であり、これによって抗日軍民は重大な損害を受けた。例えば、1941年から1942年までの間に山東抗日根拠地に対する1,000人以上の規模の掃討は70余回、10,000人以上の掃討は9回に及び、根拠地の面積は1940年末の36,000平方キロから25,000平方キロ、人口は同時期の約1,200万人から730万人に減少し、日本軍の経済封鎖により、物資が極度に欠乏し、住民は野草、樹皮も食べざるをえない状況に陥った[20]。また、1942年4月から開始した華北全域にわたる大掃討により多くの死傷者、および捕虜が出た。こうした作戦を通じ、日本軍の捕虜になった人数は、天津・東亜新報社が創刊三周年紀念事業として編集出版した『華北建設年史』によれば、1941年83,000人、1942年94,600人、1943年12,000人（同年太行軍区および冀西掃蕩による者）とされた[21]。

日本軍は中国に宣戦布告をしていないという理由で捕虜収容所の設置を認めず、労工訓練所などの名称を使い捕虜を収容した。こうした膨大な数の捕虜に対して、国際法に基づく措置は取られず、労働者として無償労働が強制されることになった。これは、一石三鳥の利点、すなわち、労働者の不足を補充すること、収容施設の経費を減少すること、また華北側の治安を安定させる目的があったと考えられる。

このような状況の下で、1941年4月、関東軍と北支那方面軍との間に「入満労働者ニ関スル申合セ」が締結された。その中で「對［討？］伐作戦及之ニ伴フ政治工作ト労働者募集工作トヲ密ニ連携セシメ満洲側労働者取得ニ遺憾ナカラシム」[22]ことが規定された。ここに討伐作戦による労働者の獲得が明示されている。しかし、捕虜の満洲への移送および使役は、現地軍間のやり取りのみで事が運ばれたのではなく、陸軍中央の同意の下に進められていたことが、関東軍参謀長、北支甲集団参謀長から参謀本部次長・陸軍次官宛の至急秘電でわかる。それによると、1941年5月18日、関東軍参謀長が「中原作戦ニ於テ北支方面軍ノ獲得セル俘虜中、約七、〇〇〇名ヲ国境築城ニ使用シ且之ヲ俘虜ニ準ジ取扱ヒ度希望ヲ有シアリ……右ニ對シ中央部ノ御意見承リ度」（関参一電第五〇四号）と捕虜の使用を要求し、また北支甲集団参謀長が同日の秘電で「関東軍ノ熱心ナル希望モアリ……此等降伏兵ハ現地ノ軍役及ビ北支建設事業ノ補助ニ使用スル外、満洲建設ノ為ニ関東軍ニ移管スルコトト致度」と認可を求めたことに対し、陸軍次官が関東軍参謀長への返電の中で「移管ヲ受クルノ件差支ナシ（略）」（陸支密電九三）と捕虜の使用を認め、その上に「俘虜タルノ本質、其出身地、健康等ヲ考慮シ防諜、逃亡防止及使役法、使役地等ニ十全ノ注意ヲ払ワレ度」と、詳細な注意事項をも指示した[23]。

要するに捕虜の使用は、現地軍の希望を受け、陸軍中央が指示したという状況で行われたのである。

同年8月、「特殊工人入満ニ関スル件建議」が奉天防衛委員会委員長越生虎之助より関東軍参謀長吉本貞一に提出された。その中で「最近益々多数ノ労働力ヲ必要トスル状況ニアルモ、労務者ハ却ツテ漸減ノ傾向ヲ示シアルニ付、将

来北支其ノ他ノ方面ヨリ特殊工人（俘虜）ヲ多数入満セシメラルル如ク計ハレ（ママ）度」[24]と、労働力の不足を補うため特殊工人の入満を建議した。そして、9月「特殊人ノ労働斡旋工作計画」（ここに特殊人という表現が用いられたが、ほかに特種労工などの表現もあり、これについては第3章第4節で詳述する）が新民会により立てられ、10月から実施されることになった。同計画では「時局下ニ於ケル労働力不足ニ鑑ミ、特殊工人ヲシテ之ヲ国防的産業戦線ニ動員スルト共ニ且ツハ生活安定ヲ保障シ、惹イテ治安対策乃至思想善導ノ見地ヨリ入満労働者トシテ確実ナル職業ノ斡旋ヲ為シ以テ民心把握ニ資セントス」[25]ことが図られ、労働力の補充だけではなく、治安対策として入満させる目的が明確に示された。またこの目的を実現するために詳細な工作要領、宣撫工作、特殊工人の待遇が規定された。それによると、特殊工人とは以下四項目に属する者を指した。①現地部隊、憲兵隊、県公署、警察分局等における犯罪の容疑乃至嫌疑の虞により現在収容中の者、②清郷工作実施により獲得した通匪の容疑者、③討伐作戦による捕虜、④新民会工作実施上の妨害者。このうち、討伐作戦による捕虜および労工狩りによる一般人が最も多かったのは後述の通りである。

　特殊工人の入満は同計画によれば、北支軍岡村部隊と新民会中央との申合せに基づき、新民会が同会の工作として華北一円を一手に実施することが決定され、その就労先は、原則として満洲の国策事業者で中央に指定される満鉄撫順炭鉱であるとされた。華北からの特殊工人の強制連行、強制使用は、軍、官、民一体となった政策として規定され、本格的に開始されることになったのである。

　さらに、1942年5月、関東軍参謀長吉本貞一より「満洲国」国務院総務長官武部六蔵宛の通知の中で、「特種労工に関する取扱方法」および「特種労工に関する使用管理規程」（草案）が附属文書として送付された。その前者によれば、特種労工の引渡しに関する華北側の日本軍との交渉について、関東軍が担当することになり、「満洲国」政府は各事業者の希望使用数を統計し、それによって配分の人数および順序を決定し、その結果を関東軍に通知し工人の獲得を委託し、関東軍はまたその人数を華北側の日本軍に委託することになった。後者

によれば、特種労工は華北側の日本軍から受け入れた捕虜、投降兵を指し、彼らを「満洲国」の重要産業、すなわち製鉄業、炭鉱業、特殊工事に使用する時に、この規定に基づいて取り扱うとされた[26]。つまり、重要産業における特殊工人の取扱はこの文書によって統一されることになった。

しかし、特殊工人の使用は、この本格的開始よりさらに溯らなければならない。1937年9月、吉林省豊満ダム工事における「通州事件」(1937年7月29日、偽冀東防共自治政府の保安隊による抗日暴動)の捕虜使役[27]や、11月、河北省承古線(承徳～古北口)工事で同じ「通州事件」の捕虜200人の使役[28]が、特殊工人使用の最初のケースであるといえる。満洲の重要産業で特殊工人を最も早く、最も多く使用したのは撫順炭鉱であるが[29]、現在同炭鉱鉱務局档案館に保存されている文書「特殊工人並国外緊急募集工人ニ関スル件」によると、「当鉱[撫順炭鉱]ニ特殊工人ノ来鉱ヲ見タルハ昭和十五[1940]年十二月龍鳳採炭所ニ配属サレタル一六八名ヲ嚆矢トシ、昨十六[1941]年十二月末現在ニ於テハ来鉱総数六、三二二名、現在居付就労者四、三四一名ナリ」[30]と、捕虜の使用は1940年12月から始まったことが記録されている。しかし、同鉱における特殊工人の使用は1938年11月から始まったことを李聯誼は指摘した[31]。吉林省档案館が保存している同鉱の文書によれば、それは1938年10月1日に「北満ニ於ケル帰順匪ニシテ哈爾浜労工訓練所ニ於テ約二箇月間訓練ノ上配属サレタル」100人であり、1940年7月末現在、逃亡67人、死亡1人、訓練所送還10人で残りは22人しかいなかったという[32]。また、生き証人として後述の張金章の証言も、上述の同炭鉱の文書記録の誤りを裏付けている。

筆者は1997年8月および1998年3月の2回にわたって撫順炭鉱の元特殊工人張金章、董興言、王克明の3人に強制連行の過程および強制労働の実態について聞き取りを行った。河南省出身の張金章の証言によれば、彼は1938年5月(旧暦。以下中国側当事者の証言に使用する年月はすべて旧暦)、山西省高平で所属の国民党軍と日本軍との戦闘で捕虜となり、その後太原の元閻錫山の兵営に収容され、10数日後、保定の収容所に連行され、2、3日後列車で佳木斯に連行され、道路工事や伐採等の軍関係の仕事に使役されたが、1939年3月、撫

順炭鉱の老虎台に転送されたという。要するに、同炭鉱では特殊工人の使用は1938年末からすでに始まっていたのであり、大量の使用は上述の文書のごとく、1940以後だったということが明らかである。

上述のように軍事工事など軍関係の作業にも多くの特殊工人が使用されたが、これについては1941年6月「関東軍築城工事就労特殊工人取扱規定」が、資料を見る限り最初に明文化されたものである。同規程は、上述の関東軍参謀長と陸軍次官との秘電を受けて作ったかどうかは不明であるが、北支方面軍から受け入れた特殊工人を築城工程に使用する時の特別事項、すなわち収容と管理、就労、警備などについて規定したものである[33]。しかし、張金章の証言によれば、軍関係作業での使用は1938年からすでに開始していたとのことである。軍の使用については1943年8月「関東軍特殊工人取扱規定」の実施によって、従来の「関東軍築城工事特殊工人取扱規定」（1941年関参一発第9021号、1942年総経主第375号、関参一発第9147号、および1943年関経衣第561号、関経衣第961号）は廃止された[34]。

一方、戦争の激化に伴い、日本は国内の炭鉱、港湾荷役など国防関連産業の労働力不足に悩み、1942年11月「華人労働者内地移入ニ関スル件」を閣議決定し、中国人の強制連行を始めた。閣議決定から1945年5月までに38,935人の中国人が、日本各地における35社、135事業所に連行され、強制労働をさせられた。その中、華北からの者は35,778人に及んだ。

このように、特殊工人の使用は政策的には1941年から始まったが、実際にはそのはるか以前からすでに各炭鉱、軍事工事において開始されていたことが明らかになった。

(4) 協和会の成立および労工徴用における同会の役割

「満洲国」成立後、漢民族を中心とする各民族に対し、武力による支配だけでは民心獲得に困難であることが認識され、文化、思想的な統合による民心安定が図られた。民族協和の理想を掲げた満洲青年連盟は、「満洲国」成立と同時に解散されたが、そこに所属していた山口重次、小澤開策を中心とする一部

が新国家建設への尽力を掲げた協和党を結成した。しかし、関東軍および溥儀執政、鄭孝胥国務総理の党という名称に対する反対によって、同年7月、「満洲国」協和会と名称が変更され再発足した。同会の目的は、その創立宣言によれば、「建国精神を遵守し王道を主義とし民族の協和を理念とし、以て我が国家の基礎を強固ならしめ、王道政治の宣化を図らんとするにあり」[35]と、王道主義、民族協和を理念として掲げた。

執政が名誉総裁、国務総理が会長、関東軍司令官が名誉顧問にそれぞれ就任し、ほかの理事、中央事務局委員等のほとんどが「満洲国」の高官であったため、「政治上の運動を為さざる」[36]ことを規定する同会の綱領が、そのとおり実施できるかどうかは甚だ疑問であったと考えられる。事実、関東軍は協和会の思想宣伝の役割を利用しながら、同会による政治的行為を防ごうとして、「行政に干与し、或は政権獲得に陥るか如き策動を戒め」[37]るよう、同会の行動に注意を払った。

協和会の基礎組織は分会であり、分会の代表が地方聯合協議会を組織し、分会代表の選出した人達が全国聯合協議会を組織した。そして、業務執行のために全国聯合協議会は理事を選挙し、理事会が最高会務を決定することになった。国会がなかった「満洲国」では、聯合協議会は「唯一の宣徳達情の機関である」[38]とされた。しかし、成立当時、「団体の実態である会員は一人も無かった」[39]。こうして、役員だけでスタートした「民衆教化」団体といわれる協和会が、その理念を実現するために、関東軍の討伐に伴って北満、東辺道、熱河などの地方に宣伝ビラ、ポスター、口頭宣伝、書簡などを通じて宣撫工作を行った。しかし、治安確立を第一主義とする工作を取り上げるだけでは不十分とされ[40]、また、「協和会は建設から運用に向ひ、非常時局を前にして官民の間に一寸もの間隙があってはなら不可」であり、「創立者を閑地において休養させ、政府中堅者をして運用に当らしめんとする官民一致、拡大強化の必要」から、1934年9月、協和会は改組された[41]。

改組に伴って創立者の山口、小澤が辞任し、日系委員は一新して総務庁次長阪谷希一が中央事務局次長を担当するなど、政府官吏の兼任となり、人数も従

表2-12 協和会会員数の推移

年次	分会数	会員数（人）
1934	900	300,000
1935	1,325	330,000
1936	1,801	370,000
1937	2,601	814,897
1938	3,091	1,093,634
1939	3,510	1,491,347
1940	3,586	1,771,852
1941	4,194	2,789,962
1942	4,425	3,208,223
1943	5,140	4,116,341
1944	5,185	4,285,414

出典：塚瀬進『満洲国——「民族協和」の実像』吉川弘文館、1998年、83頁より。

来の6人から9人に増加し、中国人の8人を超えた。上述の行政関与に関する関東軍の注意はすでに必要がなくなり、従来の行政から離れた「民衆教化」の団体である協和会が一変して、行政との一体化が図られるようになった。正に協和会の綱領（1936年7月）が規定したように、同会は唯一永久、挙国一致の実践組織団体として政府と表裏一体となった。同時に日本人の同会における地位も強化された。

　1937年8月に制定された会員規則によって、従来の会員の紹介による加入が届け出だけで可能となり、また、「国民三千万民衆は官民を問わず協和会員たれ」という大衆化路線によって会員数が表2-12に示すように激増した。これは、同年勃発した盧溝橋事変と無関係ではないと考えられる。協和会が政府と表裏一体の団体として事変に対応し、「満洲国」民の多くを協和会員にして反満抗日活動の防止、愛満親日の目的達成に積極的に行動したことが表2-12の数字から読み取れる。1941年の100万余りの増加の背景には、同年2月、統制経済の推進、国民防衛の基礎作りのために公布した「国民隣保組織確立要綱」の実施があった。国民隣保組織は協和会を軸に組織されたため、協和会に入会しなければ国民隣保組織を通じた生活品の配給を受けられなかった。それゆえ、同年会員数の激増が見られたのである。

　このような方法で増やした会員は本人の意思によらずに強制的に入会させられた可能性がある。これについて、塚瀬進も「急激な会員の増加は、協和会の理念に共鳴したというよりは、上からの圧力によって入会した人が多かったことをあらわしていよう」[42)]と指摘する。

　一方、1937年3月、協和会の指導下に青年訓練所が創設され、翌1938年9月、「国民義勇奉仕組織及び青少年組織大綱案」に基づき協和義勇奉公隊が結成された。同大綱案によれば、義勇奉公隊は満20歳から35歳までの男子、青年団は

満16歳から19歳までの男子、少年団は満10歳から15歳までの男子をもってそれぞれ組織し、非常事態下における警護への参加、協和奉公の精神に基づく基礎訓練、集団勤労などに従事することとした。これは、戦時体制下において協和会の活動を利用して国民総動員を行う政府の考えを反映している。しかし、協和会という組織自体さえ知らない多くの「満洲国」民は、同会の活動を理解しなかった[43]。1939年9月創刊の協和会機関紙『協和運動』には、奉公隊実施中の問題点が次のように指摘されている。

　「協和会が、奉公隊の訓練に強制力を用ひなくとも、喜んで参加するだけの自信を持ってゐることは、夢でもなければ寝言でもない。協和会にはそれを実行し得るだけの組織を持ってゐれば計画も立てゝゐる。と、威勢よく突放ねたまではよかったが、それからが大変だった。……二千五百名からの一般区隊員がありながら、訓練に参加する者は平均二百名で、一番甚だしい時は、二百名以下の場合もあった。……各分会の工作員を督励して同志獲得に当らせたが、これとても単に名簿に名前を連ねただけで、反響もなければ効果もなかった。……各分隊から選抜した二名宛の隊員を召集して、奉公隊の趣旨を平易に説明した原稿を与へ、各分会単位に隊員を事務所に集めて説明させやうとしたが、これとても失敗だった。分会事務所に一番多く集った処で十五名ぐらゐなもので、これも隊本部から誰か偉い人でも来て何か話を聞かせるのだと思って来たらしく、同僚が説明を始めるとこそこそと立去って最後まで残ってゐたのは僅か四名だった。次々の失敗にすっかり自信を失った私は、訓練にも滅多に顔を出さなかった」[44]。

協和会の活動に無関心を示した民衆の様子を物語っている。しかし、これらの組織の設立および訓練は、のちの勤奉隊の結成および勤労奉仕運動の全国での実施のために基礎を作り、教訓と経験を提供したといえる。

　1941年4月、協和会の改組によって、省、県など行政機関のトップが省、県など協和会の首脳になり、協和会と行政との一体化が完全に実現した。同年、労務新体制の確立によって、行政供出および勤労奉仕が行われ、太平洋戦争の勃発によって戦時体制が強化される中で、協和会が食糧の増産集荷、労務供出

などのために国民隣保組織を通じて国民動員を行うことになった。農村においては屯以下、市街においては班以下を国民隣保組織とし、屯は牌をもって、班は組をもって構成することになった。屯、牌、班、組の長は協和会員が担当した。こうして、国民隣保に対し「判らない人は八、九割ある」[45)] としても、協和会の勢力は最下層の長を通じて都市と農村の隅々まで浸透し、行政の強制力を持って「国」民を動員する体制ができた。第1章で述べたように、労工供出における賦課金の徴収は、ほとんど協和会員である牌長、あるいは従来農村の保甲制度による甲長（農村では協和会の会員は裕福な地主、富農を中心とすることから、甲長は協和会員である可能性が高い）によって行われた。しかし、労工供出に対する動員は必ずしも順調ではなかったようである。長春県本部事務長三村宗弘は、協和会分会の活動を反省し、労工供出中の問題点を次のように指摘した。

「彼等［土豪劣紳階級］の真の意図は、出来るだけ労工を村から出さないやうに、且つ村へは他県などから一人でも多く労工を入れるやうにして貰いたい、といふ程度が積の山でゐるにも拘らず、現実の要求は全くそれと正反対……それが為めには矢張り、婦女子の勤労や村民皆労運動を猛烈に起こし、……余剰労働力を生み出す工夫を講ぜねばならぬこと必然であり、またそれ以外に方法とてないが、これは彼等土豪劣紳階級にとっては何れも苦しい薬でしかないのである。成るべくならばそれらの自分達に都合の悪い、つまりどうでもよいことは馬耳東風に聞流してしまひたい――といふのが恐らく彼等の真の腹であり……」と、その原因は、協和会の「代表協議員が……殆んど一部土豪劣紳階級に依って占められてゐる」などによるものであり、解決方法として農業経営の合理化、農業技術の向上、肥料の増産、労務の合理化、農業転業者の防止などが取り上げられた[46)]。

労務問題が重要議案として協和会全国連合協議会に提出されたのは1941年からである。しかも、同議案の審議は10.5時間を要し、総時間数に対する比率は30％で最も高かった[47)]。労務問題が重要視された背景には、同年華北からの入満労工の減少、満洲国内労働力需要の急増、特に労務新体制による緊急就労な

どがある。同議案の中で「国」内労工の募集に際し、極力権力作用を避け、分会組織を通じて行う組織的動員を実施することが規定され、特に労工の保護、福利施設などに多くの配慮を加えたことが注目される[48]。労工供出に関し協和会員は政府の行政力を緩和しようと図ったが、結局強化された戦時体制の中での供出は、強制的な行政命令に従わざるをえなかった。供出された労工のなかから、大量の逃亡者、死亡者および負傷者が続出したことは前述したが、これに対し協和会は宣撫宣伝工作、指導者および世話人の派遣、就労地に対する慰問、残留家族の援護、就労地への慰問品、薬品の送付、などを実施し労工の安心就労を図った。それによって「斯かる所は比較的逃亡者も少なく能率も挙げてゐる」が、「労務管理の不徹底の個所に於ては、却って、指導者自身逃亡若しくは不満を抱いて帰ってゐることは事実である」と、協和会活動の理念と現実との間に距離があることが示している[49]。

　勤労奉公制は協和会中央本部の半田敏治の意見に基づいて実施されたことは上述した。一方、「国民勤労奉公法」および「国民義勇奉仕組織及び青少年組織大綱案」によれば、勤奉隊は上述の協和義勇奉公隊を基礎に設立され、勤奉隊員は奉公隊員の一部であった。要するに、奉公隊員は年齢10歳から35歳までの少年団、青年団、義勇奉公隊より構成されたもので、21－23歳の勤奉隊員は義勇奉公隊員の年齢に含まれている。しかし、勤奉隊員は奉公隊員より構成されたのに、その制度の運営は協和会ではなく、政府によって実施されたことが、協和会の勤労奉公制に対する理解の困難さをもたらした[50]。奉公隊員が主に国防警備を中心任務とするのに対し、勤奉隊員の中心任務は軍事工事、重要産業での就労である。しかし、勤労奉公制の実施後、奉公隊員が積極的に協力し、各種の勤労奉仕活動に従事することが、1943年の協和青少年団運動強化要綱において規定された。また、勤奉隊の幹部は、協和会青年訓練所および青少年団出身の者が多く[51]、勤奉隊における協和会の指導力が強かったと考えられる。

　こうして、協和会の活動は理念より政府の要求を実現することが第一となり、勤奉隊員の供出数が毎年増えたことから見ても、協和会の役割が大きかったことは間違いないであろう。

上述のように、協和会は王道主義、民族協和を理念としたが、「満洲国」の民族協和とは各民族を日本人の指導下に置いた上でのものであり、塚瀬進が指摘したように「日本人を頂点とする各民族統合が五族協和の基本理念で、五族は平等ではなかった」52)のである。この不平等は行政供出および勤労奉公の実施にも反映され、撫順炭鉱の採炭夫としての供出労工、勤奉隊員は全部中国人であり、重度の肉体労働には中国人だけを使用することが日本人の優位性を示している。これらの制度の実施に現われた問題に対し、協和会は不満を漏らしたが、国民皆労の労務新体制下において、国家権力に服従せざるをえず、結局協力者としての役割を担ったことは見逃すことができない。

(5) 新民会の成立および対満労工供出におけるその役割

盧溝橋事変後、1937年12月に中華民国臨時政府が北京に成立した。ここでは「満洲国」と同じように新政権を維持強化するために思想宣伝の民衆団体を設立することが急務となった。臨時政府樹立工作を指導してきた北支那方面軍特務部は、陸軍中央の承認を得て民衆団体の名前を新民会とし、その設立の協力者を協和会の創立者である小澤開策に求めた。小澤開策は1934年の改組によって協和会を後にしたことは前述したが、その理由は「五族協和の理想郷とはほど遠い帝国官僚機構に変貌してしまった」53)協和会に失望したからである。そして、小澤開策は、協和会が「満洲国」で果たせなかったものを、新民会を通じて華北に求めようとした。同12月末、日本人の「内部指導」のもとに新民会が北京で創立された。

臨時政府の行政委員長王克敏が会長就任を要望されたが、彼はこれを拒否した。王克敏については、臨時政府樹立工作に深く関わった梨本祐平が、戦後その著書『中国のなかの日本人』の中で王は抗日的傾向の濃厚な人物と記しており、臨時政府および北支派遣軍の顧問湯沢三千男は、王が日本との折衝において強硬な意見を持ちなかなか承服しないと語り、またその拒否の理由に対し新民会顧問の小山貞知は、王が盧溝橋事変処理前途の見通しがつかぬことで日本人に警戒心を持っていると語った54)。このような事情が王克敏の会長就任拒否

の背景にあった。後述の華北労工協会が、決議から成立まで相当時間がかかったことにもこうした事情があると考えられる。そして、会長は当初空席で、元「満洲国」外交部大臣張燕卿が副会長兼中央指導部長、小澤開策が総務部長、塩月学が中央委員、張格が秘書課長にそれぞれ就任した。

　新民会は、会長の下に中央指導部、省指導部、市、県指導部、分会があり、また各級指導部に相応の聯合協議会が設置されていた。その後、機関紙『新民報』の創刊、分会組織の拡大強化、農村合作社運動の建設、会務職員および指導者の養成機関としての新民塾、および労工協会の開設運営などが行われた。一方、新民会と直接関係はないが、官吏養成機関としての「新民学院」が開設された。政府と表裏一体の民衆団体としての新民会は成立後の１年間、前述したように共産党、国民党が激しい抗日闘争を行い、根拠地の建設を強化したため、民衆に対する工作として、親満、親日、剿共（共産党）滅党（国民党）等治安確立のための思想宣伝を中心とした。1939年に入ると、治安の回復に伴って思想宣伝とともに、民心安定、民心獲得のための厚生工作、例えば農村合作社組織の拡大、実費診療所の設立運営などが本格的に開始され、一定の成果を上げた[55]。しかし、労工協会は本章第３節に述べたように失敗に終わった。

　1940年３月、汪兆銘の国民政府の成立直前、北支那方面軍、興亜院華北連絡部、臨時政府および新民会首脳の間で新民会の改組が決定され、それによって新民会と軍の宣撫班が統合され、新民会に対する軍の指導が強化された。小澤など「満洲国」からの会員は軍の指導に反対のため退会した。

　一方、宣撫班は盧溝橋事変直後の1937年７月末、北支那方面軍がその成立に着手し、８月満鉄から派遣された52人をもって天津に成立し、翌1938年１月北京に移った。宣撫官は「武器なき戦士」といわれ、その宣撫目標は北支那方面軍「宣撫工作指針」によれば、「宣撫工作ノ目標ハ　軍出動地域内ニ於ケル交通　通信線ヲ確保シテ用兵作戦ノ完璧ヲ期シ　民心ヲ収撫シテ更正中華民国建設ノ基幹ヲ培養スルニ在リ　特ニ戦闘地域内ニ在リテハ　支那軍敗退ノ真相ヲ闡明スルト共ニ　皇軍出動ノ本義ト其ノ威力ヲ民衆ニ諒得セシメテ　畏敬ヨリ和親ヘ　和親ヨリ協力ヘノ気運ヲ誘致シ　以テ軍民協力、滅党反共ノ実ヲ揚ゲ

ントス」[56]とある。交通、通信の確保、民心の収攬などが任務として明確に示された。また「支那軍敗退ノ真相ヲ闡明」することは、後述の愛護村民に対する情報提供の要求、スパイ行為を示唆した。

　宣撫官の重要な任務の一つは鉄道愛護工作である。「北支鉄道愛護ニ関スル件通牒」によれば、鉄道愛護村は、鉄道沿線両側各5キロメートルの地域内にある村で、通常行政区と一致するのを建前とし、行政村長が愛護村長で村民が愛護村民となり、村を基盤として省、県、区が監督指導し、軍、官、鉄、民一致の融合組織である[57]。このような組織の中で愛護村民は鉄道、自動車道、通信線を愛護する義務を課せられた。さらに、1939年2月、臨時政府が「鉄道沿線愛護村組織弁法」(内政部訓令字第749号公布施行、政府公報67号)を公布した。それによると、鉄道沿線両側の地域は以前の5キロメートルから10キロメートルに拡大された。また、愛護村長およびその村民は、日本軍隊への情報提供を任務とすることが明確に規定された。要するに、北支那方面軍は、愛護村の設立を通じて交通網の安全を確保し、抗日活動の防止を図った。第1章に述べた愛護村の対満労工供出は、その基礎体制がこうして形成されたのである。

　統合後、軍の宣撫工作は新民会により担当することになったが、新民会員となった宣撫官は、共産党の遊撃隊が頻繁に出没する農村で地元の青年より結成された「武装工作先鋒隊」を訓練することになった。これについて元宣撫官の青江舜二郎が、戦後その回顧録『大日本軍宣撫官』の中で「もはや"武器なき戦士"ではなかった」[58]と批判した。

　第一次治安強化運動開始後、1941年6月、新民会は再び改組を行った。同年12月、太平洋戦争の開始と同時に日本人の副会長制が廃止され、高級クラスの責任者は中国人が担当することになり、各省の中国人職員も増員し、「表面的には中国人の新民会らしさが整えられていった」[59]。そして、1942年10月、全国聯合会議が開催され、「新民会育成大綱」に規定された「国民党トハ同志益友」に基づき、同会議で採択された新綱領から「滅党」(国民党を消滅する)が消された。その運動方針には、「会は最大限の人力物力をあげて華北参戦体制を強化し、大東亜戦争の完遂に協力する」[60]ことが規定された。そして「新

民会労務動員体制要綱」に基づき、華北労工協会に協力し戦時体制下における労務動員を実施することになった。

　愛護村の労工供出が新民会の協力下で行われたことは前述したとおりである。愛護村は日本軍の支配下における「治安良好」の地域であり、労工供出は行政命令によって実施することが可能であるが、政府の行政が及ぶには困難を極めた、所謂「準治安区」、「非治安区」地域においては、軍の協力がなければ労工の供出が困難であったことは想像に難くない。前述の「入満労働者ニ関スル申合セ」の中で「満洲側ハ工鉱業部門ニ於ケル家族持労働者ノ移住定着ヲ積極的ニ実施スルト共ニ、北支ニ於テモ之ニ協力シ特ニ治安其ノ他ノ関係上強制移住ヲ必要トスル場合優先的ニ満洲ニ移住セシムル」と、満洲への集団的な強制移住がすでに明確的に規定され、また労働力不足の問題だけでなく、治安問題も考慮に入れたことが明示された。このような方針に基づいて、新民会徐水県総会は1941年8月26日から9月9日にかけて「非治安区」の大王店地区で、日本軍の治安粛正工作に協力し一般人の強制移住を行った。現在、撫順鉱務局档案館に保存されている同会の文書は当時の状況を生々しく伝えている。

　それによると、「今次辺区作戦ノ機ヲ利用シ大王店地区に重点ヲ置キ徹底的ニ工作ノ浸透ヲ計ラレタキ……本県総会ハ前記両隊［高階、生田両警備隊］ノ援助ヲ得テ……当地区ニ工作ノ重点ヲ移行シ皇軍作戦ニ呼応ス可ク、茲ニ大王店特別工作班ヲ編成シ別紙工作計画ニ基ツキ行動ヲ開始セリ……大王店地区阻絶壕以西ニ在ル各部落ハ地理的関係ニヨリ利敵地帯トナリ……警備隊ニ於テ該地帯民家ノ焼却ヲ企図シ……焼却地帯住民ハ予メ阻絶壕以内ニ誘致シ彼等ノ一部ヲ対満労工移民トシテ撫順炭坑ニ送リ、一部ハ治安地区内ニ移住セシメ集団部落ヲ建設ス可ク皇軍県公署ト協力シ、先ズ八月二八日北西釜山村一五〇戸ノ焼却ヲ実施セリ、然レドモ該村ハ曾テ敵側工作地区ナリシタメ我方ノ行動ヲ察知スルヤ住民ノ大半ハ何方ニカ逃亡シ、残ルハ老幼、婦女子ノミナリシモ、彼等ヲ人質トシテ逐次村民ヲ誘致スベク在村婦女子二十五家族、男子八名ヲ大王店に連行……」とあり、結局この工作によって北西釜山と東釜山の二つの村から160人（そのうち、男性93、女性29、小児38）が連行され、また「対満労工

トシテ今後数個年間（該地完全治安地区トナルマデ）集団移住ヲナス」とする長期計画を立てた[61]。これは中国側抗日軍隊との直接作戦によるものではなく、完全に一般人に対する強制連行であったことが明らかである。

　一方、日本軍の純粋な軍事作戦および労工狩り作戦（第3章第2節参照）による捕虜、一般人が特殊工人と称され、前述のように1940年以後数多く満洲に連行されたが、こうした特殊工人の対満供出は、「特殊人ノ労働斡旋工作計画」に規定されたように新民会が、その工作として、華北一円を一手に実施することとなった。新民会の役割がいかに大きいかは、この工作計画の規定から一目瞭然である。特に本来思想宣伝、宣撫工作を会工作の中心とする新民会は、満洲に供出される特殊工人に対し、以下のような具体的宣撫工作を実施することが規定された。①本人等を解放してやる、②確実な職業を世話する、③生活を保障する、④正当賃金がもらえるようにする、⑤「満洲国」国籍法、国兵法は適用されない、⑥家郷送金ができる、⑦真の人間となれ、⑧新東亜感の新民となれ、⑨就労地における不満は会に連絡せよ、⑩残留家族に対し会は十分な世話をする、⑪新民会は中国民衆の慈母と信用させる。

　しかし、この宣撫工作は入満前に行われたもので、あくまでも輸送中における逃亡を防止するための方策であり、入満後特殊工人の実態は決してこのように保障されたわけではなかったことは第3章で述べた通りである。

　1943年1月、汪兆銘の国民政府が対米英に宣戦を布告し、10月「日華同盟条約」が締結され、両国が大東亜戦争の建設および安定確保のため、相互に緊密に協力し、あらゆる援助をなすべくことを規定した。そして同年4月、日本への中国人強制連行が「試験移入」として行われた。しかし、同年、日本軍は東南アジア、中国の各戦場で敗色濃厚となり、それに伴って中国側の抗日勢力が拡大された。その後、華北労工の獲得は、日本軍、華北政務委員会、新民会、華北労工協会の協力の下で限られた「点」と「線」において行政命令による強制供出、あるいは労工狩り作戦によって行われた。こうした状況の下で、例えば、1944年10月、北京特別市籌募労工委員会が成立し、戦時重要労力緊急動員対策を作成し、同委員会の委員は、市政府の参事、警察局局長、社会局局長、

四郊弁事処長、新民会市総会代表、華北労工協会北京弁事処代表などにより構成されたが、依然として新民会が参与していた。一方、前述の閣議決定には、「移入スル華人労働者ノ募集又ハ斡旋ハ華北労工協会ヲシテ新民会其ノ他現地機関トノ連携ノ下ニ之ニ当ラシムルコト」[62]と、日本に連行する中国人の募集、斡旋に対し新民会の協力を求めることが明確に示された。

こうして、華北労工の対外供出の中で軍、政府、華北労工協会などに協力した新民会の姿が明確に見えるといえよう。

注
1) 例えば、「土木建築労働者保護規則」（民生部令第36号治安部令第62号、1940年11月）、「土木建築労働者保護規則施行ニ関スル件」（民生部訓令第17号治安部訓令警第6号、1941年1月）、「労働者用主要物資配給調整要綱実施ニ関スル件」（民官房発第660号経済部公函経商切第420号興農産第25号1-4、1940年12月）、「鉱工業技能者養成令」（勅令第114号、1941年3月）、「鉱工業技能者養成令施行規則」（経済部令第12号民生部令第10号、1941年4月）が挙げられる。その内容は民生部労務司『労務関係法規集』1941年、125-162頁を参照されたい。
2) 満洲労工協会『労工協会報』第3巻第11号、康徳7（1940）年11月、100頁。
3) 同上、71-88頁。
4) 大沼信耳『満洲の労務統制と労務興国会制度』調査研究第6輯、高岡高等商業学校調査課、1942年、29頁を参照されたい。
5) 満洲国史編纂刊行会『満洲国史』各論、満蒙同胞援護会、1971年、1170頁。
6) 同上、1171頁参照。
7) 中央档案館ほか編『東北経済掠奪』日本帝国主義侵華档案資料選編14、中華書局、1991年、879-881頁。
8) 解学詩『偽満洲国史新編』人民出版社、1995年、737頁参照。
9) 前掲『満洲国史』各論、1175-1176頁参照。
10) 同上、1176頁参照。
11) 同上。
12) 前掲『偽満洲国史新編』740頁参照。
13) 同上、808-810頁を参照されたい。
14) 前掲『東北経済掠奪』880頁、新京警察総監であった三田正夫の供述より。
15) 蘇崇民ほか編『労工的血与涙』中国大百科全書出版社、1995年、369-370頁。
16) 例えば、1939年7月、国民党軍は山東省中部の博山県太河鎮で移動中の共産党

幹部党員と護送部隊を攻撃して多数の幹部を殺害するという「太河事件」を起こした。桑島節郎『華北戦記』朝日新聞社、1998年、435頁より。

17）　防衛庁防衛研修所戦史室『北支の治安戦〈1〉』戦時叢書、朝雲新聞社、1968年、338頁参照。
18）　同上。
19）　同上、447頁。
20）　前掲『華北戦記』436-437頁参照。
21）　東亜新報天津支社編『華北建設年史』同社発行、1944年、「軍事政治篇」22-23頁参照。
22）　1941年4月14日新京支社次長より鉄道総局文書課長、撫順炭鉱総務部長宛「入満労働者ニ対スル関東軍及北支軍間ノ申合セニ関スル件」撫総庶文01第14号6ノ1、撫順鉱務局档案館所蔵文書（以下、撫鉱蔵文書）。
23）　上羽修『鎖された大地——満ソ国境の巨大地下要塞』青木書店、1995年、161頁、『日中にまたがる労務支配——中国人強制連行の背景と実相』97年秋季国際シンポジウム・東京集会報告集、東京女子大学・松沢哲成研究室、1998年、50-51頁。
24）　1941年8月16日奉天防衛委員会委員長越生虎之助より関東軍参謀長吉本貞一宛「特殊工人入満ニ関スル件建議」撫総庶文01第14号6ノ39、撫鉱蔵文書。
25）　1941年9月30日新民会中央総会長より満鉄撫順炭鉱長大垣研究宛「特殊人ノ労働斡旋ニ関スル件」新民会中央総会公函第254号（新中組経第99号）、撫鉱蔵文書。
26）　前掲『東北経済掠奪』948-954頁参照。
27）　前掲『満洲国史』各論、1072頁参照。
28）　『榊谷仙次郎日誌』榊谷仙次郎日誌刊行会、1969年、1048-1051頁参照。
29）　李聯誼『中国特殊工人史略』撫順鉱務局煤炭誌弁公室、1991年、8頁、24-25頁参照。
30）　1942年1月22日撫順炭鉱総務局長太田雅夫より奉天陸軍特務機関長濱田平宛「特殊工人並国外緊急募集工人ニ関スル件」撫総庶文01第14号6ノ78、撫鉱蔵文書。
31）　前掲『中国特殊工人史略』24-25頁参照。
32）　1940年9月2日撫順鉱炭長久保孚より（役職不明）古宮正次郎宛「投降兵（匪）ノ就労状況調査ニ関スル件回答」撫総庶文15第9号4ノ50、撫鉱蔵文書。
33）　前掲『東北経済掠奪』938-940頁を参照されたい。
34）　吉林省档案館「日本関東軍奴役、残害"特殊工人"的档案史料」東北淪陥14年史編纂委員会『東北淪陥史研究』総第11期、東北淪陥史研究雑誌社、1999年2月、74-77頁参照。
35）　『協和会とは何ぞや』満洲評論叢書第10号、満洲評論社、1937年、20頁。

36) 『満洲国と協和会』満洲評論社、1935年、76頁。
37) 同上、98頁。
38) 半田敏治「聯合協議会の地位と本質とに就いて」『協和運動』創刊号（満洲帝国協和会機関紙）、満洲帝国協和会中央本部、康徳6（1939）年9月、8頁。
39) 前掲『満洲国と協和会』327頁。
40) 満洲帝国協和会編『満洲帝国協和会組織沿革史』（康徳7［1940］年）不二出版株式会社、1982年、6頁参照。
41) 前掲『満洲国と協和会』328頁。
42) 塚瀬進『満洲国――「民族協和」の実像』吉川弘文館、1998年、84頁。
43) 例えば、1939年にハルビン南方の双城県で行われた農村調査では、協和会についてほとんどの農民が知らないと答えた。またその活動が理解されず、警察に民衆を煽動するスパイ活動ではないかと疑われたこともあった（前掲『満洲国――「民族協和」の実像』84頁より）。農民だけではなく、政府機構の一員である警察さえ協和会の存在を知らなかった。同会の理念と現実との間に大きな隔たりがあることを物語った。
44) 吉林市協和義勇奉公隊本部緒方行雄「奉公隊指導に関する具体的方策」前掲『協和運動』第1巻第2号、康徳6（1939）年10月、114-115頁。
45) 「国民隣保組織育成に関する座談会」前掲『協和運動』第3巻第5号、康徳8（1941）年5月、50頁。
46) 三村宗弘「県連の教訓と分会運動への反省」前掲『協和運動』第4巻第6号、康徳9（1942）年6月、12-15頁。
47) 内山千松ほか「数字から見たる全聯」前掲『協和運動』第5巻第1号、康徳10（1943）年1月、95頁。
48) 満洲帝国協和会『康徳8年度全国聯合協議会議案』72-75頁参照。
49) 「康徳八年度末に於ける中央本部長に対する各部科の報告事項概況」前掲『協和運動』第4巻第3号、康徳9（1942）年3月、27頁。
50) 三刀屋和人「協和青少年運動の現段階」前掲『協和運動』第5巻第1号、康徳10（1943）年1月、42-43頁参照。
51) 前掲『満洲国史』各論、1179頁参照。
52) 前掲『満洲国――「民族協和」の実像』128頁。
53) 八巻佳子「中華民国新民会の成立と初期工作状況」藤井昇三編『1930年代中国の研究』アジア経済出版会、1975年、362頁。
54) 堀井弘一郎「新民会と華北占領政策」『中国研究月報』第539号、中国研究所、1993年1月、

55) 前掲『北支の治安戦〈1〉』227頁を参照されたい。
56) 同上、78頁。
57) 同上。
58) 青江舜二郎『大日本軍宣撫官』芙蓉書房、1970年、190頁。
59) 堀井弘一郎「新民会と華北占領政策（中）」前掲『中国研究月報』第540号、1993年2月、4頁。また改組後、中国人職員の増加状況についても同論文を参照されたい。
60) 防衛庁防衛研修所戦史室編『北支の治安戦〈2〉』朝雲新聞社、1971年、257頁。
61) 1941年9月10日新民会徐水県総会事務局局長丁克強より新民会保定道弁事処長宛「大王店地区特別工作実施状況報告ノ件」撫総庶文01第6号11ノ16、撫鉱蔵文書。
62) 田中宏ほか編『中国人強制連行資料』「外務省報告書」全五分冊ほか、現代書館、1995年、140頁。

第3章　華北入満労工の実態

　「満洲国」の労工政策は時代によって異なり、その政策の立案過程については第2章で論述したが、本章では、入満労工の管理組織、労働実態は政策の変更に伴いどのように変化したか、一方、特殊工人が満洲に連行される以前の管理組織がどのようなものであったか、入満後のそれはまたどのように変化したか、そして、彼らはどのような労働条件に置かれ、支配者の管理に対しどのように対応したか、などについて明らかにしたい。

第1節　把頭制度と特殊工人の隊長制

(1) 把頭制度の形成

　華北労工は入満後、各企業で支配者の日本人の管理下に置かれたが、民族、言語、風俗、習慣などの理由で直接的には企業と労工との間に立つ把頭に管理されることになった。そして、把頭の管理如何が企業の利益に直接関わる問題として重要視されたのである。この理由により撫順炭鉱では把頭制度の利用に関心を寄せ、同制度の廃止、その後の再活用など、その制度の優劣を体験した。
　把頭制度は、主に炭鉱、土建、荷役などの労働部門で行われる作業の請負制であり、把頭は、労工の募集、労働の指導監督、生活面の世話を一身にするという、一種の封建的な労務管理制度である。この制度の形成の前提は資本制経営の成立、さらに資本家と経営者の人的分離、ある程度大量の労働者の雇傭であり、その存立の基礎は、生活を補助するための出稼ぎ労働者の半農半工の性格にあるとされた[1]。中国の清朝時代にはすでにこのような条件を具備してい

たのである。以下、撫順炭鉱を例にしてその把頭制度はどのように形成されたかを見ておきたい。

1901年、商人王承堯、翁寿は清政府の許可を得てそれぞれ華興利公司と撫順煤鉱公司を設立し炭鉱の開発採掘を開始した。採掘は請負制を採用し、請負人は炭鉱の要求に基づき一定数量の作業を請負い、期限までに配下の労工に仕事を完了させ、請負費を受け取った。この請負人は包工頭あるいは把頭と呼ばれる。把頭は血縁、地縁関係を中心に労工を募集することが一般的であるが、幇会などの秘密結社による統制および債務などの関係で労工を自分に隷属させることもあった[2]。配下の労工に対し、把頭は仕事の指導、監督を行う一方、宿舎、賃金、食事、娯楽などの生活面の世話をしなければならなかった。これを通じて把頭が労工を掌握する仕組みが形成された。

把頭制度の組織構造は、大把頭を中心として、その下に坐堂先生（会計係）、二把頭、小把頭、拉扦的（小把頭よりさらに小さな工頭であり、直接労工の監督に当る者である）、さらに帯班的、催班的、繃掌子的、など名目の雑多な小工頭、手先がいた[3]。それ以外に炊事を担当する大師傅、二師傅なども後述のように把頭組織において重要な役割を果たす者である。こうした把頭組織の下に置かれたのが労工である。しかし、把頭の組織が必ずしも同じ構造ではなく、配下の労工の数によってその構造が異なり、少数の労工をもつ把頭（龍煙鉄鉱では組長）はその下に、先生、小把頭（同鉄鉱では班長）および雑役など簡単な組織しか持たなかった[4]。

日露戦争後の1905年から日本は撫順炭鉱を占領し開発を始めたが、1909年、「満洲五案件に関する日清条約」によって日本は撫順炭鉱を占有する権利を法的に認められることになった。満鉄はこの炭鉱の経営に当たり、当初炭鉱生産の基礎を成す採炭夫に対し、引き続き請負制＝把頭制を採用した。把頭制度の下において、炭鉱側は共同宿舎だけを給し把頭に請負費を支払えば、労工との間に直接関係はなく、必要な労工数を獲得し作業を進めることができた。把頭は炭鉱側と労工との間に位置して、炭鉱側の命令を伝達し作業を監督した。作業が完了後、炭鉱側から請負費を受け取り、その分配はまず大把頭の分を残し

て、それから坐堂先生、二把頭、小把頭、大師傅、二師傅などの把頭クラスからその手先までの報酬を支払い、最後に労工に賃金を支払うシステムである[5]。要するに、賃金の分配は炭鉱側と無関係に行われ、それゆえ、把頭の中間搾取が生ずることになった。

同時に、把頭は自己の収入を中心に考え、熟練労工の養成には考慮を払わなかった。機械化が進んでいない時代にはこれでも対応可能だったが、炭鉱側としては利益追求のため、当然機械化を推進しなければならなかった。機械化の進展に伴い不熟練労工では対応できず、炭鉱にとって把頭制は熟練工の養成を阻害するものとなった。それに生産規模の拡大が加わると、炭鉱側による労務管理がますます必要となるが、把頭制では労工に対する炭鉱側の直接管理ができなかった。1911年、採炭方法の変更により坑内の作業管理は一層厳格性が必要となり、また運搬作業の機械化の進展もあって、労工の管理が重要な問題として表面化すると、把頭制による作業管理、労務管理は好ましくないものとなってきた[6]。同年からの撫順炭鉱の直轄制の全面的採用はこの状況を反映したと言える。

一方、把頭制度下における炊事は共同炊事であったが、「把頭が指導者として組織し、自己の責任において運営されてゐるものであって、決定的に把頭のもの」であり、これを通じて労工の食費をピンハネすることができ、食費は把頭の一大財源となり、ゆえに把頭炊事は「把頭制の一主要支柱をなしてゐる」と見られた[7]。日本の労働科学研究所が、龍煙鉄鉱の把頭炊事に関して調査を行い、同所の藤本武が『把頭炊事の研究』をまとめたが、その中で同鉄鉱の把頭炊事について、以下のような結論を出している。

「鉱夫の栄養状態が支出されたるエネルギーの消耗を補ひ、彼等を身体的、精神的活動に必要なる溌剌たる状態にあらしめることが不可欠となって来る。しかしながら、今われわれがみて来た如く、把頭炊事＝組炊事によって與へられる食事は鉱夫をかくの如く溌剌たる労働力として日々再生産するに充分であらうか。食生活は又一種の娯楽なりといはれるが、かくの如き劣悪なる食事によって娯しみを感じ、生き甲斐を見出し得るであらうか。否々、組炊

事は食生活にとって必要なるこの二つの条件を全く缺いて居るのである。こんな食事が與へられて居る限り、彼等鉱夫の発奮を期待することは不可能に近く、旺盛なる勤労意志、増産への積極的協力等は、彼等の與り知る所ではないのみならず、彼等自身の肉体を脆弱ならしめ、能率を低下せしめ、延いてはその病気帰農、病缺等を引起せしめる。……組炊事の食事内容の劣悪さは決して食費が安いからのみではない。いふまでもなく食費の安いといふことは食事内容の劣悪さを大きく規定する要因である。だが組炊事の分析によれば、それ以上に直接的には組長＝把頭の組炊事の運営方法、その莫大なる中間収取に原因があることが知られたのであった。すなはち二割以上に及ぶ中間収取、これは現在においては組長＝把頭の最大の物質的基礎をなし、組炊事による中間収取は組長なる存在と不可分の関係に立って居るのである」8) と。

　把頭炊事における食事内容の劣悪が指摘され、その原因は少ない食費、特に把頭による二割以上の中間搾取によるものであるとのコメントは注目すべきである。これによって労工の労働生産力は低下を余儀なくされ、病気となり辞職することも推測された。

　撫順炭鉱ではこのような調査は行われなかったようであるが、満鉄の社史には同炭鉱の把頭炊事について次のような記述がある。「把頭等は只管自己の収利に没頭して不当の食費を華工より徴し、又衛生上の観念を缺き華工の保健上看過し難きものありたると華工が食事の度に飯店を求めて四散するは就業率に影響すること大なる」9) と、上述の龍煙鉄鉱の把頭炊事に関する結論とほぼ同様である。要するに、把頭が労工に対しては食事の量と質に関心を持たず、自分の収入だけを重視し、ゆえに生産に影響を及ぼした点で、二つの会社は同様な意見を持ったことであった。

　以上のような問題点を持つ把頭制は、炭鉱の発展に伴い会社の支配者にとって不都合であり、炭鉱側は同制度の廃止を図るようになった。

(2) 撫順炭鉱の直轄制の確立およびその問題点

1908年7月、千金寨坑の一部の採炭夫に対し直轄制を試行したが、その結果は良好で労工の能率を高め、把頭の中間搾取の弊害を除き、労工の利益を保護しうるとされ、1911年3月から大山坑の営業開始を機に撫順炭鉱全体にわたって直轄制が実行された[10]。すなわち、直轄制によって把頭配下の労工は炭鉱直轄の者となり、会社との関係が密接になると同時に、把頭は会社の一職員となり、その収入は労工の出来高によって決められることになった。把頭の職務は労工の募集、生活の配慮、作業の監督を内容とした。この職務内容から見ると、従来の把頭の機能と同じものに見えるが、直轄制が把頭制と根本的に異なったのは、労工の賃金が会社から直接本人に支払われることであり、これによって把頭制の重要な経済的支柱である中間搾取が不可能となり、把頭に重大な打撃を与えた。

1911年9月、撫順炭鉱が公布した「採炭華工把頭規程」によって従来の把頭制は廃止され、炭鉱直轄の把頭の採用、給与および罷免が規定されたのである[11]。すなわち、把頭は大把頭と小把頭に分けられ、前者は多数の採炭労工をもち、監督指導の才幹があり、炭鉱のために忠実に労働に従事することを採用の前提とし、後者は大把頭の推薦により50人の労工を監督することを前提とした。この前提が実現されない場合、大把頭は罷免でき、小把頭も大把頭に通知のうえ罷免することができた。また、その給与に関しては、前者には所属労工の全稼働工賃の3.5％を毎月支給し、後者には同5％のほか、3％の奨励金を毎月支給することになった。直轄制以前の把頭の収入が確認できないので、比較はできないが、1929年当時採炭夫の月平均賃金が14元30銭であるのに対し、大把頭の月平均収入は302元で小把頭のそれは108元であった。つまり大把頭の収入は採炭夫の21倍強で、小把頭のそれは採炭夫の7倍強であった[12]。把頭制時代より把頭の収入が減少したかどうかはわからないが、この規程により把頭の高収入が確保できたと思われる。

大把頭は小把頭と労工の指揮監督に任ぜられたが、実際の作業中の監督は小

把頭が各作業場を巡回し日本人小把頭の指揮に従い、労働を監督することとなった。つまり、小把頭の役割が重要視された。

一方、上述のような把頭炊事の問題点を防止するために炊事の直営制度も行われたが、年中同じ材料を調理するため、1日の食費11銭は食べなくても賃金から天引きされるにもかかわらず、労工の3割は売店あるいは飯店に行って食事することとなり、直営炊事の失敗を物語った[13]。売店は直営炊事の補いとして設立され、中国人が好む饅頭、煎餅、包子、油揚げ、葱、汁物などの食品や酒、煙草などの嗜好品やタオル、石鹸、靴、シャツ、ゴム底足袋などの日用雑貨を揃え、大把頭がこれを経営したが、売店の品物と交換する飯票を労工に貸し付けることを通じて「暴利を貪らゝ機会多く、工人の福利に相反する嫌ひあり」[14]によって1930年2月、売店は全部炭鉱の直営管理となった。その売価は一般市価に比べれば5－10％低廉であった。

直轄制の下において炭鉱側は様々な措置を取り、大把頭の権力を奪おうとした。これによって大把頭は一部の権力を失い、中間搾取ができなくなり、収入がある程度減少したと考えられるが、上述の規程に規定されたように、把頭の募集、監督機能は依然重視された。それは「採炭華工制度の実際の運営上、彼等の実力を無視し難きものあり」、「曾て大山坑に於て試行せる班長制度の失敗に見ても之を知り得べし」ということである[15]。つまり、把頭制の存在価値を認めざるをえなかった。その価値の一つは労働争議防止上で把頭が重大な役目を果たすことである。満鉄経調の調査によれば、労工の賭博を取り締る場合、労務係が賭博の現場を見つけて怒鳴りつけても、労工はただ笑いながらこれを止めるに過ぎないが、一度把頭に怒鳴られたら震え出して一言も発しえないということである[16]。要するに、直轄制になっても把頭は配下の労工に対する親分的存在に変わりなく、労働争議の発生にも十分な抑制力を持ったと考えられる。しかし、もし把頭をうまく利用できず、把頭が労工の立場に立てば、容易に労働争議を起こしうる。把頭制を完全に廃止しなかったゆえんはここにある。

また、労工の生活の世話の面は直営炊事により弱くなったとはいえ、炭鉱と労工との間に位置する大把頭の役割は無視できない。例えば、生活困難の労工

に借金を貸し、これを通じて労工を一層コントロールすることができた。また大把頭の労工募集の機能は炭鉱も認めるほどであり、直轄制を実行してもこの機能は相変わらず重視された。表3-1は直轄制の実行後における大把頭所属労工数の推移であるが、炭鉱直轄の労工数がいかに少ないかが分かる。また、直轄制といっても労工の多数が大把頭に所属したことは明らかである。

表3-1からわかるように、1918年、炭鉱の労工数に対する把頭所属の労工の比率は92％であり、炭鉱直轄のそれはわずか8％であった。1921年、炭鉱直轄の比率は18％に上昇した。1925年、炭鉱所属は不明であるが、1921年社員外中国人の人数は17,263人で採炭夫は12,584人であることから推算すれば、1925年社員外中国人の人数は20,565人で[17]、採炭夫が15,000前後になると推測できる。そうだとすれば、炭鉱直轄は36％前後になると言えよう。直轄制が労工の統制管理の権力を大把頭から奪おうとする狙いは徐々に実現する方向に向かっていたが、大把頭がまだ60％の労工をコントロールしていたことは否定できない。

一方、直轄制の実施が必ずしも労工の作業能率の向上と直接結びつかないことは、表3-2に示す通りである。

1911年から直轄制が全面的に実施されたが、表3-2に示すように労工1人当たり1日の出炭量は1920年まで1トン前後で、大きな上昇は見られなかった。しかし、1920年以後、出炭量が漸次上昇し、1928年は2トン以上となり、1930年は頂点の3トン以上となり、1920年の3倍強になった。この上昇は同時期露天掘りにおける大選炭機の使用、龍鳳坑と老虎台坑の採掘方法の改良、各炭坑における安全照明灯、電力の使用普及など、機械化の進展に伴うものであると考えられる[18]。1931年の減少理由については手がかりが見つからないが、「九・一八事変」の影響によると思われる。

次に「満洲国」成立後、経済政策の推進に伴って労働統制政策が実行され、その中で把頭制がどのように変化したかを見ていきたい。

(3) 「満洲国」成立後における撫順炭鉱把頭制の変遷

「九・一八事変」の1カ月前の1931年8月、「撫順炭鉱把頭規程」（撫達第27

表3-1 大把頭所属下における労工数の推移

(単位：人)

1918年			1921年			1925年		
坑別	大把頭	労工数	坑別	大把頭	労工数	坑別	大把頭	労工数
千金寨	王道均 劉善斎 于作学	972 702 683	千金寨	劉善斎 于作学 王道均 張紹文	507 493 464 255	大山南	王道均 劉善斎	890 635
大山	張福山 于雲鴻 炭鉱直轄	480 452 98	大山	張福山 王 金 于雲鴻	812 744 733	大山本	于雲鴻 張紹文	751 688
東郷	曹邦義 李金山 夏景祥	879 766 536	東郷	張清珍 張方良	606 574	東郷	張清珍 張方良	633 632
楊柏堡	鄭輔臣 邵貞順 孫徳濂	1,350 713 605	楊柏堡	鄭輔臣 劉蘭亭 孫徳濂 炭鉱直轄	1,360 640 636 148	楊柏堡	鄭輔臣 孫徳濂	1,037 559
老虎台	何顕利 徐殿魁	699 683	老虎台	何顕利 徐殿魁 牛太平	787 569 239	老虎台	徐殿魁 何顕利	830 611
万達屋	炭鉱直轄	733	万達屋	陳陽春 田財 炭鉱直轄	491 416 295	万達屋	陳陽春 田財	706 642
			新屯	炭鉱直轄	694	新屯	顧徳有 趙培堂 李景順	445 312 299
			龍鳳	炭鉱直轄	926	龍鳳	孫福亭 楊景義	570 392
			喜連	炭鉱直轄	195	喜連	周泰 姜永春	179 175
合計	把頭所属 炭鉱直轄	9,520 831	合計	把頭所属 炭鉱直轄	10,326 2,258	合計	把頭所属 炭鉱直轄	10,986 不明

出典：解学詩編『満鉄史資料』第4巻煤鉄篇第1分冊、中華書局、1987年、288頁「采煤苦力原籍表」、289頁「采煤苦工原籍総数表」、『南満洲鉄道株式会社第二次十年史』南満洲鉄道株式会社、1928年、584-585頁「所属別大小把頭数及手当」より作成。

号）が公布された。それによると、大把頭と小把頭の任免をそれぞれ炭鉱長と各現場の責任者が行うことになり、労工に対する作業の訓練、指導監督、風紀取締、思想善導、さらに募集などは小把頭により行うことが規定された。給与については大把頭と小把頭に分けずに採炭夫使役の作業では総稼働賃の11.5％、それ以外の常備夫使役の作業では総稼働賃の8％を把頭給与の基金とした[19]。これは1911年の把頭規程と大きく異なった。つまり、小把頭の任免が大把頭の推薦およびそれに通知する必要がなくなり、大把頭は配下の小把頭と常備夫を監督することだけと規定されたが、小把頭の仕事の範囲は大幅に広がり、その役割がさらに重視され、特に労工の募集は小把頭により行うことになった。把頭給与が増加したことには間違いないが、大、小把頭の比率は明記されなかった。この規程が大把頭の権限を最低限に抑えようとする意図によるものであることは明らかである。同時に給与の増加は大把頭を籠絡するためのものではないかと考えられる。

表3-2　「満洲国」成立前撫順炭鉱の労工1人当たり1日平均出炭量の推移

年別	出炭量（トン）	年度	出炭量（トン）
1907	1.09	1920	0.98
1908	1.04	1921	1.12
1909	1.23	1922	1.60
1910	1.23	1923	1.40
1911	1.14	1924	1.90
1912	1.20	1925	1.98
1913	1.14	1926	1.88
1914	1.13	1927	1.88
1915	1.15	1928	2.33
1916	1.20	1929	2.45
1917	1.15	1930	3.02
1918	1.11	1931	1.74
1919	0.99		

出典：前掲『満鉄史資料』第4巻煤鉄篇第1分冊、330-331頁「1907-1935年撫順煤鉱毎日毎工平均工資」より。

　同規程は「満洲国」成立後、依然として労工の管理、作業の監督に利用された。図3-1は1935年撫順炭鉱の労務管理の組織形態であり、図3-2は作業監督の系統である。小把頭は労務管理組織の中で大把頭に属する一方、作業監督の中で日本人の指導に従うことになり、二重の従属関係が注目される。大把頭は炭鉱の労務係の指導下に置かれ、その独立性は失われ、しかも、作業監督の系統からは完全に排除された。すなわち、作業監督における小把頭制が生まれたのである。

　1935年、華北労工の入満制限政策が実施され、入満者数が減少したが、撫順

図3-1　撫順炭鉱における労務管理組織形態

出典：満鉄経済調査会『満洲鉱山労働事情』労務時報第66号
特輯、南満洲鉄道株式会社、1936年、183頁より。

図3-2　撫順炭鉱における作業監督の系統

出典：同前、159頁より作成。

炭鉱の華北労工数は依然として前年より上昇した（第1章第4節表1-34参照）。その理由は、把頭の積極的募集および各炭坑で転々として移動する華北労工および満洲出身者の現地採用によるものであるが、これらの労工の多くが大把頭の配下に属したと考えられる。この時期に把頭は配下労働者の種別によって採炭把頭と雑業把頭に区分され、図3-1に示すように大把頭は採炭把頭であるが、直轄小把頭は炭鉱直轄の雑業把頭であり、労工に関する責任については大把頭のそれに準じた。作業監督の中では小把頭のほかに日本人組長が労工を監督することにもなった。日本人による労工の統制が強化されたことになる。組長による監督が可能になった背景には、労工に日本語を学習させる施策が行われたことも一因と考えられる。元来民族風習、言語などが異なる日本人係員は労工に対する監督が期し難く、それを実現するために、同年、撫順炭鉱では日本語検定試験制度が設けられ、試験に合格した者に一定の奨励手当を支給されることになった[20]。従来、日本人のみが中国語を習ってきたが、この制度の実施が中国人労工に日本語を習わせることになり、日本人による監督の円滑を図ろうとした。

　ここにおいて、把頭制の変貌が見られ、把頭対労工の関係が以前より薄くなり、かえって炭鉱と労工との関係が密接となった。把頭は「優秀な者を除き単

なる仲介機関たるに過ぎず」[21]となった。

1937年、盧溝橋事変が勃発し、「満洲国」の第一次産業開発五ケ年計画が実施され、前述のように華北労工の入満政策が従来の制限政策から積極的な導入に転換した。特に、撫順炭鉱は国防重要産業とされ、労働力の確保が重要な問題となった。同年、事変の影響で華北での募集が困難と見られ、現地採用の人数が

表3-3 「満洲国」成立以後撫順炭鉱の労工1人当たり1日平均出炭量の推移

年別	1人1日出炭量（トン）	総出炭量（千トン）
1932	0.605	7,032
1933	0.639	8,858
1934	0.689	9,813
1935	0.656	9,743
1936	0.618	10,251
1937	0.586	10,339
1938	0.563	10,026
1939	0.477	9,919
1940	0.500	8,375

出典：前掲『満鉄史資料』第4巻煤鉄篇第2分冊、中華書局、1987年、392頁「"九・一八"事変後撫順煤鉱各年煤産量表」、393頁「撫順煤鉱華工生産率、工資、煤炭成本与售価表」より作成。

華北での募集数の14倍となったが、1938年、把頭の募集機能を働かせ、華北での募集数が前年の16倍となり、逆に現地採用数を超えた（第1章第4節表1-33参照）。こうした労工は大把頭の所属になるが、作業上で小把頭、日本人組長の監督の下に管理されなければならなかった。炭鉱側は日本人の監督を通じて労工を統制し、作業能率を高めようとしたが、表3-3に示すようにその目的は達成できなかった。

1人当たり1日の出炭量は1934年まで増加したが、それ以後減少する一方であった。生産効率の低下を示すものである。この原因については、満鉄調査部資料課長が調査報告では「採炭夫の質の低下だけでなく、坑内の作業条件の悪化、指導の不良、満洲産業開発による熟練工の移動、疾病、特にマラリアに対する治療の不備などに関係がある」[22]と指摘している。指導の不良がその原因の一つであることは上述の施策の失敗を物語っている。一方、1人当たり1日の出炭量の減少にもかかわらず、1937年までは総出炭量が増加したことは採炭夫の総人数の増加と移動率の減少によるものと思われる。しかし、その後採炭夫の総人数が増加したにもかかわらず、総出炭量が減少したことは、同年より移動率が120％以上に急増したことに原因があると考えられる[23]。

こうした中で、把頭の労工の募集、作業の監督、労工の生活の管理などの機能が再び重視されることになった。1940年2月に制定された「撫順炭鉱把頭規程」によると、把頭は大把頭、小把頭、作業把頭に分け、その任免は総務局長の同意によることになり、把頭は以前と同じように常傭夫（採炭夫）の募集、訓練、指導および監督を行い、彼らの生活住居を考慮に入れることが規定され、把頭の給与、扶助、退職手当はそれぞれ「撫順炭鉱把頭給与内規」、「撫順炭鉱把頭扶助規程（内規）」、「撫順炭鉱把頭退職手当規程（内規）」に基づき、社宅、共済などの厚生問題は撫順炭鉱の相応の規定に基づくことになった[24]。同月公布した給与内規によれば、大把頭の給与は、月400－1,000元であり、配下の採炭夫の作業時間によって増減し、小把頭の給与は、基本給、職務給、奨励給より構成され、基本給が月100－500元で増減は大把頭と同じであり、職務給が配下作業把頭の出勤数により支給され、奨励給が月末在籍人数の増減により支給されることになった[25]。作業把頭の給与は小把頭により支給することが規定された。

　ここで注意すべきなのは、作業把頭の出現である。作業把頭は、小把頭の管理範囲が広がる中で作業監督の機能が十分に発揮できず、そこで小把頭の作業監督を補助するために1939年設置されたものであるが、1940年2月「社員外従業員制度の改正に関する決定」により正式にその設置が決定された[26]。採炭夫と同様に労働に従事することでその同僚の関係となるが、その給与は一般の採炭夫と異なり小把頭により支給され、当然その金額が採炭夫より相当高いことは後述の通りである。これによって労工に対する作業監督がさらに強化された。

　しかし、労働力不足の問題が顕著化する中で、「現制度に頼るだけでは円満に局面に対応できず、中国人を最も深く理解できるのは中国人しかいないという点から出発して、大、小把頭を動員し積極的に労工の募集、管理、確保を行わせることを決定」[27]した。そのため、1941年1月、「撫順炭鉱請負把頭使用内規」が制定されることになった。それによると、請負把頭は大、小請負把頭に分けられ、その任免は直轄把頭の採用並びに解傭（炭鉱側による解雇と本人の意思による辞職を含む）に関する採解傭規程によるが、その給与は、請負大

把頭が配下常備夫の総工賃の５％以内となり、採炭を中心とする請負小把頭が同15％となり、その他の小把頭は同10％となった[28]。また、請負小把頭の給与は一括して請負大把頭に、常備夫のそれは一括して請負小把頭に支給し、それから請負大把頭から配下の小把頭と常備夫に支払うことになった。常備夫に貸与する飯票も一括して小把頭に貸与し、工賃から一括して控除することになった。労工の募集については以前の請負制と同じように募集費は把頭の支弁となった。同内規によって従来の請負把頭制が完全に復活したと言えよう。

しかし、炭鉱側の請負把頭に対する警戒心は以前より一段と強くなり、従来、中間搾取の防止を中心としたが、同使用内規によって炭鉱側による作業監督が強化され、労働登録、指紋採取が直轄制下の労工と同様に行われ、戦争の進展に伴う防諜、謀略防止など特別な安全対策が実施されるなど、従来のようにすべてを請負把頭に任せることはなくなった。さらに、請負把頭は各箇所ごとに労工の連帯保証を行い、その身分保証金を会社に貯金として積み立てることが規定され、労工の監督に力を入れるよう把頭を牽制した。これ以後、撫順炭鉱では完全直轄制の採炭作業でも請負把頭による請負が可能となり、すべての作業において直轄制と請負制が同時に存在することになった。

太平洋戦争が勃発後、「満洲国」の第二次五ケ年計画が実施され、炭鉱の増産が強要される中で労働力不足がさらに激しくなった。そして、増産を促進するために配下採炭夫の作業時間に基づいて増減する従来の直轄制把頭の給与は改められ、出炭量と直接結びつけることになった。1943年８月「撫順炭鉱把頭給与内規」によれば、大把頭の給与は、配下常備夫が採炭に従事する場合、出炭１トンにつき１銭以内、採炭以外の作業に従事する場合、入坑１人につき２銭以内、また従業１人につき1.5銭以内より算出するが、2,000元を最高限度とした。小把頭の給与は、従来と同じように基本給、職務給、奨励給に分けられたが、基本給は大把頭の場合と同様に出炭１トンにつき３銭以内、入坑１人につき６銭以内、従業１人につき4.5銭以内とし、職務給は作業把頭の給与として小把頭に支給し、奨励給は配下常備夫月末在籍人員１人につき採炭夫の場合50銭以内、その他の常備夫の場合30銭以内とするが、当月中新規採用の採炭夫

表3-4　撫順炭鉱の把頭人数の推移

(単位：人)

年別	1932	1933	1934	1935	1936	1937	1938	1939	1940	1941	1942	1943
人数	107	118	109	76	71	82	93	224	391	340	343	439

出典：同前、568頁「1931-1940年撫順煤鉱把頭人数」、「1941-1943年撫順煤鉱把頭人数」より作成。
注：把頭は大把頭、小把頭、作業把頭を含む。

　1人につき5元、その他の常傭夫3元を増額し、解傭（労工の解傭は、炭鉱側による解雇および本人の意思による辞職、逃亡などを指す）の場合、いずれも5元を減額することとなった。作業把頭の給与は基本給と奨励給に分けられたが、基本給は本人の稼働日数1日につき2元とし、奨励給は小把頭の所属によりその基本給と奨励給の合計額の20％から40％まで変動するとした[29]。

　要するに、把頭の給与は出炭量、作業把頭の給与および従業人員の人数によって決定され、出炭量の増加と労工の採用を奨励し、解傭を処罰することを通じて把頭の作業監督と労工募集の機能を期待すると同時に、労工の逃亡防止、小把頭と作業把頭の連携協同によって作業能率の向上を図った。

　さらに、1944年9月、老虎台坑、万達屋坑、東郷坑では直轄小把頭による請負制が行われた。大把頭鄭輔臣所属下の6人の小把頭および大把頭徐殿魁所属下の7人の小把頭が3炭坑を請負い、出炭量1トン当たり3.178元を請負費の基準とした。この請負制によって労工にどれだけ工賃を支払うかは炭鉱側に関係せず小把頭によって決定され、1911年以前の請負把頭制に戻った。そして請負把頭制実施後の労工の作業能率を見ていくと、1942年は0.278トン、1943年9月は0.234トン、1944年1月は0.228トンと漸次減小した[30]。これとは逆に把頭の人数は、表3-4に示すように1937年以降増加する一方であった。

　1931年の把頭規程により大、小把頭の任免が炭鉱側より決められたことは前述したが、1936年までの把頭数の減少はこの反映であると考えられ、それ以後労働力の不足に対応するため把頭の募集機能が利用され、これにより、把頭数の急激な増加が見られた。特に華北労工の募集が困難であった1939年、把頭数は前年の約2.5倍に達した。

上述のように、撫順炭鉱は、作業能率の上昇、出炭量の増加を追求するために把頭制から直轄制へ、そして、再び把頭制に戻ったが、作業能率は上昇せず、出炭量も1938年以後減少する一方であった。把頭制および直轄制の変遷の過程は、撫順炭鉱の労務管理の失敗の過程であるとも言えよう。こうした中で労工の生活はどのように変化したかについては本章第3節で検討することにする。

(4) 県把頭

前述のように労務新体制実施後、「満洲国」内の行政供出による労工が大量に使用され、特に各炭鉱の労働力不足に対し、募集地盤を設定して、労工の募集を促進する対応策を採った。実際には募集地盤の労工募集は単純な募集ではなく、行政力による強制供出であったことは前述した通りである。供出した労工は地盤所属の各炭坑に就労させた。撫順炭鉱では、こうした供出労工が依然把頭の管理組織に入れられた。しかし、このように供出された工人を現行の把頭制度の下に大、小把頭の配下労工として配属することが「現勢ニ適応セザルモノト認メラレ」[31]ため、1942年6月、同鉱総務局労務課より炭鉱長宛に「把頭制度一部改正ノ件」を提出した。

それによれば、①国内募集地盤県の供出労工には現行の把頭制度は適用しない、②地盤県ごとに県把頭（何何県、例えば撫順県把頭）と称する把頭を設置し、供出労工は県把頭の配下とする、③県把頭は供出県の推薦によりこれを撫順炭鉱が任命する、④県把頭は大把頭または小把頭とし、その職責は一般把頭に準ずる、⑤県把頭の給与は配下労工の稼働高の 8 − 11.5％ とする、⑥県把頭は出身県内で代理人を設置し、炭鉱の派遣人員との連絡を密接すべし、⑦労工の宿舎は一般労工と同様に貸与し、食事は共同自炊を原則とする、⑧労工が借金する時に県把頭を保証人とする保証書を提出し、県把頭より処理する、⑨作業把頭を設置すべき、手当を支給するが、配下労工の稼働高に算入しない、⑩労工の工賃は個人計算で一括で支払うとし、このほかに、労工の人数が少ない時に県把頭の給与は月200元を最低限度として保障された[32]。

供出労工が現行の把頭制に編入されなかった理由は、把頭の直接募集による

ものではないため、「其配属を受けたる把頭と相互の感情に疎通を欠ぐ嫌ひ」[33]があることが考えられ、そして、同じ県の出身者を把頭にすれば、労工の管理が容易にできるのではないかという炭鉱側の目論みがあったと思われる。また、県把頭は県側により推薦されたものであり、その給与は配下労工の人数により決められたため、彼らは自己の利益を追求するためにできるだけ多くの労工を供出させることで炭鉱側の期待に応えた。また作業把頭の設置が求められ、またその給与は労工の工賃と関係せず炭鉱側から支給されるため、労工の作業の監督を強化すると同時に県把頭の収入をも保障した。同文書によれば、撫順県、清原県、新民県、復県、遼陽県、安東市、庄河県、岫岩県、青龍県の9県の年間供出見込数は14,800人となった。各県の県把頭はこうした労工の就労によって多くの収入を得ることができたと推測できる。

　上述のように、県把頭の設置および関連措置は、各県の労工の供出を確保するための対応策であり、労働力不足の解決策として炭鉱に期待されていた。しかし、県把頭だけでは多くの労工の供出が期待できるわけではなく、1944年8月、満鉄殖産局長が撫順炭鉱総務局長宛の文書の中で、供出県に対する宣伝、宣撫工作の施行を提議した[34]。それによれば、医療、映画、芝居、スライド、および農具の貸与などの事業を通じて労工の供出を順調に行わせると同時に、重点村を設置し、その村にモデル農場を作ることを通じて産業の発展を促進し、供出工作の拠点にもなる、ということである。また1944年、撫順県で2カ所、新民県で1カ所のモデル農場を設立し、1945年、清原県、庄河県、法庫県でそれを設立する予定となった。こうした施策を通じて労工の供出を円滑に進めようとする狙いが明らかである。しかし、様々な施策を実施したにもかかわらず、供出労工の労働効率の低下、賃金、労働条件への不満、熟練労働者の養成の困難などの問題は、解決できなかったことは前述した通りである。

　一方、「満洲国」の労働力不足の問題が激しくなる中で、一つの解決策として、また華北の治安維持の観点から多数の特殊工人が満洲に送られたことは前述したが、以下、特殊工人はどのように組織され管理されたかを明らかにする。

(5) 隊長制

　特殊工人は捕えられたのち、労工訓練所に入れられ、そこでは軍の組織が維持され、元軍の幹部が選抜されて捕虜の管理に当てられたことは後述するが、こうした「以華制華」（華を以って華を制す）の政策は、特殊工人が満洲に送られた後も引き続き行われた。特殊工人は入満時、「十名（内外）ヲ一班ニ編成シ班員中ノ優秀分子ヲ班長トス……班長ハ輸送中ニ於ケル逃亡防止及ビ就労地（作業現場）ニ於ケル班ノ統制指揮者タル責任ヲ附与スル」[35]ことが規定された。入満途中の管理組織として労工訓練所の班組織が使用された。しかし、入満後の労働現場ではその組織が変更された。以下、特殊工人を最も多く使用した撫順炭鉱を中心に分析をしてみたい。

　1942年1月、撫順炭鉱総務局長より奉天陸軍特務機関長宛の「特殊工人並国外緊急募集工人ニ関スル件」によれば、撫順炭鉱に連行された特殊工人の指導訓練は「労務係員、現場係員各一名ヲ責任者トシテ管理、作業指導ニ当ラシメ且工人中ヨリ隊長（前身将校又ハ有力者）ヲ選ビ労務係直属トシ、労務係員ニ協力セシメ工人ノ指導連絡ニ当ラシム、其ノ他ハ把頭配下ニ属セシム」とし、「将校出身者又ハ有力者ノ如キハ労務係直属トシテ工人管理上ノ援助者タラシメ特殊工人ノ世話役トシ（隊長又ハ班長ノ名称ヲ与ヘル）宣伝、宣撫工作ノ一助タラシム」こととした[36]。ここにおいて、撫順炭鉱では工人管理上の援助者として特殊工人の隊長制がはじめて提出されることになった。

　1942年7月、鉱業部会第一回常任幹事会で特殊工人が「輔導工人」と「保護工人」とに分けられ、後述するように、輔導工人は華北の戦争捕虜を指し、保護工人は労工狩り作戦などによる一般人を指すこととした。そして、1943年11月、関東軍の斡旋により輔導工人約5,600人が撫順炭鉱に使用されることになり、これに伴う軍の要望に基づき、同炭鉱は「輔導工人隊長取扱内規」を作成した。同炭鉱総務局より炭鉱長宛ての取扱内規に関する文書によれば、輔導工人は把頭に配属させず、軍において就労中の隊組織をそのまま持続するものにして、把頭手当に代わるべきものを隊長に支給するとされた[37]。具体的には同内規に

よれば、隊長は中隊長、小隊長、分隊長に分け、中隊長は200人以上、小隊長は50人以上をそれぞれ管理するもので、分隊長は各現場の責任者が自ら定める。そのうち中隊長と小隊長は第一種傭員であり、分隊長は第一種傭員または第二種傭員である。中隊長と小隊長の給与には基本給と奨励給が含まれる。基本給は、中隊長は稼働1日で2元（満洲国幣）、小隊長は1元とする。奨励給は在籍延べ人数および就業延べ工数（それぞれに定められた1日の就労時間を1工数という）を基礎として算出し、その比率は基本給と奨励給との合計額で中隊長は200元、小隊長は100元を基準とし、労働者の就業率、退散率および基準人員の増減に基づいて定め、中隊長の給与は最多300元を超えず、小隊長は200元を超えることができない。分隊長は傭員の種類によって給与が異なるが、70元を基準とした。こうした制度は、形式的には直轄制下における把頭の給与の支給方法とよく似ている。

　これは特殊工人の隊長制に関する最初の規程であるが、上述の「特殊工人並国外緊急募集工人ニ関スル件」では、隊長は工人管理上の援助者、特殊工人の世話役として指定され、ほかの特殊工人は一般労工と同じように把頭の配下に属するとされたのに対し、隊長は同規程によって把頭の役割を与えられ、特殊工人はその下に属することになった。

　直轄制の下では大、小把頭は炭鉱に隷属するにもかかわらず、小把頭は従来通り大把頭に従属し、1931年以前はその任免は把頭を通らなければならず、それ以後は炭鉱側の決定によることになったが、大把頭との上下関係は依然変わらなかった。小把頭の二重隷属関係はこの直轄制の特徴であった。一方、把頭と労工は双方とも企業に従属するとは言うものの、実際は募集を通じて人身従属関係が結ばれていた。そして、「大把頭は炭鉱側のみならず、現地の軍隊、警察、憲兵、特務と密接に結託し、日本傀儡側はたびたび大把頭会議を開きその統治意図を貫徹させ」[38]、把頭はそれに基づき労工を酷使し、自らの利益のために炭鉱側の意図の貫徹を図ったことが推測できよう。それゆえ、把頭は支配者であり、人身の自由があり、本人の意思で行動することができた。

　しかし、隊長制の場合、中隊長と小隊長は鉱山側に指定され、二人の間に隷

属関係はなく、小隊長の任免も中隊長を通す必要はなかった。隊長が把頭と最も異なるのは、隊長であると同時に戦争捕虜であり、ほかの捕虜と同じように軍および企業側の監視から免れることはできず、人身の自由がまったくなかったことである。この点については、満洲労務興国会が上述の鉱業部会第一回常任幹事会に提出した「輔導工人取扱要領（案）」には「事業者ハ輔導工人幹部ノ任用ニ付テハ、特ニ意ヲ用ヒ優秀ナル日系指導員ヲシテ絶ヘス之カ把握ニ心掛ケシムルモノトス」[39]と、隊長等幹部に対する監視が明確に規定されている。

にもかかわらず、隊長制は把頭制と完全に分離したわけではなかった。前述の「特殊工人並国外緊急募集工人ニ関スル件」では、「特殊工人ノ指導訓練ハ労務係員、現場係員各一名ヲ責任者トシテ管理、作業指導ニ当ラシメ且工人中隊長（前身将校又ハ有力者）ヲ選ヒ労務係員直属トシ労務係員ニ協力セシメ工人ノ指導連絡ニ当ラシム、其ノ他ハ把頭配下ニ属セシム」と、将校から選出した中隊長以外の特殊工人は、把頭の配下に属することが規定された。特殊工人は隊長制に編成されると同時に、作業上においては隊組織全体が把頭制の下に属することが当事者の証言によっても確認されている。1942年10月、撫順炭鉱に送られた特殊工人の衣敏士によれば、特殊工人が撫順炭鉱に到着後、一つの大隊、四つの中隊に分けられたが、仕事上把頭の管理下に置かれ、日本人監督員の監督を受けざるをえなかった[40]。また、1944年、同鉱に移送された牛徳義によると、同年、東寧県より移送された200人余りの特殊工人は毎日把頭によって労働現場につれていかれ日本人の監督下で使役された[41]。これは上述の「輔導工人取扱要領（案）」に規定された輔導工人の幹部（隊長）の役割が輔導工人の日常生活の指導監督および事業者との連絡であったことと一致する。要するに、特殊工人の生活上の問題は隊長が管理するが、作業上の問題は把頭と日本人の監督によった。また、特殊工人と事業者との間の連絡役は隊長が担当した。

上述のように、隊長制を採用することにより、把頭のように隊長を買収し利用して特殊工人を管理しようとする企業側の意図は明らかである。しかし、炭鉱側はある程度把頭は信用しても、隊長に対してはそうではなかった。一方では、抗日分子を中心とする特殊工人の場合はその抵抗が激しいので、当然なが

ら多数の警備人員が必要となり、隊長に特殊工人を管理させることによって警備員を減少できると同時に、長官の命令に絶対服従する軍隊生活に慣れていた特殊工人の心理を利用して抵抗を阻止させようとする軍および企業側の企ても あったと考えられる。なお、隊長は特殊工人の生活面の世話役と定められたが、後述するように特殊工人の1日当たりトウモロコシの饅頭数個の如き生活が日本の敗戦まで続き、隊長の改善要求は炭鉱側に無視された。隊長の存在によって特殊工人の人心離散が防止でき、高収入によって特殊工人に対する監督が強化できるという企業側の目論みが、隊長制を成立させたゆえんではなかろうか。

一方、1942年以後、供出労工による労働報国隊と勤労奉仕による勤奉隊が多くの労働現場で使用されるようになったが、撫順炭鉱では1944年2月、これらの隊組織が上述の「輔導工人隊長取扱内規」に準ずることになった[42]。しかし、労働報国隊と勤奉隊の隊長は政府が任命した地方の有力者と政府官吏であり、特殊工人の隊長とまったく違う立場である。彼らは政府の立場で労工を監督する役割を果たしたが、特殊工人の隊長は、軍隊内部の上下関係があるものの、同じ捕虜になった特殊工人に対し同じ立場で生活の世話をするだけであった。

上述したように、把頭制と隊長制は様々な点で異なるが、企業にとってはいずれも労工あるいは特殊工人をコントロールするためのものであったと言えよう。

注
1） 中村俊孝『把頭制度の研究』労働科学研究所報告第5部大東亜労務管理第4冊、大阪屋号書店、1944年、2-3頁参照。
2） 蘇崇民「撫順炭鉱の把頭制度」『日中にまたがる労務支配——中国人強制連行の背景と実相』97年秋季国際シンポジウム・東京集会報告集、東京女子大学・松沢哲成研究室、1998年、10頁参照。
3） 同上。
4） 前掲『把頭制度の研究』26-27頁参照。
5） 前掲「撫順炭鉱の把頭制度」10頁参照。
6） 高網博文「『満洲』における炭鉱労務管理体制——撫順炭鉱労務管理成立史」日本大学経済学部『経済科学研究所紀要』第10号、1986年3月、112頁参照。

7）　藤本武『把頭炊事の研究』労働科学研究所報告第5部大東亜労務管理第3冊、大阪屋号書店、1943年、「序」1頁。
8）　同上、107-108頁。
9）　『南満洲鉄道株式会社第二次十年史』南満洲鉄道株式会社、1928年、575頁。
10）　『南満洲鉄道株式会社二十年略史』南満洲鉄道株式会社、1927年、176頁。
11）　前掲『南満洲鉄道株式会社第二次十年史』573頁参照。
12）　前掲「撫順炭鉱の把頭制度」14頁。
13）　前掲『南満洲鉄道株式会社第二次十年史』575頁参照。
14）　三上安美『炭鉱読本』満鉄撫順炭鉱、1937年、457頁。
15）　前掲『南満洲鉄道株式会社第二次十年史』572-573頁。
16）　満鉄経済調査会『満洲鉱山労働事情』労務時報第66号特輯、南満洲鉄道株式会社、1936年、372-373頁参照。
17）　解学詩編『満鉄史資料』第4巻煤鉄篇第1分冊、中華書局、1987年、293頁参照。
18）　前掲『南満洲鉄道株式会社第二次十年史』543-554頁参照。
19）　前掲『満洲鉱山労働事情』184-185頁参照。
20）　『南満洲鉄道株式会社第三次十年史（下）』南満洲鉄道株式会社、1938年、1725頁参照。
21）　同上。
22）　前掲『満鉄史資料』第4巻煤鉄篇第2分冊、中華書局、1987年、406頁。
23）　前掲『南満洲鉄道株式会社第三次十年史（下）』によれば、1932年から1936年までの採炭夫（常傭夫）の移動率はそれぞれ94％、115％、99％、88％、73％となり（同書1723頁）、満鉄調査部『昭和16年度総合調査報告書』によれば、1935年から1939年までのそれはそれぞれ76.9％、73.8％、78.2％、122.5％、110.9％となり（同書満洲部分資料編、別冊、17頁）、また新京調査室『満洲工業労働概況調査報告』によれば、1940年のそれは121.5％となった（同書9頁）。
24）　前掲『満鉄史資料』第4巻煤鉄篇第2分冊、553-554頁参照。
25）　同上、554-556頁参照。
26）　同上、466頁、556-557頁参照。
27）　同上、559頁。
28）　同上、559-563頁参照。
29）　1943年8月31日労務課より総務局長・採炭局長宛「撫順炭鉱把頭給与内規一部改正ニ関スル件」撫総労03第20号、撫鉱蔵文書。
30）　前掲「撫順炭鉱の把頭制度」25頁参照。
31）　1942年6月2日総務局労務課より炭鉱長宛「把頭制度一部改正ノ件」撫総労02

　　　　第6号、撫鉱蔵文書。
32)　同上。
33)　前掲『南満洲鉄道株式会社第二次十年史』565頁。
34)　前掲『満鉄史資料』第4巻煤鉄篇第2分冊、507頁参照。
35)　1941年9月30日新民会中央総会長より満鉄撫順炭鉱長大垣研究宛「特殊人ノ労働
　　　斡旋ニ関スル件」新民会中央総会公函第254号、新中組経第99号、撫鉱蔵文書。
36)　1942年1月22日撫順炭鉱総務局長太田雅夫より奉天陸軍特務機関長濱田平宛「特
　　　殊工人並国外緊急募集工人ニ関スル件」撫総庶文01第14号6ノ78、撫鉱蔵文書。
37)　1943年11月20日総務局より炭鉱長宛「輔導工人隊長取扱内規制定ノ件」撫総労
　　　03第32号、撫鉱蔵文書。
38)　前掲「撫順炭鉱の把頭制」28頁。
39)　満洲労務興国会『鉱業部会第一回常任幹事会主要議事録』康徳9（1942）年7
　　　月24日、（別紙二）満洲労務興国会理事長梅野実より鉱山労務懇談会幹事長山本駒
　　　太郎宛「輔導工人取扱要領（案）」、撫総庶文02第22号2ノ38、撫鉱蔵文書。
40)　傅波編『罪行　罪証　罪責』第一集、遼寧民族出版社、1995年、102頁参照。
41)　同上、10頁参照。
42)　1944年2月22日労務課より炭鉱長・次長宛「国内供出工人及之ニ準ズル隊組織
　　　ヲ有スル工人ノ隊長取扱方ノ件」撫総労03第34号、撫鉱蔵文書。

第2節　華北労工協会と労工訓練所

　1939年、華北労工の募集が華北、満洲、蒙彊、華中間の労働力需要の競合によって極めて困難となり、前貸金協定の違反、賃金の競争的引上げ、引抜き争奪など様々な問題を起こしたことは前述した通りである。しかし、労工募集について満洲側がいくつかの統制協定を締結したにもかかわらず、満洲側だけの統制ではこのような混乱状態を治めることができず、華北側の統制が必要となった。そして、同年2月、北京で開催された満支労働関係者会議で華北労工協会（仮称）の設立が議決され、9月正式に決定された。しかし、同協会の設立までに2年半近くかかり、この間の事情については「紆余曲折」という表現で説明したのみであり、真相は不明であった[1]。それゆえ、この節では、華北労

工協会の設立過程および労工募集中における役割を明らかにしたい。また、特殊工人が満洲に連行される以前、労工訓練所に収容されることは前述したが、労工訓練所はどのようなものであったか、その中で特殊工人がどのように訓練されたか、その実態を明らかにしたい。

(1) 華北労工協会の設立過程

華北労工協会の設立については北支那方面軍、興亜院、新民会、臨時政府（のち華北政務委員会）および各企業などが幾度か議論したが、興亜院華北連絡部政務局が編集した『華北労働問題概説』によれば、1940年3月までに同協会の設立および関連事項に関する会議、出張は40回に達した。こうした会議と出張に関する文書は華北労工協会の設立過程を明らかにするための重要な資料であるため、以下、同書の会議議事録および出張に関する控に基づいて、同協会の設立と直接関係がある部分を抜粋することにする。

　(1) 1939年10月31日、致美斎で華北労工協会（以下協会）の設立準備に関し打合せをなす。
出席者：多田部隊本間少佐、興亜院山田書記官、福田事務官、矢部儻吉、新民会降旗、渋谷、中村、島田、桑原、中川各部員。
協議事項：満洲との従来の折衝過程および将来の見通しについて説明。

　(2) 11月4日、興亜院第一会議室において第一回北支産業開発企画委員会第九分科会を開催。
出席者：興亜院山田、福田、矢部、駐中国日本大使館大隈書記官、新民会降旗武彦、開発会社日下、満鉄調査所吉田、華北交通小平。
協議事項：労働統制機関の設置の必要性、など。

　(3) 11月10日、協会設立要綱、条例、寄付行為、業務実施要綱、職制規程、1940年度予算書、機関開設予定表、満洲労工協会との協定事項、蒙疆労働統制委員会との協定事項、華北満蒙労務連絡会議に関する件、協会設立準備予定日程表など関係書類案を興亜院福田事務官の手元に取り纏め作成完了。

　(4) 11月11日、興亜院華北連絡部で北支土建協会役員の参集を求め労務関

係事項に関し打合せをする。
出席者：興亜院福田、矢部、業者側妹尾（大林組）、中野（大倉組）、江口（清水組）、須子（間組）、酒井（銭高組）、技谷（榊谷組）、矢幡（竹中組）、小坂（西松組）、大野（土建協会）協会の設立に関し労働力需要者の参考意見を求める。

　(5) 11月21日、同連絡部で華北労工協会設立に関する興亜院全体会議。
協議事項：同協会設立の草案についての説明と意見。

　(6) 11月25日、同連絡部で協会設立に関する満洲側との打合せ会。
出席者：華北側→軍第四課本間、興亜院福田、矢部、新民会降旗、満洲側→関東軍中馬少佐、「満洲国」総務庁企画処福田参事官、民生部副島補導課長、政務局岡田政務第二課長、北京通商代表部深井事務官、満洲労工協会大林供給課長。
協議事項：協会設立要綱、条例、章程、業務実施要綱案、支満蒙労務連絡会議案、満洲、華北間覚書案、など。

　(7) 11月27日、福田、矢部が済南に出張し現地労務施設を視察し、済南特務機関、山東省公署、新民会指導部、済南総領事館、満洲労工協会支部の当事者に対し協会設立要綱に関し打合せをなす。

　(8) 12月5－6日、大連関東庁で満洲および関係者側との労務連絡に関する大連連絡会議を開催。
出席者：満洲側→関東軍関係者（姓名省略、以下同）、「満洲国」関係者、満洲労工協会関係者、満洲土建協会関係者、華北側→軍関係者、興亜院華北連絡部関係者、新民会、関東州庁関係者。
協議事項：福田事務官が華北労工協会設立の必要性、設立経緯を詳細に報告し協会に対する満洲国、関東局の協力を依頼し、協会設立要綱を説明し「満洲向の労働者に対する事項其他に関する満洲側及華北側間申合（案）」「支満蒙労務連絡会議に関する満洲、華北、蒙彊側間覚（案）」「満洲労工協会ノ華北労工協会ヘノ人的参加ニ関スル申合案」「華北労工協会設立に関する専門委員会設置要領」を審議、決定。

（9）12月15日、興亜院華北連絡部で協会設立に関し蒙彊側との連絡会議を開催。
出席者：蒙彊側→蒙古連合自治政府関係者、晋北労工公会関係者、華北側→軍関係者、興亜院華北連絡部関係者、新民会関係者。
協議事項：「蒙彊向の労働者に対する事項其他に関する華北側及蒙彊側間申合せ（案）」を審議、決定。

（10）12月19日、北支那開発会社、北支土木建築協会代表が興亜院華北連絡部に参集、協会設立に関する打合せをする。同日、新民会中央指導部内に協会設立準備事務所を設け、開設準備に着手。

（11）12月21日、興亜院政務局で協会の設立に関し協会と新民会との関係に関する根本協定につき打合せをする。すなわち、実質的に協会と国民組織たる新民会との関係を緊密不離に置くことが必要であることは新民会の希望である。同日、福田、矢部は実業部に鈕労工局長を訪問し協会設立に関する臨時政府としての準備促進方につき連絡する。

（12）12月22日、協会設立に関し蒙彊側との連絡のため軍、興亜院の関係者が張家口に飛び、蒙彊にある岡部部隊関係者、興亜院蒙彊連絡部関係者と会見し協会設立に関する了解を遂げたのち、蒙彊関係当局と協会設立に関し打合せをなす。

（13）12月25日、第一回支満連絡専門委員会準備打合会開催。
協議諒解事項：身分証明書発給業務移管に関する件、募集人並びに募集従事人の指定に関する件、職位移管に関する件、募集統制に関する件、法令規則（案）の審議。

（14）12月27日、興亜院華北連絡部で支蒙間連絡協議会開催。
連絡事項：身分証明書発給業務移管に関する件、募集人並びに募集従事人の指定に関する件、労働者出国（境）取締規則、労働者募集取締規則、査証料に関する件。

（15）1940年1月6日、興亜院矢部が実業部に鈕労工局長を訪問し労工協会設立に関し臨時政府における爾後の経過を聴取し促進方を強く依頼する。

（16）１月９日、本間少佐、福田事務官、矢部嘱託が実業部に王陰泰実業部総長、鈕労工局長を訪問し協会設立促進方に関し意見を交換し、王総長は原案を尊重し１月11日行政委員会に再度説明、諒解に努める旨を約す。

（17）１月13日、鈕労工局長が興亜院を訪問し、臨時政府の意見として11日行政委員会に決定した次の条件につき説明し変更方を要望する。すなわち、１、協会財団法人の資金構成に関しては原案による一般の参加を認めず政府にて全額を出資するよう訂正してもらいたい。２、労工問題に関する満洲側と北支との協定は両国政府当事者間の協定とせず、満洲労工協会と華北労工協会理事長間の協定に変更したい。３、協会弁事処数は原案に200カ所とあるも初年度につきこれを減少したい。興亜院の渡辺、福田はこれに対し意見を伝え、さらに臨時政府においても研究する旨を約した。

（18）１月18日、鈕労工局長に対し福田、矢部より実業部において協会設立に関する具体的問題につき次の如く打合せをなし、対満蒙関係よりするも昨年大連連絡会議出発前の日本側は実業部との明白なる了解に鑑みても本件をこのように遷延するのは甚だ了解に苦しむ旨を告げ本件の急速なる解決方を要求する。１、協会の重要人事に関する中日の割合は理事長は中国人、理事３名は１名日本人２名は中国人、監事３名中、日本人１名、中国人２名、科長８名中、日本人中国人が各々４名とする。２、協会資金構成は全額を臨時政府より出資する。３、協会に対する臨時政府の補助金は初年度60万元程度とする。

（19）１月29日、興亜院の矢部が鈕労工局長を訪問し協会促進方につき懇談する。

（20）協会設立の件につき興亜院喜多連絡部長官より昨年末より引き続き数回にわたり王克敏委員長に対し説明督促し、また渡辺、福田も直接王委員長と会談したが、王委員長は「金は支那側が出し日本側が人的に支配し仕事をするのは不可」を述べ、日本側の出資折半の第一案に対しても明瞭なる意見を出さない。

（21）２月２日、協会設立に関し喜多連絡部長官より王委員長に対し根本的

理解を深めさせるとともに無理解に基づき設立進展を阻止する傾向があるのは遺憾にして、このような情勢においては寧ろ本件設立を取りやめることをしたい旨を通告し関係方面に対する本件取止め対外発表の手筈を決定するに至る。

（22）王総長が喜多連絡部長官を来訪、協会設立につき熱意を有し、取りやめ方の決定および外部発表はしばらく差し控え、一応妥協案として別途再考慮したい旨を要請し、王総長個人の意見として理事を少数とし二部長制で弁事処も40、50ぐらいで行いたいと意見陳述し、したがって興亜院においても再び本件を審議することとなり、興亜院より実業部案の提出を要求する。

（23）2月5日、鈕労工局長が興亜院の福田を訪問し、臨時政府において誠意をもって協会設立に当たる旨を伝え、実業部で作成する協会設立要綱、協会条例、章程、予算修正案を提示する旨を約した。

（24）2月14日、協会設立修正案（実業部案）に対し福田、矢部は多田部隊の本間を訪問し、之が改正に関し日本側の打合せをなす。

（25）2月15日、福田、矢部は実業部において鈕労工局長、尹労工局科長と会見し臨時政府修正案に対し次のような主要事項の改正方を要望する。1、評議員の構成権限は原案通りとする。評議員会の構成に関しては行政委員長と興亜院連絡部長官の間に正式覚書を作成すること（支那側の改正案によれば、我方［日本側］の指導発言権は有名無実となる）　2、修正案の理事3名を4名に監事1名とあるのを2名に訂正する（支那側案によれば、理事会の議決は3分の2で決定し支那側のみで議決を左右しうることとなる）　3、労工問題に関する華北側と満洲側との協定は原案通りとし両国政府当事者間において調印するものとする（満洲側はすでに国内手続も完了しかつ本件は作成前より実業部の了解を得た）　4、修正予算案は事業収入668,400元政府補助金608,620元、計1,277,020元に修正する（可及的最大限の縮小を企図する）　5、省、道、特別市に支部を設置する（北京の本部のみで北支を号令しようとするのは目下の中央集権未熟の際不可能である）　6、県市弁事処は修正案50個所を40個所に縮小する。

(26) 2月27日、鈕労工局長が興亜院を来訪し我方の提出する再修正案も結局行政委員会において否決された旨を伝え、ここにおいて本件は遂に最終的に物別れとなり当方としてはこのような政治的現状の下においては本件をしばらく見送り、日本側のみで別途取扱機関を考慮し華北労働問題を適宜処置することが適当であると判断した。なお、そのさい同局長より王委員長は依然として日本人側の参加は顧問程度とし満洲側の在支機関は一律にこれを回収してもらう理由を説明した[2]。

　以上は、華北労工協会の設立について決定から5カ月間の検討経緯である。協会設立に関する議論や各種の関係書類の作成や全面的な協定の締結は、臨時政府と関係せず、日本軍、日本大使館、興亜院をはじめ、新民会、満洲国政府、満洲労工協会、蒙彊政府、日本企業などの日本人関係者の間で行われたことが明らかである。日本人より出した提案は、日本側の意向を一方的に貫徹させようとするものであり、中国側の主張が無視されたのは当然であった。以上の議論からみれば、最も問題になったのは、協会の運営を左右する理事、監事などのトップクラスにおける中日間の人員比率であり、すなわち同協会に対する指導権の争奪である。上述のように日本側は、指導し発言する権利の有名無実化を恐れ、評議員会の構成権限を原案通りとし、その構成については行政委員長と興亜院連絡部長官との間に正式覚書を作成するよう強要し、また中国側に議決を左右されることのないように理事と監事の人員構成における日本人の割合を高めた。このような提案を臨時政府に押し付けようとしたが、行政委員会委員長王克敏はこれを飲むことなく、日本人側の協会参加を顧問程度とし満洲側の参加をも拒んで中国側の権力行使を堅持し日本側の干渉を排除しようとした。

　興亜院が作成した「原案」は、資料の制限で具体的な内容は不明であるが、協会設立前、「華北労工協会条例」が二つあった。いずれも理事4人以内、監事2人以内、理事のうち1人を理事長とすることが規定されたが[3]、協会設立の5日前の1941年7月3日に公布された「華北労工協会暫定条例」によれば、監事の人数が増えることになり、すなわち、理事4人以内、監事3人以内を置

くことが規定された[4]。また設立趣旨書によれば、理事長は建設総署督弁殷同、理事は川井正久、大林太久、烏沢生であり、監事は徐審義、張鏌緒、広瀬義忠であった。すなわち、理事のうち日本人は3人、中国人が1人であり、監事のうち日本人は1人、中国人が2人であり、全体的には日本人が多数を占めることになった[5]。王克敏の努力は失敗したことになる。一方、「華北労工協会組織章程」（草案）によれば、評議員会は、重要事項に関し理事長の諮問に応じまたは建議を為すことができると同時に、実業部総長の認可を必要とするすべての事項は、評議員会の審議を必要とするという条件が評議員会の権限として附加され、また理事会および評議員会の議決はそれぞれ過半数の出席および出席者全体の通過によって決定されるとされた[6]。このように、評議員会は重要な権限を持つ機関であるため、同会に関する中日双方の権力闘争は、激しかったことが上述の記録に明らかに反映されている。評議員の名簿が見つからなかったため、中日双方の比率が分からないが、多くの日本人の参加が推測できよう。

　そして、1940年3月、臨時政府と維新政府が解消され、南京で汪兆銘の国民政府が日本の後押しで成立した。同時に元臨時政府の管轄地域には華北政務委員会が設置された。同委員会は「一応中央政府の隷下に属する一政府機関ではあるが、一方では国務の中核をなす軍事と経済に広範囲の権限を附与され、高度の自治機能を持っている」[7]。9月、協会設立問題が再び日本軍と興亜院によって取り上げられ、原案が11月に華北政務委員会により承認された。その直前の10月3日には、「日満支経済建設要綱」が発表され、その「労務」の項目には、「東亜共栄圏の世界経済に対する優位を維持する為にも、各国及各地域が各々の有する勤労力を全体の向上の為に貢献せしむることを考えなければならない」[8]と記された。承認の背景にはこうした国際、国内政治状況の変動要因が無視できない。

　その後、華北労工協会がその設立まで7カ月間を要したということは、中国側の粘り強い抵抗を物語っている。その抵抗の中心人物が華北政務委員会委員長（1940年3月30日まで臨時政府の行政委員長）を務めた王克敏である。王克敏は前にも触れたように、新民会が成立した時に会長就任を拒否したことがあ

り、また1938年3月、維新政府が成立した時にも日本側との考えの違いから辞表を用意して反発したことがあり、日本人の指示に従い言う通りに行動する人物ではなかった。彼だけではなく、彼の片腕であった王陰泰実業部長も日本側のやり方に反感を持つ者であった。1938年11月に華北産業開発の実行機関としての北支那開発株式会社が成立し、その後、興亜院の指揮下で華北の国防基礎産業、資源産業を完全に統制したことは前述したが、華北経済の徹底的な収奪を図る同会社法が公布された時、王克敏が「これでは私達は本当の漢奸です。政府は必要ありません」と怒りを示し、王陰泰が「経済部門は全部開発会社の傘下に入り、地方には特務機関、新民会、合作社、宣撫班が地方行政を遮断する。これでは政府の必要がない。私もこれまで隠忍してきましたが、これ以上この政府にとどまっていることはできない」と述べて辞意を表明した[9]。こうした人々の抵抗が協会の設立を大幅に延期させた背景にあると言える。

　従来、中国ではこの二人の人物は漢奸であるという説があるが、上述の記録から見れば、ただひたすら日本の侵略政策に追随したのではないということがわかる。

　こうして、中国側の強い抵抗にもかかわらず、1941年7月、華北労工協会がようやく設立し、同8日に成立大会が北京中南海懐仁堂で行われた。同協会が1945年5月に解散するまで労工供出にどんな役割を果たしたかを以下に検討することにする。

(2) 華北労工協会の役割

　上述の「華北労工協会暫行条例」によれば、協会は、華北における労働者を保護し労働力の涵養を図り華北内外に対する労働力の供給配分交流を円滑にし、もって労働対策の遂行に資することを目的とし（第1条）、華北内労働者の募集供給輸送およびその斡旋、出国（境）労働者の募集配給輸送およびその斡旋、入国（境）労働者の配給の斡旋、労働者の登録および労工証労働票の発給、労働者の訓練および保護施設の経営、労働紹介所の管理経営および一般職業紹介、労働に関する各種調査、前各項に附帯関連する事項、その他華北政務委員会よ

り特に命じられる事項（第2条）を業務として行うことが規定された。

　また同協会の職制規程（案）によれば、北京に本部を置き、本部に総務部、管理部、補導部を設置し、地方には弁事処、および弁事分処を設置し、「満洲国」および蒙彊に駐在員を置くことになった[10]。同協会の基本金は40万元で、華北政務委員会と北支那開発会社が各20万元を負担することになった。また設立当初の理事長、理事、監事は上述した通りであるが、3人の日本人理事川井正久、大林太久、烏沢生がそれぞれ総務部、管理部、補導部の部長を兼任した。

　第1年度の計画では弁事処は北京、天津、青島、保定、済南、太原、開封、徐州の8都市で弁事分処は15都市で、新京、張家口に駐在員を置くこととなったが[11]、その後、弁事処は9都市、弁事分処は14都市となり、40県に県事務局を設け、東京に事務局、満洲、蒙彊にそれぞれ以前の通り駐在員を置き、組織はさらに広がった[12]。弁事処、弁事分処の処長を現地行政長官が兼任する形になったが、実際の権力は弁事処および分処の日本人主任に掌握された[13]。

　同協会は発足後、まず、新民会労工協会、満洲労工協会の駐華北の各支部、前述の公的募集機関などの労働機関を統合接収し、華北における一元的労働統制機関として11月から事務を正式に開始した。しかし、発足したばかりの同協会は上述の機能を十分に発揮することはできず、募集の統制だけに業務を展開した。

　一方、1939年の「華北労工協会職制規程」によれば、同協会は中央、各省市に労務委員会をそれぞれ設置することが規定された（第20条）。また附属の労務委員会規則（草案）によれば、委員会は労働統制、労工の募集、紛争、およびその他の労工政策に関する重要事項を審議し、委員は、中央では協会理事長より委嘱し、地方では協会処長の推薦で理事長より委嘱するとした[14]。しかし、協会設立後の職制規程には労務委員会の設置が削除された。その原因ははっきりわからないが、天津档案館に所蔵されている二つの文書が理解に役立つのではないかと考えられる。一つは、協会が設立されて間もなく、1941年8月11日に天津地区労力統制委員会委員長雨宮巽より天津特別市長温世珍宛の「天津地区労力統制委員会委員委嘱ニ関スル件」であり、もう一つは1942年11月10日に

同雨宮巽より新民会特別市総会長温世珍宛の「天津地区労力統制委員会委員（幹事）委嘱ニ関スル件」である[15]。いずれも同委員会の委員委嘱に関する要望である。

前者の別紙に「天津地区労力統制委員会編成表」が添付されているが、それを見ると、委員長雨宮と副委員長山下はそれぞれ天津特別市陸軍特務機関長、天津陸軍特務機関長であり、そのほか委員、幹事、諮問委員、分会長44人のうち、41人は日本軍、特務機関、領事館、新民会、日本企業などの日本人関係者であり、中国人は市公署の社会局長、警察局長、工務局長3人だけであった。委員会における日本人、特に日本軍の支配が明らかである。

後者の別紙には委員会要綱と委員会編成表が添付されている。同要綱を見ると、「委員会ハ天津陸軍特務機関内ニ置キ諸般ノ統制ヲ実施シ必要ト認ムル地域ニ分会ヲ設置シ統制ノ徹底ヲ期ス　民間側ヲシテ之ニ協力セシムル為別ニ業種別労働統制団体ヲ結成セシメ委員会之ヲ指導監督スルモノトス」とあり、また「地区内ノ華北労工協会ノ各機関ヲ指導シ之ヲシテ統制業務に当ラシム」とある。同委員会の統制業務は「1 地区内労働者及運搬具ノ需給調査、主トシテ各月ニ於ケル需要状態ノ申告主義ニ依ル調査、2 地区内労働者及運搬具ノ配給統制、主トシテ労働者及運搬具ノ使用及募集並ニ管外地区ヘノ移出ノ許可、但シ軍部所要ノ分ハ届出ノミトス、3 地区内労働者及運搬具ノ賃金統制、4 地区内労働者及運搬具ニ関スル一般統制業務」となっている。その運搬具は具体的には「貨物自動車、荷馬車類（牛車ヲ含ム）、手車類、馬匹類（ラクダ、騾馬ヲ含ム）」を指した。

これに基づき天津地区内における労力使用者並び供給業者を主要部門別に、土建業、運輸業、鉱業、塩業、窯業、工業、農業の七つの労務統制会が結成され、上述の統制業務の本業種内の実施を行うことになった。

また、同委員会編成表を見ると、委員長雨宮を含む委員、幹事、分会長40人が並んでいるが、日本人は36人で、中国人はただ4人しかおらず、前年より長蘆塩務管理局の1人が増えただけである。日本人のうち軍人が21人で最も多く、領事館員が3人も含まれている。中国側の華北労工協会、新民会、建設総署、

天津鉄路局からの委員などはいずれも日本人である。

　こうして、協会内における労務委員会の設立が取り消されたが、上述の労力統制委員会要綱の内容を見れば、同会は管内の華北労工協会を指導する立場であり、その業務の一部は労工協会のそれと同じであり、上述の労務委員会と同様の役割を果たすものであると言える。

　協会はその発足後、募集の統制を中心に業務を行ったことは前述したが、その統制の法的根拠として「暫行労働者募集取締要領」が協会により作成され、1942年1月1日から実施された。それによると、「労働者を募集せむとする募集主は、左の各号に依り募集許可申請書を提出し其の許可を受くべし（イ）募集地と就労地が華北労工協会の同一弁事処管轄区内にして、募集員数五〇名以上一、〇〇〇名以下の場合に在りては所轄協会弁事処を経由其の地区労働統制委員会に提出し其の許可を受くべし（ロ）募集地と就労地が協会弁事処管轄区を異にする場合及び募集員数一、〇〇〇名を超ゆる場合に在りては、募集地所轄協会弁事処を経由北支方面軍に提出し其の許可を受くべし（ハ）就労地国（境）外なる場合に在りては、該当国（境）所定の労働者募集許可証を添付し、協会本部を経由北支軍司令部に提出し其の許可を受くべし（山海関弁事処の募集許可に関する経由事務は天津弁事処に於て取扱ふものとす）。北支方面軍又は地区労働統制委員会前項の許可をなしたるときは協会本部又は協会弁事処を経由申請人に対し募集許可証を公布す」[16]とある。

　以上の文献から協会の業務内容を具体的に見ることができる。しかし、協会は募集取締業務執行の際、北支那方面軍や各地区の労働統制委員会（天津では陸軍特務機関の操る労力統制委員会）の募集許可の下に募集許可証を発給するだけであり、一元的統制機関としての機能は、軍と労働統制委員会の指導下で発揮されたことは明らかである。

　一方、協会職員が具体的にどのような業務を行ったかについて見ていこう。かつて新民会職員であった岡田春生が編集した『新民会外史――黄土に挺身した人達の歴史』（前編）という史料があるが、同書は、岡田が日本軍の中国侵略に事実上加担した新民会日本人会員の「献身的努力」をたたえるものと言わ

ざるをえない。ここに編集者の問題意識を追求する意図はないが、同書に「昭和十四［1939］年六月より河北省渤海道滄県で宣撫工作に従事し、十五［1940］年三月の新民会との統合後、十六［1941］年十一月より華北労工協会滄県弁事処長として、二十［1945］年六月の応召に到るまで勤務した」[17] 金子年光の回想が載せてあり、その内容から協会の職員がどのような仕事を行ったかを見ることができる。それを見ると、

「華北労工協会の主要目的は労働力の供給斡旋、労働者を対象とする身分証明証の発給であった。団体・個人にかかわらず、満洲国・蒙彊の企業に就労する労働者は労働票の携行が義務づけられ、通関の際提示しなければならなかった。日本国に対しては労働票がパスポートの代わりとなった。……従来、満洲国労務興国会が出先機関として天津、北京らの主要都市に発証場を設け、満洲、蒙彊に労働者を送り込んでいたが、時代の波に依って、華北労工協会に吸収され、満洲、蒙彊、日本の寡不足を中国の労働力を以て充たし需給の調整を計ったのである。私のいた滄県弁事処は管轄範囲は津海道の一部、渤海道、それに山東省の一部で、発給を求めに来る労働者の数は多く、満洲国に於ける各企業、鉱業、窯業、建設業その他の各部門に、団体、個人、縁故関係で送り込んだ実績は第一と言われ、大企業等は重視して、常駐の駐在員を配置したり、必要に応じて苦力頭を派遣して、工人募集に積極的だった。……満洲国向けの労働者は全員、労働票を携帯し、山海関で検問を受けるのである。汽車の場合は列車の中で、税関・憲兵の検問をうけ、その際、労働票を提示する。労働票には行先地、企業名迄発行所で記入してあるのである。また徒歩で山海関を超えようとする者は、この天下第一関で検問され、密貿易者らがよく摘発された。華北労工協会は管下四十カ所に弁事処をもっていたので、労働者は各弁事処の何れかで労働票の発給をうけてから、自分の都合のよい方法で、縁故、団体として、炭鉱、窯業、土建業者にと流れて行った。後には共産軍兵士が労働者に化け、満洲国へ潜入の噂もあって警戒も厳しくなった」[18] とある。

華北労工は身分証明書および労働票を携帯しなければ入満できないため、そ

れらの書類の発給は、協会職員が行う主要な業務であることがわかる。また労工募集は、企業側が派遣した駐在員、特に把頭により行われ、同時に共産党関係者の入満を恐れて入満者に対する厳しい体制がとられた。

一方、協会設立後、満洲、蒙彊、華中などの華北における募集に対し、制度上に変化が現われた。1940年には特定地域を定め満蒙側に対する募集禁止地域としたが、1941年にはこれを変更し華北主要炭鉱、主要都市および港湾の周辺10キロを募集禁止地域に指定し、さらに1942年には地区割当制を実施した。すなわち、募集者の従来の縁故地盤関係、地域的希望を尊重し割当地区が画定された。これは満洲で実施された地盤募集制度の華北版であると言える。しかし、こうした措置は対外労工供給のためのものであり、華北自体労働力需要の増加に伴い、対内供給体制の確立が必要となった。そして、1943年12月「労工供出体制確立要綱」が決定実施された。これは「労工協会自体の手により華北農村における余剰労力を組織動員し、これを内外の需要部面へ供出するといふ本質的な労務動員計画」[19]である。これによって華北全地域の労工供出体制が確立されることになった。

同要綱を見ると、「要領 ②本工作実施のため協会の下部機構として県に事務局を設置し、県内必要の地に労務班長及び指導要員を置く、③県事務局に事業体職員を配置し供出全般に亙り積極的に参画せしむ、④関係機関ならびに事業体と密接なる連絡をとり、労工に対しては供出、就労、帰還を一貫したる適正管理をなし、残留家族に対しては適宜の援護措置を講じ不安緩和に努む。なほ、本工作により供出せる労工に対しては帰還後の保護補導に関し特別の考慮を加ふるものとす」となっており、また「措置①本工作は華北全域に亙り実施すべきも第一次計画として概ね四十県を指定す。しかし実施県の選定に関しては新民会と協議のうへ治安、交通、新民工作の浸透、地区産業の有無、余剰労力の多寡等を勘案のうへ決定す、②実施県は特定事業体（原則として年間概ね一万名以上を募集する重工業部門）に供出するものおよび不特定事業体（主として土建部門）に供出するものの二種に分つ」[20]となっている。

こうした要綱に基づき協会と新民会は図3－3のように末端組織の連携を通

図3-3　労工供出における新民会と華北労工協会の組織連絡網

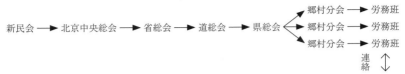

出典：前田一『特殊労務者の労務管理』山海堂、1943年、203頁より作成。

じて緊密な連絡を取り、華北農村で募集を開始し、各事業体は協会の手先として積極的募集に参加した。

　華北労工協会の農村における労働力動員は、農村人口を一定の計画により再編成することになり、新民会が行った「国民組織」運動と並行し、両者の摩擦を避けるために、協会は新民会の指導協力を求め、郷村分会の基礎組織労務班を通じて労工供出を行うこととなった。具体的には図3-3に示すように県事務局が労務班長を指導し、労務班長は新民会の労務班との連絡を通じて村内労働力の調査、組織、訓練、供出、残留家族の援護などを行うことであった。

　こうして、1944年1月から第一次計画が実施された。しかし、「この供出体制を全華北にわたって一時に実施することは予算、人員などの関係上に困難なる」ため、治安、交通状況が「良好」である山東11県、河北4県、蘇淮1県の16県が特定県として実施を開始し、その後40県に拡大したのである[21]。

　協会が労工の供出に相当力を入れたことは、上述した通りであるが、一方、労工の帰還について協会はどのような措置を取ったかについて見てみよう。上述の要綱に、本工作により供出する労工に対しては、帰還後の保護補導に関し特別の考慮を加えることが規定されたが、実態はどうであったか。金子年光が上述の回想の最後にこのような話を綴っている。

　「年間、相当数が往復している筈だけれど、往時には必ず労働票を受けねば出国できない故、帰国後は労働票を返還する者が一人も居なくて、帰還の実態が把握出来ない状態にあった。年間、相当数の労働者が移動しているのに満洲国で死亡した通知もなければ風聞もない。それ故、せめて企業だけで

も帰還実態を把握しているだろうと、各企業に求めたけれど殆ど報告もなかった。各企業に於いてもそれなりの事情があり、死亡原因、数などを明確にすれば、今後の募集に、縁故関係に響くとの恐れも多分に有ったようであった」[22]と。

労工の帰還の実態はまったく把握できなかったようだ。その原因の一つが、労工の入満に悪影響を及ぼす恐れがある死亡原因、人数の隠蔽工作であることを協会の弁事処長としても認めざるをえなかった。

1944年、太平洋方面では6月以後、米軍がサイパン島、グアム島、テニアン島に上陸し、各島の日本軍守備隊が全滅した[23]。その後太平洋方面の戦局はますます日本に不利となった。華北では同年4月からの京漢作戦(「コ」号作戦)の間に、「従来ノ [北支那方面軍] 占拠地域ノ治安急激ニ悪化」し、治安維持に当たった治安軍(華北政務委員会の綏靖軍)および南京国民政府直轄系統の軍隊が「中共党軍には太刀打ちできず、次第にその地盤を蚕食されていった」[24]。これは「中共軍が民衆の強い支持を獲得し」[25] たことによるものと、戦後の戦史も認めざるをえなかった。同年後半、共産党軍は局部の反攻を開始し根拠地を拡大し、日本軍の勢力は点と線に限られた。

こうした状況の下で兵站基地としての華北は石炭、食糧などの増産が強要され、労工問題はさらに重要視された。労働統制に関する様々な施策が行われたが、労工の不足が依然激しかった。前にも触れたように、同年8月、華北政務委員会の行政力を基本的基盤とする行政供出が華北4省で本格的に実施した。すなわち、政務委員会は、道・県から郷村までその割当数を定め、各郷村が責任をもって余剰労力を供出し、軍と大使館はこれに援助を与え、華北労工協会、新民会、合作社は資金、食糧、輸送、監督などの実務を担当した[26]。これは、まさしく軍、政、会、民、社が一体として推進する行政供出である。

例えば、同月、華北政務委員会は天津市長に「至急官電」として「戦時重要労力緊急動員を速やかに実行すべし。あらゆる労工募集は、市当局が関係機関及び華北労工協会と協議のうえ行うべし」[27] と打電した。

一方、1945年1月、北京市政府は華北政務委員会の命令を受け「戦時重要労

表3-5　華北からの行政供出人数（1944年9月－1945年1月）

(単位：人)

行　方	国内	日本	蒙彊	合計	備　考
割当数	82,800	70,000	37,000	189,800	日本向けの2月の行政供出数は1,682人である。
1月分	3,732	3,023	1,587	8,342	
9月以降の累計	29,598	17,815	17,824	65,237	

出典：華北労工協会『業務概況報告　第四号』1945年1月分、2月分（合併）、天津档案館蔵より作成。

力緊急動員対策」を提出し、29日許可され、実施を始めた[28]。同対策の付属文書「北京特別市労工動員実施計画」の「実施方策」によれば、警察、社会、経済の3局が協力して「北京市籌募労工委員会」を作り、北京市内を行政区画により城内、城外、四周の郊外の15区に区分し、各区ごとに18－45歳の者による労工名簿を作る。募集に当たっては、必要総数に応じ15区の労工登録数の比例に基づき平均的に割当する。市長はこの籌募労工委員会の委員長に、政府関係者5人、新民会市総会代表1人、協会北京弁事処代表1人の合計7人は委員になった。

　そして、1944年9月以降華北からの行政供出の行方と人数を見ることができるのは、協会の『業務概況報告』である。同報告の行政供出地区別概況をまとめれば、表3-5に示す通りである。

　行政供出体制が実施されて以来1945年1月までの間に、華北労工協会は業務として65,000人以上の華北労工を中国だけでなく、日本へも供出したことが明確に示されている。なお、戦後外務省が作成した『華人労務者就労事情調査報告書』（以下『外務省報告書』）要旨編によれば、華北労工協会を供出機関として日本に供出（強制連行）された中国人は34,717人であり、全供出人員38,935人の89％を占めており、その内行政供出は24,050人であり、訓練生供出は10,667人である[29]。上述の『業務概況報告』には満洲への行政供出の記録が未見であるため、不明であるが、協会成立後における労工証の発行数（実際供出数）はすでに第1章第2節表1-17が示した通りであり、そのうち満洲向けが最も多かった。

　こうして、華北労工協会が成立後、労工供出の中でいかなる役割を果たした

かを見ることができた。一方、上述の訓練生は「討伐作戦によって得た俘虜・帰順兵にして訓練を経た者を、一応良民として解放し」[30] て供出されたが、では捕虜はどんな場所に収容され、どのように訓練され、満洲に送られたのであろうか。

(3) 各地の労工訓練所の概況

盧溝橋事変後、日本軍が華北の各戦場で捕まえた捕虜を各地の労工訓練所に入れたことは前述したが、しかし、訓練所に収容されたのは本当の意味での捕虜だけではなく、労工狩り作戦（兎狩り作戦とも称する）や、浮浪者として捕まえた一般人も多く収容された。この労工狩り作戦について、「中国人強制連行を考える会」（以下、考える会）が中国帰還者連絡会の小島隆男に対する聞き取りをまとめた『２組の"1000人"——元将校・小島隆男さんが語る中国侵略』（花岡鉱泥の底から第５集）の中で、かつて山東省に駐屯した日本軍第12軍59師団の小隊長（後中隊長）であった小島は、次のように自分自身の経験を語った。

　小島：「兎狩り作戦」という名前がハッキリと残っています。これは、当時我々がつけた名前なんです。我々が「兎狩り作戦」で捕まえた人たちは八千名からいました。これは防衛庁の文書にちゃんと残っています。……『兎狩り作戦』というと、もうあれしかないわけなんですよ。

　府川：秋口から冬にかけて三回やったというあの作戦は四四年ですか？

　小島：四二年でした。「兎狩り作戦」というのは、いわゆる「閣議決定」の前なんです。……日本軍の第十二軍、つまり「仁部隊」の軍司令官が下した命令でやったことははっきりしているし、すでに、軍のやったことははっきりしていることなんです。我々が個々に勝手に強制連行したりなんかしたものじゃなくて、軍、即ち政府がやってたことなんです。そのために「兎狩り作戦」という名前を使っているわけです。私はこういうことを話しているのは、ちょうどそのころ、私は第十二軍の司令部にいて、作戦参謀の下で仕事をしていたからです。だから、第十二軍が作戦をするときは、我々はしょ

っちゅう動いていたんです。作戦の目的を、参謀が中隊長、小隊長を集めていちいち説明してくれました[31]。

具体的なやり方については同考える会がまとめた『特集　花岡悲歌——北京での花岡事件展』の中で、小島は次のように語っている。

「1942年、済南の第12軍が日本に労働力として中国人を送るために、どうやったら中国の人たちをたくさん、多く捕らえることができるかということで、まず2カ月ぐらい方法を研究し、訓練致しました。そのときに私たちは、その訓練に参加しております。1番最初、決まったのは、半径16キロ、直径32キロの円を描いて、日本軍が大きな包囲網をつくり、それをだんだん縮めて行き、その中へ中国の人達を追い込み、機関銃を打ち大砲を打って中心へ追い込んで、それで、畑や部落におる人たちを捕まえて、その中から労働に耐え得る元気な人だけを選んで、日本へ連れて行こうと、こういう方法を決めたのです。一番最初の作戦は済南の西方の魯西地区で、日本軍数万の兵力を使って実行しました。そしてその次は、魯南の山の中でやりました。最後に山東半島（魯東）で実施しました。この作戦で約8,000名の中国の方を捕らえた」[32]と。

日本の労働力不足を補充するために、日本政府は中国人の強制連行を閣議決定したが、その前に軍はすでに中国人労工を獲得するための「兎狩り作戦」を実施していたことが明らかである。「兎狩り作戦」という名前を付けた労工狩り作戦は、1942年秋から11月の閣議決定以前にかけて、山東省で実施された3回の作戦を指していることが上述の証言からわかる。

しかし、日本軍による労工狩りは「兎狩り作戦」だけではないことは、前述の大王店地区の集団移住によっても裏付けられ、次の資料からも明らかにされる。河北省の元氏県党史研究室が同県の労工狩りについて調査した結果、1940年日本憲兵勝間隊が300人、1941年憲兵森山隊が100人、1942年小山部隊が200人、憲兵深龍隊が50人、1943－1945年憲兵上村隊が300余人の労工を捕まえ、合計950人が華北、満洲、日本に連行された[33]。労工狩りは「兎狩り作戦」の相当以前からすでに始まったことを示唆している。これは農村の状況であるが、都

市部でも労工狩りが同じように行われた。協会が設立されたばかりの1941年7月、天津では労工狩りによって市民の生活が非常に不安定な状況に置かれたので、ある人が「華北民衆手書」の名義で華北政務委員会に「民意」という題名の意見書を提出した。その中で「天津は繁華な都市であり、万民が集う地域である。……近日人を捕まえることがよく発生し、万民が恐怖に駆けられる。……真面目な商売人も政府の職員も捕まえられた。証明書を出しても無駄であった。民衆が捕まることを恐れて街に出なくなったので、市内は満目簫条である」[34]と訴えた。また呉了紅が友人の華北政務委員会委員長の王揖唐への手紙の中で、以下のように労工狩りの様子を語った。

「天津の各地では強制的に民夫を連行することが発生し、老若を問わず一律に捕まえられた。捕まった人は紐で繋がれて連行された。市内は恐怖の雰囲気に覆われ、連れて行かれた人は殆ど生きて帰ることができないといわれた」[35]と。手紙を受けた王揖唐が調査した結果、それは天津駐在の佐藤部隊の労工狩りによることを確認した。募集難の問題を解決するために農村だけでなく都市部でも強制的な手段が使われたことを物語っている。

華北では、捕虜および労工狩りにあった一般人を収容する労工訓練所が多く設立されたが、そのうち、北平（現北京）、済南、石門（現石家庄）、太原、塘沽、青島の六カ所が相前後して設立された。当初全部日本軍に管理されていたが、1943年から華北労工協会が塘沽労工訓練所の管理に、1944年からは石門労工訓練所の管理に参与した[36]。しかし、後述するように、これらすべての訓練所は協会と関連があった。今まで労工訓練所に関する研究は、中国側の何天義の研究（『華北労工協会罪悪史』日軍槍刺下的中国労工資料及研究叢書之三、新華出版社、1995年）以外は皆無といってもよいほどで、関連資料も石門労工訓練所以外未見なので、詳細な状況は不明である。それゆえ、以下は何天義の研究、限られている資料、および生存者の証言に基づいて、まず石門以外の五カ所の労工訓練所の概況について紹介することにする。

北平労工訓練所は1937年に日本軍に設立され、北京西苑頤和園の東北（現中央党校）に位置した。同訓練所はかつて「北京第一収容所」、「北京特別蘇生隊」、

表3-6 華北労工協会による訓練地別訓練生対日供出数

訓練地	人数（人）
石門	6,113
青島	1,938
塘沽	1,432
北京（済南を含む）	1,095
済南	200
合計	10,778

出典：田中宏ほか編『中国人強制連行資料――「外務省報告書」全五分冊ほか』現代書館、1995年、278-315頁より算出。
注：この数字は実際の乗船数であり、契約数はさらに多い。その間の減員について同報告書は理由について一切触れていないが、死亡、逃亡などによるものと考えられる。なお、報告書の合計は10,667人である。

「北京西苑蘇生隊」、「1417部隊蘇生隊」と呼ばれた。訓練所の周囲は鉄条網に囲まれ日本軍一小隊と100人以上の親日中国軍隊が警備を担当した。訓練所に収容されたのは国民党軍、共産党軍など抗日武装勢力の捕虜および労工狩りにあった一般人である。石門、太原などの訓練所からいったん同訓練所に移動されてここから日本、満洲に連行されたケースが多い[37]。同訓練所の生存者田春茂の証言によれば、1941年春訓練所には9,000人が収容されていた[38]。また、日本敗戦と同時に同訓練所から釈放された張策政によれば、訓練所の責任者が解散声明の中で、数年来この訓練所に収容された政治犯は37,000人に達し、解散時は3,400人であったと語ったという[39]。あとの34,600人がどのぐらい満洲、日本、蒙疆に送り出され、どのぐらい死亡したかは、詳細が不明であるが、『外務省報告書』第一分冊によれば、日本に連行された中国人のうち、華北労工協会の訓練生供出において、表3-6に示すように北京を訓練地（労工訓練所）とする者は1,095人である[40]。

同報告書によれば、「訓練生供出ハ、日本現地軍ニ於テ作戦ニ依リ得タル俘虜、帰順兵ニシテ一般良民トシテ釈放差支ナシト認メラレタル者及中国側地方法院［裁判所］ニ於テ徴罪者ヲ釈放シタル者ヲ華北労工協会ニ於テ下渡ヲ受ケ同協会ノ有スル各地（済南、石門、青島、邯鄲、除［徐？］州及塘沽）所在ノ労工訓練所ニ於テ一定期間（約三カ月）渡日ニ必要ナル訓練ヲナシタルモノヲ供出スルモノナリ」[41]ということである。

こうした「訓練生」のうち、日本に連行された者は、ほかの行政供出、特別供出、自由募集による労工と同じように「華人労務者」と呼ばれたが、満洲に連行された者は特殊工人と名づけられた。

済南労工訓練所は1940年5月に設立され、南千仏山の麓の元華北中学校に位置した。最初は「救国訓練所」と名づけられ、済南駐在の日本軍4221部隊の管理下に置かれていた。所長は桜井栄章であり、その下に日本人、中国人による二つの事務室が設けられ、庶務、経理、教化、授産の指導官を置いた。この時期、収容者はほかの収容所と同じように捕虜と一般人であり、常時人員数は数百人から千人前後であった。注意すべきなのは、この時期の同訓練所は生活上、衛生上でほかの訓練所より優遇されており、親日の思想訓練を中心としたことである。その成果であろうか、1942年出所した元国民党軍の将校は、華北政務委員会の管轄下の新河鎮自衛団団長に派遣されたという[42]。しかし、予期したような成果は達成できなかったため、1943年3月に同所は解散し、済南市官札営街に済南新華院が設立された。新華院は日本軍第12軍に管理され、収容人員が常時2、3千人となり、機構が拡大された。捕虜は入所時に、まず200CCの血を採られてから尋問を受けることになった。生活は以前に比較すれば相当悪くなり、1944年大晦日の夜60人が凍死したという[43]。同所は解散まで3万人余りを収容し、その内死亡者は1.5万人で日本および満洲に送られた者は1万人とされた。表3-6を見ると、同所から日本に連行された者は200人であり、北京に含まれた分を加えると、数百人いると推測でき、満洲に送られた者は1.4万人以上になると推測できよう。

　太原労工訓練所は1941年太原市北東の小東門街北巷に設立され、日本軍山西派遣軍第一軍司令部の管轄下に置かれた。対外的には太原工程隊と呼ばれた。常時収容人員は3、4千人で共産党系、国民党系、閻錫山軍系、農民などであった。同訓練所は高い塀と鉄条網で囲まれ、日本軍と傀儡軍のそれぞれ1小隊が警備を担当した。捕虜の管理はほかの訓練所と同じように自治管理であり、軍の所属によって班が編成され、国民党軍系の将校3人が組織する指導部が、捕虜の生活を管理した。同所で最も残酷なのは、多くの捕虜が供出される前に日本軍の新兵の訓練時に銃剣で殺害されたことである。1942年7-8月、日本軍独立混成第四旅団所属の独立歩兵第13大隊が240人の新兵を入れたが、新兵の度胸を訓練するために同訓練所から第一次220人、第二次120人（抗日大学の

女子大学生50人を含む）を太原競馬場に連行し、銃剣で殺害した[44]。同所の収容人数、死亡者数、供出数などは資料の制約で不明であるが、日本への供出がなかったことは、満洲への大量供出を示唆するものである。なお、私が聞き取り調査した張金章、王克明は同所から撫順炭鉱に送られた者である。

　塘沽と青島労工訓練所は日本への中国人労工の移入が始まる1943年に設立され、華北労工協会の管理下に置かれた。満洲および日本に供出するために各地での労工狩りによる一般人がまずここに集められ、華北労工協会による登録、検査などの手続きを終えてから、満洲、日本に供出された。また上述の各労工訓練所の捕虜も、手続きを終えてから塘沽と青島に集められ、列車もしくは船で目的地に輸送された[45]。それゆえ、塘沽と青島労工訓練所は労工の集結地および転送センターの役割を果たすものであった。前者は塘沽の港の一角に、後者は青島体育館に設置された。どれぐらいの人が収容されたか、両者とも未だに不明であるが、日本に送られたのはそれぞれ1,432人、1,938人であることは表3-6に示した通りである。

（4）石門労工訓練所の対外供出および収容者の実態

　石門労工訓練所は現在石家庄市内にある環宇テレビ工場および平安公園構内にあった。その設立経緯については同所の『概況』（1943年11月）によれば、「主トシテ当兵団［日本軍第110師団］管内ニ於テ獲得セル俘虜（被検挙者ヲ含ム）及帰順匪中特ニ教育ヲ要スル者ヲ収容シテ之ヲ訓練教化シ帰郷若クハ労工移民セシムル目的ヲ以テ、昭和十四［1939］年三月二十八日保定ニ設立セシモノヲ、昭和十六［1941］年八月十四日石門市南兵営ニ移転セシメタルモノニシテ当兵団長ニ直属シアリ」とあり、対外的な名称は「石門労工教習所」とある[46]。同訓練所はそもそも戦争捕虜を収容するためのものだけでなく、それを「訓練教化」して労工として「移民」させる目的をもって設立されたことが明示されている。華北労工協会は1941年7月に設立されたが、その翌月に、同所は石家庄へ移転し所名も労工教習所と変更した。上述の目的と名称変更との間には関連性がないとは言えないであろう。

何天義によれば、同所が石門に正式に設立される以前は、「俘虜収容所」と呼ばれ、1941年8月から1943年12月までは「労工教習所」と呼ばれ、それ以後は「労工訓練所」と呼ばれた。労工教習所の時期、所長は第110師団の通信部隊長の伊東大佐の兼任であり、具体的な責任者は隊長の波多野であった。日本軍勤務員は合計34人いた。捕虜は幹部班、生活建設班、普通班、教育班、炊事班、老人班、障害者班、病棟班、隔離班、警備保衛班、婦女班に分け、自治管理が行われた。1942年5月「冀中大掃蕩」により、共産党系の捕虜が多数収容され、人員はそれまでの1千人前後から3千人以上に増えた。

　1944年になると、管理側の日本軍が洛陽作戦に派遣されたため、軍の管理が弱くなり、同所は華北労工協会の管理下に置かれ、所名も労工訓練所に変更した。所長は正定道尹（道の最高責任者）楊纘臣（後韓亜援）、副所長は張子元であるが、実際の権力は日本人参与奥藤寿人に掌握されていた。「石門労工訓練所日偽職員名簿」によると、全職員34人のうち、日本人職員が16名で約半分を占めていた[47]。5月の洛陽作戦で多くの国民党軍が捕虜になり、同所に収容されたため、訓練所は常時3－5千人に激増した。所内の管理は以前と同じように、全体的には少数の日本人によるものであったが、具体的な捕虜の管理は「大体20名を単位として班長及び班付を置きその上に総班長を置く。凡て選挙又は推薦による。収容する宿舎毎に舎長を置く。日本兵はポイント、ポイントを指途するに止め、殆んど自治的にやらせる。訓練所の周辺の見張りを始めとして、新入者の思想調、消毒、収容等凡て彼等自身の手でやらせて居る」[48]。この時期、同所は第一訓練部と第二訓練部を設け、前者は捕虜の受け入れと管理を担当し、後者は捕虜の訓練と対外供出を担当した。

　上述の『概況』によれば、同所が、設立以来1943年11月までに収容した捕虜の数は合計17,806人に達し、その行先は表3－7に示す通りである。

　表3－7に示したように、満洲への供出が最も多く全体の半分以上を占めており、そのうち炭鉱が中心であり、特に撫順炭鉱が最も多かった。地元の炭鉱は約10％であった。対日供出が3.5％に過ぎなかったことは、この時期日本向けはまだ試験移入期であったためである。驚くのは、死亡者数が全体の12.6％

表 3-7　石門労工訓練所の供出状況（1941年8月-1943年11月）

行　　先	人数（人）	同構成比
撫順炭鉱	2,748	55.0%
満洲炭鉱	2,620	（満洲）
本渓湖炭鉱	2,290	
東辺道開発	1,000	
昭和製鉄所	300	
井径正豊炭鉱（華北）	1,598	9.8%
帰農	913	
対日供出	564	3.5%
就職	350	
死亡	2,055	12.6%
其他	1,838	
合　計	16,276	100%

出典：飛田雄一編・解説『特殊労務者の労務管理』15年戦争重要文献シリーズ⑫、不二出版、1993年、「附録」「概況」より作成。

を占めていることであり、同訓練所の実態を物語っている。表 3-6 を併せてみると、同所の対日供出は合計6,113人であるが、そのほとんどは1943年11月以降からであることがわかる

何天義によれば、同訓練所および所属の軍、警察、憲兵、特務機関の刑務所、並びに華北労工協会石門弁事処の収容所は1945年までに約5万人を収容し、その内約2万人が死亡し、約3万人が華北、満洲、日本に連行されたという。だとすれば、表 3-6 を併せて考えると、満洲および華北への供出は2.5万人弱となることが推測できよう。

捕虜の供出に対し、受入れの企業側と供出の華北労工協会（石門訓練所）側との間にどのような取引が行われたか、これについて撫順炭鉱から興味深い文書を見つけた。1942年5月華北労工協会が満洲の企業側に出した「石門俘虜収容所工人供出ニ対スル謝金支出方ノ件」である。それによると、協会は「石門俘虜収容所工人ノ対満供出ハ華北労工協会ニ於テ統制的ニ斡旋ス、右ノ供出斡旋ヲ受ケタル業者ハ工人一人ニ付キ三十五元ヲ華北労工協会ニ納入ス、但一月一日以降五月十五日迄ノ供出費ニ対シテハ施設営繕拡充費十五元ノ支出ハ之ヲナササルモノトス」[49]と、業者に対し謝金を要望した。1人当たりの謝金の内訳は現地軍に18元、収容所2元、施設営繕拡充費15元である。そして「従来ヨリ無償ニテ供出ヲ受ケ居タル」が、「本年［1942年］初頭ニ溯リ経費支払ヲ為スコト」となったという[50]。1941年末まで捕虜の供出は無償であったことがわかる。その結果、満炭、撫順、東辺道三社はそれぞれ受けた200人に対し4,000元ずつ支払うことになった。捕虜の使役で現地軍は最大の受益者となった。一

方、1942年3月、徐州では「第十三軍関係ヨリ引受タル三月分撫順炭鉱関係九十一名ニ対スル引受代償金」は「一人当五十元……合計四阡五百五拾元」となり、石門よりさらに高い金額が支払われている[51]。

次は捕虜の訓練実態について検討してみることにしよう。

(1) 収容者の身分。『概況』によれば、1943年11月の時点で捕虜の大部分は八路軍、およびその外郭団体（抗日民衆）であった。1944年5月以後、洛陽作戦による国民党軍の捕虜13,000人、地方武装の捕虜7,500人が収容された。

(2) 一日の訓練日程。捕虜が入所する時にまず体を消毒され、名前、年齢、出身地、身分、所属部隊などを登録され、尋問が行われる。その結果に基づき班を編成し、入所教育を行うことになる。上述したように、所内は自治的管理なので、尋問が尋問科の捕虜により行われ、刑具を使われたことはないが、日本人に尋問された重要人物はほとんど残酷な刑罰を受けたという[52]。朝起きてからまず点呼、日本の国旗と南京政府の旗を掲揚し、日本および所内の関帝廟に向けてそれぞれ礼をして親日のスローガンを叫び新民体操をする。それから労働に従事することになる。上述のように、捕虜は各班に組織され、所内および所外の労働に従事させられた。所内では軍靴、靴下、軍服などの修理、野菜の栽培などが中心であり、所外では荷物の運搬、軍事施設の構築が中心である。夜点呼後、親日の歌を歌ったり、『新民報』などの親日新聞を読んだりする。こうした日程は日本軍に強制され、捕虜を労働力として使役すると同時に親日思想に転化させようとするのが日本側の意図であろう。

(3) 生活状況。元訓練所の日本人教官蔵本の証言によると、捕虜を収容する宿舎は、中が土間で真ん中に4メートルの通路があり、その両側に幅約2メートルほどの板の間があり、その上にアンペラが敷いてあって、捕虜がこの上でイナゴを並べたように寝ていた。1944年3月の時点でこのような建物は10棟あったが、その後25棟に増えた。洛陽作戦後、多数の捕虜が宿舎に収容しきれず、（5-6メートル）×（15-20メートル）の屋根だけの仮設テントを張って下にアンペラ1枚を敷き、中に収容されたのはほとんど軍服を着た国民党軍捕虜であったという[53]。この証言は生存者の証言とほぼ一致している。

また、食事については、もう一人の元職員福岡が「衣服の支給はなかったので、暑い頃に捕まえられた者は冬になっても薄着のままです。それで方面軍の参謀あたりに意見を具申したこともあるのですが、そんなに可愛がるものじゃない、と怒られました。それに食事も悪いしね、捕虜が大量に入ってきた時には、とても食糧が間に合わないんです。汁は大根や菜っぱが少し入っていてね、醤油で味付けするくらいのものでしたから。栄養失調と寒さのために、毎朝二、三十人が死んでいました。死んだ人間は衣服を取られてしまって裸にされる。本当の裸ですわ」54)と当時の状況を生々しく語った。何天義の調査では多くの生存者がこれと同じような証言を行っており、こうした証言は訓練所の凄まじさを物語っている。一方、副所長張子元によれば、日本に供出する捕虜が決まったら、日本側の負担を軽減するために捕虜1人当たりに布団二枚、靴二足、シャツ二枚、靴下二足、かばん一つ、茶碗一個を配り、食事を改善したという55)。これは果たして役に立ったのか、日本側の各事業場の報告書によれば、衰弱で渡日不許可、あるいは栄養不良で労働に不可能な状態であったことが多数報告されている56)。

　(4) 抵抗闘争。こうした中で捕虜は生存のために抵抗せざるをえなくなった。労働の中でのサボタージュ、工具の破壊、逃亡などが中心に行われ、特に、共産党員は訓練所で地下組織を作り、抵抗闘争の指揮者としての役割を果たした。1942年6月、同所では共産党冀南地区委員会書記王泊生、抗三団組織股副股長谷自珍などを中心に「六月特支」が成立し、所内の共産党員を組織し、幹部班の各科の指導権を掌握しようとした。特支の責任者の1人の朱韜の証言によれば、同年8月、特支の党員数は100人を超え、幹部班の各科の中にすでに特支の党員が入っていた57)。捕虜の中の共産党組織だけではなく、前述の副所長の張子元も共産党の地下組織の1人であった。彼は権限を利用して、入所時の捕虜の身分に基づき共産党員を訓練所の職員にし、共産党幹部の救出工作に協力を求めた。そして彼を通じて帰農、就職の名義で釈放された共産党員幹部が多かった。こうした地下組織は、その後満洲の各炭坑に送られたあとでも依然活動し、日本軍および炭鉱側に大きな脅威を与えたかについては後述する。

注
1) 例えば、かつて北海道炭礦汽船株式会社労務部長を務めた前田一は、その著作『特殊労務者の労務管理』(山海堂、1943年、復刻版は飛田雄一編・解説『特殊労務者の労務管理』15年戦争重要文献シリーズ⑫、不二出版、1993年)の中で「昭和14年9月、当局に於て北支労働力の一元的統制機関の設置を必要と認め、華北労工協会設立の準備に着手、内外関係諸方面との緊密なる連絡の下に審議を重ねたが、その間幾度か迂餘曲折に遭遇するも漸やく、昭和16年7月に至ってその実現を見るに至ったのである」と説明した(同書復刻版、214-215頁)。また松村高夫が「日本帝国主義下における『満洲』への中国人移動について」の中で「この華北労工協会の設立は、同年〔1939年〕12月11日に、華北側実業部案として臨時政府行政委員会に提出されたが決定されず、翌40年2月27日、無期延期となり、41年7月にいたってようやく実現することになったものである」と説明した(『三田学会雑誌』64巻9号、慶應義塾経済学会、1971年9月、46頁)。
2) 興亜院華北連絡部政務局編『華北労働問題概説』同連絡部発行、1940年7月、371-401頁参照。
3) 石家庄党史研究会『華北労工協会文献資料』1994年11月複製によれば、一つは「華北労工協会条例」(草案)であり、もう一つは「華北労工協会条例」である。内容から見れば、前者は1939年12月に制定されたものであり、後者は1940年11月に制定されたものであると推測できる。また後者が当時公布できなく、1941年(何月不明)「華北労工協会条例修正案」によって修正され、同年6月30日に開催する設立委員会で決定する予定となった(同書4-6頁、31-33頁)。のちに正式に公布された暫定条例は同修正案の内容と同じものであるが、ただ修正案第一条の「協会が実業総署に隷属」という表現が削除された。要するに、「華北労工協会条例修正案」が「華北労工協会暫定条例」という名前で公布されたに違いない。
4) 同上、26-27頁、前掲『特殊労務者の労務管理』復刻版、215-217頁参照。
5) 前掲『華北労工協会文献資料』27-28頁参照。
6) 何天義編『華北労工協会罪悪史』日軍槍刺下的中国労工之三、新華出版社、1995年、339頁参照。
7) 「中央政府の隷下に北支の特殊性処理——華北政府委員会の新使命」大阪『朝日新聞』1940年3月23日。
8) 企画院研究会『大東亜建設の基本綱領』同盟通信社、1943年、351頁。
9) 梨本祐平『中国のなかの日本人』第2部、平凡社、1969年、240頁。
10) 前掲『特殊労務者の労務管理』復刻版、217-220頁参照。
11) 前掲『華北労工協会文献資料』29頁、前掲『華北労工協会罪悪史』4頁(本文、

以下同）参照。

12) 東亜新報天津支社『華北建設年史』同社発行、1944年、「産業経済第三部一般経済篇」427頁参照。
13) 前掲『華北労工協会罪悪史』5頁、居之芬ほか主編『日本在華北経済統制掠奪史』天津古籍出版社、1997年、383頁参照。
14) 前掲『華北労工協会罪悪史』349-350頁参照。
15) 1941年8月16日天津地区労力統制委員会委員長雨宮巽より天津特別市市長温世珍宛「天津地区労力統制委員会委員委嘱ニ関スル件」天労委第9号、1942年11月10日天津地区労力統制委員会委員長雨宮巽より新民会特別市総会長温世珍宛「天津地区労力統制委員会委員（幹事）委嘱ニ関スル件」天労委第22号、天津市档案館蔵。鹿島花岡裁判における東京高等裁判所第17民事部宛の田中宏『補充意見書』1999年4月16日、甲第65号証。
16) 『華北評論』2月号、華北評論社、1942年2月、65頁。
17) 岡田春生編『新民会外史——黄土に挺身した人達の歴史』前編、五陵出版社、1986年、285頁。
18) 同上、286-298頁。
19) 前掲『華北建設年史』「産業経済第三部一般経済篇」423頁。
20) 同上、424頁。
21) 同上、423頁。
22) 前掲『新民会外史——黄土に挺身した人達の歴史』前編、289頁。
23) 防衛庁防衛研修所戦史室『北支の治安戦』〈2〉、朝雲新聞社、1971年、526頁参照。
24) 同上、504-507頁。
25) 同上、512-513頁。
26) 前掲『華北建設年史』「産業経済第三部一般経済篇」425頁参照。
27) 前掲鹿島花岡裁判における東京高等裁判所第17民事部宛の田中宏『補充意見書』23頁。
28) 同上、24-27頁参照。原本は天津档案館蔵。
29) 田中宏ほか編『中国人強制連行資料——「外務省報告書」全五分冊ほか』現代書館、1995年、149頁参照。
30) 前掲『特殊労務者の労務管理』復刻版、227頁。
31) 中国人強制連行を考える会『2組の"1000人"——元将校・小島隆男さんが語る中国侵略』花岡鉱泥の底から　第5集、1995年、102-105頁。
32) 中国人強制連行を考える会『特集　花岡悲歌——北京での花岡事件展』（花岡鉱泥の底から　第3集）、1993年、72頁。

33) 前掲『華北労工協会罪悪史』7-8頁参照。
34) 同上、8頁。
35) 同上、8-9頁。
36) 同上、10頁。なお、労工訓練所はまた、俘虜収容所、労工教習所、労工研究所などとも呼ばれているが、本書では当時日本側の捕虜を訓練して労工にするという意味によって労工訓練所に統一することにする。
37) 鹿島組（現鹿島建設）の花岡事業場に連行された中国人は3次に分けられたが、第1次は石門労工訓練所に収容された者であり、日本に連行することが決定されたのち、一時北京労工訓練所に移動されて日本に送られたのである（劉宝辰編著『花岡暴動』人民出版社、1993年参照）。
38) 前掲『華北労工協会罪悪史』11頁、42頁参照。
39) 同上、74頁参照。
40) これについて、陳景彦『二戦期間在日中国労工問題研究』吉林人民出版社、1999年、36-49頁をも併せて参照されたい。
41) 前掲『中国人強制連行資料──「外務省報告書」全五分冊ほか』215-216頁。
42) 呉俊「済南日軍"救国訓練所見聞"」前掲『華北労工協会罪悪史』149頁参照。
43) 殷漢文「人間地獄──済南新華院」同上、153頁参照。
44) 栗巧翠「日軍用戦俘労工当活靶練刺殺」同上、123-124頁参照。
45) 上羽修『中国人強制連行の軌跡 「聖戦」の墓標』青木書店、1993年、222-228頁参照。
46) 前掲『特殊労務者の労務管理』復刻版、「概況」（要旨）。
47) 何天義編『石家庄集中営』日軍槍刺下的中国労工之一、新華出版社、1995年、489-490頁参照。実権の所属について前掲『中国人強制連行の軌跡 「聖戦」の墓標』をも併せて参照されたい（同書188頁）。
48) 前掲『特殊労務者の労務管理』復刻版、228頁。
49) 1942年5月22日華北労工協会理事長殷同より華北労働者募集協定加入者会長宛「石門俘虜収容所工人供出ニ対スル謝金支出方ノ件」番号不明、撫鉱蔵文書。
50) 康徳9（1942）年6月25日華北労働者募集協会加入者会長左枝當一より大使館、撫順炭鉱、東辺道開発、本渓湖煤鉄公司、昭和製鋼所宛「石門俘虜収容所工人供出ニ対スル謝金支出方ノ件」撫総庶文02第22号1ノ43、撫鉱蔵文書。
51) 1942年3月27日満鉄労務代表佐々木雄哉より総裁室人事課長ほか宛「三月二十六日労務代表室ニ於テ華北労工協会益守幹旋科長ト懇談シタル事項」撫総庶文01第14号6ノ97、撫鉱蔵文書。
52) 邱祖明「石門労工教習所及対敵闘争状況」前掲『石家庄集中営』92頁参照。

53）　前掲『中国人強制連行の軌跡　「聖戦」の墓標』180-182頁参照。
54）　同上、194頁。
55）　張子元「南兵営拾零」前掲『石家庄集中営』67頁。
56）　田中宏ほか解説『資料　中国人強制連行』明石書店、1987年、561-564頁参照。
57）　前掲『石家庄集中営』169頁参照。

第3節　撫順炭鉱における一般労工の実態

　上述のように、「満洲国」が成立して以来、盧溝橋事変、太平洋戦争、2回にわたる産業開発五ケ年計画の影響で華北労工の入満については、制限から積極的募集へ、さらに行政供出、強制連行へと、政策が次々と変更された。こうして満洲に移入された華北労工がどのような労働条件に置かれ、どのような待遇を受けたか、彼らはその労働条件および待遇に対しどのように対応したか、また労工政策の変更に伴いこうした問題はどのように変化したか、についてこの節では、規模が最大で、華北労工を大量に使役した撫順炭鉱を中心に政策の変更時期に沿って検討することにする。

(1) 労働時間

　撫順炭鉱では、時代の変化によって労工の呼称が変更され、従来「苦力」と呼ばれていたものが、清朝滅亡の1911年以後は「華工」と称され、さらに「満洲国」成立に伴って「工人」と呼ばれることになった[1]。ここに取り上げる労工は常備工、すなわち常備方と常備夫であるが、特に後者を指している。常備方は定額日給の労工であり、常備夫は出来高払いの賃金形態を採用する労工である。

　まず、入満制限政策の時代について見ていくことにする。1935年8月、満鉄経済調査会は50人以上の労働者を使役する全満鉱山の労働事情について調査を行った。同調査によると、撫順炭鉱では労働者の出勤制度は、労働場所および労働内容によって異なり、表3-8に示すように日勤、二交替制、三交替制、

表3-8　撫順炭鉱における出勤制度別1日労働時間（1935年）

出勤種類	期別	労働時間	始業時間	終業時間	昼食時間	労働場所および内容別
日　勤	年中	8	午前7時	午後3時	1時間	坑内常務の日勤者および監査係従業員
	上期 下期	8 同	午前7時 午前8時	午後3時 午後4時	同 同	中央事務所、各個所事務所従業員
	上期 下期	9 同	午前6時 午前7時	午後3時 午後4時	同 同	坑外一般現場、事務所勤務の雑務、給仕従業員
二交替制	年中	10 14	午前7時 午後5時	午後5時 午前7時	同 同	坑内常務の二交替制の従業員
一番方	上期	10 14	午前6時 午後4時	午後4時 午前6時	同 同	二交替制の従業員（坑内常務者を除く）
二番方	下期	10 14	午前7時 午後5時	午後5時 午前7時	同 同	同
三交替制 一番方 二番方 三番方	年中	8	午前7時 午後3時 同 11時	午後3時 同 11時 午前7時		坑内常務者およびその他の三交替制の従業員
第一日 第二日 第三日	年中	8	午前8時 午後4時 午前0時	午後4時 同 12時 午後8時		運輸事務所三交替制の従業員
隔日交替	年中	24 （1日平均12）	午前8時	午前8時		庶務課電信室、運輸事務所運輸係、発電所、変電所その他の従業員

出典：満鉄調査会『満洲鉱山労働事情』労務時報第66号特輯、南満洲鉄道株式会社、1935年、131-132頁より。
注：二交替制、三交替制の交替時限はいずれも7日である。上期、下期は季節による変化で夏期と冬季を表わし、前者は4-9月で、後者は10-3月である。

特殊交替制と隔日交替制に分けられ、またそれによって労働時間がそれぞれ異なった。

　全体的に見れば、坑外事務所関係者および雑業方（夫）などは日勤で、坑内採炭関係者は二交替または三交替、運輸関係者は特殊交替制となっている。昼食時間は休憩時間となり、三交替および特殊、隔日交替制の労工は昼食時間がなく、すなわち休憩時間は正式に決めることなく、「適当に其の時機を見て小憩を取る」[2]のである。所定労働時間は最も長いのが二交替制の14時間であり、最も短いのが日勤および三交替制の8時間である。休憩時間は日勤と二交替制が1時間であったが、ほかの場合はなかった。坑内採炭労工の平均労働時間は10時間であり、実働時間は9.5時間である。さらに二交代制の平均労働時間は

表3-9 撫順炭鉱における出勤制度別労働時間（1939年）

出勤種類	期別	労働時間	始業時間	終業時間	昼食時間	労働場所其他
日　勤	年中	8 9	午前8時 午前8時	午後4時 午後5時	1 1	坑内常務日勤監査係 坑外一般現場従事員
二交替制 　一番方 　二番方	年中	10 14	午前8時 午後6時	午後6時 午前8時		二交替制従業員 三交替制
一番方 二番方 三番方	年中	8 8 8	午前8時 午後4時 同 12時	午後4時 同 12時 午前8時		三交替制従業員
隔日交替	年中	24 （1日平均12）	午前8時	午前8時		隔日交替制従業員

出典：満鉄調査部『満洲鉱山労働概況調査報告』満鉄調査研究資料第14編（昭和14年11月1日）、南満洲鉄道株式会社、1941年、77頁より。

12時間であり、実働時間は11時間である。要するに採炭労工の中では二交替制の坑内採炭労工の実働時間が最も長いことが明らかである。また同時期の満洲各炭鉱では日勤の平均労働時間は10.4時間であり、二交替制のそれは12時間であり、三交替制のそれは8時間である[3]。撫順炭鉱の日勤制の平均労働時間は満洲全炭鉱のそれより少ないことがわかる。なお特殊交替制を採用したのは撫順炭鉱のみであった。

　1937年に五ケ年計画が実施され、それに伴う労働力の増加が要求されたが、労工の労働時間はどのように変化したかについて見てみよう。

　1939年の満鉄調査部の調査によると、撫順炭鉱の出勤種類は表3-9に示すように日勤、二交替制、三交替制および隔日交替制の4種があり、労働時間は出勤種類等により長短がある。

　坑内常務日勤者および監査係従業員、三交替制の従業員が最短の8時間であり、二交替制の従業員は一番方10時間、二番方14時間、隔日交替の従業員は連続24時間の労働で1日平均12時間となっている。表3-8と比較すれば、撫順炭鉱では1939年、出勤種類、期別、休憩時間などに変更が見られる。すなわち、運輸事務所の三交替制はなくなり、期別において、季節による上期、下期の時間の変更がなくなり、すべて年中となった。また二交替制の昼食時間が取り消

され、日勤者しか所定休憩時間はなくなった。これは坑内二交替制の労工の実動時間は1時間延長したことを意味する。要するに、炭鉱側は、労働力不足の状況の下で休憩時間の短縮と労働時間の延長をもって出炭量を高めようとした。こうした長い労働時間に対しては満鉄調査部も「これを先進国の七時間（炭坑夫）の場合と比較すれば著しく過労と称すべきであろう」[4]と認めざるをえなかった。

そして、1941年以後、太平洋戦争の勃発、第二次五ヶ年計画の実施などによって国防産業特に炭鉱の増産が強要され、労働力の不足はさらに顕著になった。こうした状況に対応するために労工の労働時間がどのように変化したかについては、資料では確認できなかったため、元労工の証言を用いて検討することにする。

1987年8月、「中国東北地区における指紋実態調査団」（団長大阪経済法科大学副学長川久保公夫）が撫順炭鉱の元労工5人（全員山東省出身）に対し当時の労働と生活の実態を聞き取り調査した。その中で龍鳳坑で働いた劉玉琢によれば、「14-15時間以上も坑内で働いているにもかかわらず、仕事中は食事はおろか水さえも飲めない」[5]という。この14-15時間は実働時間を意味すると思われるが、さらに仕事が終わらなければ、この時間を過ぎても働かされ、二交替、三交替といっても、ずっと働き続けさせられることもあったという。このような相当長い労働時間が規定されたかどうか、資料では確認できないが、以下の背景から上述の証言の信憑性が非常に高いことが読み取れる。

1944年8月、満鉄総裁が撫順炭鉱で開かれた石炭作業討論会において、「戦局の緊迫に鑑み、時間観念の強化を各現場の作業員までに貫徹すべき、厳格な作業時間制を実行しもって作業効率を高める」こと、また「日系従業員の入坑を通じて大いに工人の生産効率に高めさせる」ことを命令した[6]。これを受けて、9月から撫順炭鉱は、作業の時間制を強化し、労工の奉公精神の「教化」を強化するために採炭所の日本人従業員が全員坑内労働に従事することになり、また同月1日から、2カ月間の「非常増産月」を実施し、大山坑の建設を5年間停止し、そこの労工が採炭に従事することになった[7]。こうした作業時間強

表3-10　撫順炭鉱の坑内災害被害者率（1936－1939年）

(単位：人)

年　次	1936		1937		1938		1939	
	人数	比率	人数	比率	人数	比率	人数	比率
従業員1万人当たりの被害者	70.9	100	40.1	57	64.5	91	74.9	106

出典：解学詩編『満鉄史資料』第四巻煤鉄篇第二分冊、中華書局、1987年、614頁「1936－1939年撫順煤鉱井下采煤災害率」より作成。

化運動のなかで労工の労働時間は相当長かったと思われる。増産に伴う労働力不足のための行政供出、勤労奉仕による労工さえも多数使用される段階では14－15時間働かされたことは疑う余地もなかろう。

(2) 労働環境

満鉄経済調査会の調査によると、1935年撫順炭鉱では「保安取締規程」を設け、各採炭所で保安検査班を設置し専任係員を置き、災害に関する研究、調査、安全施設の改善に当たらせ、労務係および現場係員と協力し作業の安全につき労働者の指導、訓練を行うことになり、また宣伝ポスターの掲示、災害防止会の設置等様々な措置を取って採炭生産の安全を図ろうとした[8]。こうした安全措置を採用した結果、労働事故が減少したかどうかを見てみよう。表3-10は撫順炭鉱の坑内採炭における災害被害者の比率（従業員1万人当たりの被害者数）の推移を表わすものである。

被害者率は1936年を100とすると、1937年は57に減少したが、五ケ年計画の第二年の1938年になると91に急増し、1939年には100を超えることになった。1937年の減少に疑問が残るが、同年盧溝橋事変の影響で労工が減少し、労働力を確保するために施設の安全に力を入れたのではないかと思われる。しかし、増産要求に迫られ、設備の安全化を無視した様子が、その後の被害者率の増加から窺える。1940年12月、満鉄調査部資料課長が調査報告において「坑内の状況は危険な状態に置かれていることは議論するまでもない事実である」[9]と作業環境の悪化を語った。表3-11は「満洲国」時期、撫順炭鉱の作業中における死傷人数の統計であり、労働条件がいかに悪化したかを見ることができよう。

第 3 章　華北入満労工の実態　269

表3-11に示すように、1938年から死傷者数が急増し、1939年は1万人以上にのぼった。これは表3-10と併せて考えれば、同年の事故の多発によるものと思われる。その後死傷者数は減少したが、それでも1万人近くが死傷している。この統計は炭鉱には籍がない供給工と請負工は含まないため、実際の死傷者数より少な

表3-11　撫順炭鉱における死傷人員の統計(1932-1942年)

年別	死傷者数合計（人）			うち死亡者数（人）		
	計	中国人	日本人	計	中国人	日本人
1932	4,667	4,394	273	113	109	4
1933	5,571	5,298	273	118	114	4
1934	4,287	4,033	254	154	150	4
1935	5,104	4,808	296	202	198	4
1936	5,655	5,325	330	211	208	3
1937	6,285	5,911	374	230	225	5
1938	7,979	7,506	473	218	217	1
1939	10,197	9,482	715	324	305	19
1940	9,694	9,019	675	293	284	9
1941	8,674	7,889	785	244	239	5
1942	9,981	9,188	793	309	303	6
合計 (比率)	78,094 (100)	72,853 (93.3)	5,241 (6.7)	2,416 (100)	2,352 (97.4)	64 (2.6)

出典：同前、615頁「1931-1942年撫順煤鉱傷亡工人統計」より。
原注：撫順炭鉱在籍者のみ。

いと思われる。また、死傷者数はこの11年間で1年平均7,099人となり、そのうち中国人は6,621人である。一方、中国人労工の数は同11年間で合計529,514人（第1章第4節の表1-34参照）であり、1年平均48,137人となる。中国人の年平均死傷者数は在職者数の約14％を占めたことになり、死亡者数は年平均214人となる。また、撫順炭鉱の「殉難者芳名簿」によれば、中国人の死亡数はさらに大きくなり、年平均259人となり、「九・一八事変」以前の25年間の年平均193人より66人増加した[10]。この高い死亡率は労働条件の凄まじさを物語っている。

上述の表3-10は4年間の坑内災害に関する統計であるが、一方、坑内災害の中で多いガス爆発、ガス燃焼については、資料の関係で不完全な統計であるが、1933年12月から1945年1月までの間の同炭鉱でのガス爆発およびガス火災は、それぞれ13回で、死亡者数は365人（うち日本人18人）になり、負傷者数は516人（うち22人）にのぼった[11]。また、中国側の研究によると、1907年から1945年までの39年間撫順炭鉱の生産高は合計202,329,859トンであるが、事故による死傷者数は271,350人に達し、1948年の撫順市の全人口28万人とほぼ同

じであった[12]。中日戦争期、日本軍の大量虐殺や、軍事工事、鉱山、埠頭、ダムなどの大規模な労働現場で労働条件の劣悪などによって大量の中国人が死亡し、埋められた場所は、その人数が万を数えるため「万人坑」と呼ばれたが、撫順炭鉱の近くにある30数カ所の「万人坑」は[13]、上述のように労工が大量に死亡したことを裏付けている。

(3) 賃金

撫順炭鉱の賃金支払は従来様々な形で行われたが[14]、1933年4月から常傭工の賃金は「満洲国」幣で支払うことになった。「常傭方」の賃金は日給制で、前月16日より当月15日までの稼働工数に対する分を月末に支払うが、「常傭夫」のそれは出来高制で、1日から月末までの稼働工数に対する分を翌月12日までに支払うことになった。しかし、常傭夫のうち採炭夫の賃金は20満工制を採用し、すなわち20日間を働かなければ、賃金を貰うことができなかった。これは採炭夫の欠勤、移動を防止するための措置である。常傭工の賃金が「満洲国」の成立から崩壊までどのように変化したか、また中国人と日本人の賃金にどのぐらいの格差があるかを示すのが表3-12である。

表3-12の賃金の増加ぶりを曲線で示したのが図3-4である。

図3-4に示すように、1937年以後中国人の賃金の増加は顕著であり、1943年までの増加率は、最高は雇員であり、その次は常傭方で、最低は常傭夫である。しかし、1944年前半の常傭夫の賃金は1943年より驚くほどの急増ぶりを見せた。中国人の賃金の激しい増加ぶりに対し、日本人の賃金の増加は1939年から始まったが、全体的には緩慢であることがわかる。にもかかわらず、中国人と日本人との賃金格差は依然大きく、表3-12に示すように、日本人の賃金は1934年では中国人のうち最も賃金が高い雇員の4.6倍、1937年では3.7倍、1940年では2.4倍、1943年では約2倍となった。上述の中国人従業員三者の平均賃金と比較すれば、格差はさらに大きくなり、それぞれ5.9倍、4.8倍、3.1倍、2.7倍となる。

1937年以後、特に1942年からの賃金の昂騰の背景には、前にも触れたが、労

第3章 華北入満労工の実態 271

表3-12 撫順炭鉱の日本人と中国人の賃金（月）の推移（1932-1944年前半）

(単位：元)

年別	日本人		中国人					
			雇員以上		第一種傭員（常傭方）		第二種傭員（常傭夫）	
	金額	指数	金額	指数	金額	指数	金額	指数
1932	99.10	103	23.54	113	14.00	105		
1933	98.35	102	20.29	97	12.77	96		
1934	95.99	100	20.71	100	13.22	100	14.54	100
1935	99.94	104	20.58	99	13.76	104	15.88	109
1936	98.32	102	22.83	110	15.35	116	16.49	113
1937	97.89	101	26.26	126	17.13	129	17.58	121
1938	98.38	102	31.77	153	21.02	159	20.26	139
1939	105.02	109	40.87	197	24.73	187	24.88	171
1940	110.07	114	46.86	226	29.49	223	31.71	218
1941	118.79	123	57.50	277	34.43	260	35.73	246
1942	134.50	140	67.00	323	41.60	314	39.00	268
1943	151.69	159	75.91	366	44.72	338	45.48	313
1944前半							67.28	463

出典：同前、530頁「1931-1943年撫順煤鉱日本人和中国人職工月工資指数表」、531頁「1943-1944年上半年撫順煤鉱第二種傭員職名別工資比較」より作成。
注：1932、33年常傭夫の数字がないために、1934年の指数が100にした。

図3-4 撫順炭鉱における日本人と中国人の賃金（月）の推移（1932-1944年前半）

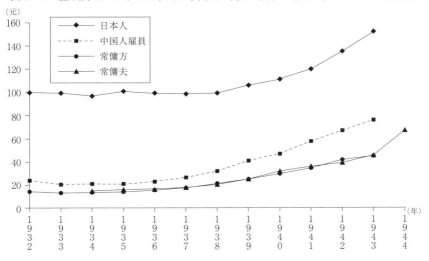

働力の不足に伴う募集難に対し、高賃金が一つの対応策であること、もう一つは後述するように物価昂騰の影響で賃金を上げざるをえなかったことによる。しかし、賃金の昂騰が、必ずしも労工の生活の向上に結び付かないことは後述する通りである。

1939年7月、第一採炭局の大山、老虎台、龍鳳採炭所では賃金の支払制度が改正され、20日満工制は給料日まで長すぎるため、移動防止の目的が達成できないどころか、かえって賃金制度自体に障害を与えるとされ、10日満工制に変更し、これをもって出勤率を高め、移動を防止し、生産高を増加しようとした[15]。1941年8月、「撫順炭鉱採炭工家族手当支給規程」によれば、家族持ちの採炭労工は1工当たり0.2元の家族手当を支給されることになり、収入が増加したと思われるが、同規程の附属文書「採炭工の優遇方策の実施に伴う措置に関する件」によれば、増加した収入は半強制的に貯金されることになり、引出すには労務係の批准を受けなければならず、さらにその用途も調査されることになった[16]。要するに、炭鉱は各種の方法で労工の賃金収入を増加したように見せるが、実際には、その全部は労工の手に入らなかった。

(4) 生計費および生活の質の変化

1932年9月の撫順炭鉱庶務課労務係の調査によると、同炭鉱労工の生計費は表3-13に示す通りである。

全体から見れば、生計費の中では主食の費用が約半分を占め、副食物がその次の20％前後で、常傭工は生存を維持するための必要最小限の生活であったことを示唆していよう。また、生計費の支出は、独身の場合は常傭方が多いが、家族持ちの場合は常傭夫が多いことがわかる。嗜好と住居に対する支出は、独身者と家族持ちでは正反対で、独身者は嗜好の支出が多く、家族持ちが住居の支出が多い。主食の中で小麦粉が最も多いことは、同炭鉱では小麦粉を主食とする華北出身者が多数であることに関係するものであろう。嗜好の少ない支出のうちでは、煙草の支出が最も多いことは労工の精神的娯楽が少なく、労働の疲労を癒す手段として利用することを意味すると考えられる。

第3章　華北入満労工の実態

表3-13　撫順炭鉱における常傭工の年間生計費調査表

(単位：元)

消費項目別		常傭方独身		常傭方家族持ち		常傭夫独身		常傭夫家族持ち	
		消費額	%	消費額	%	消費額	%	消費額	%
主食	高粱米	1.70		27.20		3.73		18.80	
	トウモロコシ	4.52		9.01		5.78		18.61	
	小麦粉	33.49		23.30		31.30		36.40	
	米	6.48		5.15		4.05		5.13	
	粟	2.40		6.06		0.80		8.64	
	大豆			1.05				0.54	
	小豆			0.34				0.34	
	計	48.59	40	72.11	40	45.66	40	88.37	45
副食物	肉類	8.95		9.59		6.14		9.82	
	野菜	12.90		20.68		12.37		16.42	
	豆油	3.48		5.33		3.25		5.91	
	塩	0.95		2.75		0.93		1.72	
	其他	2.35		5.32		2.23		3.35	
	計	28.63	24	43.69	23	23.93	21	37.22	19
嗜好	嗜好	4.76		1.79		5.32		3.00	
	煙草	12.33		7.54		11.98		11.11	
	其他	1.24		1.03		1.79		1.70	
	計	13.33	15	10.36	6	19.09	17	15.81	8
居住	家賃	6.12		30.67		4.60		25.95	
	其他	1.03		1.55		1.70		2.85	
	計	7.15	6	32.22	13	6.30	6	28.80	15
被服	衣類	12.29		18.25		11.72		17.04	
	地下足袋	2.34		1.36		3.24		2.79	
	靴	2.38		2.09		1.96		3.15	
	其他	1.00		1.20		1.22		1.07	
	計	18.01	15	22.91	13	18.14	16	24.06	13
合　計		115.71	100	181.29	100	113.12	100	194.26	100
1日の賃金		0.532		0.578		0.720		0.720	
家族数（本人共）				4.8人				4人	

出典：前掲『満洲鉱山労働事情』345-347頁「生計費調査表」より。

表3-14　撫順炭鉱における工人売店の物価指数の上昇状況

品別＼年次	1933	1934	1935	1936	1937	1938（4月）	同（5月）	同（6月）
食料品	100	98	115	128	138	139	145	140
調味料	100	93	121	139	142	139	140	142
飲料及嗜好品	100	95	102	94	105	111	116	100
雑用品	100	92	89	92	106	119	131	125
総　計	100	97	114	125	134	134	142	135

出典：前掲『満洲鉱山労働概況調査報告』97頁より。

　表3-13に示すように、常備方の1日の賃金は単身と家族持ちとでは異なり、理由は不明であるが、家族持ちの場合、多くの生活費を稼ぐための残業代ではないかと推測できる。表3-13から計算すれば、1日の生計費は常備方の場合、独身は0.32元で家族持ちは0.5元であるが、常備夫の場合、独身は0.31元で家族持ちは0.53元である。1日の賃金と比べればいずれも生活の余裕が見られるが、しかし、表3-13を表3-12と併せて考えてみると、1932年、常備方の賃金は月14元であり、1日の賃金を0.532元と考えれば、月26日以上働かなければならない。そして、月26日の就労で計算すれば、常備方の独身の年間収入は165.98元となり、家族持ちのそれは180.34元となる。常備夫の場合は224.64元となる。だとすれば、賃金から生計費を引くと、年間の差引額は、常備方の場合は独身が50.27元、家族持ちが－0.95元で、常備夫の場合は独身が111.52元、家族持ちが30.38元である。

　こうして、数字だけの計算から見れば、常備方の家族持ちは、年間収入と生計費の差引がマイナスとなり、炭鉱からの収入だけでは生活できない状態であった。それ以外の者は生活の余裕があると見られ、特に常備夫の独身者はほぼ生計費相当の金額を残した。その差引額は華北への家郷送金と見られる。しかし、健康状態、炭鉱側の事情（例えば事故）などにより、26日間の就労ができるかどうかは疑問が残る。また、表3-12によれば、1934年の常備夫の賃金は月14.54元であり、その後毎年増加しつつあったので、それを考慮にいれれば、常備夫の月18.72元の賃金は不可能ではないかと考えられる。

五ケ年計画実施後、生計費がどのように変化したか見てみよう。上述のように具体的な数字は確認できなかったが、労工の生活に直接関わりがある工人売店の物価指数の上昇ぶりを通じて検討することにする。表3-14は1933年から1938年6月までの工人売店の物価指数を示すものである。

表3-15　満洲における各指数の年別統計

年別	賃金指数	物価指数	生活費指数
1937	100.0	100.0	100.0
1938	102.2	113.6	118.8
1939	127.8	147.7	150.6
1940	157.8	204.7	200.8
1941	193.3	216.3	237.5

出典：前掲『満鉄史資料』第4巻煤鉄篇第二冊、547頁「1936-1941年撫順等地采煤工人工資上漲率」548頁、「1937-1941年生計費指数上漲率」、「1937-1943年東北各類商品歴年平均零售物価指数」より作成。

　表3-14に示したように、1935年から物価が急騰し、特に1937年以来急速に上昇し、1938年5月には142を示し、翌月は低下したとはいえ、135を示している。そのうち生活の最低限を維持する食料品と調味料の上昇は最も激しいことが、労工生活の悪化を如実に物語っている。また、満鉄調査部第二調査室の調査によると、工人売店の物価指数は1936年を100とすれば、1940年12月に各種商品の総平均指数は208.3を示し、4年間で倍以上上昇したことになる[17]。上述と同様の方法で表3-12（常備夫）を計算すれば、4年間賃金の指数は192に上昇し物価のそれより低いことは明らかである。同時に物価の上昇と労工実賃金の低下に伴い、労工の購買力が激しく低下した。1日の賃金に対する労工の購買力は1936年を100とすれば、1940年は84.5であった[18]。

　工人売店では物価の上昇が最も激しい衣料品は販売されなかったため、実際の生活費がより高くなったことは間違いない。表3-15は撫順炭鉱の賃金指数、満洲各地の平均物価指数と満鉄の中国人従業員の生計費指数の比較であるが、労工の生活水準がどの程度下がったかは、三つの指数の上昇率を比較してみれば明らかである。

　1937年の各指数を100とすると、各指数は1939年から急上昇し、特に物価の上昇率は賃金のそれより相当高く、それゆえ、さらに高い生活費指数が見られることになった。1937年から1941年までに、賃金指数は約2倍に上昇したが、生活費指数はそれを上回る約2.5倍になった。要するに、賃金の増加は生活水

表 3-16　労工の主食品における構成比の変化

品別	加工済み以外の原料品		加工済み製品と原料品	
	1937年	1940年	1937年	1940年
小麦粉	56%	9%	97.1%	28.5%
高粱粉		16%	1.4%	49.8%
トウモロコシ			1.3%	13.1%

出典：前掲『満鉄史資料』第4巻煤鉄篇第二冊、547頁より。

表 3-17　撫順炭鉱における労工の食糧配給量および価額

(単位：kg)

| 種類 | 労工 | 家族 | | 価額 |
		大人	子供（7歳以下）	1kg 当たり
高粱	12	10	7	0.09元
粟	5	4	2	0.12元
計	17	14	9	

出典：同前、552頁「食糧配給限量」、553頁「配給価額」より作成。

準の引き上げを意味しておらず、それよりさらに加速増長する物価と生活費によって、かえって実質賃金が減少し生活水準が下がることとなった。こうした労工の生活状況について、満鉄調査部は「労働者の生活は決して余裕なく、寧ろ今日の賃銀そのものが糊口賃銀とも称すべきである」[19]と結論づけたが、上述した各指数の上昇を比較して考えれば、労工の賃金は糊口もできない状態となり、最低限の生活を保障するために労工は借金生活を余儀なくされることになったのである[20]。

一方、労工生活の悪化が主食の変化からも読み取れる。表3-16はこの変化をはっきり表わしている。

表3-16に示したように、労工の主食のうち、加工済み製品と原料品は、1937年はほとんど小麦粉であったが、1940年は高粱とトウモロコシを中心とし、小麦粉は30%弱に減少した。加工済み以外の原料品は、小麦粉は1937年約60%を占めたが、1940年10%以下になった。実質賃金の減少による労工生活の質の低下を物語っている。

さらに、満鉄は同年10月に「主要食品配給限度並びに配給価額に関する件」を公布し、表3-17に示すように食品配給制を実施することになった。

高粱と粟が労工の主食として配給されることになり、米は1940年6月から日本人と朝鮮人にだけ配給され、1941年からは全面的な配給制となり、米と小麦

は中国人労工の食卓からは完全に消えてしまった。前述の張金章、王克明は、小麦粉や米で作ったものを食べたら犯罪者と見なされ、刑務所に入れられるので、米と小麦があっても買うことができなかったと証言した。17kgの配給では労工の最低限の体力維持もできず、後述のような闇市場に食料品を求めざるをえなかった。この配給の背景には以下の事情がある。

表3-18 「満洲国」における食糧の生産高および出荷量

(単位：千トン)

年別	生産高(A)	計画出荷量	実際出荷量(B)	B/A
1940	18,626		4,920	26%
1941	18,667		5,486	29%
1942	17,658		6,438	36%
1943	19,413	7,320	7,671	39%
1944	19,287	8,030	8,791	46%
合計	93,651		33,306	36%

出典：解学詩『偽満洲国史新編』人民出版社、1995年、728頁「糧食産量及出荷量」より作成。

実は、1938年11月「米穀管理法」、1939年10月「主要特産物専管法」、同年11月「主要糧穀統制法」などの法令の公布によって食糧のほとんどが政府に統制されることになった。1940年12月、民生部、興農部、経済部の共同通牒をもって、主要糧穀、被服、専売品の配給につき、徹底的な重点主義を採用して、重要産業に従事する労働者の生活安定と、労働能率の増強を図ろうとする方針を確立した。これによって、統制配給に適用する労需品、すなわち重要産業部門の労働者の生活用品は4種類に限定されることになった。その4種類とは、一に糧穀（高粱、粟、包米［トウモロコシ］、包米粉、豆油）、二に被服（地下足袋、防寒ゴム靴、ゴム長靴、衣服、作業衣、布団、防寒帽、軍手、軍足、タオル）、三に専売品（小麦粉、食塩、火柴［マッチ］）、四に雑品（煙草、白酒、救急薬品）である[21]。

太平洋戦争勃発後、食糧が日本、朝鮮、華北などに大量に供出された。「国」内では軍事用が最優先され、民間用は最後に残った分しかなかった。糧穀の統制および対外供出のため強制的食糧出荷が行われた結果、1940-1944年の食糧生産高および対外出荷量は表3-18に示す通りである。

生産高に対し実際出荷量は毎年増加しつつあり、1942年生産高は減少したにもかかわらず、出荷量は依然増加し、1944年実際出荷量は同年生産高の約半分

表3-19 瀋陽市における十種類生活用品の公定価額と闇価額との比較（1942-1945年）

種 類	各公定価額（100）と闇価額との比較指数				1945年6月の公定価額と闇価額		
	1942	1943	1944	1945	単位	公定価額（元）	闇価額（元）
米	415.7	1,258.2	1,669.0	4,444.4	20市斤	5.40	240.00
小麦粉	694.2	1,407.5	3,757.8	5,294.1	1市斤	0.34	18.00
高粱米	603.4	2,497.7	1,762.0	1,760.0	20市斤	2.50	44.00
トウモロコシ				1,066.7	1市斤	0.15	1.60
卵	173.1	201.7	324.0	875.0	10個	4.00	35.00
豚肉	154.4	360.8	466.7	857.1	1市斤	3.50	30.00
豆油	775.2	1,188.7	1,945.2	6,034.5	1市斤	0.58	35.00
焼酎	283.1	902.0	1,438.5	1,960.8	1市斤	2.55	50.00
綿布	999.5	1,526.8	6,973.7	15,686.3	10市尺	2.55	400.00
石炭	238.3	354.9	857.1	2,472.5	1トン	36.40	900.00

出典：前掲『満鉄史資料』第四巻煤鉄篇第二分冊、549頁「1942-1945年瀋陽市10種生活用品公定価格与黒市価格比較」より。
原注：1945年の指数は同年6月の指数、1市斤は0.5kg、1市尺は0.3メートル。

を占めることになった。農民の生活がいかなるものかを物語っているものである。強制出荷のため、多くの農民が餓死し、自殺した[22]。

　次に、第二次五ケ年計画計画実施後における撫順炭鉱の労工生活は、こうした状況の中でどのように変化したかを見ていくことにする。1941年からいよいよ全面的食糧配給が実施されたが、「物資の全面的逼迫、配給技術の欠陥と労働者側に於ける観念の不徹底により多くの混乱を惹起した」[23]状態という。要するに、物資の極端な不足、物価の大幅な上昇、配給量の不足、ひいては物資が入手できない結果、闇市場が繁盛し、闇価額が公定価額より数倍、数十倍と高くなり、公定価額自体も毎年大幅な高騰が見られた。表3-19は公定価額と闇価額の比較であり、表3-20は満洲主要都市における闇価額の上昇を示すものであるが、当時の満洲の闇市場の横行ぶりを窺い知ることができる。

　表3-19に示したように、10品目中、綿布は闇価額と公定価額との差が最も大きく、1942年は闇価額指数が公定価額指数の約10倍となり、1944年は約70倍に急増し、翌45年6月には157倍弱に至った。その次に差が大きいのは豆油と小麦粉であるが、米と小麦粉はほとんど労工に配給されなかったため、労工の生活に欠かせない高粱とトウモロコシの価額が重要な意味を持つことになった。

1942年、高粱の闇価額は公定価額の約7倍であり、翌43年、約25倍に激増したが、1944年以降は逆に17倍余に下がった。後述のように1943年から配給統制の強化によって労工の食糧不足がさらに深刻となり、労工が闇市場に頼らざるをえない状況となったため、同年の闇価額の激増はこうした状態を反映したものであると考えられる。その後、物価の上昇と実際収入の減少によって労工の購買力はさらに減少し、同時に配給制の重点主義の実施により重要工鉱業労働者の食料品がある程度保障された。1944年以降高粱の闇価額の値下りはこうした状況を示唆していると考えられる。

表3-20 「満洲国」末期における各商品の平均闇価額指数（1941年12月＝100）

年次	長春	瀋陽	ハルビン
1942年	142.2	155.0	163.8
1943年	214.3	439.7	354.1
1944年	638.3	792.0	703.0
1945年1月	1,423.1	1,645.5	1,518.9
3月	1,602.0	2,211.0	1,550.9
6月	2,626.7	3,053.7	2,136.0

出典：同前「偽満末期長春等三城市黒市価格指数」より。

表3-21 「満洲国」における中国人の食料品配給標準（1943年）

（単位：Kg/月）

類別		配給量
労需	第一種	24.0
	第二種	15.5
一般	甲：特殊会社、官庁およびその相当者	
	大人	12.0
	子供	7.0
	乙：その他	
	大人	9.0
	子供	7.0
農村	大人	6.5
	子供	6.1

出典：蘇崇民ほか編『労工的血与涙』中国大百科全書出版社、1995年、245頁「1943年東北居民食料配給量標準」より。

また、表3-20が示した通り、闇価額の上昇は満洲全体にわたり激しかったが、中でも南満（瀋陽）が北満（長春、ハルビン）より指数が高く、これは、南満では大量の労工を使用する工場、鉱山が集中しているためであると考えられる。

1943年「満洲国」では配給の重点主義に基づき、食料品の配給量は表3-21に示すように労需、一般、農村の三種類に分けられた。

労需とは所謂五ケ年計画関連産業に従事する人員であるが、第一種はそのうちの重要鉱工業労工を指し、その他を第二種とした。表3-21に示すように、最も重労働の人でも配給量が24kgしかなかった。実は都市によって配給量が

表 3-22 労工の配給基準量の変化

(単位：kg)

類別		1943年8月	1945年4月
労工	甲（特別重労働）	24	25
	乙（重労働）	23	20
	丙（一般労働）	21	13
家族	大人	不明	11
	子供	不明	6

出典：同前、245頁より作成。

異なり、例えば、普通市民（一般、乙）に対しては、営口、鉄嶺、本渓などでは、大人は7kgで、中人（3-10歳）は4kg、それ以下は2kgであるが、撫順は大人7kgで、子供は1kgである[24]。にもかかわらず、実際は規定したとおり入手することはほとんど不可能であり、農村と同じように餓死した人、絶望して自殺した例もあったほどの悲惨な状況であった[25]。

　こうした状態の中で1943年8月から満鉄では、労工の食糧箇所責任配給制度が実施された。同制度の趣旨によると、「現下食糧問題ノ重要性ト工人能率ノ向上、労力ノ維持培養、各個労力度ニ応ジタル適正配給等労務管理上ノ必要ニ基キ」、「所期ノ目的ヲ達成センガ為本制度ヲ実施セントス」[26]とある。同趣旨は食糧問題の厳しさを物語っている。この制度によると、撫順炭鉱の労工は甲（特別重労働者）、乙（重労働者）、丙（一般労働者）の三等級に分けられ、各等級別の基準量（月、精穀）はそれぞれ24kg、23kg、21kgであり、さらに配給量は最高30kgで最低10kgであると規定された。家族については毎月実人員に対し別に定めることになった。

　これは、表3-21に規定された重要工鉱業に従事する労工の配給量と大体相応しているが、1942年労務管理研究会保健部会が制定した戦時工人食糧標準量の36kg（未加工の穀物）、31.2kg（加工済み）よりかなり少ないことがわかる[27]。

　1945年4月、満鉄では労工の配給基準量が改正され、上述の配給量と比較すれば、表3-22に示すとおりである。

　1943年と比較すれば、1945年は、甲種労工の配給基準量は1kgを増加したが、その他は減少し、特に丙種労工のそれは8kgと激減した。労工全体から見れば、1945年は1943年より10kg減少した。

こうして、労工は上述のような闇市場に物資を頼らざるをえなくなったが、食料品の極端な不足と闇市場の横行という悪循環の中で、労工の生活は著しく低下し、困難を極めた。1943年撫順炭鉱に来た山東省出身の労工張道迎の話によれば、「食べ物はおかずなしでトウモロコシとドングリを混ぜて作ったまんじゅうを１人八個、病人には六個くれた。働けない者にはくれなかった。野菜、油などの食品の配給があったはずなのに、最初の一カ月目に二五〇グラムの油をくれただけであとは何もくれなかった。炭鉱労働者はまんじゅうしか食べられない。米を買って食べるとすぐばれてしまい経済犯罪になってしまう」[28]と、当時の労工生活の様子を生々しく語った。

(5) 労工の対応

 上述のような過酷な労働条件および悪化しつつあった生活に対して、労工がどのように対応したかを見ていくことにする。

 まず、労働争議について検討する。「満洲国」成立以前、満洲における労働争議は賃金の値上げを中心に行われた[29]。こうした運動の中で特に1926年４月に大連中華工学会が指導した満洲福紡株式会社のゼネストが有名である。同工学会は中国共産党の指導下に置かれた満洲の最初の組合組織である。ここでは労工の要求がある程度認められたが、その代わり工学会は解散され、共産党員が逮捕されるなど、満洲の共産党組織に打撃を与えた。撫順炭鉱では1923年12月、楊伯堡坑において賃金の値上げ、食糧品の値下げを要求し、全坑1,500人のうち1,400人がストライキに参加し、また1924年４月、万達屋坑において賃金制度の変更による収入の減少問題をめぐって労工がストライキを起こし、ほとんど全員が参加した[30]。こうした労働争議は前述の撫順炭鉱の指紋制度の導入と直接関係があるものと考えられる。

 しかし、「満洲国」が成立して1934年までの間、撫順炭鉱の労働争議は１件もなかった。これについて、満鉄経済調査会は以下のように結論を下した。すなわち「従来満洲の大鉱業部門に於て発生した争議が概して共産党の煽動に依るものであったから、共産党の大検挙が行はれ、続いて満洲国の独立により思

表 3-23　撫順炭鉱における
　　　　労工移動率の推移
(単位：％)

年度	常備方	常備夫
1932	39	94
1933	45	115
1934	29	99
1935	28	88
1936	24	73
1937	32	83
1938	41	118
1939	48	107
1940	45	89
1941	43	107
1942	50	115
1943	51	104

出典：『南満洲鉄道株式会社第三次十年史』同社発行、1938年、1723頁「年度別常備工移動率表」、前掲『満鉄史資料』第四巻煤鉄篇第二分冊、474頁「1936-1943年備員流動状況表」より作成。

想運動に対する圧迫が一層加へらるるや、労働者に対する待遇の比較的よい該部門に於ける争議が急激に減少したのであろう」[31]とある。共産党への弾圧による争議の減少を示唆するものである。

一方、生活面から見れば、前述のように1932年の賃金と生計費の比較で常備方の家族持ち以外の労工は、生活に余裕がもてると見られた。これは争議の減少の一因になると考えられるが、1937年以後、表3-14に示したように、生活費指数の上昇が賃金指数の上昇よりさらに激しくなったため、生活水準が低下したことは間違いなく、労働争議の多発が推測できる。しかし、これについての記録は確認できなかった。むしろ激しい労働移動や欠勤などが炭鉱側を悩ましたことが多く記録されている。この時期の労働争議の減少について、1942年に出版した『満洲国警察史』は以下のように記述している。

「満洲事変勃発に引続き建国となり、政治機構の大変革、強力なる軍警の布陣と王道主義の実践は、思想運動に又労働運動に決定的打撃を与へ、その末梢に於ては過渡的に一部左翼的争議も発生したが、之等も亦官憲の弾圧により次第に影を没し、左翼思想を背景とする労働運動として見るべきものを発見せざる状態である。斯の如き現象は、満洲事変に因る重大なる衝撃と、建国の歴史的新事態及び建国理想の齎した精神的影響に因るものであり、必ずしも経済生活の安定のみと観察することは出来難いのである」[32]と。労働争議の減少の原因について軍警官憲の厳しい鎮圧を示したと同時に、経済生活の安定だけでは片づけられないことを明確に指摘している。

これについて、上述の張道迎の話によると、機械を破壊したり、車をひっくり返すなどの抗議をよくやった。デモもしたかったが、その前に不審に思われたらすぐに連れて行かれた。日本人は鉄砲を持っていたので、自分の時代は大

きな運動はなかったという。張道迎は1931年14歳の時から1975年まで老虎台で働いた。要するに、「満洲国」時期、撫順炭鉱では武装した日本人の厳しい監視の中で大きな労働争議が起こせなかった。その代わり労働道具の破壊が日常的な抵抗となった。

次は炭鉱側の文書によく現われる労働移動、逃亡の状態を通じて労工の対応を見ることにする。表3-23は1932年以後の撫順炭鉱の労工の移動率を表わすものである。

1937年以前と比べれば、以後の移動率が高いことが明らかである。特に常備夫の移動率が1938年激増し、その後少し減少したとはいえ、100％以上の高い移動率を示した。移動の原因は第1章にも触れたように様々あるが、支配者の圧迫、労働条件の過酷、生活水準の悪化などに大きな関係があったと考えられる。1929年山東省から来た張忠亮の証言によれば、「一九三九年だったと思うが、炭鉱が爆発して、多くの人が死んだ。それで嫌になって自分は逃げた」と、また、前述の劉玉琢の証言によれば、「自分も病気にかかった。八十人位、同じ部屋にいて、そこに病人が集中していたからたぶん伝染病と思う。治療は何もしないので一日に何人もの人が死んだ。その部屋は外部から隔離された。自分は少し体の具合がよくなってから逃げ出した」と、いずれも過酷な労働条件によって逃亡したのである[33]。

逃亡者を捕まえるために、撫順炭鉱および撫順市の華北労工募集加入者会は撫順の各駅、停留所、主要な道路で検問所を設置し、鉄道警備隊の協力を求め、1941年4月、合計10カ所で15人を置き、そのほか25人を予定人員とした[34]。また同年8月、逃亡防止策として、逃亡者1人を捕まえたら20銭を奨励し、無断募集者1人を捕まえたら10銭を奨励すること、が規定されると同時に、「①採炭労工の作業服、ゴム靴、ヘルメット、ベルトを無料で配給する、②出勤する採炭労工に小麦粉で作った饅頭を配給する、③採炭労工の家賃を免除する、④採炭労工の基本工賃を1.6元から1.9元に引き上げる、⑤採炭労工に関する「婚姻扶助内規」を制定し、毎年200人の結婚を扶助する」という採炭労工の待遇を改善するなどの方策が実施された[35]。

しかし、逃亡者は依然多く、1944年4－9月の6カ月の間に28,013人を解雇し、その中逃亡者は17,198人で61％を占め、逃亡者のうち31％にあたる5,355人が捕まえられた[36]。このような状況が上述の労工の証言からもわかる。上述の劉玉琢の証言によれば、指紋を使って労工の身分を調べ、逃亡した人を捕まえたら、労工協会が50銭の褒美を出すこともあったという。また上述の張忠亮は逃げ出してから22日後に捕まり、炭鉱に連行されたという。

こうして、撫順炭鉱は様々な措置をもって労工の移動、逃亡を防止しようとしたが、出炭量の増加が強要される中で、労工の人身安全および生命を維持する最低限の生活費の保障もないため、多数の移動が余儀なくされ、特に逃亡は、労工が炭鉱側に抵抗する重要な手段となった。

注
1) 三上安美『炭鉱読本』満鉄撫順炭鉱、1937年、431頁参照。
2) 満鉄経済調査会『満洲鉱山労働事情』労務時報第66号特輯、南満洲鉄道株式会社、1935年、125頁。
3) 同上、117-118頁、123-124頁、127-129頁より算出。
4) 満鉄調査部『満洲鉱山労働調査報告』満鉄調査研究資料第14編（1939年11月1日）、南満洲鉄道株式会社、1940年、76頁。
5) 「指紋なんてみんなで"不"の会」編『抗日こそ誇り――訪中報告書』1988年、26頁。
6) 解学詩編『満鉄史資料』第四巻煤鉄篇第二冊、中華書局、1987年、422頁。
7) 同上、422-423頁参照。
8) 前掲『満洲鉱山労働事情』282-287頁参照。
9) 前掲『満鉄史資料』第四巻煤鉄篇第二冊、404頁。
10) 蘇崇民ほか編『労工的血与涙』中国大百科全書出版社、1995年、384頁参照。
11) 前掲『満鉄史資料』第四巻煤鉄篇第二冊、612-614頁、「1933－1945年撫順煤鉱部分傷亡事故状況表」より算出。
12) 前掲『労工的血与涙』386頁参照。
13) 老田裕美「『特殊工人』と『万人坑』」『日中にまたがる労務支配――中国人強制連行の背景と実相』1997年秋季国際シンポジウム東京集会報告集、東京女子大学松沢哲成研究室、1998年、72頁参照。
14) 満鉄経済調査会『満洲の苦力』南満洲鉄道株式会社、1934年、50-53頁を参照さ

れたい。

15) 前掲『満鉄史資料』第四巻煤鉄篇第二冊、534頁参照。
16) 同上、537-538頁参照。
17) 同上、546頁参照。
18) 同上、546頁、表「購買力指数」より算出。
19) 前掲『満洲鉱山労働調査報告』96頁。
20) 前掲『労工的血与涙』225頁。1940年8月満鉄の調査によると、140人の中国人雇員と傭員（家族平均3.8人）の生活費の毎日平均支出は2.09元であるが、平均日給は0.817元しかなかった。不足分を補充するための同月の借金総額は2517.32元で平均1戸当たり17.98元であった。借金以外、故郷（農村）からの救済など、地縁、血縁関係を依頼して生活を維持するものが多い。
21) 満洲鉱工技術員協会編『満洲鉱工年鑑』康徳11（1944）年版、東亜文化図書株式会社、79頁。
22) 解学詩『偽満洲国史新編』人民出版社、1995年、729頁参照。
23) 前掲『満洲鉱工年鑑』康徳11（1944）年版、79頁。
24) 前掲『偽満洲国史新編』731頁参照。
25) 同上、729頁、732頁参照。
26) 1943年7月22日撫順炭鉱労務課より炭鉱長・次長等宛「工人食糧箇所責任配給制度実施ニ関スル件」別紙「工人食糧箇所責任配給制度要項」撫総労03第15号、撫鉱蔵文書。
27) 前掲『満洲鉱工年鑑』康徳11（1944）年版、79-80頁参照。
28) 前掲『抗日こそ誇り――訪中報告書』136頁。
29) 満鉄経済調査会『満洲労働事情総覧』南満洲鉄道株式会社、1936年、137頁参照。
30) 前掲『抗日こそ誇り――訪中報告書』35頁。
31) 前掲『満洲労働事情総覧』134頁。
32) 満洲国治安部警務司『満洲国警察史』1942年、580頁。復刻版は1976年、加藤豊隆校閲。
33) 前掲『抗日こそ誇り――訪中報告書』136-137頁。
34) 前掲『労工的血与涙』120-121頁参照。
35) 同上、121-122頁参照。
36) 同上、117-118頁、「月別資格別解雇及抓回人員表」、「労務課、特務班、逃亡工人拉回状況」より算出。

第4節　撫順炭鉱における特殊工人の実態

　この節では、撫順炭鉱に送られた特殊工人がどのような労働に従事させられたか、どのような待遇を受けたか、それに対し彼らはどのように対応したかなどについて、明らかにしたい。その前にまず特殊工人の呼称について説明しておきたい。原典資料の中では特殊工人以外に特殊人、特殊労働者、特種労働者、特種工人、特種労工等々の表現が用いられているが、内容から見れば華北からの捕虜および労工狩りによって捕まえた一般人が中心であることがわかる[1]。本書では中日双方の研究者の間に定着している特殊工人という呼称を使用することにする。

　撫順炭鉱では、特殊工人の取扱に関する資料はいくつかある。その中で1941年9月「特殊人ノ労働斡旋ニ関スル件」が同鉱到着後の取扱について概略的に規定しているが、1942年1月「特殊工人竝国外緊急募集工人ニ関スル件」は特殊工人の移動、労働管理、待遇などの取扱を詳細に規定したものである[2]。さらに、1942年7月24日の鉱業部会第一回常任幹事会において労務興国会に提出された「輔導工人取扱要領（案）」および「保護工人ノ取扱ニ関スル件（案）」は、初めて特殊工人を輔導工人と保護工人に分けており、前者は「華北蒙疆地区ニ於ケル俘虜投降兵ニシテ原則トシテ北支側ニ別ニ設ケル訓練機関ニ於テ所定ノ訓練ヲ終ヘ満洲国ニ就労セシムヘク北支側ヨリ移管セルモノ」であり、後者は「北支ニ於ケル軍ノ特別工作ニ依ル難民ニシテ労働者トシテ満洲国ニ入満セシメタルモノ」であると規定された[3]。「輔導工人取扱要領（案）」は、第一章「総則」、第二章「取得、移管及返還」、第三章「輸送」、第四章「使用及保護管理」、第五章「逃亡防止」、第六章「警備防諜」、附則よりなる輔導工人に関する詳細な取扱規定である。一方、今まで資料に明示されなかった保護工人の取扱に関して「保護工人取扱要領（案）」は、「輔導工人取扱要領（案）」ほど詳しくなく、簡単にまとめたものであるが、輸送、使用、管理、送還、逃亡防止などの措置を規定している。この二つの資料、特に輔導工人に関するもの

は特殊工人の管理に関して最も詳細で、参考資料として重要な価値があるといえる。その後、同要領は撫順炭鉱および其他の企業によって実行された。ここでは、この資料を中心にほかの関係資料と比較しながら、時代に沿って分析を進めていきたい。

(1) 特殊工人入満後の概観

　撫順炭鉱の特殊工人の実態を検討する前に、まず「満洲国」に連行された特殊工人の全体の状況について概観することにする。前述の「特殊人の労働斡旋工作計画」に規定されたように、特殊工人を国防産業戦線に動員し原則として国策事業者である撫順炭鉱に就労させることとなったが、1942年5月、「特種労工を使用する事業の種類は、一般的には製鉄、採炭、特殊工程の三種とする」[4]ことが決められた。ここに、特殊工人の使用は政策として撫順炭鉱から上述の三つの部門に拡大されたことがわかる。しかし、1941年6月、「関東軍築城工事就労特殊工人取扱規定」によって関東軍が北支方面軍から受け入れた俘虜を築城工事で使役したことは、軍事部門での使用が早くも上述工作計画制定以前既に開始されていたことを物語っている[5]。要するに、特殊工人使役の政策決定は、民間企業と軍部門においてほぼ同時になされたと言える。

　しかし、すでに触れたが、張金章は1938年5月日本軍の捕虜となり、太原、保定の収容所に収容され、6月頃北満の佳木斯に連行され、塹壕を掘ったり、トーチカを作ったりして、その後東寧県の南天門山で同じ軍事工事に使役され、冬になったら横道河子という所で伐採の仕事に使役されて、翌1939年3月に撫順炭鉱に連行された。前述の「通州事件」を除けば、華北からの特殊工人は1938年からすでに軍事工事に使役されていたのである。また、上述の「輔導工人取扱要領（案）」第一章「総則」に規定されたように「輔導工人ヲ使用スル事業体ハ民生部ノ指定スル鉱工業並特殊工事ニ限ル」とある。この特殊工事とは軍関係の作業と考えられる。

　一方、関東軍の作業に使役された特殊工人を「軍ノ作業場以外ニ於テ就労セシメントスル場合ハ其ノ事業主、労務ノ種類、場所及期間ノ他必要ナル事項ヲ

表3-24 軍事部門省別就労人数

省 別	人数（人）
牡丹江省東安	1,656
牡丹江省	1,500
黒河省	1,341
三江省	1,017
興安北省	882
興安南省	839
東安省	648
合 計	7,883

出典：1942年4月30日労務司労務興国会「労働者就労状況調査表」中央档案館ほか編『東北経済略奪』日本帝国主義侵華档案資料選編14、中華書局、1991年、946頁より作成。

表3-25 非軍事部門における省別、就労地別人数

省 別	人数（人）	就労地別	人数（人）
奉天省	12,227	満炭	6,120
		本渓湖煤鉄公司	3,207
		昭和製鋼	3,008
吉林省	8,400	舒蘭煤鉱	8,270
錦州省	2,316	阜新炭鉱	726
		北票炭鉱	385
通化省	2,027	東辺道開発	2,027
東安省	474	その他	1,716
四平省	15		
合 計	25,459	合 計	25,459

出典：同前、946-947頁より作成。

具シ関東軍司令官ニ申請スルモノトス」[6]の提示は、軍の作業が終了後、民間企業に就労させることを示唆するものである。これは上述の張金章の証言から確認できる。また前述の董興言の場合は、山東省出身で1941年1月16日、所属の山東省定陶県の八路軍抗日救国会が日本軍に包囲され、100人前後が俘虜となった。河南省商丘県から列車に乗り、2日後の2月2日に北票炭鉱に押送され、1年以上働かされたのち、1942年4月、北満の道路工事に使役され、同年10月、工事終了後、撫順炭鉱の万達屋鉱で採炭夫として働かされた。もう1人の王克明の場合は、山西省出身で1941年5月、所属の八路軍が山東省で日本軍に敗れて12人が俘虜となった。最初は山西省の太原工程隊（労工訓練所）に連行され軍用空港の除草作業に使役されたが、7月末、太原から1,200人が満洲に連行され、山海関で600人ずつの二つのグループに分けられ、一つのグループは各工場、鉱山に連行され、彼の所属のグループは撫順炭鉱に送られ、さらに各大把頭に分配された。王克明は龍鳳鉱の大把頭張坏漢によって所属の達連坑に送られた。これらの証言から特殊工人の使役については、軍から民間への移送だけでなく、民間から軍への移送も行われたことがわかる。なお後者は抵

抗闘争への対応策と見なされた[7]。

こうして、軍事工事および民間企業に使役された特殊工人は、日本敗戦まで一体どのぐらいの人数であったか、そのうち撫順炭坑ではどのぐらいであったか、以下、

表3-26 月別特殊工人の入満数の比較

年　月	人数（人）	年　月	人数（人）
1941年2月	36	1942年2月	1,581
同年3月	200	同年3月	2,556
同年4月	83	同年4月	512
合　計	319	合　計	4,649

出典：同前、945頁より。

いくつかの資料に基づきその全容をまとめてみる。「満洲国」労務司、労務興国会の調査によると、1942年4月30日時点で、特殊工人の在満人数は、表3-24、表3-25の如く軍事部門では7,883名、非軍事部門では25,459名であった。軍事部門の使役が北満に集中しており、非軍事部門の使役が南満、特に奉天省（現・遼寧省）に集中していたことが明確である。また、表3-24、表3-25によれば、非軍事部門の就労は、炭鉱を中心としたことも分かる。これは、北満においてソ連進攻のための軍事施設の構築、物資の運搬、また、南満においては各企業、特に炭鉱業が集中しているため膨大な労働力が必要であったことを反映していると言えよう。なお、同調査表によると、同じ時点で、「満洲国」内および「国」外からの労働者概数は1,920,000名であった。

表3-24と表3-25を合計すれば、1942年4月末現在、「満洲国」で使役された特殊工人は33,342名に達する。しかし、注意すべきは、この数字には撫順炭鉱の分が含まれていないことである。また、この数字はその時点で生きている者の記録であり、満洲に連行された時点の数字ではない。同調査によると、1941年6-8月の3カ月だけで満洲の軍事部門に連行された特殊工人はすでに9,943人に上り、上述の7,883人との差は逃亡、死亡によるものであるという。また、表3-26は1941年と1942年の各2-4月の入満数の比較であるが、1942年入満数は前年より絶対的に多いことが明らかである。

表3-26に示すように、1942年には3月が同年の3カ月の中で入満者数が最も多く、前年の同月より約12倍増加した。前述したように、1941年3月から1942年12月まで華北で実施された5回にわたる治安強化運動によって抗日軍民の多くが捕虜になった。1942年は1941年より多くの特殊工人の入満があったこ

とにはこのような背景があると考えられる。

警務総局の調査によると、1943年6月末現在、各使用業者別輔導工人および保護工人の人数は表3-27、表3-28に示す通りである。

表3-27によれば、輔導工人の解雇人数のうち逃亡者数は解雇総数の61％を、死亡者数は同15％を占めている。解雇総数は採用人数の78％を占めている計算となる。表3-28によれば、保護工人の解雇人数のうち逃亡者数は69％を、死亡者数は13％を占めている。そして、同じように計算すれば、解雇総数は採用人数の83％を占めている。要するに、輔導工人の場合は死亡率が高く、保護工人の場合は逃亡率が高いことがわかる。そのうち使用人数が最も多く、両者の合計23,246人を使用した撫順炭鉱では、輔導工人の場合は、逃亡者数は解雇総数の73％を、死亡者数は11％を占めているが、保護工人の場合はそれぞれ92％、7％を占めている。

全体から見れば、表3-27、表3-28に示すように、8カ所の輔導工人および保護工人の使用人数は、使用開始から1943年6月末現在まで、それぞれ40,402名、18,306名であり、両者の合計は58,708名であった。解雇総数は48,576名で採用人数の83％を占めているが、解雇者のうち逃亡者数は解雇総数の69％を占めており、死亡者数は13％を占めている。おびただしい逃亡率と死亡率が特殊工人の使用実態を物語っている。

李聯誼によれば、各現場の特殊工人の数は以下の通りである。阜新炭鉱は9,300人前後、北票炭鉱は4,000人余り、本渓炭鉱は5,000人余り、遼陽煙台炭鉱は700人余り、鞍山鉄鉱は3,436人、鞍山昭和製鋼所製鉄工場は400人余り、奉天（現・瀋陽）兵器工場は数百人、西安（現・遼源）炭鉱と吉林蛟河炭鉱は400人余り、通化石人炭鉱は300人、通化土道溝鉄鉱は200人余り、吉林小豊満発電工場は数百人、北満特種工程は数千人、とある[8]。

非軍事部門で最も早い時期に特殊工人を使役した撫順炭鉱では、当時撫順警察局長をしていた柏葉勇一および撫順憲兵隊分遣隊特高課に務めていた宝田振策の供述によれば、1940年から1945年8月までの間に4万人前後の特殊工人が使役されたという[9]。また、華北から満洲に連行された特殊工人は毎年10万名

表 3-27　使用業者別輔導工人人数

(単位：人)

業者別	1943年6月末在籍数	採用開始以来の累計			
		採用人数	解雇人数		
			総数	逃亡	死亡
撫順炭鉱	2,545	15,550	13,005	9,467	1,362
本渓湖煤鉄	2,314	7,430	5,116	2,031	1,522
東辺道開発	2,300	5,152	2,852	2,234	540
昭和製鋼	916	4,397	3,481	2,138	264
阜新炭鉱	463	6,987	5,204	2,578	943
西安炭鉱	31	152	121	35	32
琿春炭鉱	18	45	27	14	13
北票炭鉱	5	689	564	351	127
合　計	8,592	40,402	31,610 (100%)	19,154 (61%)	4,823 (15%)

出典：「指紋なんてみんなで"不"の会」編『抗日こそ誇り――訪中報告書』1988年、168-171頁「輔導工人使用業者別実態調査表」、「輔導工人就労所別実態調査表」より作成。

表 3-28　使用業者別保護工人人数

(単位：人)

業者別	1943年6月末在籍数	採用開始以来累計			
		採用人数	解雇人数		
			総数	逃亡	死亡
撫順炭鉱	929	7,696	6,767	6,221	490
本渓湖煤鉄	201	1,604	1,403	1,113	266
東辺道開発	142	1,914	1,772	1,454	142
昭和製鋼	26	1,016	990	669	118
阜新炭鉱	0	3,836	3,836	3,111	444
西安炭鉱	7	37	30	23	7
琿春炭鉱	35	71	36	35	
北票炭鉱	0	2,132	2,132	1,691	69
合　計	1,340	18,306	16,966 (100%)	14,317 (84%)	1,536 (9%)
輔導工人および保護工人の総計	9,932	58,708	48,576 (100%)	33,471 (69%)	6,359 (13%)

出典：同前、171-173頁「保護工人使用業者別実態調査表」、「保護工人就労所別実態調査表」より作成。

前後で、総数が数十万にのぼるとする説もある[10]。特殊工人の数については、今まで完全な統計がなく、詳細な数字はまだ明らかになっていない。しかし、撫順炭鉱だけで4万人前後という数字、また前述した1941－1943年の華北で日本軍の捕虜になった人数から考えれば、満洲全体にわたる軍事および非軍事部門の各作業場に連行された特殊工人は、1938年から1945年まで数十万に上ると推測される。

(2) 労働の内容と時間

　砂利の採取とか、岩石の砕破とか、材料の輸送とか、道路工事とかの陣地以外の作業、あるいは各種の障害物の構築などの非重要工事を中心に使用した軍事部門に対し[11]、炭鉱での特殊工人は主に採炭夫、掘進夫などとして坑内作業に使役された。

　撫順炭鉱鉱務局に保存されている「輔導工人着鉱状況報告ノ件」によれば、撫順炭鉱は1943年10月から11月まで東満における軍使役の特殊工人5,264人を受け入れたが、途中逃亡者42人、死亡者4人を除けば、着鉱者数は5,218人であった[12]。そのうち、86％の4,485名が坑内作業に当てられた。同年撫順炭鉱の第二種傭員は45,300名でそのうち採炭夫など坑内作業人員が19,916名であったことを考えれば、特殊工人のそれは全体の5分の1強を占めることになる。前述の張金章と王克明が撫順炭鉱に送られたのはそれぞれ1939年3月と1941年7月であるが、やはり採炭夫としてであった。董興言は1941年2月北票炭鉱に連行され、1942年4月北満の軍用道路工事に使役され、同年10月撫順炭鉱の万達屋鉱に移送されたが、二カ所の炭鉱とも採炭夫としてであった。同報告が記述しているように「弊鉱ニ於テハ目下生産増強ノ国家目的達成ノ為日夜採炭報国ニ邁進致居候、然而生産増加ノ最大隘路トシテ最モ苦慮シアル労務者獲得に関シテハ常々貴関係機関並満洲国政府ノ絶大ナル御援助御指導ヲ賜リ居リ」と、「採炭報国」は国家目的達成のためであり、獲得した労働力は当然採炭夫に使用されたのである。

　特殊工人の就労期間は、1941年9月の段階では1カ年とされていたが[13]、

1942年5月以降になると、2カ年へと変更された[14]。1年も経たないうちに就労期間は1年間も伸びることになったのである。そこには「一般特殊工人ノ就労状況ハ一般苦力ニ比シ良好ナリ」[15]という理由があったからである。一方、前述の「関東軍築城工事就労特殊工人取扱規程」では、工程の全期間に就労させる、とある。これは、軍事工程での使役は期間の制限がないことを意味するものである。また、前述の「輔導工人取扱要領（案）」は、期間経過後、華北側当局と協議のうえ返還することを規定したが、結局返還された人はいなかったようである。張金章、董興言と王克明の場合は、満洲に送られてから日本敗戦まで撫順炭鉱で使役された。また、彼らの話によると、一緒に送られた人は逃亡者、死亡者を除き全員戦争終了まで働かされたという。要するにいったん満洲に連行されたら、解放されることはなかったのである。

　労働時間については、特殊工人に関しての具体的な規定が確認できなかったが、前述したように、一般労工の労働時間は出勤形態によって異なるものの、採炭労工の場合は二交替制あるいは三交替制であるため、実動時間は1937年以後前者12時間、後者8時間と規定された。また、「1940年2月、撫順炭鉱老虎台鉱坑内労働者［二交替制］実際労働時間調査表」によれば、採掘場での実際労働時間は平均6時間前後であり、採掘場に入ってから出るまでの時間は10.5時間から11時間までであったが、その間は3時間前後の休憩、残りは清掃、準備時間であったという[16]。しかし、前述の一般労工の証言では実働時間は14-15時間である。一方、張金章の場合は二交替制で12時間、董興言の場合は同12-13時間、王克明の場合は同15時間働かされたと証言されている。また、傅波の調査によれば、労働時間に言及した全員は、10数時間働かされたと証言したが、1942年初めに満ソ辺境にある黒河の関東軍の道路工事から老虎台坑に移送された特殊工人範広文によれば、朝6、7時ごろ起きてから日本人に車で東岡の炭坑まで運ばれ、坑内に入り、夜12時以後まで働かされたという[17]。以上のように、長時間の労働を課されたことは間違いない。

　一方、戦犯星原稔の供述によると、彼が阜新炭鉱五龍口採炭所の労務係を担当した時期、労働者は毎日12～16時間も坑内で働かされたという[18]。支配者側

も長時間の労働を認めたわけである。要するに、特殊工人も一般の採炭労工と同じように10時間以上使役されるのが日常的であった。

(3) 賃金

前述の「特殊人ノ労働斡旋ニ関スル件」附属文書「特殊人ノ労働斡旋工作計画」の「四、特殊工人ノ待遇」によれば、①現地より旅費、食費はもちろん就労地における労銀、食物、居住、娯楽其他福祉などに関しては普通募集に応募する労働者と同様に取り扱うこととし、なお家族を有する者に対しては努めて同伴するよう勧誘し、この場合は宿舎を与えること、②衣服、寝具を持たざる者に対しては北京、または済南において業者側より給与することが規定された。待遇に関する詳細な規定は見られなかったが、1941年9月の時点で特殊工人の待遇は、一般募集の労工と同じであることがわかる。

1942年1月の「特殊工人竝国外緊急募集工人ニ関スル件」によれば、特殊工人着鉱後、約1週間を休養期間とし、食事、宿舎などの配給を行い、疲労回復と多少の事情認識ののち、約20工数を見習期間とし、その後一般工人と同様に作業に従事させ、常備夫として採用することが規定された。1週間の休養期間が規定されたが、1942年8月に老虎台坑に送られた特殊工人李書林の話によれば、撫順炭鉱に到着したその日にまず風呂に入り、理髪してその後薄い布団、靴下、ゴム靴を貰い、翌日に老虎台に移送され、3日目に労務係が坑内の安全について説明し、4日目から坑内労働に従事することを通知されたが、その晩宿舎の一般労工の協力で逃げ出したという[19]。見習期間はどういう待遇であるかについては規定されていないが、1942年夏に石門労工訓練所から撫順炭鉱に送られた特殊工人の斉祖銘によれば、最初1カ月の見習期間が規定され、古参労工により坑内の各作業のやり方を教えられ、その期間は賃金がなく、8元の食事代は配られたが、結局8元は全部把頭に取られ、1日二食の高粱のご飯と漬物、あるいは葱と豆腐の和え物だけでは、4元前後の価値しかなかったという[20]。

また、賃金について、同文書は、一般労工と同様の算出方法により支給し、

作業の種類により時間給と出来高払いがあり、採炭夫に対しては1日最高2元60銭、最低1元50銭、平均1元80銭内外の支給を規定した。1942年1月の時点で特殊工人の賃金が詳しく規定されたが、支給内容は前年と変わらなかった。しかし、同年7月の「輔導工人取扱要領（案）」は、「輔導工人ノ賃金支払ニ際シ其ノ全額ヲ支給スルコトナク、生活必需費及雑費ニ相当スル金額ヲ支給シ、他ハ事業者ノ責任ニ於テ之ヲ貯蓄保管シ義務年限満了時ニ各人ニ引渡スモノトス」と規定した。この規定によれば、特殊工人の賃金は、生活の最低限を維持するための金額を支給し、それ以外は強制的に貯金させられることになる。

　張金章の場合は、軍関係の仕事に使役された時、賃金は皆無であった。撫順炭鉱の時期になると、最初の三カ月は無賃金であったが、その後、1日50銭でまず「看房子先生」（後述）から食券をもらってから把頭の所で金銭に交換することになり、戦争終了までこの状態が続いた。董興言と王克明の場合は、撫順炭坑に入れられる前は張金章と同じであったが、撫順に来てからは月に3、4元の収入しか支給されなかったという。特殊工人の実際賃金と、最低でも1日1元50銭の規定賃金との差がいかに大きいか、が明確である。一方、撫順炭鉱の一般労工（常傭夫）の月平均工賃は、1940－1944年前半まではそれぞれ31.71元、35.73元、39.00元、45.48元、67.28元であり（本章第3節表3-12参照）、これと比較すると、特殊工人の賃金はさらに低いことがわかる。

　また、義務年限満了時に事業者側が保管した賃金を各人に支給することが規定されたが、特殊工人の「義務年限」は事実上無制限であったこと、したがって「貯蓄保管」した賃金は最後まで貰えなかったことを上述の証言は物語っている。賃金支給の制限は工人の逃亡防止と少なからぬ関係があるのではないかと考えられる。実は、多くの証言から逃亡のためには何らかの方法で費用を準備したことがわかる。1942年2月に老虎台に連行された特殊工人の陳篤仁の証言によれば、捕まえられた時に国民党軍用の綿入れのコートを着ていたので、老虎台に到着後、そのコートを20数元で売って逃亡時の費用にあて、8月15日逃亡に成功したという[21]。また1942年12月に石門労工訓練所から老虎台に連行された特殊工人の申仲の証言によれば、正月の前に炭鉱から10数元の賃金を貰

い、それを旅費として用意し、大晦日の夜に逃亡したという[22]。このような事情があるため、後述のような多くの逃亡に対し炭鉱側は防止策として賃金の支給を制限したのではないかと推測される。

一方、特殊工人の家郷送金については、「輔導工人取扱要領（案）」は、希望者があれば、事業者は送金の斡旋をすると規定したが、張金章の話では、支給制限はなかったようであるが、送金する人はいなかった。なぜなら、食事しかできないほどのわずかな賃金では送金できるわけがないからである。王克明は、賃金は全部食事に使い切り、服を買うこともできなかった。送金するのは一般労工だけであり、特殊工人が送金したことは聞いたことがない、と証言した。

(4) 食事、宿舎およびその他の待遇

「特殊工人竝国外緊急募集工人ニ関スル件」では、「食事ハ一日飯票［食券］五十銭ヲ支給シ会社直営ノ工人売店ニ於テ主食品及副食物ヲ購入セシメ工人ノ希望ニ依リテハ共同炊事ヲナサシメ」ることが規定された。上述の張金章の賃金は50銭の食券であることから、食事代だけが支給されたことを物語っている。また「輔導工人取扱要領（案）」は、食事に関しては特に規定しなかった。撫順炭鉱ではその後特殊工人の食事に関する正式な規定があったかどうか、今の時点では確認できない。

一方、前述したように、撫順炭鉱では1940年から食糧の配給制が実行され、中国人には高粱と粟しか配給しなかったが、さらに1943年から労工が甲、乙、丙の三等級に分けられ、それぞれに基準量（月）24、23、21kgの精穀を配給すると規定された。しかし、実際には、特殊工人への配給量はそれよりかなり少なかった。張金章によれば、1日に「窩頭」（とうもろこしの粉で作った饅頭）が6個しか支給されなかったので、50銭の工賃はほとんど「窩頭」と野菜の購入に費やされた。王克明の場合も、1日「窩頭」4個しか支給されなかったので、賃金は張金章と同様に全部食料品に費やした。彼らの証言によれば、特殊工人への管理は、炭鉱に到着した当初は厳しかったが、特殊工人の激しい抵抗の中で徐々に緩和され、限られた範囲で街に買い物をすることが許されること

になった。しかし、購入する食料品は限定され、「粗糧」（雑穀）と野菜しか許可されなかった。正月になると、把頭から酒だけは貰ったが、食事は依然「窩頭」であり、小麦粉や肉などは支給されなかった。精穀を食べることは犯罪と見なされ、油や肉などもなかったという。こうしたことは多数の当事者の証言から確認できる[23]。

　要するに、特殊工人は「窩頭」しか支給されないため、貰ったわずかな賃金で闇市場の食料品を買わざるをえなかった。しかし、1942年以後の闇市場の価額は前述したように激増し、高粱だけが1944年から値下りとなった。1945年6月の闇価額の中では高粱とトウモロコシが最も安く、1kgの価額はそれぞれ4.4元、3.2元であった（本章第3節表3-19参照）。特殊工人の賃金ではこの二種類の食糧しか買うことができなかったであろう。それでもなお満腹になるまでの食糧を購入することはできなかったと思われる。

　しかし、多くの証言から上述の配給された食事は出勤者に限られ、病気、怪我人に対しては食事が支給されないことが明らかになった。1939年秋、龍鳳鉱に連行された特殊工人の魏映堂によれば、1940年のある日に日本人の監督が坑内に検査に来たが、理由を言わずに金槌で作業中の6人を叩き、彼の左足の親指はひどく打たれたため、激しく腫れた。しかし、治療してもらえず、傷口がだんだん悪化したため、仕事ができず、そのまま40日間休まなければならなかった。その間は食事も支給してもらえず、1日5個の「窩頭」しかもらえない特殊工人の仲間たちが、自分のわずかの食糧から少しずつ彼に分けてくれたので、ようやく仕事ができるようになったという[24]。また、1942年10月、昭和製鋼所に連行され、1943年4月黒龍江省密山県の道路工事に駆り出され、同年10月末に龍鳳鉱に移送された張雲秀によれば、毎食「窩頭」2個だけで、腹一杯にならず、仕事に力が入らなかった。しかし、仕事しなければ殴られるし、病気になっても仕事に行かなければならない。なぜかというと、仕事をしないと食事が支給されないからであったという[25]。

　宿舎については、前述したように「特殊人ノ労働斡旋工作計画」は一般労工と同じように取り扱うことを規定したが、「特殊工人竝国外緊急募集工人ニ関

スル件」では、「宿舎ニ就テハ著鉱後各個所配属ト同時ニ予メ準備サレタル炭鉱工人社宅ニ収容シ、一般工人トハ雑居セシメズ、警戒視察ニ便ナラシムル為団体宿舎主義ヲトル、単身ハ独身社宅ニ（一棟四二名定員）家族持ハ家族持社宅ニ収容シ、家族持社宅ナキ場合ハ臨時独身社宅ヲ以テ代用収容シ、家族持社宅ノ空家発生又ハ新築ノ場合ハ優先之ヲ配給ス」と、「輔導工人取扱要領（案）」では、「輔導工人ノ宿舎は普通労働者ト隔離シ、概ネ特定箇所に一括収容シ、周囲ニ外柵（又ハ鉄条網）ヲ設ケ管理取締ニ便ナラシムルモノトス」と規定されることになった。要するに、1942年1月以前は、特殊工人の宿舎についての特別な規定がなかったが、その後警備の便利を図るため一般労工と雑居しないよう規定され、さらに同年7月から特殊工人の宿舎を鉄条網で囲んで一般工人から隔離するようより厳しく定められたのである。

　前述のようにそれぞれ1939年、1941年に撫順炭鉱に送られた張金章と王克明は、一般労工と混住することになったが、1942年10月、同鉱に移送された董興言は特殊工人だけの宿舎に配置された。それによると、宿舎は「大房子」と呼ばれ、30～60人まで収容可能であり、両側は「通鋪」（大きいオンドル）で、真ん中は通路である。一端は門であり、一端は便所である。二つの「通鋪」に全員寝かせる集団生活の場所であった。張金章所属の宿舎は、把頭の崔玉坤が管理した10数棟のうち、70号の番号を付けられた一棟であり、その中に小隊長1人を含む30数人が配置された。王克明のそれは18号であり、50－60人前後が配置された。宿舎ごとに労工の世話役の「看房子先生」と「炕長」がおり、前者は食券配りと「催班」（仕事に行くように呼び起こすこと）の仕事、後者は労工の生活管理を担当した。王克明によると、「炕長」が工人売店で「窩頭」を買ってきて、特殊工人は「炕長」から買うことができた。董興言は、はっきり覚えていないが、鉄条網に囲まれ厳しい警備状態に置かれたことを証言している。また、1942年11月、撫順炭鉱に送られた特殊工人の徐徳厚の証言によれば、宿舎の周囲に鉄条網が張られており、門の所には棒を持つ警備員がいたという[26]。上述の李書林の証言では一緒に連行された36人は1942年8月、老虎台に到着後、やはり鉄条網に囲まれた「大房子」に収容され、門は一つだけで警

備員に守られていたという。

　要するに、「輔導工人取扱要領（案）」が提出された1942年7月ごろまで、炭鉱に送られた特殊工人は一般労工と混住するのが通例であるが、それ以降は一般労工と隔離し鉄条網を張るほどの厳しい警戒管理体制を強いられたことが明らかである。その背景には、日本軍が1942年5月から行った「冀［河北省］中大掃討」（五・一大掃蕩とも呼ばれる）による多数の共産党系の俘虜に対する強い警戒心があったと考えられる。

　一方、特殊工人の衣服については「特殊人ノ労働斡旋ニ関スル件」では、北京、済南などの労工訓練所で業者側より支給すると規定されたことは前述したが、撫順炭鉱で支給されたとする証言が多い。例えば、張金章の証言では老虎台に到着後、再生布で作った服1セットと靴下とゴム靴を貰ったが、その後は靴だけは完全に潰れたら規定により把頭からもらえるが、そのほかは支給してもらえなかった。王克明も同様の証言であったが、服を買う金がないため、麻袋を着たという。また、上述の徐徳厚の証言によれば、炭鉱に到着後消毒され、連行された時の単衣の服を没収され、再生布で作った綿入れの服1セットと同じ再生布の布団を支給されたが、逃亡の時はボロボロの服で一目で炭鉱の者であるとわかるため、親戚が新しい服を買ってきて逃げ出したという。当時、特殊工人の衣服の支給は到着直後の一回だけで、その後はほとんど行われなかったことを物語っている。この背景には労務管理の不備および前述した配給制による制限との関係があるのではないかと考えられる。例えば、「特殊工人竝国外緊急募集工人ニ関スル件」は、「労務用部品配給ハ一般工人ト同様ニシテ地下足袋、坑内用柳帽子、バンド、脚絆、軍手、作業服等ヲ主要配給部品トス地下足袋、作業服ヲ除ク他部品ノ需給関係ハ概ネ円滑ト云フヘシ、地下足袋ハ労務興国会ノ割宛（当？）量ニ依リ配給ヲ受ケ、坑内作業ハ月一足、坑外ノ過激ナル作業ハ一月半一足、其ノ他ハ二月一足ノ標準ナレド入荷数ノ関係上需給円滑ナラサル実情ナリ。作業服ノ配給ハ極メテ少ク将来之カ円滑ナル配給ヲ切望ス」と、作業に重要な地下足袋の配分が労務興国会の割当量に左右されることを示し、特に作業服の配給は極めて少ないことを認めている。

上述のように、長時間の重労働、低賃金、劣悪な食生活、厳しい寒さに耐えられない衣服などによって、多くの特殊工人が病気になったり、負傷したりした。炭鉱側は「特殊工人竝国外緊急募集工人ニ関スル件」では、「傷病ニ対シテハ工人共済規定ニ従ヒ公傷私傷患者ニハ、所属保健所或ハ満鉄中央病院ニ於テ無料加療シ且食費代ヲ支給ス」と規定したが、実際は特殊工人がどのように治療を受けたか、元特殊工人の話を聞いてみることにする。

張金章によると、70号「大房子」では3人が病死した。中国人の医者が2人いたが、薬がなかった。日本人の病院には行けない。公傷でも診察してもらえないという。王克明によれば、重労働に劣悪な労働環境によって多くの特殊工人が病気に罹ったが、日本人は治療してくれないどころか、伝染病患者が発見されたら、ガソリンで焼き殺す。当時下痢することが見つかったら、伝染病と疑われ、別の小屋に隔離され、その小屋に連行される者は死ぬしかなかったという。また、1942年8月、石門労工訓練所から龍鳳鉱に連行された特殊工人の楊景安によれば、過酷な重労働に食事は黴がついたもので、病気になった者が多く、それでもなお仕事に行かなければならない。どうしても行けない者は一つの部屋に集中させられ、治療もしてくれないし、食事も与えないため、そのまま死んだ者は外に捨てられ、まだ生きているうちに生き埋めにされた者さえいたという[27]。こうした状態の中で特殊工人が大量に死亡したことが窺い知れよう。またこのことは前述した特殊工人の死亡者数（表3-27、表3-28参照）によっても裏付けられる。

このような状況に直面する特殊工人は炭鉱側にどのように対応したか、以下、これについて検討することにする。

(5) 特殊工人の対応

特殊工人の対応として最も多いのは逃亡であり、そのほかは抗日の落書、労働道具の破壊、サボタージュなど様々な形で炭鉱側に抵抗した。これについて撫順炭鉱鉱務局档案館には当時の記録が多く残されている。例えば、上述の「特殊工人竝国外緊急募集工人ニ関スル件」には特殊工人の抵抗の実例が「不

穏行動」として取り上げられた。それによると、

「1、昭和十六［1941］年六月九日、保定訓練所ヨリ当鉱所管吉林省蛟河採炭所ニ配属サレタル特殊工人一三〇名中ニハ、或ハ革命歌ノ低唱或ハ不穏落書等ノ行動アリテ発見、県警務科ト連絡内査ヲ進メ、七月十六日ヨリ七月十九日ニ至ル間ニ第一班長張国瑞第二班員楊監玉、第五班員楊実清、第三班員白援増外七名ヲ検挙取調ヘノ結果、右四名ヲ中心トシ（一）満洲国地図及坑内地図ノ入手（二）坑内設備ノ爆破（三）捲揚機選炭機ノ破壊等不穏行動ヲ計画シ居タルコト判明シ、前記四名ハ十月二日新京最［高検察院？］ニ送致、他ハ釈放セラレタリ。

2、昭和十六年十二月二十一日午後九時、老虎台採炭所万達屋坑所属特殊工人中四十九名ハ集団逃走ヲ為シタルヲ以テ手配中、翌二十二、三両日ニ亘リ撫順県公家村滴水洞屯ニ於テ撫順県警務科、撫順城警察署員ニ逮捕セラレタリ、彼等逃走者ハ首魁軍官学校卒業元中佐南品ニ指揮サレ不穏集団逃走ヲ計画シ、南品ハ将校用磁石、満洲国地図、鉛筆約一打半、万年筆十五本ヲ用意シ食糧二日分ヲ用意携行セシメ当地出発後ハ鉄嶺県ニ入リ奉天西南ニ出テ興安南、西省ヲ経テ更ニ河北カ蒙彊ノ八路軍ニ連絡セムトシ居タルモノニシテ彼等ハ当鉱ヲ去ラムトスルヤ、『諸君ヨ我等ハ祖国ノ為、自己ノ自由ノ為ニ戦ヘリ勝利ノ最後ノ一瞬ニアリ、我等ハ祖国光栄ノ為ニ諸君ト訣別ス、他日勝利ノ大道ニ再会セム』或ハ『工友ヨ団結シテ立テ、吸血日本帝国主義ニ宣戦セヨ』等ノ不穏字句ヲ紙片ニ記入部落ニ於テ宣伝煽動シ原地ニ帰還セムトシタルモノニシテ、日下当地警察、憲兵各機関合同撫順警務処特務科中心トナリテ取調続行中ナリ」

とある。前者の発生原因について別の文書では「張国瑞ハ真正ノ共産党員ニシテ冀南地区第八路軍謀略行為訓練所ニ於テ九箇月当訓練ヲ受ケシ経歴ヲ有シ本人カ中心人物トナリ、保定特殊工人ノ各班長並有力者ヲ巧ニ使嗾シタル結果本謀略行為被疑事件カ発生セシモノ」[28]と、共産党員の指導下における抵抗が記述されている。後者については、当事者である南品の1961年同事件に関する証言が傅波の証言集に残っている。それによると、当時共産党軍212旅の作戦参

謀の南品は、1941年9月山西省で日本軍との作戦で捕虜となり、10月下旬、太原集中営から撫順炭鉱に連行され、11月、共産党の地下組織「臨時支部」を作った。当時、厳寒の中で衣服は支給されず、食事は制限された上に重労働を強いられ、また、監視員の虐待も加わって毎日病気で亡くなる人が跡を絶たなかった。しかも、多数の死体が日本人によって積み上げられたままで処理されなかった。このことが逃亡の直接の導火線になり、特殊工人70人が「臨時支部」の指導の下で「勇敢な死を選び、屈辱な生を放棄す」というスローガンを掲げ、逃亡を決行した。しかし、東北地方の状況を知りえず、関内と同じような認識のまま、敵側の発達した交通手段および電話など便利な通信施設を事前に確認しないまま暴動を起こし、結局失敗に終わったという29)。ここで、別件ではあるが、日本で起こった花岡暴動では、日本人輔導員が強制連行された中国人を牛の生殖器で作った鞭で殴って死に至らせた事件が暴動の導火線になったということを想起せざるをえない30)。中国人を侮辱する行為が特殊工人の抵抗闘争の極めて重要な原因の一つであることがわかる。

　前述の楊景安によれば、坑内で石炭を掘る時に日本人に殴られたり、様々な体罰を加えられたりすることが日常茶飯事で、日本人は中国人を人間として扱わなかった。このまま続けていけば、死んでしまうので、十数人の特殊工人が相談して逃亡を計画し、そして同鉱に到着して1カ月後のある晩に炭鉱から一緒に逃走したという。人間として扱われないことは逃亡の大きな原因であった。

　こうした逃亡に対し、関東軍および企業側は各地および企業内部で特務委員会を設置し防諜、監視体制を強めると同時に工人連座制を実施し、一人逃亡したら隊全員が罰されることになった31)。特に、1943年5月、撫順炭鉱より中地区防衛隊長大石千里に提出した「輔導工人逃亡防止ニ関スル措置報告」には、同炭鉱の中央機構から現場各箇所までそれぞれの具体的な逃亡防止措置が制定されたことが明確に記述されている。それによると、中央機構では「労務課内ニ工人輔導班ヲ設ケ現場各箇所ニ對スル統制指導ト総括的輔導工人事務ノ処理ニ當リ、一般工人ノ逃亡防止ヲ兼ネ撫順地区周囲ノ主要通路十六個所ニ移動防止員ヲ（満系八五名）派遣、以テ現地警務機関ノ協力援助ヲ得テ防止ノ万全ヲ

期スル外、奉吉沿線ニ於テハ章党駅、前甸子駅、撫順城駅並奉撫沿線ニハ撫順駅、大官屯駅、瓢児屯駅、李石寨駅、奉撫バス停留所ノ各駅ニ移動防止員ヲ派遣シ、鉄道警護隊ノ協力下ニ移動防止ニ當ルト共ニ奉撫街道ヲ奉天ニ向ケ逃亡スル工人ノ多キニ鑑ミ、トラックヲ以テ毎日捜査逮捕ニ努力シツツアリ」と、各現場では「労務係ヲ以テ輔導工人管理ニ當ラシメ別項ノ警備員ヲ以テ輔導工人ノ動静ニ留意シ、更ニ現地警察官吏派出所ト緊密ナル連絡ノ下ニ昼夜交代制ニ依リ輔導工人及一般工人ノ逃亡防止ニ努メツツアリ」とある[32]。撫順炭鉱が現地警察機関の協力の下で特殊工人の逃亡防止に全力を注いだ様子が生々しく描かれている。特殊工人の逃亡が企業側にいかに多大な影響を与えたのかについて上述の報告は物語っている。

　特殊工人の逃亡防止策としてもう一つ重要なのは指紋登録である。前述したように満洲（関東州を除く）の日本企業がはじめて指紋制度を実施したのは撫順炭鉱で1924年からであった。それ以来、指紋は広範に採取され、1939年4月、入満労働者の十指全部の指紋の採取が実行されるようになった。特殊工人の指紋採取については、今まで管見した資料の中で最も古い記述は前述の1941年6月11日の「関東軍築城工程就労特殊工人取扱規程」である。それによると、特殊工人名簿に姓名、年齢、身分、階級、原籍、本国所属部隊、その他必要な事項を記載し、そのうえ写真を添付し、指紋を採取することが規定された。指紋の押捺は逃亡後の逮捕に備える措置のみならず、指紋の照合で特殊工人の再就職を困難にさせる意図があると見て取れる。同規程では、防止措置として、指紋採取にとどまらず、最後の手段として止むをえざる場合は殺傷することが記述された。抵抗する特殊工人は任意に殺傷することができると明示されたのである。

　まったく同様の記述は「輔導工人取扱要領（案）」にも見られる。それは「事業者ハ輔導工人ノ引受ト同時ニ暫行労働者登録規則ニヨリ登録ニ必要ナル一切ノ手続ヲナスモノトス。登録官署ニ於テハ関係法規ニ準拠シテ指紋原紙ヲ作成シ、尚該指紋原紙ニ『輔導』ノ朱印ヲ押捺スルモノトス」、また「警務機関ハ輔導工人ニシテ逃亡ヲ企図シ又ハ逃亡セントスル者ヲ制止スル為已ムヲ得サル

場合ハ、之ヲ殺傷スルコトヲ得ルモノトス」とある。特殊工人の暴動逃走に対する弾圧は、「万人坑」が作られた原因の一つになったとされている[33]。

　張金章、董興言と王克明は撫順炭鉱に送られた時、同じように指紋登録をさせられたとのことである。要するに、撫順炭鉱の特殊工人は一般労工と同じように炭鉱到着時にまず指紋採取を強要させられたのである。

　さらに、撫順炭鉱では特殊工人の逃亡に対する将来の対策として「労務管理ノ徹底、愛労精神ノ昂揚、生活指導ノ徹底化、家族ノ招致対策」[34]が提示され、そのうち「就中家族ノ招致ニ就テハ……対策ヲ速カニ具体化スルハ工人ノ希望ニモ応ヘ且又工人ニ対スル風教慰安ノ見地カラモ上策ト考ヘラレ、延テハ逃亡防止上好結果ヲ得ルモノト思考シ弊鉱ニ於テ速急ニ具体化スヘク研究準備中ナリ」と家族の招致が特に重視されたことが窺え、これは特殊工人の抵抗意識を弱めようとする炭鉱側の意図によるものと思われる。

　一方、上述の鉱務局档案館に多く見られる特殊工人の抵抗に関するもう一つの文書は、抗日落書に関するものである。その中に撫順炭鉱特務委員会委員長から各地区特務委員会委員長に送致した「不穏落書等一斉調査実施方ノ件」によれば、同炭鉱では「打倒日本皇軍」、「日本人不好人、中国人是好人」（日本人が良くない、中国人がいい）、「軍事行動就在目前」（軍事行動はもうすぐだ）、「晋冀察新編〇軍進軍萬歳」等々の落書が多く発見され、同文書には発見された落書より摘記するものだけでも27カ条にのぼり、鉱当局は「全所管ニ付不穏文書、落書等ノ一斉調査」を実施し、また「官憲ト密接ニ連絡シ索出、偵察ニ対処シツツアル」とある[35]。しかし、偵察の結果、誰が書いたかはわからずに結局、「官憲ニ連絡立会ヲ求メタル上抹消スルコト」[36]しかできなかったという。

　上述の暴動、集団逃亡は隊組織を中心とした集団生活の特殊工人の中で発生したが、一般労工と混住した特殊工人の場合はどうであろう。張金章によると、ある日、共産党地下組織を名乗る者が来て、もし逃亡したければ手伝うと言われたので、張金章と数人の共産党系の特殊工人が逃亡を計画したが、結局、その人と料理店で相談した際、その人を除き全員が日本人警察に捕まった。実はその人は特殊工人の行動を監視する炭鉱側のスパイで、この事件が彼の罠であ

り特殊工人の思想を確認すると同時に、ほかの労工への見せしめとするためであった。これは支配者側の逃亡防止工作がいかに厳しく行われたかを物語っている。張金章が所属する「大房子」では逃亡はあまりなかったという。王克明の場合は、現地の労工の助けで1人で逃亡し熱河省に行こうと図ったが、日本人の警備が厳しかったのと、住民証がなく、そのうえ指紋を取られたので、結局、仲がいい小把頭との関係を利用してまた炭鉱に戻ってきた。彼が所属する炭鉱ではサボタージュ、直接抗議などがよくあったが、集団逃走には至らなかったという。しかし、彼らの「大房子」では特殊工人が炭鉱側に抵抗する中で強い団結力が生まれていた。張金章によると、ある日本人が炭鉱で商売をした李徳勝の煙草を買ったが、金を支払わずに行こうとした。二人が喧嘩したところに数人の特殊工人が来て日本人に支払うよう要求した結果、支払うことになった。特殊工人の団結力を日本人が非常に怖がったと、張金章は語った。

　注意すべきは、同档案館に保存されている特殊工人の逃亡、抗日落書などの抵抗に関する文書は、1941年11月以後のものが大部分を占めているということである[37]。これは同年12月、太平洋戦争の勃発と直接関係するものと考えられる。例えば、同档案館に以下のような文書が残っている。1941年12月8日、南部防衛司令官より撫順炭鉱長宛の電報「対米英宣戦ニ際シ防衛対策命令」である。同命令によると、「一、本八日、帝国ガ英米両国ニ対シ宣戦ヲ布告セルニ付テハ命令ニ依リ適時防衛体制ニ移リ得ル如ク指導セラレ度、二、此ノ際特ニ敵側分子ノ謀略的策動ニ対シ警戒ヲ厳ニシ敵ニ乗ゼラレザル如ク処置セラレ度」と、太平洋戦争の勃発による防衛体制の移行と敵側の謀略を厳しく警戒することが指示された[38]。これを受けて撫順炭鉱は、以下のような日米英開戦に伴う防衛対策を制定した。

「1、流言蜚語取締
　イ、本取締ハ当鉱側並憲警機関ニ於テ取締ヲ強化スルト共ニ日満従事員ニ対シ正確ナル報道ヲ為シ認識セシメルコトヲ主眼トシ当鉱備附放送機ヲ利用シ午前十時三十分及午後二時ノ両回ニ亙リ（重大ニュースノ場合ハ臨時ニ）庶務課文書係ニ於テ蒐録セル正確情報ヲ放送シ後満語ニテ同放送シ各個所ニ

於テハ之ヲ要所ニ掲示シ
　　ロ、撫順新報社発行満字新聞利用
　　ハ、曩ニ当鉱ニ於テ調査セル高級ラジオ聴取者ノ取締強化
　2、宣撫工作
　　労務課中心トナリ各個所満人大、小把頭会議ヲ開催宣撫工作ヲ実施ス
　3、警戒警備強化
　　イ、警備員ハ目下補充及増員ハ人的不足ノ為困難ナルヲ以テ日勤者ノ連勤、残業或ハ特殊勤務ヲ以テス
　　ロ、出入者ノ取締強化
　　ハ、警察側ト特別連絡緊密
　4、工人移動対策
　　イ、撫順両駅、大官屯、小瓢屯各駅ニ日系配置
　　ロ、国外旅行者ハ此ノ際特ニ取締ヲ強化シ箇所長及警察両方面ヨリ調査ノ上許可スルコトトス
　　ハ、在籍身分証明書ノ発給
　　ニ、特殊工人ニ対シテハ殊ニ重要視スルコト」[39]。

　つまり思想から行動までの取締対策が制定され、労工に対する取締が全面的に強化されたことを示している。特殊工人に対し特に警戒視したことは、特殊工人の抵抗が激しいことの裏付けであろう。しかし、厳しい取締対策が施行されたにもかかわらず、特殊工人の抵抗闘争は、減少するどころか、かえって増加したことが、上述のように1942年以後の特殊工人の抵抗闘争に関する多くの文書から読み取れる。炭鉱側は放送を利用し正確な情報をコントロールしようと図ったが、1942年以後は華北から多数の特殊工人の入満が新しい情報を持ってきたであろうと推測でき、特に共産党側の捕虜の大量入満が抵抗闘争に力を注いだといえる。

　また、特殊工人自体だけでなく、炭鉱の一般労工にも抵抗闘争への参加が呼びかけられた。前述の閻樹亭の話では、当時配給された食糧が足りず、それに黴が付いたもので、労工は非常に不満を抱いていた。そして一緒に作業する特

殊工人が抗議するよう労工に呼びかけた。そのため特殊工人と一般労工との関係が緊密となり、労工が特殊工人を日本人の迫害から保護することになった。1943年後半、特殊工人の逃亡者が増えるにつれ、坑内から出てくる特殊工人が日本人に捕まえられ行方不明となる者が増えたため、労工が団結して保護対策を計り、坑内から出てくる時には労工が先に出て日本人がいるかどうかを確認してから、特殊工人を坑外に昇らせることになった。こうしたことから特殊工人はさらに緊密に一般労工と話すようになり、そのうち、共産党系の特殊工人の王継洲が、労工に金を多く貯めるために、機械を常に故障させることを呼びかけた。故障が多く発生すると、残業時間が増え、賃金の増加を要求できたのである。なお、配給制の時代で食料品の入手難の問題があるため、賃金の代わりに高粱と煙草を支給して貰ったという。その後、王継洲は閻樹亭の協力で逃亡した。

　上述のように、共産党系捕虜を中心とした特殊工人は激しい集団的な抵抗闘争を展開し、その中で共産党員が大いに指導的役割を果たした。特に、抵抗闘争の中で生まれた特殊工人と一般労工の連携が戦争の進展に伴う炭鉱側の増産要求に少なからず打撃を与えたことは、撫順炭鉱の生産高が毎年減少しつつあったことにも見られるように、重要な意味を持つといえよう。こうした闘争は日本敗戦直後、支配者側の破壊を防止するため鉱山を守る運動へと発展していったのである。同じ閻樹亭の話では、1945年8月13日、日本敗戦の話が伝えられると、特殊工人許来柱が炭鉱の設計図を日本人に持っていかれないよう、また、倉庫、機械設備などを守るよう、同鉱の労働者に呼びかけたという。また、前述の南品の話では、瀋陽に進入したソ連軍に釈放された彼は、ほかの共産党員と一緒に「被俘収容所」（日本軍の俘虜になった人の収容所）の名目で共産党系の軍隊のために兵士を募集し、間もなく応募者が4、5千人にのぼり、ソ連軍と協力して瀋陽の治安を維持することになったという[40]。

　こうして「満洲国」の労務政策の中で形成された特殊工人は、やがてその政策の解体、戦争経済の崩壊に重要な役割を果たしたといえよう。

注
1） 1941年9月10日新民会中央総会長より満鉄撫順炭鉱長大垣研究宛「特殊人ノ労働斡旋ニ関スル件」新民会中央総会公函第254号、新中組経第99号、撫鉱蔵文書。1941年10月（何日不明、18日受付印があり）特務委員会委員長より炭鉱長・撫順地区特務委員長宛「特殊労働者不穏動向ニ関スル件」撫総庶文01第6号8ノ24、同上。康徳9年（1942年）1月23日撫順市長後藤英男より撫順炭鉱長宛「特種労働者状況調査ニ関スル件」撫総庶文01第14号6ノ82、同上。1942年1月31日撫順炭鉱総務局庶務課長坂口遼より撫順市長後藤英男宛「特種労働者状況調査ニ関スル件」撫総庶文01第14号6ノ83、同上。1942年4月30日労務司、労務興国会「労働者就労状況調査表」一、特種工人在満、入満及就労地別人数（中央档案館ほか編『東北経済略奪』日本帝国主義侵華档案資料選編14、中華書局、1991年、945-947頁）、1942年5月12日関参満第1856号「関東軍参謀長吉本貞一より満州国国務院総務長官武部六蔵宛の通知」附一「特種労工の取扱に関する方法」、附二「特種労工使用管理規程（草案）」（前掲『東北経済略奪』948-954頁）など参照。
2） 前掲「特殊人ノ労働斡旋ニ関スル件」、1942年1月22日撫順炭鉱総務局長太田雅夫より奉天陸軍特務機関長濱田平宛「特殊工人並国外緊急募集工人ニ関スル件」撫総庶文01第14号6ノ78参照、撫鉱蔵文書。
3） 康徳9年［1942年］7月24日満洲労務興国会「鉱業部会第一回常任幹事会主要議事録」満洲労務興国会理事長梅野実より鉱山労務懇談会幹事長山本駒太郎宛「輔導工人取扱要領（案）」（別紙二）、「保護工人取扱要領（案）」（別紙三）、撫総庶文02第22号2ノ38、撫鉱蔵文書。
4） 前掲「関東軍参謀長吉本貞一より満州国国務総務長官武部六蔵宛の通知」附二「特種労工使用管理規程（草案）」。
5） 1941年6月11日関東軍司令部「関東軍築城工事就労特殊工人取扱規程」前掲『東北経済略奪』938-940頁。
6） 1943年7月13日関東軍司令官「関東軍特殊工人取扱規定制定ノ件達」関総参一発第9222号、吉林省档案館蔵文書。
7） 「張殿元回憶資料」、「郭寅印回憶材料」傅波編『罪行、罪証、罪責』第一集、遼寧民族出版社、1995年、119頁、193-194頁参照。
8） 李聯誼『中国特殊工人史略』撫順鉱務局煤炭誌弁公室、24頁参照。
9） 「柏葉勇一的口供材料」、「宝田震策的反省材料」前掲『罪行　罪証　罪責』291頁、293頁、また、前掲『中国特殊工人史略』24頁にもこうした記述がある。
10） 姜念東ほか編『偽満州国史』吉林人民出版社、1980年、398頁、前掲『罪行　罪証　罪責』8頁参照。

11) 前掲「関東軍築城工事就労特殊工人取扱規程」参照。
12) 1943年12月10日満鉄撫順炭鉱長宮本慎平より関東軍宛「輔導工人着鉱状況報告ノ件」附「特殊工人着鉱調」撫総庶文03第22号4ノ10、撫鉱蔵文書。
13) 前掲「特殊人ノ労働斡旋ニ関スル件」。
14) 前掲「関東軍参謀長吉本貞一より満州国国務院総務長官武部六蔵宛の通知」、前掲「輔導工人取扱要領（案）」。
15) 1941年8月16日奉天防衛委員会委員長越生虎之助より関東軍参謀長吉本貞一宛「特殊工人入満ニ関スル件建議」撫総庶文01第14号6ノ39、撫鉱蔵文書。
16) 前掲『労工的血与涙』130-131頁参照。
17) 「範広文回憶材料」前掲『罪行　罪証　罪責』16頁参照。
18) 1954年9月28日「星原稔の供述」前掲『東北経済略奪』974頁。
19) 「李書林回憶材料」前掲『罪行　罪証　罪責』29-30頁参照。
20) 「斉祖銘回憶資料」同上、87頁参照。
21) 「陳篤仁回憶材料」同上、139頁参照。
22) 「申仲回憶材料」同上、151頁参照。
23) 前掲『罪行　罪証　罪責』、何天義編『偽満労工血涙史』日軍槍刺下的中国労工資料及研究叢書之二、新華出版社、1995年、前掲『抗日こそ誇り――訪中報告書』の証言を参照いただきたい。
24) 「魏映堂回憶材料」前掲『罪行　罪証　罪責』124頁参照。
25) 「張雲秀回憶材料」同上、142頁参照。
26) 「徐徳厚回憶材料」同上、75頁参照。
27) 「楊景安回憶材料」同上、42頁参照。
28) 1941年9月10日撫順炭鉱特務委員会委員長より満鉄特務委員会委員長宛「蛟河採炭所ニ於ケル保定特殊工人謀略被疑事件報告ノ件」撫総庶文01第6号11ノ10、撫鉱蔵文書。
29) 「南品回憶材料」前掲『罪行　罪証　罪責』254-258頁参照。
30) 劉宝辰編著『花岡暴動――中国"労工"在日本的抗日壮挙』人民出版社、1993年、121-131頁参照。
31) 1941年8月（何日不明）特務委員会委員長より各委員宛「特務委員会設置ニ関スル件」撫総庶文01第6号11ノ1、撫鉱蔵文書、1941年8月25日撫順炭鉱特務委員会委員長より奉天特務委員会委員長宛「撫順炭鉱特務委員会設置ニ関スル件」撫総庶文10第6号11ノ3、同前、1942年4月27日労務課より炭鉱長宛「工人連座制度施行ニ関スル件」撫総労庶02第1号ノ1、同前。
32) 1943年5月6日満鉄撫順炭鉱長大垣研より中地区防衛隊長大石千里宛「輔導工

人逃亡防止ニ関スル措置報告ノ件」付「輔導工人逃亡防止ニ関スル措置報告」撫総労03第4号、撫鉱蔵文書。
33) 老田裕美「『特殊工人』と『万人坑』」『日中にまたがる労務支配——中国人強制連行の背景と実相』1997年秋季国際シンポジウム・東京集会報告集、東京女子大学・松沢哲成研究室、1998年、73頁参照。
34) 前掲「輔導工人逃亡防止ニ関スル措置報告ノ件」付「輔導工人逃亡防止ニ関スル措置報告」。
35) 1941年11月20日特務委員会委員長より各地区特務委員会委員長宛「不穏落書等一斉調査実施方ノ件」撫総庶文01第6号11ノ30、撫鉱蔵文書。
36) 1942年1月15日撫順地区特務委員会委員長より奉天中央特務委員会委員長宛「不穏落書等一斉調査実施報告ノ件」撫総庶文01第6号11ノ47、撫鉱蔵文書。
37) 文中に引用する文書以外、例えば、1941年11月24日特務委員会委員長より地区特務委員会委員長宛「防諜上ノ事故速報励行方ノ件」撫総庶文01第6号11ノ28、撫鉱蔵文書。1942年1月10日撫順炭鉱特務委員会委員長より中央特務委員会委員長宛「年末年始ニ當リ警戒督励巡視ニ関スル件」撫総庶文01第6号11ノ42、同前。1942年1月14日満鉄中央特務委員会委員長より各地区特務委員会委員長宛「謀略容疑事件発生ノ件」撫総庶文01第6号11ノ44、同前、などなど。
38) 1941年12月8日南部防衛司令官より炭鉱長宛「対米英宣戦ニ際シ防衛対策命令」撫総庶文01第6号11ノ34、撫鉱蔵文書。
39) 1941年12月13日撫順炭鉱特務委員会委員長より中央特務委員会委員長宛「日米英開戦ニ伴フ当鉱ノ防諜対策其ノ他ニ関スル件」撫総庶文01第6号11ノ35、撫鉱蔵文書。
40) 日本敗戦後、特殊工人は共産党系の軍隊に参加する者もいるし、国民党系の軍隊に参加するものもいるが、炭鉱にそのまま労働者になる者は少なくなかった。聞き取りを受けた張金章、王克明、董興言らである。新中国成立後、中国人民解放軍を退役し撫順炭鉱に就職する者もいる。

結　び

　ここまでは華北労工の入満に関し、19世紀から「満洲国」の崩壊までの歴史的な流れからその由来を分析し、また「満洲国」時期において労務政策の角度から華北労工の入満に関する政策の変遷を追跡して検討し、さらにその政策実施の過程における労工の対応を通じて「満洲国」の労務政策の失敗過程を明らかにした。

　華北労工の入満には長い歴史があり、清朝初期の1853年にすでに「遼東招民開墾令」が公布され、漢人の入満が奨励されることになった。入満の漢人は満洲に地理的に近く人口密度が高い華北地区、特に山東省、河北省の両省出身者が中心であった。この時期における華北からの入満者は、のちに華北労工の入満のために道を開いたのである。すなわち、多くの入満者が満洲に定住し、一定の生活基盤を築いたため、故郷の家族、親戚、友人、隣人などの縁故者が華北の貧しい生活から逃げ、先の入満者を訪ね、満洲に向かったのである。

　しかし、19世紀末までの入満者は20世紀以後のそれと比較すれば、かなり少ない。というのは、華北の入満者の増加により1860年から1898年までに満洲の人口は倍増し約700万人に達し、年平均約9万6千人の増加が見られたが、1907年から1911年までの5年間の華北からの入満者数は年間平均41万人であった。1912年から1927年までの16年間の入満者数は年間平均50万人以上に上った。この入満者数の増加は、以下の要因による。①ロシアの侵略を恐れる清政府の入満開墾奨励政策の実施、②華北側の自然災害の頻発および列強の侵略、後を絶たない戦争などによる農民の貧困、生活の不安、③1897年東清鉄道の着工による労働力の必要、および鉄道の便利、低運賃による入満者の増加、③日露戦争後、満鉄の成立およびそれに伴う経済「開発」の進展による労働力の需要、④満洲の各軍閥による北満の開墾奨励策、⑤満洲の民族工業の発展などである。

　こうして、華北側は、労働力の対外移動を余儀なくされたのに対し、満洲側

は、大量の労働力の吸収が必要となった。そこで華北労工の大量の入満が可能となり、実現したゆえんである。一方、華北労工は、1920年代には満洲への定住傾向が強かったと見られるにせよ、全体としては定住することより出稼ぎを中心とすることが多かったことが、入離満数の対比からも一目瞭然である。その理由としては華北と満洲との地理的関係、また中国人の風俗習慣などの文化環境、さらに単身入満者が多数であることなどが挙げられる。この出稼ぎによる移動性（移動の原因はほかにも多くある）が「満洲国」の時期においても労務関係者を大いに悩ませた。

　「満洲国」成立後、特に「満洲産業開発五ケ年計画」実施後、労工の入満政策は経済政策に左右され、入満者数は満洲と華北の政治、経済、軍事などに影響されることが明らかになった。例えば、1937年以後満洲側の入満制限がなくなり、それに華北側の戦乱が農民の生活に大きな影響を与えたため、自由入満者が増加し、また満洲側の積極的募集政策および華北側の日本軍の占領地域の拡大、臨時政府の協力により、団体入満者の増加も見られ、それゆえに1940年まで華北労工の入満者数は急激に上昇した。しかし、その後、華北側の「産業開発五ケ年計画」の実施により、労働力の需要が急増し、蒙彊、華中の労働力需要をも加え、1941年には入満者の減少が見られた。一方、華北側のインフレ、満洲側の送金制限がこの減少に拍車をかけた。1942年にはこうした状況が改善されたと見られ、入満者数が前年を超えた。その後、日本軍の敗色が濃厚となり、華北の抗日根拠地が拡大して、労工の確保が困難となると、「満洲国」政府は労工徴用政策を実施し、それゆえ、入満労工数は1943年以後急激に減少することになった。

　こうして、第1章では華北労工の入満がどのような原因でどのように行われ、入満者数がどのように変化したかを明らかにした。

　その一方で、「満洲国」成立後、華北労工の入満制限の背景には日本人、朝鮮人の満洲移民があり、その政策の立案過程および実施の下、中国人との関係の分析を通じて農業移民の多い華北労工の入満に制限を与える要因を明らかにした。また「満洲国」の労工徴用政策実施後における「国」内労工の徴用方法

およひ労工の対応を通じて「満洲国」末期労働統制政策の失敗過程を明らかにした。

　第2章では、「満洲国」時期における労務政策がなぜ、どのように転換したのかについて分析した。すなわち、「満洲国」成立後、華北労工の入満は、清政府の奨励政策以来の自由移動から満洲の覇権を掌握する関東軍にコントロールされることとなった。まず、1935年から関東軍、駐満日本大使館、満鉄経調、「満洲国」政府などによって決定された「外国労働者取締規則」が実施され、これによって華北労工の入満が制限されることになった。この背景には「満洲国」の治安維持、日本人の満洲移民を優先、華北労工の持帰金と送金による資金の華北流出防止などの意図があることが明らかとなった。労工の入満制限政策に対し国民政府側は各地の地方政府機関、警察機関を通じ、華北労工の入満を禁止し入満者を処罰する一方、外国労働者取扱人である大東公司の査証発行業務を妨害した。入満制限政策がほぼ計画通りに成功したことは、中国側の入満禁止策による入満労工の減少、および日本側の実力行使による「効果」である。

　1937年の満洲産業開発五ケ年計画の実施により、計画当初には問題視されなかった労働力が不足を生じ、特に同年7月の盧溝橋事変の勃発により国防産業の増産が要請され、労働力の不足に拍車をかけた。そこで華北労工の入満に対し制限から積極的募集に政策を転換せざるをえなくなった。こうした状況において「満洲国」政府は労働統制を実施し入満労工に対する募集は満洲労工協会の統制下で統制団体によることとなった。しかし、統制募集とはいえ、各業者は把頭の募集に頼ることがほとんどであった。炭鉱など重要国防産業の労働力不足が「満洲国」の崩壊まで続いたのは、全入満者の3分の1しか掌握されなかった華北労工配分が重要な一因であり、華北労工に対する満洲側の労働統制が失敗に終わったことを明らかにした。

　労働統制を成功させるためには、華北側の協力が必要となった。盧溝橋事変後「中華民国臨時政府」と同時に成立した思想宣伝の民衆団体である新民会は、対満供出のため、いくつかの公的募集機関を設立したが、華北民衆の官僚に対する恐怖、反感、不信任などによって失敗に終わった。

一方、臨時政府成立後、日本政府、北支那方面軍、在華日本企業は華北の産業開発五ケ年計画を立案し、1939年から本格的に産業開発を開始した。こうした状況で華北側も労働力の必要性が高まり、それに蒙彊、華中の華北労工に対する需要の増加が加わって、華北労工の華北境界内外の需要は競合状態となった。これを解決するために同年2月軍主催の満支労務関係者会議が関東軍、「満洲国」政府、北支那方面軍の参加で開催され、華北労工の満支配分に関する二月協定が決定されると同時に、華北の一元的労働統制機関の華北労工協会の設立が提起された。その後、華北、満洲、蒙彊間の華北労工の配分に関する連絡会議が何度も開催され、華北労工の対内、対外供出は上述の三者の協議で決定することになった。

　満洲側は、華北側との協議で労工の対満配分をある程度確保したとはいえ、戦争の進展に伴う重要国防産業の増産要求に満足できる労働力が依然として保障できず、特に鉱業の労働力不足が激しかった。1941年入満者数が減少する一方、国兵法による国兵徴収への恐怖で離満者数が激増した。これは満洲の各産業、特に軍需産業に大きな打撃を与えた。

　そこで「満洲国」内の労働統制が強化され、華北労工の依存から労働力の自給自足へと、労務新体制が実施され、労務政策が転換された。太平洋戦争の勃発、第二次五ケ年計画の実施によって労働力の増加がさらに要求されるようになると、政府の行政命令による緊急供出、勤労奉仕が全「国」的に行われ、労工を確保するために、民衆の生活秩序は完全に破壊された。

　こうした中で、華北各地の労工訓練所に収容される多くの中国人捕虜を労工として使用することが、1941年、関東軍と北支那方面軍との間に締結した「入満労働者ニ関スル申合セ」によって決定された。しかし、満洲での捕虜の使用は1937年からすでに始まっていた。それは通州事件の捕虜が鉄道工事に使用されたという事実であり、さらに1938年には北満で捕虜になった抗日武装人員100人が、1939年には太原捕虜収容所の350人が撫順炭鉱に送り込まれ、労工として使用された。こうした中で捕虜の売買とも言うべき関係が発生し、利益を最も獲得したのは北支那方面軍であり、そしてその利益のために多くの捕虜が

満洲に連行され、さらに一般人が労工狩り作戦によって捕まえられ、捕虜と同じように満洲の各企業に売り出されたのである。

こうして、「満洲国」成立後、治安の観点から華北労工に対する入満制限政策が採られたが、治安が安定すると見られた1937年以後は、経済開発が重要な日程にのぼり、それに伴う労働力不足問題を解決するために、華北労工の積極的募集政策が採用された。さらに戦争の進展に伴う重要国防産業の増産要求を迫られたため、「満洲国」内の労働力自給自足の労工徴用政策、引いては捕虜の使用政策さえ採用されることになった。第2章はこのような労務政策の変遷の背景および過程を明らかにした。

第3章では、撫順炭鉱の一般の華北労工および特殊工人の管理組織、労働実態、また労工の内外供出を円滑するための華北側の一元的労働統制機関である華北労工協会およびその下に置かれた捕虜を対内対外供出するための各地労工訓練所の実態について検討した。

撫順炭鉱は労工の管理組織として従来の把頭制度を採用した。把頭の役割は労工の募集、作業の監督と生活の管理であり、炭鉱側は把頭に請負費を支払えば、作業を進めることができた。しかし、炭鉱側は労工との間に直接の関係がないため、把頭による賃金のピンハネが生じ、また機械化の推進、熟練工人の養成に同制度は不利となった。これらの欠点をなくすために直轄制が実行されたが、前述のように増産が強要されたため、労働力の不足がますます深刻となり、労工募集に最も力を持つ把頭が再び利用されることになり、把頭制は復活した。

しかし、把頭制が復活したとはいえ、把頭に対する炭鉱側の警戒心は強くなり、従来のように請負費を支払うだけで作業を進めることは不可能となった。「満洲国」末期の撫順炭鉱では、把頭制の利用は労工の移動防止、作業能率の向上を図るためのものとなった。

一方、特殊工人の組織は隊長制と規定され、隊長は把頭のように高額の賃金を与えられ、特殊工人の生活上の管理を担当させられたが、把頭のように人身の自由がなく、依然として捕虜の立場は変わらなかった。特殊工人は一般労工

と同じように把頭制度下に置かれ、把頭の管理を受けた。元将校である隊長の配置が、特殊工人の行動をコントロールするための方策であったことは明らかである。

　前述のような華北労工の募集、供出、配分を円滑するために華北労工協会が設立されたが、同協会の設立に際しては、臨時政府の中国人官吏が同協会に対する日本人の指導権を拒み続けたため、中日双方の交渉は2年間以上かかった。1940年3月、汪兆銘の国民政府の成立と同時に華北政務委員会が設置され、1941年10月に発表された「日満支経済建設要綱」は、東亜共栄圏の経済優位を維持するため各国各地域が全労働力を貢献しようと呼びかけた。こうした国内国際情勢の影響で華北側は妥協し、ようやく協会は設立に至ったのである。

　華北労工協会は成立後、新民会の協力で日本軍占領地域において労工の訓練供出、身分証明書の発給などを行う一方、労工訓練所の管理、捕虜の対外供出をも兼ねた。日本敗戦まで一般労工と特殊工人を併せて300万人前後が華北労工協会の手続きを経て華北、満洲、蒙彊、華中、日本に送り込まれた。

　「満洲国」の成立から崩壊まで撫順炭鉱における華北労工の労働条件、待遇、およびそれに対する労工の対応は時期によって異なった。戦争の進展、五ケ年計画の実施に伴う労働時間の延長、労働環境の悪化、死傷者数の増加、実質賃金の減少、生活水準の低下などが見られ、それに対し、労工の逃亡が顕著となり、より高い移動率が見られることになった。

　一方、撫順炭鉱では特殊工人の使用は1938年から始まったが、1942年7月以後共産党系の捕虜の多数入満、太平洋戦争勃発などの影響により特殊工人の管理は厳しくなった。特殊工人の労働条件、待遇などは一般労工よりさらに悪く、特に集団的に収容された特殊工人のそれは、最低限の生活、命さえ保障されなくなり、死亡率が10％（1943年6月末現在撫順炭鉱の輔導工人）近くに達した。こうした状況に対し、特殊工人のうちに、共産党の地下組織が設置され、特殊工人を指導して、一般労工にも呼びかけ、炭鉱側に対する抵抗闘争を行った。抵抗手段としては、暴動逃亡、抗日の落書、労働道具の破壊、サボタージュなど様々あるが、そのうち、特に暴動逃亡が最も多く60％以上（なお保護工人の

場合は同じ時点で80％以上）にのぼり、炭鉱側に大きな打撃を与えた。

　こうして、第3章では華北からの一般労工および特殊工人の実態を、撫順炭鉱という労働現場を通じて明らかにした。

　本書では華北からの入満労工、特殊工人に関する労務政策の立案、実施、および労工の実態に対する分析を通じて、さらに以下の問題を明らかにした。

　一つ目は、1937年以前、「満洲国」の労務政策の立案は関東軍の意見に左右されたが、その後、「満洲国」政府の日本人官吏の権力行使につれ、関東軍の指導力が強いとはいえ、日本人官吏側から関東軍への反発が見られ、労務政策の立案に日本人官吏の意見が従来より反映されるようになったことを明らかにしたことである。

　二つ目は、1937年以後、華北労工の対外供出に関しては、関東軍と北支那方面軍が大きな役割を果たしたということである。特に、捕虜の使用政策の立案、実施に関しては二つの軍が決定的な権力を持ち、また、その使用から最も大きな利益を獲得したことを明らかにした。しかし、華北労工の強制供出、中でも捕虜の使用は抵抗勢力の強化を生み出し、軍に左右される労務政策の失敗を加速させたのである。

　三つ目は、華北労工協会の設置をめぐって現われた中日双方の意見の相違および2年以上かかる交渉の経過から、日本からの圧力に対する華北政務委員会の抵抗がいかに粘り強かったかを明らかにしたことである。もし、日本側の指示通りに行動することは、傀儡の意味であるとすれば、華北労工協会の設置における同委員会の抵抗は否定できないものである。戦争中「満洲国」を含めて中国ではいくつかの地方政権が日本軍によって樹立されたが、今までの研究（日本の侵略を美化する立場に立つものを含めず）では、こうした地方政権をすべて傀儡政権と呼び続けてきた。しかし、上述のような状況から考えてみれば、中国人側がただ日本人の言う通りに事を進めただけでなく、抵抗したことを認めなければならないのではないか。

　四つ目は、労務管理の角度から見れば、各企業は高い移動率、労工の抵抗など様々な問題を抱え、把頭制度の利用から廃止を経て再び利用へという労務管

理制度の変遷を通じて、戦時体制における日本の植民地支配の問題点を明らかにできたことである。企業が作業効率を高めるために、労働力をいかに効率的に利用するかは重要な問題であり、そのため労働者の労働条件、待遇などは労働力を効率的に利用できるかどうかを左右し、作業効率に直接反応するものである。撫順炭鉱は華北労工の管理に把頭制度を利用したため、賃金のピンハネが生じ、直轄制に転換されたとはいえ、把頭は労工に対し依然大きな影響力を持った。特に、直轄制下においては労工の権利が主張され、例えば、就職、退職の自由、良い待遇を獲得する権利などが挙げられるが、戦時経済体制に置かれた「満洲国」では、こうした権利に対する保障はなく、権利を実現する条件も揃っていない。ここにまさしく日本の植民地支配の問題点がある。

　また、日本人監督、把頭は労工を人間として扱おうとせず、それに対し労工は協力の立場ではなく、かえって抵抗と破滅の立場にあり、労使関係は緊張対立の状態であった。特に戦争後期、軍に増産要求を迫られ、労工の労働条件および待遇がさらに悪化し、作業効率を高めるために労工の待遇を高めなければならないことが、炭鉱側の労務管理者に認識されたようだが、大量の対日供出による食糧配給量の減少、作業上必要品の不足などによってその実現は現実的には困難となった。そして、生産目標を達成するために、「人を石炭に換え」、「人肉開発」[1] など、人間の命を無視する野蛮な採掘方法を採り、それによって事故が多発し、死傷病者が多数現われた。こうした状態で労工の数は増加したとはいえ、作業効率はかえって低下し、生産高が減少する一方であることはこうした労務管理の問題点を物語っていると言えよう。

　しかし、日本の敗戦という外部条件がなければ、労務管理の問題、労務政策の失敗は防止されたであろうか。

　塚瀬進は次のように指摘した。「満洲国が標榜した理念は、日本人には理解できても漢人などには受け入れ難い内容であった。受け手の側を考慮していないスローガンや理念が、その社会に浸透することはほとんどありえない」、「満洲国は日本人が実権を掌握した国家で、日本人以外の意向は無視しており、国家運営も日本に奉仕することを最大の目的としていた」[2]。このような「満洲

国」では、中国人側の意向を無視する労務政策の実施は、中国人からの協力を受けることはほとんど不可能であり、また平等な理念を持たず、他民族の上に立つ日本人の言動は、受け手側の中国人から見れば、差別的で、圧迫的であったがゆえに、これに対する抵抗は避けられないものであった。

　こうして、撫順炭鉱の労務管理は、戦争の進展に伴い増産を強要される中で中国人労工に対し、最低限の人間の条件さえ満たすことがなく、労工を抵抗する立場に押しやった。そのゆえに労務政策の転換による大量の入満労工はついに労務政策の失敗、戦争経済の崩壊を加速する結果となった。

　問題点としては、実質上日本の植民地である「満洲国」と、ほかの植民地の台湾、朝鮮との間で日本の植民地支配がいかなる共通性および相違点を持つか、という問題について分析していないことがある。また、日本の戦時体制下における「満洲国」の労務政策の立案、実施と日本側のそれとの関係についての分析もまだ不十分である。一方、労工供出側の華北の労務動員体制については解明されていない問題もまだ残っている。これらの問題点について今後の課題として追究していきたい。

注
1 ）　蘇崇民ほか主編『労工的血与涙』中国大百科全書出版社、1995年、379頁。
2 ）　塚瀬進『満洲国「民族協和」の実像』吉川弘文館、1998年、249-250頁。

補論　中国人強制連行問題と戦後補償

　これまで「満州国」の労工問題を分析してきたが、補論はその延長線上に行われていた中国人強制連行問題を扱うことにする。さらに、戦後70年が経つにもかかわらずいまだに解決していない、強制連行され、強制労働させられた中国人被害者の補償問題にメスを入れたい。これまでの研究成果を踏まえながら、自分なりの戦後補償や民間交流の分析を展開するつもりである。

第1節　中国人強制連行政策の制定と実施

(1) 強制連行政策の成立過程

　1937年の盧溝橋事変後、「満州国」の労働力不足問題が深刻となり、華北からの労働者の入満は事変前の自然移動から制限政策を経て積極的な募集、強制連行へと政策的に変化し、労働力の不足に対応した。一方、日本国内でも戦争の進展に伴い、戦争経済を支える鉱業、造船業、土木建築業、港湾荷役業など労働力の極端な不足状況が現われた。こうした状況に対応するために1937年9月、日本石炭連合会は朝鮮人労務者の雇い入れに関する「労働力補充陳情書」を商工大臣に提出した。また1938年4月の「国家総動員法」、翌年7月の「国民徴用令」などが続々と日本政府により公布された。各企業も政府の動きに応じて具体的な行動を採るようになった。

　まず、1939年、北海道土木業界は日本政府に「願書」を提出して支那人移入を提案し、政府に働きかけたのである。同「願書」によると、「現下北海道ノ産業ハ生産拡充ノ国策ニ基キ……平年ニ於テ恒ニ不足ヲ感ジツツアル労働者ノ

需給ハ頗ル円滑ヲ缺キ為ニ……全国的ナル労働力不足ハ姑息ナル方法ニテハ到底打開シ難キヲ察シ、茲ニ支那本土ヨリ労働者ヲ移入シ此問題ヲ根本的ニ解決スルノ外無シ」[1])と、労働力不足の深刻さを示唆し、その根本的な解決策として中国人の移入を強く主張した。これに応える形で「支那労働者移入に関する方法並に処遇法案」が北海道庁労務部より出され、募集責任者、募集地、就労地および労働の範囲、賃金など15項目にのぼる具体的な法案となった[2])。

一方、1940年3月、商工省燃料局石炭部では北海道炭礦汽船株式会社、三井鉱山株式会社、三菱鉱業株式会社、石炭工業連合会をメンバーとして中国人強制連行に関する会議が開かれた。その中で支那から苦力を入れる方針を立て、苦力だけで不足する場合は捕虜をもって補充し、募集については現地軍当局が斡旋する[3])ことを明らかにした。これに対し軍側が「苦力管理要綱草案」、「苦力雇傭契約締結要領案」を石炭会社側に提示し、「軍民官協力シテ監督指導ヲ行フ」こと、「昭和十五年度苦力移入ハ将来大量移入ニ対スル試験ノ目的ヲモ有スル」ことを明示した[4])。ここに政府、軍、企業の協力体制が明らかにされ、またその後の試験的移入のために政策的な準備がなされたと言えよう。この捕虜の扱いは、日本への中国人強制連行の原型である「満州国」における捕虜の強制連行、強制労働を想起させる。それは1941年4月に関東軍と北支那方面軍との間に締結された「入満労働者ニ関スル申合セ」であるが、そこには討伐作戦による労働者の獲得が明示されていたことはすでに第2章第4節でふれている通りである。実際、捕虜の使用はこの申合せの4年前の1937年9月にすでに「満洲国」で行われていた（本書196頁参照）。

続いて1941年8月、鉱山業界が「鉱山労務根本対策意見書」を提出し、「支那苦力移入積極促進」[5])を訴えた。さらに1942年10月24日、石炭統制会が「苦力使用ニ関スル件」と「苦力使用ノ要領」を住友鉱業株式会社に提出した。その中で「企画院、興亜院、其他関係官庁ト連絡折衝中ノ処今般別紙ノ如ク苦力使用ニ関スル具体的条件ノ指示有」[6])と、業界が政府と一体となって立案に参与することが示された。しかし、「内地ニ移入スル事ニ就テハ尚多少ノ反対ガアッタ」[7])と、華北側の反対を認めた。実は第2章第3節で明らかにしたよう

に1939年以後「満洲国」および華北、華中、蒙彊などの労働力需要が年々増加し、華北での募集はかなり困難な状態となった。にもかかわらず日本への移入を強行した背景には上述のような業界の深刻的な労働力不足があったからである。一方、使用条件について労働場所、業種、住居、年齢、食事、契約期間、賃金、慰安婦など19項目にのぼった。特に慰安婦について「苦力一、〇〇〇人ニ付四〇人乃至五〇人ノ慰安婦人ヲ移入」[8]と、明確に示した。しかし、強制労働のために強制連行される中国人にこのような慰安は必要ないと判断されたのだろうか、「その計画は政府の指示により挫折していった」[9]のである。

華北側では華北労工協会と新民会が募集機関として指定され、「満洲国」への労働力募集と同様の役割を果たすことになった。これについては第3章が明らかにした通りである。

このようなプロセスを経て1942年11月27日「華人労務者内地移入ニ関スル件」が閣議決定された。この決定成立の経過について、北海道炭礦汽船株式会社の『七十年史』は、次のように述べている。

「事変の発展に伴う労働力不足の解決策として、華人労務者の移入問題が表面化し、昭和十五年三月、商工省燃料局に官民合同協議会が設置され、さらに陸軍省戦備課が積極的に斡旋に乗り出すこととなったのであるが、当時は労務管理、治安保持の点から実施に至らなかった。ところが、増産の要請がますます加重され、朝鮮人労務者の移入にも限度があったので、華人の使用もやむなしとすることに、陸海軍、企画院の意見が一致し、[昭和]十七年十一月の閣議において華人労務者移入の件が正式決定を見るに至った」[10]。

こうして、閣議決定の翌12月26日、石炭統制会は「華人労務者使用状況視察団」を中国に派遣することにした。その目的は華北の労働事情を調査し、華人労務者の使用条件を中国の当局者に示すことであった。そして現地の生活状態、その他各地の俘虜収容所の労働訓練状況などを視察した結果、「一部の港湾荷役と石炭山に試験的に少数の集団的移入をなし、一カ年使役したる結果について、移入決定すべきことを約し」[11]たのである。

こうした経緯を踏まえて、1943年4月から11月にかけて1,420人の中国人が

表補-1　「試験的移入」の状況

事業場番号	事業場名	事業場到着年月日	乗船人数	乗船から事業場到着までの死亡者数	到着後3カ月以内死亡者数
79	日鉄鉱業二瀬鉱業所高雄第二坑	昭和18.7.11（1943年）	133		4
79	同上	昭和18.11.27	79	2	5
104	三井鉱山田川鉱業所第二坑	昭和18.7.11	134		
106	三井鉱山山野鉱業所	昭和18.11.27	211	3	5
114	東日本造船函館工場	昭和18.8.3	243		
114	同上	昭和18.10.10	188		1
117	神戸船舶荷役会社	昭和18.9.9	210		
121	伏木海陸運送会社	昭和18.4.16	222	1	8
合計			1,420	6	23

出典：「華人労務者就労事情調査報告書」（以下『外務省報告書』）第一分冊、99-111頁、第二分冊参考資料、129-143頁より作成。

日本へ「試験移入」された。その移入状況は表補-1に示す通りである。

表補-1からわかるように連行途中に6人の死者を作り出し、事業所到着から3カ月の強制労働を経てすでに23人を死に至らしめた。強制連行および強制労働がいかに劣悪な環境で行われたかを示している。また、『外務省報告書』の「華人労務者内地移入ニ関スル件第三措置ニ基ク華北労務者内地移入実施要領」には、「試験移入」の契約期間は満一年と規定されていたが、実際には事業所117番と121番を除いてすべて敗戦後の送還まで強制労働を従事させられた。しかし、『外務省報告書』第一分冊によれば、送還されたこの二つの事業所のうち、中国上陸年月日と場所については117番の場合は昭和19年4月15日、大連と記載されていたが、121番は空白となっている[12]。昭和19年4月2日伏木に乗船した121番事業場の204人の行方は不明である。

この「試験移入」の成績が「概ね良好」であると認められたため、1944年2月28日の次官会議決定「華人労務者内地移入ノ促進ニ関スル件」によって「本格移入」が行われることになった。

(2) 強制連行政策の実施状況

　強制連行の実態については多くの先行研究があるため、全面的な分析をその研究成果に委ねるが、本稿では連行から送還までの人数の変化、連行の実態について分析を進めていきたい。

　まず強制連行された中国人の人数から見てみよう。

　1944年3月から本格的に行われた中国人強制連行は、『外務省報告書』によれば日本敗戦まで「試験移入」をあわせて合計38,935人が日本各地の35社135事業所に強制連行された。しかし、この人数は連行するための乗船時の数字であるが、『資料　中国人強制連行』によると、中国現地収容所より連行出発時の人数は41,762人であり、乗船時は38,939人であった。その差は収容所より乗船までの間、理由不明（2,565人）、乗船不能（126人）、逃亡（108人）、死亡（24人）、合計2,823人の減員によるものであるという[13]。この減員の背景には様々な要因があるが、強制的な供出方法、収容所の虐待、船中の悪環境などが重要な原因ではないかと思われる。

　収容所より強制連行された中国人の数については、杉原達『中国人強制連行』によると、鹿島建設花岡事業所の場合、「供出地より乗船迄の逃亡、不適格者を百名に対し三十名とし」[14]と実際需要数よりかなり多めに計上されたという。同事業所の第二次供出契約数は600人であるが、「石門俘虜収容所を出て青島港まで中国人を連行する間に、一八〇名が逃亡したり死亡することを見込んでいる」[15]のである。華北全体から見れば、さらに膨大な数字が見込まれて計上されたことが推測できる。一方、このような企業側の計算は敗戦後日本政府からの国家補償金の獲得に大きく貢献したことは間違いない。

　次に日本敗戦後の送還までの供出機関別による人数の変化を見てみよう。

　表補-2からわかるように、送還までに6,830人が死亡し、死亡率は17.5%となった。特に事業所内の死亡者数は5,999人にのぼり、強制労働がいかに劣悪な環境で行われたかを如実に示している。『外務省報告書』によると、事業場によって相当高い死亡率が出されており、死亡率30%以上は15事業場あり、

表補-2　供出機関別死亡者数

供出機関 (供出方法)	乗船人員	事業所到着前死亡	事業所内死亡	集団送還後死亡	死亡者総数 (死亡率)
華北労工協会 (行政供出・訓練生)	34,717 (89%)	804	5,550	17	6,371 (18.3%)
日華労務協会 (自由募集)	1,455 (3.7%)	5	349	2	356 (24.4%)
国民政府機関 (特別供出)	682 (1.8%)	0	39	0	39 (5.7%)
華北運輸株式会社 (特別供出)	1,061 (2.7%)	3	47	0	50 (4.7%)
福昌華工株式会社 (特別供出)	1,020 (2.6%)	0	14	0	14 (1.3%)
総計	38,935 (100%)	812	5,999	19	6,830 (17.5%)

出典：前掲『外務省報告書』要旨、20頁より作成。

最も高いのは戦線仁科（事業所番号86）の52％であった[16]。こうした強制労働の実態については次の項目で明らかにしたい。一方、事業所到着まですでに812人の死者が出たことも無視できない。乗船中と事業場到着までの環境の悪さ、日本人の管理者による虐待、虐殺などによって多くの死者を作り出したことが生存者の証言で明らかにされた。

　鹿島組花岡事業所に連行された大隊長耿諄の証言によると、船の中で「生煮えのウォトウ［トウモロコシの粉で作った饅頭］を食わせられた。一日二食で、一回分は少量であった」[17]。続いて「一人が海に飛び込んだ（中略）三人の中国人が病気で死んだ。（中略）もっとも困ったのは、水がないことだった。（中略）喉が渇いて火がついたように痛むのを、じっと我慢した。我慢を続けていると、いまにも気がおかしくなるように感じた。地獄の苦しみであった。船に乗っている期間が長くなってくると、積んでいる石炭がむれてきた。まるでセイロの中に入っているように、暑くて大変だった。船倉の中の空気が悪くなり、燃えないでいぶっているストーブの中に顔を入れているみたいに苦しかった」[18]。また袋に入れて海に投げ込まれた労工を見たと証言する人も複数いた[19]。

長い航海日数、飲料水と食料の欠乏、極度の疲労により船上および下船後に多くの命が落とされたのである。この劣悪な状況については『外務省報告書』も認めざるをえなかった[20]。

さらに供出方法の中身を見てみよう。

供出人数が最も多い華北労工協会の供出方法は行政供出と訓練生供出であるが、行政供出は、華北の最高権力機関である華北政務委員会から各行政機関に募集人数を割り当てて強制的に労工を供出するシステムである。訓練生供出は、捕虜あるいは労工狩り作戦による中国人を俘虜収容所に一時的に収容し、強制労働させて「満洲国」や日本に連行することを指すのである。その実態については、第3章第2節ですでに明らかにしたが、ここでは労工狩り作戦に参加した元将校・小島隆男の証言に裏付けられるように前述の耿諄と同じ花岡に連行され、宿舎である中山寮の炊事係を担当した王文博の証言を聞いてみよう。

「私は農民で、畑仕事をしていました。……1944年旧暦4月12日に、日本軍が村を包囲したとき、私の家で働いていた親戚の朱二開も一緒に捕まり、その日のうちに、県城の安州の兵舎のような所に連行されました。……翌日、日本軍に別の村で捕まった人たちと16人で、定州、保定へと送られ……西苑［北京の収容所］に丸一カ月入れられている間に、沢山の人と合流しました。……6月6日の朝、西直門駅から列車に乗せられ、翌日山東省の青島に着いたのです。……数日後、青島から船に乗せられ、日本に向かいました」[21]。兎狩り作戦ともいわれる労工狩り作戦によって多くの一般人がこのように捕まえられ、収容所に入れられて、日本に連行されたわけである。このような証言は枚挙にいとまがない。

農村部だけではなく都市部でも一般人が何の説明もなく日本軍に捕えられ連行される状態が日常化され、住民を不安に陥れたことは華北政務委員会の悩みの種であった（詳しくは第3章第2節を参照されたい）。

(3) 花岡事件から見る中国人の強制労働

花岡町は現在秋田県大館市の一部であるが、戦時中は鹿島組（現・鹿島）花

岡出張所の所在地であった。1944年8月から1945年6月までの間に3回にわたって合計986人の中国人が花岡事業所に連行され、花岡選鉱場建設工事および花岡川改修工事の強制労働に従事させられた。生活や労働条件の劣悪さ、現場の日本人補導員による虐待などにより日本敗戦まで418人が死亡し、死亡率は42%までにのぼった。そして、1945年6月30日に中国人が一斉蜂起したのが花岡事件である。花岡事件はまさに人間としての忍耐力の上限を超えた極限状況において生きていくために、また人間としての尊厳を守るために起こしたものと言わざるをえない。

花岡事件に関しては多くの研究の蓄積があるので、詳しい経緯についてはそれらに委ねるが、事件後日本の官憲が作った「訊問調書」を見てみよう。同調書では、中国人が逃走することによって日本国の戦時下の労働力が減退するのみならず、中国人の発見に努める捜索隊が出動すると、生産が著しく低迷し、日本国の敗戦となることを認識していると断定し、現場の劣悪な待遇と中国人虐待などを意図的に無視している[22]。これに対し、耿諄は、暴動はひとえにわが労工の命を救うためであると反論した[23]。

では、労工の命が奪われるような現場の実態はいったいどういうものかを労工の証言を通じて明らかにしたい。

まず、食事について同じ炊事係の王文博の証言を聞こう。

「私たちは中山寮の食糧として、1日に20キログラムの小麦粉を8袋使用していました。これは1日1人500グラム相当の割当となります。それがどれぐらいの期間続いたか、具体的には記憶していません。しかし、あの重労働の中で、1日1人当たり500グラム以上になったとしても、とても足りるものではありませんでした。段々と病人たちが出てきて、彼らの食糧が減らされていきました。まだ寒くなる以前、300人にはとても足りない食糧について、耿諄大隊長は日本人に増量を要請しました。しかし逆に日本人がさらに2袋減らしたため、大隊長が泣いておられたのを覚えています。……寒くなり始めたころ、小麦粉の配給が停止されて全部ドングリ粉になり、それが1カ月以上続きました。……ドングリ粉をウォトウと同じような形にして朝

昼2つずつ食べました。……食べ終わって1時間も経たないうちにまず腹が痛くなり、すぐ下痢が始まります。1日2回も食べる……みんなの体調が悪くなっていき、前よりさらに死ぬ人が多くなりました。……寒い時期に塩が全然ないときもあり、ただお湯と饅頭だけで……死人が出ても何日間かは隠しました。その間は死んだ人の食糧が減らされず、病人たちがそれを食べることが出来たからです」[24]。

上述のように食糧の不足が深刻であり、飢餓状態で毎日長時間（1日12時間で、突貫工事期間中は後述の張肇国によると16時間）の強制労働に従事させられ、さらに食糧の減少と病人の増加という悪循環の結果、多くの死亡者を出したのである。ところが、実際には鹿島組の食糧は相当潤沢であったことが以下のような鹿島組の従業員の証言からわかる。佐藤文三が「鹿島組の寮にいると、食事の待遇がいいわけです。……ご飯は充分に食べられたし、おかずだっていまほどではないが、結構魚も食べられたし、野菜だって食べたからね。食われない時代に、これほど食べられたわけです。ところが家に帰ると、もう大変なわけですよ。食べない人が一人でも多い方が、助かったわけですから。……いまだから言えるども、中国人に来た食糧の配給は、あまりあの人たちに渡らなかったと思います。鹿島組には、食糧がうんとありました」[25]と語った。食糧があるのに中国人に配給しない鹿島組の非人道さと中国人への差別意識は明らかである。中国人の食料欠乏の背景には鹿島組の従業員、特に現場補導員によるピンハネが常態化していたことは、すでに多くの証言によって明らかになった[26]。

次に補導員による虐待を検証してみよう。

花岡で小隊長をしていた張肇国は次のように証言した。「冬になっても、依然として着るものも一枚しかありませんでした。着物もボロボロになり、非常に寒いので、耐え切れなくて私たちはセメント袋を身体に巻いて暖を取ろうとしました。それでも補導員にそれを見つけられたら、すぐにその場で、大雪の中で脱がされて、そのうえ食事を与えないという処罰を受けました。……夏になり、だんだん暑くなってくると、病気になる人が増えて、死者の数も増えて

きました。私たちの仕事の量は多く、しょっちゅう殴られました。少しでも遅くなると、補導員に太い棍棒で殴られました。非常に重いセメント袋の荷物を担がされ、もし途中で倒れたりするとすぐ殴られました。工事のノルマを果たせないと、補導員に殴られた」[27]。補導員の暴力は日常茶飯事であったのである。

さらに蜂起を決意させたのは劉沢玉（一説は劉玉林）への虐待である。労工の劉智渠の証言によると、劉沢玉が空腹を我慢できずに草を食べていたところを、補導員に捕まえられた。「清水正夫は一本の鉄の棒——鉱山の小軌道の断片——をもってきて、それを炊事場のかまどの中で真っ赤に焼いてから劉沢玉の両股の間に挟ませた。劉沢玉はその痛みで天を突くように呼び出し、地面をころがり廻った。劉沢玉は必死になってその焼けた鉄棒をおしのけると、清水は他の補導員たちに劉沢玉の両手と両足を押えさせ、再びその鉄棒を彼の尻と股におし当てた。肉は黒けむりをあげて焼けこげた」[28]。そのあげく、劉の死亡が確認された。この場面を見た中国人の抑えきれない憤りが目の前に見えるように思えてならない。

しかし、花岡事件の導火線はこの残酷さを超えるものであった。薛同道への侮辱的な暴力である。「ある日、薛同道は帰る途中に、道端に捨てられていたリンゴの芯を拾って食べた。ところが、全部食べ終わらないうちに補導員に見つかり、その場で薛はひどく殴られた。縛られて中山寮に帰っても、薛には夕食をあたえなかった。食事のあと、中国人全員が集められた。その前で補導員は薛同道を殴ったり、蹴ったりした。最後は小畑補導員が、牛の生殖器を乾燥してつくったムチで薛を殴り続け、彼はその場で死んだ」[29]。この事件は中国人の人間としてまた民族としての尊厳を大きく傷つけたことは言うまでもない。労工の命を深く配慮し暴動を起こすのに躊躇していた耿諄を一気に決心させたのである。

上述のように、劣悪な生活状況、虐待、虐殺、尊厳が傷つけられた状況下で生きていくために、また尊厳を守るために中国人は蜂起せざるをえなかったことが明らかである。日本全国135事業所全体で考えると、6,830人の中国人がいかなる状況で無念の死に至ったかが推測できよう。

注
1）　花岡問題全国連絡会（準）『中国人強制連行資料　暗闇の記録』1991年、6‐7頁。
2）　同上、9-10頁参照
3）　西成田豊『中国人強制連行』東京大学出版会、2002年、20頁参照。
4）　同上、22頁。
5）　中国人強制連行を考える会（以下「考える会」と略称）『花岡鉱泥の底から』第三集、1993年、14頁参照。
6）　前掲『中国人強制連行資料　暗闇の記録』11頁。
7）　同上、12頁。
8）　同上、18頁。
9）　前掲『中国人強制連行』285頁。慰安については、「日本政府は……旧正月、端午節、仲秋節を公休扱いとすることを決めていた。……事業所はこれらの日を中国人『慰労』の日と位置付けていたことは確かのようである」、「また、新正月、旧正月、端午節、仲秋節などには『慰労金』が支給されたのも事実であろう」と書いてあるが、私の聞き取り調査では「慰労金」をもらった人は一人もいなかった。
10）　七十年史編纂委員会『七十年史──北海道炭礦汽船株式会社』北海道炭礦汽船株式会社、1958年、203-204頁。
11）　日本建設工業会『華鮮労務対策委員会活動記録』アジア問題研究所、1981年、19頁。
12）　「華人労務者就労事情調査報告書」（以下『外務省報告書』）第一分冊、1946年、109頁、111頁参照。
13）　田中宏・内海愛子・石飛仁解説『資料　中国人強制連行』明石書店、1987年、523頁参照。乗船人数においては両者の数字は4人の差があるが、詳細は不明である。
14）　杉原達『中国人強制連行』岩波書店、2002年、68頁。
15）　同上、69頁。
16）　『外務省報告書』第二分冊、参考資料2、81-92頁、同報告書の要旨、参考資料7、21-38頁参照
17）　野添憲治『花岡を忘れるな　耿諄の生涯』社会評論社、2014年、56頁。
18）　同上、58頁。
19）　戦争犠牲者を心に刻む南京集会編『中国人強制連行』東方出版、76頁、118頁参照。
20）　前掲西成田豊『中国人強制連行』136-137頁参照。
21）　「考える会」『花岡鉱泥の底から』第七集、1997年、20-21頁。
22）　前掲杉原達『中国人強制連行』77-79頁参照。

23) 同上、78頁参照。
24) 前掲『花岡鉱泥の底から』第七集、22-25頁。
25) 野添憲治『花岡事件を見た二〇人の証言』御茶の水書房、1993年、76頁、82頁。
26) 前掲『花岡鉱泥の底から』第七集、27頁、前掲西成田豊『中国人強制連行』378-380頁参照。
27) 「考える会」『花岡鉱泥の底から』第三集、1993年、65-66頁。
28) 前掲西成田豊『中国人強制連行』385-386頁。
29) 前掲『花岡を忘れるな　耿諄の生涯』100頁。

第2節　遺骨送還と中国紅十字会の訪日

(1) 戦後直後の状況と遺骨収集の経緯

　中国人の遺骨の発見、発掘、送還について最も詳しいのは中国人殉難者名簿共同作成実行委員会が作成した『中国人殉難者名簿』（1960年2月）、『中国人殉難者名簿別冊』（同前）、『第一次～第八次　中国人殉難者遺骨送還状況』（同年10月）である。これをまとめて解説したのは『資料　中国人強制連行』（1987年）である。以下、これを基本史料として分析を進めていきたい。
　日本の敗戦に伴って強制連行された中国人がようやく解放された。各事業所の中国人は様々なルートで日本敗戦の情報を知った。群馬県鹿島組藪塚出張所の中国人が、天皇「玉音」の一時間後に「誰もまだ敗戦の報にしらさなかったのに、収容所の上に竹ザオに結び付けた六畳敷ほどの大きな中国の国旗がひるがえっていた」[1]。これは、中国人がいかに喜んだか、また民族の勝利を祝う気持ちがいかに強烈なものであるかを知る一場面であった。
　米軍の日本進駐後、連合軍総司令部は日本政府に連合国俘虜、被抑留者に関する指令を出し、俘虜や被抑留者の解放を指示した。日本政府はそれに対応して「華人労務者ノ取扱」を関係者に以下のような内容を含める通牒を出した。①全員帰国させること、②全員帰国不能の場合、一部帰国させること。この場合死者の遺骨遺品の整理、慰霊祭の執行が規定された。ところが、多くの出張

所では中国人の強制労働がアメリカ占領軍および現場の日本人の命令により継続され、死亡者が続出する状態となった。これに対し中国人が集団抗議を各地で行い、「①俘虜ならびに拉致された者としての身分の確認、全く関知しない不法な『契約書』の不承認、②解放、労役続行の拒否、③虐待に対する賠償と虐待者の処罰、④即時送還、⑤保護並びに必要な金銭、衣服、食糧の支給」[2]を要求したのである。35件にのぼる抗議に対する鎮圧の結果、殺害されたものは、中国人29名、朝鮮人4名、日本人5名（事業所側3名、警察2名）であった[3]。

このような状況で中国人の早期送還が抗議収拾のために必要となった。そして、1945年11月17日連合軍総司令部より日本政府宛て覚書「非日本人ノ日本ヨリノ帰還ニ関スル件」によって送還が行われ、12回にわたって合計30,737人が送還されたのである。

しかし、日本で亡くなった中国人の遺骨は、中国人の送還時に一部が持ち帰られたが、多くは各事業所の労働現場に埋められたり、お寺に預かってもらったりして、そのまま放置された。

花岡の場合、事件後、虐殺された多くの中国人の遺体は殺害現場の共楽館の前の広場に三週間にわたって放置され、その年の7月は猛暑で、遺体は顔から人物を特定できないほど腐敗し、異臭は激しかった。7月下旬、ようやく中山寮の向かいの山（後述の鉢巻山）に穴をいくつか掘って埋められた。この残酷で非人道的な扱いが戦後横浜BC級戦犯法廷で犯罪者を裁くことにつがなったことは否定できない。

そして、1949年8月、「李鐘応が、気晴らしに姥沢に入り、鉢巻山で人間の骨を見つけると、これは問題になると思って、すぐに山を下ってきて組合に報告した。自由労働組合はすぐに役員会を開いた。委員長（金秀一）、副委員長、書記長（李又鳳）の三役のほか、宣伝部長の鄭淵哲ら五、六人の役員がいた」[4]と、当時花岡の中国人遺骨の収集、送還運動に参加した李又鳳が著書『在日一世が語る』の中で遺骨発見当時の様子をこのように書いている。

遺骨を発見したのは在日朝鮮人であり、また李又鳳本人も1942年に日本に連

行された。在日朝鮮人はかつて日本国籍を持っていても差別される立場に置かれたことは間違いない。同じ境遇を持つ人間同士が連帯意識を持ちやすく、中国人の遺骨収集に取り組んだ一大要因であろう。

　鉢巻山というのは、「中国人を埋蔵したところを掘り返した跡が、花岡町内から遠望すると鉢巻を締めたように見えたので、呼ばれるようになった」5)のである。実は1945年10月米軍のジョン・R. デンバーグ大尉が中山寮を視察し、中国人の死体を発見したため、調査を開始した。埋めた遺体を掘り起こし、火葬した遺骨を400箱に入れて信正寺に預けた。掘り返した跡はその時のものであろう。鉢巻山はまさに中国人強制連行、強制労働の「生き証人」となっている。

　しかし、遺骨の発掘は容易なことではない。町や鹿島組の承認がなければ、作業を進めることはできない。そして、金一秀は組合員の協力で遺骨発掘のための人員を派遣するよう花岡の山本町長に圧力をかけた。3日間にわたって職員たちが仕事できないほど役場で激しい交渉の結果、町長は、「よし分かった。それなら私は目をつむるから、ひとつ適当にやってくれよ」6)と、ようやく黙認したが、「オメ方のおかげで町の仕事なもかもならない。電話も聞かれない、あれもこれもできない、三日間、何も出来なかった」7)という町長の話からも、当時粘り強く交渉した様子が窺える。にもかかわらず、町長が遺骨収集に大きな役割を果たしたことはあとの行動からも確認できる。その後大館市の小畑元市長をはじめ多くの大館市民が中国人殉難者慰霊祭、強制連行の真相究明、戦後補償運動などを長年にわたって取り組んできた原点はここにあるに違いない。

　遺骨を発掘するためには地域住民の協力が必要であるが、花岡の住民動員の実態を見てみよう。李又鳳によれば、鹿島との遺骨発掘に関する交渉などは、町長が先頭を切ってやらなければいっこうに進まず、結局ほとんど町が案配することになった。また、町内でビラを配ったり、張り紙をしたりして、鉱山労働者や住民にも中国人の遺骨収集と送還を訴えた。その結果、住民から多くの情報が寄せられ、鉢巻山の近くにも多くの遺骨が埋められていること、共楽館前の遺体が二つの穴に埋められていることも分かった。そして、20人ぐらいの人がシャベルやツルハシで掘り出したが、鉢巻山は100体以上、大穴は110体ぐ

らい、小穴は60体ぐらいの遺骨が発掘されたのである。この発掘は20日ぐらいかかり、花岡町が専門の業者を雇って、遺体を丁寧に火葬した。掘り起こした遺骨も改めて焼いた[8]。

　発掘現場の地獄のような場面が鹿島組花岡出張所によって作られたことは明らかであり、その強制労働、虐待と虐殺によって多くの中国人の命が異国の地で奪われ、その魂がこの収集作業を通して日本の戦争犯罪への追及を呼びかけているように見えた。同時に、日本政府、軍および企業の犯罪事実が日本から中国へ、さらに世界の国々に知られるようになった。こうして中国人遺骨を発掘する作業が在日朝鮮人と日本人労働者の手によって始まったのである。

　一方、華僑総会が金一秀の連絡で花岡の調査に入り、1950年1月11日に華僑民主促進会の機関誌『華僑民報』は鄭龍三記者の調査に基づき、調査の結果を一面に掲載した。同月20日『赤旗』も花岡事件と遺骨状況を大きく報道した。その影響で花岡事件は多くの日本人が知ることになり、遺骨収集は日本全国に広がり、在日朝鮮人、華僑、中国人留学生、日本人が一体となって国籍を超えてこの問題に取り組んでいった。

　同年9月、華僑総会が中心になって東京華僑連合会、同学総会、留日華僑民主促進会、日中友好協会準備会が花岡事件処理委員会を結成し、代表団を花岡に派遣した。同代表団は金一秀兄弟、吉川長助夫妻などの世話と協力により、また前述の山本町長の全面的な協力によって遺骨を収集し、416の白木の小箱に分けて納めた。この箱は山本町長の斡旋で秋田県知事が提供したものである[9]。また遺骨を東京に運ぶために華僑総会は国鉄の旅客課長と交渉した結果、国鉄は遺骨と代表団の専用列車として客車の一部を無料提供することにし、その後も一貫して遺骨送還事業に好意的便宜を図っていたのである[10]。

　こうして上野に運んできた遺骨は華僑、中国人留学生、日本人の手によって慰霊祭のために浅草東本願寺まで徒歩で捧持し、安置された。11月1日、華僑総会の主催によって「花岡殉難四百十六烈士追悼会」が盛大に行われた。全国各地からの華僑、日本の社会党、共産党、日中友好協会、仏教協会代表、各団体の代表、在日朝鮮人の代表など、参加者は幅広く各界各層に及んでおり、遺

骨問題はすでに大きな社会問題になったと言わざるをえない。上述のように華僑や中国人留学生が中国人遺骨収集に大きな役割を果たし、その後の各地の遺骨収集、遺骨送還に一貫して中心的な存在となった。

(2) 遺骨送還運動のプロセス

遺骨収集が始まったころ、日本では反戦平和運動が広がり、多くの人々が遺骨の収集送還運動に取り組めるような環境がすでに形成されていた。

1950年6月に朝鮮戦争が始まり、それに伴う反戦平和運動が様々な形で行われた。なかには、大阪の「吹田・枚方事件」[11]のように実力行使に訴えるものもあれば、デモ、集会などの抗議活動もある。特に1952年5月1日、サンフランシスコ講和条約が発効した直後のメーデーで、条約反対のデモ隊が使用不許可となっていた皇居前広場に入り、警官隊と衝突した。警察は催涙ガスを使用し、また武器を持たないデモ参加者に向けて銃を発砲したため、多くの死傷者が出た。これはのちに「血のメーデー」と呼ばれた事件である。このような事件によって日本の反戦、反米運動の気運がさらに高まり、多くの人が反戦、平和運動に取り組むようになった。

もう一つ反戦、反米運動に繋がるのは鹿地亘事件である。鹿地は戦争中に重慶において日本軍捕虜を再教育し、日本人反戦同盟を組織して前線での宣伝、対日放送などで活躍していた作家であり、また1950年10月1日設立された日中友好協会の理事でもある。1951年11月病気療養中に、突然GHQに逮捕され、家族にも音信不通の状態で1年余り拘禁された事件である。鹿地を救出するために、日中友好協会を中心に救援会が作られ、救援運動を始めた。早稲田大学の「中国文学研究会」が協会の支部のような存在で、早大救援会をつくり、カンパ活動や、鹿地釈放後の護衛にも当たった。

当時早稲田大学文学部在学中の町田忠昭がこの護衛に参加した1人であり、当時の様子を次のように語った。「1月29日、鹿地氏防衛のため、中文研の金井氏と行った。肋骨を七本取った後、療養中にアメリカ側に捕まり自殺を図った鹿地氏は……率直に言って、これがかつて中国で日本の侵略戦争に対して最

も勇敢に戦った人とは思えない静かさが感じられたが、同時に全力を挙げて救援活動をやろう、という心を持たせられた」。そして「中文研で独自の宣伝ビラを出すことを決定、私が担当した。2月3日〔1953年〕『鹿地事件について皆さんに訴える』と題して、藁半紙一枚に裏表に刷ったものだった」[12]という。鹿地の中国での反戦活動は多くの学生に衝撃を与え、彼が学生にとって大きな存在であったと言えよう。救援会の活動は鹿地釈放後、アメリカの責任追及と同時に、朝鮮戦争の中国、朝鮮の捕虜の釈放運動に展開し、特に1953年4月に成立した「不戦アジア人権を守る会」がこの運動を積極的に取り組みながら、中国人遺骨送還にも意欲的に参加したのである。

　一方、1950年夏、国際赤十字社連盟がモナコのモンテカルロで開かれた際、パーティの席上で日本赤十字社の島津忠承社長が中国紅十字会の李徳全会長に在華日本人の調査を頼んだ。それに応じるように1952年12月、新華社は、中国政府が日本人の帰国援助を表明し、具体的な問題については中国紅十字会と協議すればよいと発表した。中国政府の呼びかけに応じて日本赤十字社、日中友好協会、日本平和連絡会のいわゆる帰国三団体が1953年3月、中国紅十字会との間に「日本人居留民帰国問題に関する合同コミュニケ」が発表され、同月23日から第一次中国残留日本人の引揚げが始まった。1958年7月の第21回までに合計34,829人が日本に帰国したのである。

　一方、帰国三団体からの中国人遺骨を送還したいという提案に対し、廖承志中国代表団長は、日本側に感謝すると同時に花岡以外の遺骨も送還するよう協力を求めた。

　そして、侵略戦争への反省と中国政府の好意に応えるために、帰国三団体など民間14団体が1953年2月、中国人俘虜殉難者慰霊実行委員会（委員長に大谷瑩潤、事務局長に菅原恵慶、事務局次長に赤津益造、以下中央慰霊実行委員会と略記）を結成させ、中国人強制連行の調査、慰霊、遺骨の送還を全面的に行うことになった。

　上述のような背景で行われていた中国人の遺骨送還は、日本人、華僑と留学生、在日朝鮮人という国際連帯で行われた反戦運動の一環であり、中国人への

懺悔と感謝の気持ちを込めた平和的な事業であると言わなければならない。

花岡慰霊祭が終了後、花岡の416個の骨箱を預かったのは棗寺（運行寺）である。棗寺は中国との縁が深い寺で、東京浅草にある浄土真宗の寺であるが、先代住職菅原恵慶は、日中戦争中に浄土真宗の聖地、山西省玄中寺の跡を訪ね、その廃墟から棗の実を持ち帰り育てた。そして交流のあった横山大観にその若木を写してもらい、棗寺と呼ばれるようになったという[13]。遺骨の発掘から送還まで活動していた菅原は、日本仏教に大きな影響を与えた中国浄土教の確立者である曇鸞に傾倒し、玄中寺を訪ねたわけであるが、仏教の慈悲の思想だけでなく中国仏教者への崇敬も菅原の行動に繋がっていたのではないかと思われる。中国では、「水を飲むのに井戸を掘る人を忘れず」という話があるが、いまでも生存者や遺族が訪日の際、先人の遺骨を大事に供養していた棗寺を訪ね、先代住職と現住職に敬意を表すことを重要な行事の一つとしている。棗寺はまさに日中友好のシンボルとなっている。生存者、遺族と棗寺との懸け橋となっているのは前述の町田忠昭であり、彼が遺骨送還時に寺の遺骨をトラックに、またトラックから東京行きの列車に一つずつ丁重に運んだという。花岡裁判など戦後責任、戦後補償運動に87歳の今でも意欲的に参加し、日本の市民運動を支えているような存在となっているといっても過言ではない。

遺骨の送還には政府の協力が必要であるが、日本政府の対応はどうであったかを見てみよう。中央慰霊実行委員会は送還の申し入れを日本政府に提出したにもかかわらず、政府の支持を得ることが出来なかった。そして、1953年5月29日、国会に対する請願書と外務大臣宛て要請書を提出した。その内容は「(1) 帰国船を利用し、遅くでも6月中に送還を実現すること、(2) 遺骨捧持団に旅券を、華僑代表に出国、再入国の許可を与えること、(3) 遺骨送還事業に要する費用を国家より援助すること」[14]である。この要請に対し、政府は「関与しない」、「国が援助しない」と否定的であった。特に遺骨を荷物として帰国華僑に持たせるという政府の非人道的な態度に対し、中央慰霊委員会が強く抗議し、帰国三団体の遺骨捧持団代表は乗船を拒否した。政府との交渉はなかなか進展が見えない状況に対し、集団帰国の華僑が遺骨と同じ船でなければ乗船しない

と主張し、舞鶴で座り込みをした。

　実は1953年3月に中国華僑事務委員会は、東京華僑総会への書簡の中で、「日本秋田県花岡鉱山で犠牲となった我が国の軍民の遺骨を収集して祖国に送還する貴会の措置は重大な意義を有する」と指摘し、遺骨送還については、「すでに日僑の帰国について、協議のため我が国に来た三団体の代表と打ち合わせをした通り、日僑を乗せるために、我が国に来る船舶を使って送還してよろしい」と、帰国船の利用を明示し、さらに「遺骨を送還する船舶が出帆する前に予め電報でお知らせください。到着の際、祖国の人民は壮厳な儀式をもってこれを迎え安置する」と呼びかけた[15]。当時中国からのこの書簡は華僑への信任を表したものであると思われたに違いない。華僑と留学生が遺骨と一緒に帰国することを堅持した背景にはこのような事情があるのではないかと思われる。

　一方、「在華日本人から日本政府と民主団体に抗議と要求の電報がしきりに入電していたので、当時の世論は華僑帰国と遺骨送還は同時に行うべきだという点で一致していた」[16]が、交渉に交渉を重ねた結果、国民党の妨害を理由に、また日本人の帰国問題もあって、日本政府が華僑帰国船のあとに赤十字社の黒潮丸で遺骨を送還する案を出し、華僑と帰国三団体がやむをえずこれに同意した。

　このような紆余曲折を経て、1953年7月2日、黒潮丸が中国人の遺骨と遺骨捧持代表団を乗せて神戸から出港し、第一次遺骨送還が始まり、551柱の遺骨を中国に送った。第二次からは帰国華僑と同じく興安丸で送還されることになった。遺骨送還は1953年7月から1958年4月にかけて8回にわたって行われており、中央慰霊実行委員会は、これをもって遺骨送還事業が一応完了したことを表明した。ところが、1963年同和鉱業は、鉱滓ダムを作るために鉢巻山と花岡事件の犠牲者を埋める場所の土砂を掘削したところ、完全な遺骨一体が現われた。これが明るみに出て、全国から多くの人が集まってきて、一鍬でも発掘に力を入れようという一鍬運動が大いに行われた。そして、1964年11月、第9次の送還が6年ぶりに行われ、15箱の遺骨を以前と違って空路で中国に送った。同時に強制連行された約4万人の名簿を遺骨と一緒に中国に手渡した。

中国人遺骨送還事業の総括として、1959年7月、日中友好協会、総評など17団体による「中国人俘虜殉難者名簿共同作成実行委員会」が結成され、大規模な調査活動を行った。前述の『外務省報告書』および『事業所報告書』、そして『華鮮労務対策委員会活動記録』を十分に利用し、各地の市民による調査結果と合わせて、全四編からなる報告書（第一篇「中国人俘虜殉難者名簿」、「中国人俘虜殉難者名簿別冊」、第二篇「第一次～第八次中国人殉難者遺骨送還状況」、第三篇「強制連行並びに受難状況」、第四篇「連行された中国人の名簿」）が作成された。そして、第一篇～第三篇は1961年5月に訪中代表団によって中国に手渡され、第四編は上述のように第9次送還時に手渡されたのである。これをもって中国人強制連行の解明作業と遺骨送還事業は終了を告げた。

　遺骨送還は合計9回で行われ、2,864柱（内104柱重複）の遺骨が中国に送還され、天津市烈士陵園に安置された。2006年4月、陵園の移転に伴い、陵園内において「在日殉難烈士・労工紀念館」が同年8月新しく開館され、その後毎年のように日中合同慰霊祭が行われている。同紀念館が日本の民間人と協力して建設された初めての追悼施設であることは特筆されるべきであろう。

　国交が回復していない時期に民間人の手によって行われた中国人遺骨送還は日中関係史に重要な1ページを占めていることは言うまでもない。また9回にわたる捧持代表は民間人150人（日本人97人、華僑51人、在日朝鮮人2人）、政府関係者17人、合計167人に上った。「これらの代表は中国各方面の熱烈な歓迎を受け、また参観を通して新中国の実情にもふれ、その素晴らしさに感激し、遺骨の調査、収集、送還事業を完遂させるため、大きな力となったばかりか、日中友好事業、中日国交正常化運動の飛躍的発展に大きな影響をもたらした」[17]ことは確かであろう。さらに、新中国への訪問は訪問者の「人生観を大きく決定づけた」[18]と言われるほど重要な意味を持っていた。

　実は1950年6月「土地改革法」によって、農民は自分の土地を持つことになったため労働意欲が一段と高まり、都市部の労働者も新中国になってから安定した職を持つようになり、面目を一新した中国人が大きな魅力を持っているように見えたのであろう。当時中国からの3万余りの日本人帰国者がこのような

新中国の魅力を大きく感じたと思われる。特にその帰国に対する中国政府の積極的な協力と帰国時の行き届いた待遇に対し、帰国者の感動は大きかったであろう。遺骨送還時の日本人帰国者の対応からもその感謝の気持ちが読み取れる。国交回復前におけるこのような草の根からの遺骨送還運動は、日中友好交流のシンボルとして多くの人々に記憶されるが、一方、その延長線上には、花岡裁判をはじめ強制連行の生存者および遺族による戦後補償裁判があり、草の根からの支援運動がいまでも行われているのである。

(3) 中国紅十字会の役割

上述のように、中国側で在華日本人の帰国援助と中国人の遺骨送還を取り組んできたのは中国の紅十字会である。同会は1904年に成立されて以来、難民の救助、戦場での救護、被災者救援、行方不明者の照会、捕虜の家族との通信仲介など、様々な人道的活動を行ってきた。1950年、周恩来総理の指導において同会は改組され、1952年、中国紅十字会は赤十字国際連盟によって中国唯一合法の赤十字組織として認められた。日中国交回復前、政府間の交流ができない時期に民間交流の窓口として活躍し、新中国をアピールする実務的な役割を果たしてきたのである。

1952年3月、帰国三団体の代表団長である島津日赤社長が日本人の帰国問題の解決に貢献した紅十字会に訪日を要請し、1953年7月に実現された第一次遺骨送還の日赤代表として訪中した工藤忠夫日赤外事部長が、再度招待の意を伝えた。これに対し紅十字会代表は「心から実現の日を待っています」[19]と日本側の好意に応じた。しかし、1952年4月、「日華平和条約」の調印に伴い、台湾との関係を重視する日本政府の姿勢は中国への敵視政策となり、中国からの訪問は皆無と言っていいほど困難であった。

このような状況で日中友好協会は、その実現のための運動を全国に呼びかけた。同協会の提唱によって10月1日から始まった日中友好月間は、日本全国で中国に対する大きな関心を集め、北海道から九州まで盛大に行われた。その中心行事として同日、東京青山にある日本青年館で千人の各界代表の出席のもと

に、「中華人民共和国建国四周年中央祝賀大会」が行われた。紅十字会など中国の九団体からは祝賀メッセージが送られた。これを受けて政治家の西園寺公一が中国紅十字会代表団および中華全国政治協商会議代表団の日本招請決議案を提案し、満場一致で採択された。一方、この大会では政治家の高良とみが提案した「中国との速やかな国交樹立」の決議案も採択された。

西園寺公一は、1906年公爵西園寺家の嫡男として生まれ、祖父に西園寺公望、父に西園寺八郎を持つ名門であり、イギリス留学の経験を持つ国際的な視野が養われている人物である。戦時中、中国の共産主義運動に関心を持ち、尾崎秀実とも交流があり、のちのゾルゲ事件[20]の関連で執行猶予の禁固刑を受けた経歴もある。戦後中国の「人民交流」の「民間大使」として活躍し、1970年8月まで家族同伴で12年以上中国に滞在し、中国の状況を世界に発信する重要な役割を果たしてきた。西園寺公一は日中関係に貴重な存在であり、その名はいまでも多くの中国人に記憶されている。

一方、高良とみは、1896年に富山県で生まれ、日本女子大学校を卒業後、コロンビア大学に留学し、哲学博士号まで取得した知識人である。戦後、第1回参議院議員選挙に出馬し初の女性議員の一人となり、1952年4月、無ビザで国交のなかったソ連に渡りモスクワで国際経済会議に出席し、翌5月、中国に渡り、戦後初めて中国に訪れた日本の政治家となった。第一次日中民間貿易協定の締結に携わり、日中貿易の道を切り開いたのである。これをきっかけに各領域における日中交流が始まった。高良とみが戦後国交のなかった日中関係における懸け橋としての存在であると言っても過言ではない。

上述のような華々しい経歴を持つ二人の呼びかけが日本国民に多大な影響力を持つことは理解できよう。紅十字会の招請運動は西園寺と高良のような政治家、一般市民、華僑などによって全国的な国民運動に発展した。

1954年1月1日の「日本と中国」には、紅十字会を鹿児島に招請するために、鹿児島県連は機関紙『鹿児島と中国』を創刊することになったという内容の記事が掲載された。同紙2月21日号は、紅十字会の招請を読者、会員に訴えて以下のように要請した。(1) 外務大臣および衆参両院外務委員長に紅十字会招請

補論　中国人強制連行問題と戦後補償　343

決議を送付し、あるいは代表による申し入れを行う。(2) 帰国者、留守家族は県議会、市議会に招請決議を要請する。(3) 労組をはじめ各団体もその決議を要請する。(4) 各地の日赤支社へ促進要請を行う。

　実は1953年に日本から中国を訪問した各界代表は200名以上に達していたが、中国からはまだ1名も招請されていなかった。日中友好協会は、この問題を解決することなくしては、日中友好は一歩も前進しないと、運動の緊迫性をアピールした。

　日中友好協会の積極的な取り組みに対し、各団体が具体的な行動に踏み出した。1954年2月には中国帰国者全国連絡会と東京都帰国者友の会は、具体策を協議するために「中国紅十字会代表招請帰国者実行委員会」を結成した。3月には日本水産会副会長伊東猪六、日本遠洋底曳網漁業協会専務田中道知、日中漁業懇談会幹事長山崎喜之助、同事務局長田口新治の4人が三団体を代表して外務省を訪れ、漁業関係者の立場から紅十字会代表招請に関する陳情を行った。また、日中貿易促進議員連盟と衆参両院の海外邦人引揚特別委員会が中心となり、国会に代表団訪日要請を提案した。5月に衆参両院で中国紅十字会の招請が決議された。

　こうした情勢の下で、日本政府は各方面からの圧力に迫られ、7月、やむをえずに紅十字会代表の招請を認めるに至ったのである。そして、10月30日、李徳全団長、廖承志副団長をはじめとする中国紅十字会代表団はようやく訪日を実現したのである。これは新中国からの初の訪日団であり、多くの日本人にとってまったく未知な世界、神秘の国から来た人々であるため一目見ようという好奇心、また中国と友好交流をしたい気持ちを抱いて訪日団を迎えたのである。中日友好協会の顧問、当時訪日団の通訳を担当した王効賢がその歓迎ぶりを以下のように記した。「李徳全団長が飛行機のタラップを下りたとたん、飛行場は、歓声とカメラのシャッター音に包まれた。この時こそ、日本人が『人民中国』から使者を迎えた最初の瞬間だった。……島津忠承・日本赤十字社社長など『三団体』の代表、居留民の家族代表、大山郁夫など各界名士、与野党の議員、それに在日華僑の代表千人などが集まっていた。マスコミ関係者だけでも百人

以上がつめかけ、押し合いへしあいする大騒ぎになっていた」[21]という。さらに「飛行場の外には、「五星紅旗」の小旗をさかんに振って歓迎する人々が大勢集まっていた。それは東京、横浜からやってきた華僑で、飛行場には入れなくても一目だけでも祖国の人々を眺めようとしていたのだ」[22]と、華僑の祖国への思いに感動した。

紅十字会代表団は13日間日本に滞在する間に東京、名古屋、京都、大阪、神戸、横浜などの大都市を訪問し、19回の日本各界、団体、地方代表連合主催の国民歓迎大会、各種座談会、17回の歓迎宴会や茶話会、13回の記者会見やテレビ、ラジオのインタビューをこなした。このような多忙なスケジュールからは、できるだけ多くの日本国民と交流の場をつくり、新中国を紹介し、日本側の要望に対応しようとする代表団の思いが理解できよう。こうした中で代表団は、帰国三団体との間に「帰国問題に関する懇談の覚書」（通称「東京覚書」）が発表され、1953年3月以来1年余りの実績の点検とこれからの活動の確認がなされたのである。

戦後中国からの初めての訪日団は、「日本人民に中国人民の平和への思いを信じてもらうこと。そして友好関係を深め、今後の相互の友好訪問を増やすための基礎を築くこと」[23]が目的であったが、日本人に新中国および中国人を理解する機会を与えただけでなく、不信感を払拭するための交流の場をも提供したことは言うまでもない。

「もともと地上には道はない。歩く人が多くなれば、それが道になるのだ」というのは魯迅の名言であるが、紅十字会代表団の訪日はまさに日中交流の道になるための最初の一歩であると言えよう。

1958年12月、紅十字会代表団の二回目の訪日が日本の民間人の努力によって実現された。第一回と違って、日本側の遺骨送還事業に感謝するための自発的要望であった。最初の日程は東京の新橋にある華僑会館の中国人俘虜殉難者慰霊実行委員会を訪ね、遺骨の慰霊、送還に努力していた同委員会に感謝することであった。その後、全日本仏教会と紅十字会代表団歓迎委員会の共催で、各団体代表350人が参列した「中国人殉難者追悼大法要」に参加した。李徳全団長

は、「本日、私どもはこの追悼会に参列し、戦争に対する憎しみを新たにすると共に、平和の尊さを再び訴えたいと思います。十年前に起った戦争は、中国人民に大きな損害を与えたばかりか日本人民にも大きな苦しみをもたらしたことは、誰でも知っております。……過去のことは永遠に過去のものとし、中・日間の敵視と敵対の歴史は永遠に終りを告げるべきであると思います。……中・日両国の関係は現在まで、まだ正常な国交をとり戻してはおりませんが、日本人民の支持と、日本の各方面の友人たちの努力のもとに、中・日両国人民の往来は非常に大きな進展を遂げてまいりました」[24]と、日中間の平和を訴え、同じ被害者としての連帯意識を持たせ、国交回復の早期実現を呼びかけた。特に「過去のことは過去のものとする」という論理は中国の「恨みに報いるに徳を以てする」という思想によるもので、日本人に深い感銘を与えた。さらに、日本人の努力を認めることは何より運動の力になったと考えられる。

　代表団は遺骨発掘があった日本各地を訪問し、現地の市民との交流を行った。特に花岡を訪れ、中山寮跡、共楽館前広場を見て回った。当時朝鮮総連秋田県本部の組織部長であった李又鳳が代表団を県内の各現場に案内したという。共楽館で行われた歓迎集会は「花岡鉱山の労働者、主婦、町の人々ではちきれそうであった」[25]という盛況であった。この集会で廖承志副団長は、「花岡虐殺事件は、軍国主義の許しがたい行為である。しかし、日本の人民、あなたがたはみな私どもの友人である。過去のことは水に流して、ともに手をとって軍国主義の復活に反対し、両国人民は子々孫々まで友好につきあっていきましょう。花岡のみなさまが、中国殉難者の遺骨の送還に協力なさっていることは、とても尊い行為です。心から感謝します」[26]と、日本人の心を温める発言をした。ここで「過去のことは水に流す」という李徳全と同様な表現が使われたことは重要な意味を持っており、国交の早期回復という中国政府の思惑が読み取れる。しかしながら、これは、中国政府および中国人が良心的な日本人への感謝であることは間違いないが、中国政府が国際政治の舞台に登場するための戦略の一面を持っていることも否定できないだろう。さらに大きな被害を受けた多くの民間人の意思表示ではないことが90年代からの戦後賠償、戦後補償要求からも

窺うことができる。

　同年、日本社会にもう一つ衝撃的な事件があった。強制連行された劉連仁は日本敗戦前に虐待に耐えられずに収容所から脱走し、北海道の山中に13年間穴籠りの生活をしてきたが、1958年2月、猟師の袴田清治に石狩郡当別町の山中に発見され、事件が明るみになった。彼は日本政府に抗議するとともに、日本政府に対する賠償請求権は将来中華人民共和国を通じて行使するまで留保するという声明文を残して紅十字会とともに帰国した。劉連仁がやがて1996年3月に日本政府を相手に訴訟を起こしたが、残念ながら2007年7月、最高裁で棄却された。その知らせを聞くことなく2000年9月2日に亡くなった。

　紅十字会は1953年から1958年にかけて次のような対日関係の仕事を行った。

　（1）在中国日本人の帰国援助――計21回、34,829名。
　（2）起訴が免除され釈放された日本人戦犯の帰国援助――計5回、1,032名。
　（3）戦犯の家族の訪中、戦犯との面会の援助――計4回、63名。
　（4）里帰り婦人の訪日援助――計4回、1,082名。
　（5）在中国日本人の調査――第1回286名、第2回879名、第3回899名。
　（6）書簡転送――4,444通、荷物転送――3,077個。
　（7）中国で死亡した日本人の遺骨の日本への送還――計2,448柱[27]。

　さらに、1963年11月、「慰霊事業10周年」の記念行事に参加するために再度訪日し、翌年の第9回遺骨送還をもってこの関連の紅十字会の活動は幕を閉じたのである。

　3回にわたる紅十字会代表団の訪日は、「民をもって官を促す」、「民間先行」という中国政府の指針に基づいた実践であり、民間組織としての役割を果たし、上述のようにその目的が達成できたと言えよう。特に後述の花岡和解時の「利害関係人」として再び中国人強制連行被害者による戦後補償と関わるようになったことは特筆すべきことであろう。

　注
　1）　田中宏・内海愛子・石飛仁解説『資料　中国人強制連行』明石書店、1987年、369頁。

2) 同上、373頁。
3) 同上。
4) 李又鳳『在日一世が語る』「在日一世が語る」出版会、2002年、178頁。
5) 同上、179頁、鉢巻山の写真のキャプション。
6) 同上、182頁。
7) 同上。
8) 同上、183-184頁参照。
9) 前掲『在日一世が語る』192頁参照。
10) 日本華僑華人研究会『日本華僑・留学生運動史』日本僑報社、2014年、343-344頁、347頁参照。
11) 「吹田・枚方事件」とは、1952年6月24日から25日にかけて大阪で起きた、朝鮮戦争への抗議と「反戦」のための一連の闘争を指している。詳しいことは、脇田憲一『朝鮮戦争と吹田・枚方事件』(明石書店、2004年)、西村秀樹『大阪で闘った朝鮮戦争』(岩波書店、2004年)を参照されたい。
12) 町田忠昭『鹿地事件の覚書』1994年9月、3頁。
13) 荘慶鴻「60年前、中日之間那一艘船」『中国青年報』2013年8月13日参照。
14) 前掲『資料 中国人強制連行』411頁参照。
15) 前掲『日本華僑・留学生運動史』349頁。
16) 同上、352頁。
17) 同上、354頁。
18) 同上。
19) 日中友好協会会報『日本と中国』第52号、1953年8月5日。
20) ゾルゲ事件はドイツ人のゾルゲを主とするソ連のスパイ組織が日本で諜報活動をしたとして1941年9月から1942年4月にかけてその組織の構成員が逮捕され、ゾルゲと尾崎秀実が死刑となった。
21) 王効賢「中日友好はこうして始まった 新中国から初の訪日団」人民中国雑誌社『人民中国』東方書店、2000年11月号。
22) 同上。
23) 前掲王効賢「中日友好はこうして始まった 新中国から初の訪日団」。
24) 前掲『資料 中国人強制連行』474-475頁。
25) 赤津益造『花岡暴動』三省堂、1973年、170頁。
26) 同上、170頁。
27) 同上、171頁、楊考臣『中日关系史纲』上海外语教育出版社、1987年、176頁参照。

第3節　戦後補償裁判の現状とその展望

(1) 中国における戦後補償要求の背景

　1980年代は、国際情勢が大きく変化する時代であった。1985年、ソ連は、共産党書記長に就任したゴルバチョフによって政治体制の改革が行われ、アメリカとの関係改善を模索し始めた。そして、1987年、アメリカとの間に中距離核戦力全廃条約を調印した。米ソ間の緊張緩和に伴い、両国を後ろ盾にそれぞれの支援を受けていたオガデン戦争やアンゴラ内戦、チャド内戦、カンボジア内戦などが次々と終結した。

　一方、ソ連の政治改革の影響を受けて、ポーランドをはじめ東ヨーロッパ各国の共産党政権が次々と崩壊し、民主政権が成立した。その中で1989年11月、冷戦の象徴と言われるベルリンの壁が崩壊し、翌12月、地中海のマルタ島でゴルバチョフとジョージ・H. W. ブッシュとの会談が行われ、44年間続いた東西冷戦の終結を宣言したのである。

　東欧民主化革命によってソ連国内の独立運動が高まりを見せ、1991年12月、ロシアをはじめとする12共和国による独立国家共同体（ロシア連邦）が設立され、ソ連が崩壊した。69年の長い歴史に幕を閉じた。

　この影響で東アジアの民主化運動が始まった。台湾では、1987年の戒厳令解除によって政治体制が権威主義体制から民主主義体制へ移行した。韓国では、1980年の「5.18光州民主化運動」を引き継いで、1987年6月、大統領直接選挙制を求める大規模な民主化運動（六月抗争）が行われ、翌1988年、民主選挙によって盧泰愚政権が生まれた。中国大陸では、1989年6月、政治改革の推進派と言われた胡耀邦の死去をきっかけとして、天安門広場で大学生を中心とする多くの市民が政治改革を要求し、デモ、集会などの抗議活動を行ったが、軍との衝突になり、政府に「動乱」として扱われ、多くの犠牲者が出た。のちに「6.4天安門事件」と言われ、その真相はまだ明らかにされていない。

補論　中国人強制連行問題と戦後補償　349

　一方、80年代の民主化運動と同時に、草の根レベルから補償運動を進めるようになった。その運動の結晶としてアメリカやカナダなどがそれぞれ戦争被害者への補償を行うことになった。アメリカでは、1987年9月、88年4月には戦時中強制収容された日系人への補償を定めた「市民的自由法案」が国会の下院と上院で次々と可決され、同年8月に一本化された法案がレーガン大統領の署名を得た。同法によって生存者に1人2万ドルの個人補償を支払うと同時にブッシュ大統領の謝罪の手紙も送られた[1]。カナダでは、88年9月にはマルルーニ首相は議会で日系人補償を行う声明を発表し、過去の不正を認めるとともに生存する収容所体験者に1人当たり2万1,000カナダ・ドルの個人補償、さらに日系社会全体への社会、文化、教育への助成として1,200万カナダ・ドル、人権擁護のための「カナダ人種関係基金」設立費用として2,400万カナダ・ドルを拠出することになった[2]。ドイツでは、1952年9月に調印された「ルクセンブルク協定」によって「対独物的賠償要求ユダヤ人会議」に総額34億5,000万マルクを65年まで分割で支払うことになり、ドイツは戦後補償の第一歩を踏み出した。80年代になると、新たな展開となり、「忘れられた犠牲者」への補償が始まったのである。1979年1月に西ドイツで放映された「ホロコースト」や同年アメリカで出版された『奴隷以下』などの影響で補償すべき犠牲者の範囲が拡大され、より多くの被害者が補償を受けることが可能となった。強制労働への補償要求に対して、企業からも今までと異なる動きが現われた。1986年にフリック社がドイツ銀行に株を売却する際、「ユダヤ人会議」に500万の基金を拠出したのをはじめ、1988年にダイムラーベンツ社は同会議および関連組織に2,000万マルクを支払い、同社の自動車博物館の正面玄関に記念の彫刻物を設置した[3]。そこには「第二次大戦中にダイムラーベンツ社で強制労働させられた人々のことを忘れることがないように捧げられるものである。そして今日の責任あるすべての人々に、平和を維持し自由な人間の威厳を守る大切さを喚起するものとなるであろう」[4]と刻まれている。一方、同じく自動車産業のフォルクスワーゲン社（VW）は、1991年10月、「ユダヤ人会議」などに1,200万マルクの補償金の支払いが決定され、同社敷地内に設置された記念碑に「人種

的、政治的な被迫害者として、戦時捕虜そして、また、第三帝国によって占領されたヨーロッパ諸国からの強制収容所抑留者としてVW工場で軍需と犯罪的な制度である戦争のために、むごい苦しみを受けた幾千の強制労働者に思いを寄せるために」5)と反省の気持ちを表現している。いままで企業の補償は「営業上の配慮という打算に基づく面が強いものであったが、その後の様々な論争を経る中で、自社の歴史と向き合い、強制労働の事実を認めつつある」6)という変化が現われた。この変化の背景には、1985年5月8日、ドイツ連邦共和国（西ドイツ）ヴァイツゼッカー大統領がドイツの敗戦40周年にあたって連邦議会で行った演説が極めて重要な意味を持ったと考えられる。「罪の有無、老幼いずれを問わず、われわれ全員が過去を引き受けねばなりません。全員が過去からの帰結に関わり合っており、過去に対する責任を負わされているのであります」7)ということは、ドイツ人全員が過去に責任を負わなければならないことを示唆している。その集大成となったのは2000年7月にシュレーダー政権とドイツの大企業12社によって発足した強制労働補償基金「記憶・責任・未来」である。政府と企業（6,300社、2001年の時点）がそれぞれ50億マルクを基金として拠出し、2001年6月から元強制労働者（2002年7月の時点で170万人が認定された）への補償金の支払いが開始したのである。

　一方、中国は、改革開放政策の実施に伴い、上述のような民主化運動と西側の戦後補償の情報の流入が可能となり、その影響で、今まで抑圧された被害者の声が様々な形で噴出した。まず、中国公安部主管の雑誌『啄木鳥』（群衆出版社、1994年第2期）によれば、早くも1987年8月に湖北省在住の弁護士李固平が全国人民代表大会（通称「全人代」、日本の国会に当たる）の代表宛てに対日賠償要求に関する「公開書簡」を送った。それによると、1972年に調印された「中日共同声明」の第5条は、「中華人民共和国政府は、中日両国人民の友好のために、日本国に対する戦争賠償の請求を放棄する」と規定していたが、それは「日本側は、過去において日本国が戦争を通じて中国人民に重大な損害を与えたことについての責任を痛感し、深く反省する」ことを前提条件としたものであった。しかし、現在の日本政府の言動はそれに反しているため、中国

側が共同声明を解除する権利を持ち、さらに賠償放棄条項の記入は中華人民共和国憲法第43条（最高国務会議の国家重大事務に対する意見は、中華人民共和国主席より全国人民代表大会、同常務委員会、国務院、および関係組織に提出され、そこでの議論に基づいて決定される）に違反するため、そもそも無効だという。これは、今まで誰も問題視しなかった「日中共同声明」の問題点を指摘したことは画期的である。日中両国とも国会批准を得ていない共同声明が国際条約ではないというのは日本政府の見解であり、「もしこれが条約でないとなると、中国は国際法的に拘束されないわけですから、賠償を請求できることになってくる」[8]と中国政府による賠償要求の可能性がすでに日本側の研究者に指摘されている。しかし、日中国交回復に貢献した共同声明が日中関係の重要な文書であり、それ自体を根本から覆す論理は、将来的には可能であっても今のところ非現実的で建設的なものではないと思われる。

　それに対し、異なった視点で対日戦後賠償に取り組み始めたのは北京の青年法学者童増であった。彼の主張は、賠償を国家レベルの「戦争賠償」と民間レベルの「被害賠償」に区別し、「日中共同声明」で中国政府が放棄したのは「戦争賠償」であり、民間の「被害賠償」はまだ留保されているとするものであった。要するに、中国における対日賠償要求とは民間レベルの「被害賠償」に関するものである。そして、前者の被害総額は1,200億ドル、後者のそれは1,800億ドルと試算されていた。1991年3月、全人代が開催時に童増は対日賠償要求に関する論文を貴州省代表の王录生に託したが、正式に議案として全人代に提出されたのは翌92年3月であった。それは王录生と安徽省代表の王工によってそれぞれ第10号、第7号議案として提出されたものであり、初めての対日賠償要求の議案となった[9]。

　対日賠償問題において、80年代後半まで政府の賠償請求の放棄に対する問題提起はタブーであり、マスコミの報道は一つもなかった状態であった。議案の提出は、極めて敏感な話題であるゆえに、国内外のマスメディアに大きく報道され、国民の関心を引き起こした。こうした中で、強制連行、南京大虐殺、慰安婦、731部隊、重慶大空襲などの戦争被害やそれに関する賠償要求を扱う書

籍が次々と出版されるようになった[10]。これらは『奴隷以下』の影響には及ばないが、いままで日中間の賠償問題が政府による請求放棄に疑問を持っていても従うしかない中国国民の従来の固定観念に一石を投じたことは言うまでもない。

　この状況は日本政府の歴史認識問題や日本の戦争責任、戦後責任問題の提起に大きく影響されたことも否定できない。80年代から教科書問題、中曽根総理大臣の靖国神社公式参拝、藤尾発言、奥野発言など歴史認識に関わる様々な言動が中国、韓国などアジアの被害国に大きな衝撃を与え、反発を招いた。日本国内でも批判の声が強く、戦争の真相究明、戦争責任、戦後責任、戦後補償などの思想的な探求と市民運動に拍車をかけた。1983年6月、在日韓国人金明観の指紋押捺裁判をはじめ、指紋押捺制度、さらにそれに繋がる日本植民地政策を批判する市民運動が始まったのである[11]。同年、「東京裁判と戦争責任を意識的にアジアとの関係で考える視点を打ち出した東京国際シンポジューム」[12]が行われ、「アジアに対する戦後責任を考える会」が発足した。「戦後責任」という言葉は研究者の中でも使われるようになった。90年代のアジアからの賠償要求に伴い「戦後補償」も一般的に使われ、定着してきた。しかしながら、戦後責任を日本国民に真正面に向き合わせる思想的な準備のために用意したのは、本多勝一の作品『中国の旅』や『中国の日本軍』であり、『潮』に取り上げられた一般市民の戦争体験の記録であった[13]。こうした戦争記録が戦後責任の追及、および戦後補償への取り組みに大きな役割を果たした。80年代以後、日本の市民運動による被害者への聞き取り調査がその延長線上にあると言えよう。

　こうして、日本の市民運動にリードされる形で中国人被害者が表に出るようになった。1987年6月に花岡事件の生存者・耿諄の訪日をはじめ、多くの強制連行被害者、日本軍による性暴力被害者、細菌戦、毒ガス被害者、重慶無差別大空襲の被害者などが市民団体の招請で次々と来日した。彼らは自らの被害を証言し、日本の戦争犯罪を告発すると同時に、謝罪と賠償を要求するための裁判を日本の多くの市民団体の支援によって起こしたのである。中国被害者の戦後補償裁判（日本側では「補償」が定着しているが、中国ではいまでも「賠償」

を使い続けている。混乱を避けるために例外を除いて「補償」に統一する）は
日本の市民運動と一体となって行われ、国会議員、弁護士、学者、様々な市民
団体の支援がなければ実現できないことは誰もが否定できないであろう。

　上述のように中国被害者の戦後補償要求は、ヨーロッパなどの民主化運動お
よびその戦後補償運動の影響で始まったのであるが、日中関係への配慮などで
中国政府は積極的に支持するどころか、花岡の被害者および遺族による花岡受
難者聯誼会（1989年末北京で設立、以下「聯誼会」と略す）のような民間団体
の行動に神経を走らせその慎重さを表した。さらに反政府運動に繋がるのでは
ないかと、日本側支援者と被害者団体との集まりを警戒した。一方、国内の市
民運動の高揚を抑えながら、対外的には被害者の要求を擁護する発言をするよ
うになった。1992年3月23日、当時の銭其琛外相が「中国政府は中日共同声明
の中で戦争賠償問題に明確な態度を表明した。この立場に変化がない」としな
がら、「甲午戦争から抗日戦争の勝利まで、日本軍国主義は中国人民に半世紀
にわたる災難をもたらした。……中国への侵略戦争がもたらした複雑な問題に
ついて、日本政府は当然適切に処理するべきだ」[14]と日本政府への要望である
かのように読み取れる。さらに1995年3月7日、同外相が日本のメディアに、
共同声明で中国政府が放棄したのは国家間の戦争賠償であって、「個人の賠償
までは含まれない」と言明し、民間賠償を求める国民の動きを「阻止しない」
と語った[15]。同年6月28日に花岡被害者が鹿島建設を提訴した翌日に、中国外
務省の陳健報道局長は、「このような歴史が残した問題に対し、日本側が責任
ある態度で真剣に対応し、必要な補償も含めて適切に処理するよう要求する」[16]
との中国政府の立場を示した。80年代から90年代にかけて民間の対日賠償要求
に対し、中国政府は反対の立場から黙認を経て公に支持するように立場の変化
を示した。現在戦後補償裁判が日本だけでなく中国国内でも行われるようにな
った背景にはこのようなプロセスがあったことは否定できない。

(2) 日本型戦後補償のモデル──花岡和解──

　本項目ではまず花岡和解のプロセスを概観し、それから和解の問題点と意義

を検討してみたい。

上述の聯誼会が設立直後の1989年12月、日本側の弁護士や市民団体の協力で鹿島建設会社に「公開書簡」を送付し、(1) 生存者、遺族への謝罪、(2) 大館市と北京市にそれぞれ花岡殉難烈士記念館の建設、(3) 被害者986人全員に1人500万円の賠償金の支払いを要求した。これは、中国国内の被害者が日本の加害企業に対する初めての賠償要求であり、その内容はのちの中国人戦後補償要求のモデルになった。

そして、1990年7月5日、両者の間に「共同発表」がなされた。そこには、1、中国人が花岡鉱山出張所の現場で受難したのは、閣議決定に基づく強制連行・強制労働に起因する歴史的事実であり、鹿島建設株式会社はこれを事実として認め企業としても責任があると認識し、当該中国人生存者およびその遺族に対して深甚な謝罪の意を表明する。2、中国人生存者・遺族は、上記事実に基づいて昨年12月22日付で公開書簡を鹿島建設株式会社に送った。鹿島建設株式会社は、このことについて、双方が話し合いによって解決に努めなければならない問題であることを認める。3、双方は、以上のこと、および「過去のことを忘れず、将来の戒めとする」（周恩来総理）との精神に基づいて、今後、生存者・遺族の代理人などの間で協議を続け問題の早期解決を目指すと、明記されている。これはのちの花岡和解の前提となった。鹿島建設はここで事実と責任を認め、謝罪をも表明したが、4年近くの交渉で真摯な対応が見られないため、1995年6月、耿諄を団長とした11人の中国人が原告として鹿島建設を相手に東京地裁に提訴した。しかしながら、証拠調べもないまま1997年12月、東京地裁は「除斥期間」で原告敗訴の判決を言い渡した。1998年7月、控訴審が始まったが、勝訴の望みが見えない中で1999年9月、東京高裁は職権で和解を勧告した。当日、李文亮在日中国大使館スポークスマンが以下の談話を発表した。「中国人強制連行は、日本の中国侵略戦争期間中に犯した重大犯罪の一つであり、『花岡事件』はその典型の一つであります。あの戦争はすでに半世紀以上も経ちましたが、『花岡事件』の被害者とその遺族たちが今も多大な心身障害と苦痛を耐え続けています。この事件を含めた戦争による遺留問題に対して、日本

政府並びに日本の関係方面が歴史に責任を持つ態度を以て、真剣に対処し、善処すべきと思います」[17]と、花岡だけでなく中国人の補償問題全体の解決のために日本側が責任を持つ解決策を取るよう、強い要望を示した。これは、中国政府が和解勧告を歓迎する意思表示とも読み取れる。日本だけでなく、中国でも大きく報道され、和解を歓迎すると同時に鹿島が同意するか否か、また和解の内容に注目し、期待がかけられた。

そして、2000年4月、裁判所は和解勧告書を原告被告双方に提示し、原告の代理人新美隆弁護士が述べたように「生みの苦しみ」を経て同年11月29日、和解がついに成立した。その主な内容は以下の通りである。

（1）当事者双方は、平成二年（一九九〇年）七月五日の「共同発表」を再確認する。ただし、被控訴人（被告＝鹿島）は、右「共同発表」は被控訴人の法的責任を認める趣旨のものではない旨主張し、控訴人（原告）らはこれを了解した。

（2）被控訴人は、前項の「共同発表」第二項記載の問題を解決するため、花岡出張所の現場で受難した者（以下「受難者」という）に対する慰霊などの念の表明として利害関係人中国紅十字会（以下「利害関係人」という）に対し金五億円（以下「本件信託金」という）を信託する。（以下省略）

（3）被控訴人は、本件信託金全額を平成一二年一二月一一日限り利害関係人代理人新美隆の指定する銀行預金口座に送信して支払う。

（4）利害関係人（以下本項において「受託者」という）は、本件信託金を「花岡平和友好基金」（以下「本件基金」という）として管理し、以下の通り運用する。（以下省略）

（5）本件和解はいわゆる花岡事件についてすべての懸案の解決を図るものであり、控訴人らを含む受難者およびその遺族が花岡事件についてすべての懸案が解決したことを確認し、今後日本国内はもとより他の国および地域において一切の請求権を放棄することを含むものである。

利害関係人および控訴人らは、今後控訴人ら以外の者から被控訴人に対する補償などの請求があった場合、第四項第5号の書面を提出した者であると

否とを問わず、利害関係人および控訴人らにおいて責任をもってこれを解決し、被控訴人らに何らの負担をさせないことを約束する。

この和解事項が公表されると日本国内外に大きく報道され、『朝日新聞』の社説（2000年11月30日）は「戦後処理の大きな一里塚」と高く評価し、『東京新聞』（同日）も社説の中で「被害者に、遅まきながら光が当たることになった」と一定の評価をした。いうまでもなく弁護士や支援者からは喜びの声が上がった。新美隆は当日、「画期的なもの」と、コメントを出した。

一方、耿諄など一部の花岡生存者・遺族や支援者などに厳しく批判され、今まで団結して鹿島と戦ってきた原告や支援者らはそれぞれ分裂し、対立状態となっている。さらに学界まで広がり、『世界』誌などで和解の評価をめぐる論争を起こし、『世界』が「花岡和解」を検証する作業を行わざるをえなくなった。

和解が批判された背景には鹿島建設が当日ホームページに発表した「花岡事案和解に関するコメント」が原告らに衝撃を与えたことも忘れてはならない。問題とされた箇所は、(1) 誠意をもって最大限の配慮を尽くしたが、多くの方が病気で亡くなった。(2) 本基金の拠出は、補償や賠償の性格を含むものではない、ことである。(1)は第1節で述べたように明らかに事実違反であり、(2)は原告が求めるものはまさに補償や賠償であるのに、原告の考えをまったく考慮していない発言である。原告だけでなく、支援者からも猛烈な批判がなされた[18]。「和解条項と鹿島のコメントは一体のものとして受け取った」[19] 一部の原告と支援者の和解反対は理解できないこともない。これらの和解反対者の論点は大きく区別すれば二つにまとめることが出来る。一つは、和解の内容そのものについてであり、もう一つは、弁護団からの和解事項に対する事前説明の有無と中国語訳の有無である。後者は、原告らが和解条項に同意したかどうかにかかわる問題なので極めて重要だと思われる。

まず、和解内容への批判は、以下のように五つの論点が挙げられる。(1) 鹿島建設が法的責任を認めない和解は不当である。(2) 謝罪という言葉が記入されていないため、和解の意義は「共同声明」より後退している。(3) 鹿島が拠出した5億円の基金は賠償でも補償でもない救済金であり、受け入れられない

ものである。(4)「一切の請求権を放棄する」ことは、被害者が鹿島を告訴するすべての権利を剥奪し、違法である。(5) 被控訴人に対する補償等の請求があった場合、利害関係人および控訴人らが責任をもって解決し、被控訴人らに何らの負担をさせないことは、被害者および中国紅十字会への責任転嫁である[20]。

　次は、弁護団からの和解事項に対する説明有無と中国語訳有無についてであるが、『世界』の検証結果を見てみよう。(1) 新美隆弁護団長は、2000年11月18日、中国紅十字会責任者と耿諄に対して日本語で和解条項全般について説明し、質疑応答がなされた。特に和解条項第一項について逐語説明した。同弁護士が説明を省略した事実は認められない。しかし、このとき逐語通訳がなされていなかった。(中略) さらに裁判上の和解が被害者全員に及ぶ内容であることも了解していた。この時点で和解条項の中国語訳が準備されていたかについては、現在までのところ確認されていない。翌19日の原告らに対する和解条項の説明において、同弁護団長は日本語で通訳を介して口頭で説明したが、和解条項の中国語訳の書面の存在は確認されていない。(2) 新美隆弁護士らが訪中した2000年11月18・19日の時点で、書面による和解条項の中国語訳は原告に配布されず、また、通訳が正確な逐語通訳であったか十分確認できないという通訳・翻訳上の不備はあった。だが、通訳を介して口頭の説明を受け、議論をへて聯誼会および原告団として最終的に「裁判上の和解」を受け入れることに決定し、同意したことは事実と判断される。(中略) 弁護団が故意に説明を省略して原告らを「欺いた」との指摘は当たらないと判断する[21]。

　要するに、新美隆は和解成立の前に和解条項を原告らに逐語に説明し、原告らを故意に欺いていない。問題は通訳が逐語に中国語に訳していなかったのと、和解条項の中国語訳文も原告らに配布していなかったことにある。だが、原告らが和解条項に同意したのも事実である。

　言語によるコミュニケーションの大切さが教えられた典型的なケースである。また弁護団の書面による確認の重要性が指摘され、その後の和解に生かされることになった。

　筆者は1993年から被害者が訪日の際の通訳として、また自分の研究テーマと

の関係もあり長年この問題とかかわってきたが、強制連行、強制労働によって心身とも多大な被害を受けた原告らの苦痛は容易に和らげるものではないと痛感している。それだけに一部の原告らの批判は理解できるし、その気持ちを受け入れるべきではないかと考えている。原告代理人の一人である内田雅敏弁護士が言うように、「『勝利おめでとう』という言葉をかけられることがあるが、これにはある種の戸惑いを覚える。和解内容が中国人生存者・遺族にとって十分に満足の行くものではなかったからということだけが理由ではない。仮に十分な満足の行く内容で和解が出来たとして、やはり、加害者日本人の一員である私にとって『勝利』とか『おめでとう』という言葉はふさわしくない」[22]と、被害者の気持ちをよく理解し、そして大事にする考えだと思えてならない。

　「公開書簡」から和解成立まで11年の歳月が経ったが、この間原告3人が亡くなり、被害者の高齢化が進み、生存者の数は年々減少している。被害者を慰める最も理想的な方法は言うまでもなく企業が法的責任を認め、原告が要求した賠償額に応じる全面勝訴である。

　しかし、今日の日本では、戦後補償裁判は勝訴の可能性が極めて低い。日本政府が戦後補償に前向きに対応するような動きはまったく見られない。他方、裁判所は国家無答責、時効、除斥期間、国家間の条約や文書による賠償要求の放棄などの理由で被害者の要求を棄却し、敗訴の判決を続けてきた。一部は地裁あるいは高裁で勝訴を獲得したが、結局最高裁で敗訴となった。これが日本の現実であり、感覚的に正義を持っているから必ず勝訴するというような裁判への過大な期待は禁物である。冷静に日本の現実を分析し、意義ある対処をすることが要求される。

　一方、ドイツの戦後補償とよく比較されるのであるが、注意すべきなのは、ドイツ企業の場合、例えば、前述のVW社、ダイムラーベンツ社などの強制労働被害者への補償は、法的責任を認めず、補償対象は生存者に限られていた。しかも、両者とも基金方式を取り入れたのである。この点はその後の「記憶・責任・未来」基金にも継承されている。ドイツ企業が基金設立に取り組んできた狙いは販売戦略にある。その背景には市民運動の高揚、アメリカでドイツ企

業の戦争責任を告訴する裁判の進展、その企業製品の不買運動などがある。企業が存立、発展するために被害者に補償する必要があったからである。その補償は道義的なもので、人道的な支援、援助である。それに対し、中国ではアメリカやヨーロッパ諸国のような戦後補償要求を行う市民運動がまだ初期段階であり、裁判を動かす力を蓄積していない。2000年12月から中国国内で日本企業を相手に12件の訴訟を起こしていたが、2015年2月まで受理されているのは一件しかない[23]。アメリカでの訴訟も挫折していた。さらに鹿島のような加害企業との取引を停止させるなど、中国社会の意識形成はまだ整っていない[24]。中国政府はアメリカのように自国被害者の補償要求に対して積極的な応援、具体的な行動を取る必要性が迫られてきたと言えよう。なお、上述のようにドイツの補償は生存者に限り、遺族には及んでいない。それに対し花岡和解は被害者に対する全体的解決で、基金が生存者だけでなく遺族も配布の対象となっている点は画期的である。

　和解は、双方が譲歩してこそ一定の解決案を受け入れて初めて達成できるものであり、双方の要求はそれぞれ不満な部分が残る。しかし、問題解決のために何らかの方法を考えなければならない。和解が成立直後、裁判所は「所感」の中で「本件事件に特有の諸事情、問題点に止まることなく、戦争がもたらした被害の回復に向けた諸外国の努力の軌跡とその成果にも心を配り、従来の和解の手法にとらわれない大胆な発想により、利害関係人中国紅十字会の参加を得ていわゆる花岡事件について全ての懸案の解決を図るべく努力を重ねてきた。……本日ここに、「共同発表」からちょうど一〇年、二〇世紀がその終焉を迎えるに当たり、花岡事件がこれと軌を一にして和解により解決することはまことに意義があることであり、控訴人らと被控訴人らとの間の紛争を解決するというに止まらず、日中両国及び両国国民の相互の信頼と発展に寄与するものであると考える」[25]と、ドイツなどの戦後補償の実績を参考にしたことを示唆したうえで、さらに紅十字会の協力による全体解決の意味は当事者だけでなく、日中関係に寄与することを念頭に置いたことは大きな意味を持つ。様々な問題点を持ちながら、この花岡和解は日本型戦後補償のモデルであると言っても過

言ではない。
　この和解に最も心血を注いだのは、弁護士をはじめ日本側の支援者であることは否定できないであろう。1989年「公開書簡」以来、毎年のように生存者・遺族や関係者などが大館市の慰霊祭を参加するために来日し、鹿島建設との交渉に臨んだ。花岡被害者の日本人支援者らは1988年、中国人強制連行を考える会（以下「考える会」と略称）を設立し、強制連行の事実究明と中国人被害者の補償要求を支える活動を始めた。90年代に入ってから、様々な市民グループが設立され、アジアからの戦後補償裁判を中心に支援運動を行ってきたが、アジア諸国の被害者の経済状況から支援者らは多大な経済的負担を背負わなければならない状態となった。聯誼会の幹事王紅によれば、和解までかかった費用は2億円以上になり、経済的援助はすべて日本側の支援者によるものである[26]。「考える会」など市民団体の幅広い支援がなければ、被害者らが訴訟を起こすことは出来ないであろう。11年間にわたって中、日、米3国で行われた調査活動や資料収集、裁判支援などによる精神的、肉体的な苦労は計りしれない。それゆえ、支援者と被害者との交流は戦争による心の壁を越え、互いに深い信頼関係を築くことができた。さらに大館市長をはじめ市民による慰霊祭が60年以上にわたって開催され、生存者・遺族の慰霊に貢献しただけでなく、大館市民と被害者との絆が深く結ばれている。特に、「考える会」、大館市民をはじめ全国各地から物心両面の支援によって花岡平和記念館が2010年4月17日に大館で開館され、日本人と中国被害者との新しい交流の場となったことが特筆できよう。
　このようなプロセスの中で生まれた花岡和解は被害者と支援者の双方によって大切にされるべきものであり、ほかの戦後補償問題の解決にその経験と教訓を生かしてほしいと思えてならない。

(3) 日本の戦後補償の現状と日中和解の可能性

　日本の戦後補償問題はドイツと違って本格的に議論されたのは90年代に入ってからである。1991年8月、韓国人女性金学順が、自分が「慰安婦」だったと名乗り出て、12月にほかの元「慰安婦」らと一緒に日本政府の責任を追及する

ために東京地裁に訴えた。これは、アジアからの性暴力被害者が日本で起こした最初の裁判である。そして1992年1月11日に『朝日新聞』が一面トップで「慰安婦」への軍の関与を報道し、日本社会に大きな衝撃を与えた。その後、日本政府、学界、マスコミ、市民団体などが様々な角度で「慰安婦」問題とかかわり、裁判を支える弁護士や市民団体が戦後補償問題に積極的に取り組むようになり、これをきっかけに日本の戦後補償訴訟は日本各地の裁判所で始まるようになった。

そして韓国、中国大陸、台湾、フィリピン、オランダからの被害者が日本政府や企業を相手に損害賠償請求訴訟を次々と提起した。日本弁護士連合会（以下日弁連と略称）の統計によると、90年代から2011年2月にかけて日本全国で起こされた戦後補償裁判は81件があり、そのうち弁連協（戦後補償裁判を考える弁護士連絡協議会）所属弁護士が担当した訴訟は55件がある[27]。被害内容から分類すれば、主に性暴力被害、強制連行・強制労働、南京大虐殺・731部隊など戦争被害、原爆による被害、毒ガス・砲弾遺棄被害、重慶無差別爆撃などが挙げられる。中国人（台湾・香港を含む）被害者による裁判は合計34件であるが、そのうち性暴力被害訴訟は5件、虐殺や731部隊細菌戦、旧日本軍遺棄毒ガスなどは10件、香港軍票補償請求は1件、台湾出身元BC級戦犯などの補償は3件、強制連行訴訟は最も多く15件に及んだ。

次に2015年2月現在の判決結果を見てみよう。弁連協担当の訴訟に限って纏めれば、一部勝訴は1件、和解は5件、提訴中は2件、あと47件は敗訴、上告不受理、上告棄却という事実上原告側の敗訴となっている。全面的な勝訴は1件もないのが日本司法の現状である。中国人強制連行訴訟は花岡和解後、大江山ニッケル、西松建設（安野、信濃川）の3件が和解したが、前者は2004年9月29日、6人の原告だけの和解となり、詳細は公開されていなかった。後者の安野の場合は、最高裁の「付言」を受けて支援者が西松建設に問題解決を促し、海外裏金問題で首脳陣が相次いで逮捕された西松建設は、新生会社として再出発するための一つとして2009年10月23日に和解に合意し、360人全体について2億5,000万円が日本の自由人権協会に信託した。西松和解は花岡和解の経験

と教訓を生かし、西松建設は事実の認定、謝罪、記念碑の建設、1人約70万円の和解金を拠出した。特に「法的責任」について、双方の見解が示され、また和解に参加しない人について、本和解がその権利を奪う法的拘束力を持つものではないことが確認された。西松建設のもう一つの現場である信濃川の場合も2010年4月26日、中国人権発展基金会に1億2,800万円を信託することによって180人の全体解決が成立した。

　花岡和解は日本型戦後補償のモデルとして戦後補償問題の解決に扉を開いたが、西松和解はその扉に一歩踏み込んだと言える。さらに今後の裁判のために経験と教訓の情報を共有し、裁判上の和解から心の和解へと期待できよう。

　日本の司法に対する失望や被害国の弁護士の支援態勢が整えつつあることから、中国や韓国などで日本企業や日本政府を相手に損害賠償訴訟を始めるようになった。前述のように中国では2000年から全国各地の裁判所ですでにいくつかの訴訟が起きていたが、なぜか受理もされず放置されてきた。2014年2月に強制連行被害者が北京市第1中級人民法院に三菱マテリアル・日本コークス工業を相手に訴えて、1人当たり100万元（約1,650万円）の損害賠償と謝罪広告の掲載を求めて提訴、3月に受理された。その後の和解協議で、三菱側が、生存者と遺族3,765人に1人当たり10万元（約190万円）と原告側に調査費用2億円を支払い、また問題解決のための基金を設立するなどの条件を示した。被害者への人権侵害に「深刻な反省」と「謝罪」を表明する姿勢も示したが、しかし、原告側は、強制連行への直接的な関与を認めていないこと、支払金や基金を賠償目的と位置づけていないことなどを理由に「誠意が見えない」として、協議の中止を決めたという[28]。これは今までの和解交渉と異なり、原告側による初めての和解協議の中止決定であり、中国側弁護士と原告の強い意志表明を示したものである。今後和解に対し中国側被害者の譲歩が厳しくなることが推測できる。また中国国内での訴訟は問題の解決策としても注目されるであろう。

　なお、韓国では2007年2月から日本の企業を相手に7件の訴訟が行われたが、2015年2月現在係留中のもの3件、弁論期日が決めているもの3件、調停不成立が1件となっている[29]。結論がまだ見えない状態である。だが、同年2月の

弁連協〈第18回公開フォーラム〉で日中韓三カ国の弁護士や支援団体が連携して日本政府および中韓の政府に働きかけて問題解決を図ることが提起された。

　アジアの被害者の補償要求に対応すべき日本の企業は、いまだに積極的な動きを見せていない。強制連行された中国人を使役した35社は戦後、中国人を受け入れたことによる「損失」を被ったとして、政府から5,672万5,474円を華人労務者移入及管理補助金として獲得したのである。前述のような中国人の劣悪な生活、労働状況から見れば、この補助金は会社側にとって莫大な利益になったと言わざるをえない。被害者の補償要求を無視する企業側の良心が問われる。被害者への補償は、たとえ法的責任を認めなくても企業が果たすべき道義的、人道的な責任であり、被害者の心の痛みを少しでも緩和する方法である。和解はその方法の一つとしてすでに成立した例があり、強制連行に関わる多くの企業に日本型戦後補償のモデルとして提供しており、その成果が期待されている。

注

1）　内海愛子・越田稜・田中宏・飛田雄一監修、〈ハンドブック戦後補償〉委員会編『増補版　ハンドブック戦後補償』梨の木舎、1994年、185頁、内田雅敏『戦後補償を考える』講談社、1994年、129頁参照。
2）　前掲『増補版　ハンドブック戦後補償』186頁参照。
3）　同上、181頁、前掲『戦後補償を考える』141頁参照。
4）　前掲『戦後補償を考える』144頁。
5）　同上、146-147頁。
6）　同上、147頁。
7）　永井清彦訳『荒れ野の40年　ヴァイツゼッカー大統領演説全文』岩波ブックレット No. 55、岩波書店、1993年、16頁。
8）　内海愛子・大沼保昭・田中宏・加藤陽子『戦後責任——アジアのまなざしに応えて』岩波書店、2014年、77頁。
9）　李秀平『十万慰安妇』人民中国出版社、1993年、193-199頁参照。
10）　前掲『十万慰安妇』以外に、王钟伦『1800亿美元民间受害大索赔』(海南出版社、1993年)、晓图『死神的呼唤——血淋淋的战争索赔案』(中国人民出版社、1993年)などがある。
11）　田中宏『在日外国人　第三版』岩波書店、2013年、81頁参照。

12) 前掲『戦後責任——アジアのまなざしに応えて』118頁。
13) 同上、116-117頁参照。
14) 『朝日新聞』1992年3月24日。
15) 『読売新聞』1995年3月9日。
16) 『朝日新聞』1995年6月30日。
17) 「考える会」ニュース、1999年9月12日、第54号。
18) 林伯耀「鹿島の『和解』コメントに対する抗議」「考える会」ニュース、2001年2月15日、第61号。花岡殉難者聯誼会「鹿島建設への警告書」、「考える会」代表田中宏から鹿島建設代表取締役梅田貞夫への手紙、「考える会」ニュース、2001年4月6日、第62号。
19) 岡本厚・高木喜孝・内海愛子・有光健「『花岡和解』を検証する」『世界』岩波書店、2009年9月、290頁。
20) 耿諄「厳正に表明する」野田正彰『虜囚の記憶』みすず書房、2009年、130-133頁、孫力「花岡事件『和解』の欺瞞性を告発する」、「花岡訴訟原告弁護団弁護士への公開書簡」同前、135-138頁、139-141頁、朱妙春・許峰「战后日本国对被占国的赔偿及相关法律问题评述」苏智良・栄維木・陳麗菲主編『日本侵华战争遗留问题和赔偿问题』下册、商務印書館、2005年、756-777頁、旻子著、山邊悠喜子訳『尊厳——半世紀を歩いた「花岡事件」』日本僑報社、2005年、張宏波「日中間の歴史認識に横たわる深い『溝』」前掲『花岡を忘れるな 耿諄の生涯』241-265頁などを参照されたい。なお、前掲『世界』2009年9月。
21) 前掲『世界』2009年9月、291-292頁。
22) 内田雅敏「『花岡事件』和解成立の意味するもの」中国人強制連行を考える会『花岡鉱泥の底から』第八集、2001年、66頁。
23) 〈第18回公開フォーラム〉「戦後70年」・戦後補償裁判の現状と今後の課題——2014年を振り返り、「戦後70年」の課題を考える——（2015年2月12日、弁護士会館）資料集、「中国人強制連行・中国国内訴訟」参照。
24) 花岡受難者聯誼会・花岡平和友好基金管理委員会北京事務局『中日民間座談会』2009年、71頁参照。
25) 前掲「考える会」ニュース、2000年12月6日、第60号。
26) 前掲『中日民間座談会』102頁参照。
27) 〈第14回公開フォーラム〉「戦後補償裁判の現況と今後の課題2011」——2011年戦後補償裁判の到達点と課題を考える——（2011年3月2日、弁護士会館）資料集、「戦争・戦後補償裁判 一覧表（1）〜（5）」、「弁連協参加弁護団リスト」参照。
28) 『朝日新聞』2015年2月11日。

29) 前掲〈第18回公開フォーラム〉資料集、「日本企業対象・韓国内損害賠償訴訟の現況(2015年1月21日現在)」参照。

あとがき

　中国人強制連行問題は日本政府、軍、企業が一体として行われた戦争犯罪である。この事実は1993年8月14日、NHKスペシャル「幻の外務省報告書〜中国人強制連行の記録〜」によって報道され、中国人強制連行の全体像が明らかになった。特に『外務省報告書』の存在が明らかになったことにより、今まで強制連行を否定してきた政府の方針がやむをえず変更せざるをえなくなった。しかしながら、被害者に対して何らかの方法で補償しようとしなかった。90年代から戦後補償問題が日本で本格的に議論されるようになり、被害者による補償要求訴訟が多数提起されている。日本政府にとってはもはや避けては通れない問題になってきた。一方、政府の対応と反対に民間は、戦争に残された様々な問題に積極的に取り組んできた。特に中国人強制連行問題に対し、「考える会」をはじめ多数の市民団体が裁判への支援に身を投じて活動している姿は、きっとアジアの被害者の心に届くであろう。

　被害者にどう救済するかをめぐり、論争が起きているが、様々な問題を抱えながら早急な対応をすべきだという考えもあれば、国家補償を目指して立法による全体解決を図る考えもある。戦後補償問題を解決するために様々な試みが行われてきたが、生存者が生きているうちに迅速な救済が求められると同時に、すべての被害者が救済できるように政府の立法によって全体的に補償を行うのがベストではないかと考える。しかし、日本政府を動かせるために様々な模索が必要であり、終点に到達するまでのプロセスが困難を極めるため、多少のミスは許容できるであろう。人間の寛容さが必要である。

　「民をもって官を促す」というのは遺骨送還運動時代においてすでに実践されたものであり、日中関係の回復はその実践の結晶であることは歴史に証明されている。90年代からの戦後補償問題への取り組みはまさにその延長線上にあり、日本の市民運動が中国被害者や弁護士、学者、一般市民との交流を通じて

日中両国民の深い理解と信頼の醸成に貢献していることは明らかである。さらに日中の市民運動の交流によって政府の行動を促し、立法による問題解決を期待できるのではないか。ドイツの「記憶・責任・未来」基金は将来的に日本の戦後補償のモデルとして実施され、さらに発展させていくべく、法の壁を破り、心の溝を埋めることが被害者だけではなく筆者を含む多くの裁判支援者が望む方向であろう。過去の克服が遅れた日本は、この方向を急ぐ必要性に迫られているように思えてならない。

　そのために、メディアの役割が非常に重要であると考える。メディアは権力側を監督する機能を持ち、世論形成に貢献できる立場に置かれているため、その影響力が極めて大きい。戦後補償問題の解決は、メディアの機能が正確に行使できるかどうかが重要なカギとなっている。

　日中間の歴史和解は可能かという問いは多くの研究者によって試みられてきたが、前述のように中国人強制連行問題および戦後責任、戦後補償問題は日中の共同作業によって不完全ではあるが、和解に達した事例がある。このような和解や交流などの積み重ねに時間をかけて努力していけば、いつか必ずや心の和解の日が来るであろう。筆者もこの日の到来を心より願ってやまない。

　本書を書くことに際して、中国人強制連行問題に取り組む日中両国の人々からは多くの資料をいただいた。また、大学院時代の指導教官である田中宏先生には様々な点で御助言をいただいた。最後に本書の上梓には日本経済評論社の出版部の谷口京延さんに大変なお世話になった。合わせて記し、心よりの感謝を申し上げたい。本書には欠点、至らない点など多々あることと思う。読者の皆さんからのご批判をいただければ幸いである。

　　二〇一五年七月

図表リスト

第1章
〈第1節 九・一八事変までの華北と満洲の社会、経済状況〉
表1-1 中国対外貿易状況（1900-1931年） 12
表1-2 外国綿布、綿糸の輸入統計 14
表1-3 軍費の支出および政府の支出総額中に占める比率 16
表1-4 山東、河北両省天災統計 18
表1-5 吉林・黒龍江省の人口統計 20
表1-6 満洲における工、鉱、交通業の労工数の推移 22
表1-7 撫順炭鉱労工数および出炭高 22
表1-8 入満者の職業と出身地との関係 25
表1-9 1912-1931年における対満中国人の移動 27
図1-1 中国対外貿易状況（1900-1931年） 13
図1-2 華北労工の入満経路 24
図1-3 1912-1931年における対満中国人の移動 28
〈第2節 「満洲国」の経済政策における労工問題〉
表1-10 満洲産業開発五ケ年計画所要資金概要 34
表1-11 「満洲国」以降における対満中国人移動の推移 35
表1-12 華北入満労工の産業別人数 38
表1-13 滞満期間別離満労工数（1939年度） 39
表1-14 華北労工の持帰金と送金額の統計 40
表1-15 鉱山労働者移動率 44
表1-16 華北交通による労工の鉄路局別割当数 48
表1-17 1941年以降の華北労工の対外供出統計 50
図1-4 「満洲国」以降における対満中国人移動の推移 36
〈第3節 日本人移民と朝鮮人移民〉
表1-18 試験移民期の対満集団的移民数（人）と定着率 64
表1-19 対満日本人移民第一期五ケ年計画および満蒙開拓青少年義勇軍の送出計画とその実績 66
表1-20 1942年以降における日本人移民の推移 66
表1-21 1937-1941年における対満朝鮮人集団、集合開拓民の推移（1941年12月末現在） 69

表1-22　1938-1941年における対満朝鮮人分散開拓民の推移（1941年12月末現在）　69
表1-23　朝鮮人対満移民の推移　70
〈第4節　「満洲国」内の労工〉
表1-24　1942-1945年の労務動員計画　83
表1-25　「満洲国」労務動員統計（1943、1944年実績）　84
表1-26　1944年の労務動員計画　85
表1-27　1945年の労務動員計画　86
表1-28　各省における行政供出の労工数　86
表1-29　各炭鉱の募集地盤　87
表1-30　昭和製鋼所鋼鉄工場の常備工、出来高工の出身地統計（1935年）　91
表1-31　昭和製鋼所と撫順炭鉱における傭員の賃金　92
表1-32　愛護村基地四県の確保・募集労工五ケ年計画　93
表1-33　撫順炭鉱の募集状況　94
表1-34　撫順炭鉱の労工出身地別統計　97
表1-35　撫順炭鉱の勤労奉公隊の使用状況　100
表1-36　1945年度における撫順炭鉱の勤労奉公隊の申請状況　100
表1-37　労工供出における供出労工への雇用金および賦課金　101

第2章
〈第2節　華北労工の入満制限政策と大東公司〉
表2-1　華北労工入満後の予定職業　139
表2-2　「満洲国」における農業労働者需要数　139
表2-3　1935年度における満鉄関係土建並びに荷役作業所要労工見込数　141
表2-4　1935年度における主要官庁および企業所要労工数　142
表2-5　産業別華北労工需要人数および入満許可状況　143
表2-6　大東公司の組識一覧　153
〈第3節　労工募集政策と満洲労工協会〉
表2-7　1937年の華北労工の入満状況　162
表2-8　募集引抜き阻止に関する調査　168
表2-9　華北入満労工の身分証明書発給者数における団体証明書発給率の推移　170
表2-10　1939-1945年の華北に対する労工需要数　174
表2-11　華北農村の労力供出可能推定数　175
〈第4節　「満洲国」内の労工徴用政策および捕虜の使用政策〉
表2-12　協和会会員数の推移　200

第3章
〈第1節　把頭制度と特殊工人の隊長制〉
表3-1　大把頭所属下における労工数の推移　220
表3-2　「満洲国」成立前撫順炭鉱の労工1人当たり1日平均出炭量の推移　221
表3-3　「満洲国」成立以後撫順炭鉱の労工1人当たり1日平均出炭量の推移　223
表3-4　撫順炭鉱の把頭人数の推移　226
図3-1　撫順炭鉱における労務管理組織形態　222
図3-2　撫順炭鉱における作業監督の系統　222
〈第2節　華北労工協会と労工訓練所〉
表3-5　華北からの行政供出人数（1944年9月-1945年1月）　250
表3-6　華北労工協会による訓練地別訓練生対日供出数　254
表3-7　石門労工訓練所の供出状況（1941年8月-1943年11月）　258
図3-3　労工供出における新民会と華北労工協会の組織連絡網　248
〈第3節　撫順炭鉱における一般労工の実態〉
表3-8　撫順炭鉱における出勤制度別1日労働時間（1935年）　265
表3-9　撫順炭鉱における出勤制度別労働時間（1939年）　266
表3-10　撫順炭鉱の坑内災害被害者率（1936-1939年）　268
表3-11　撫順炭鉱における死傷人員の統計（1932-1942年）　269
表3-12　撫順炭鉱の日本人と中国人の賃金（月）の推移（1932-1944年前半）　271
表3-13　撫順炭鉱における常傭工の年間生計費調査表　273
表3-14　撫順炭鉱における工人売店の物価指数の上昇状況　274
表3-15　満洲における各指数の年別統計　275
表3-16　労工の主食品における構成比の変化　276
表3-17　撫順炭鉱における労工の食糧配給量および価額　276
表3-18　「満洲国」における食糧の生産高および出荷量　277
表3-19　瀋陽市における十種類生活用品の公定価額と闇価額との比較（1942-1945年）　278
表3-20　「満洲国」末期における各商品の平均闇価額指数（1941年12月＝100）　279
表3-21　「満洲国」における中国人の食料品配給標準（1943年）　279
表3-22　労工の配給基準量の変化　280
表3-23　撫順炭鉱における労工移動率の推移　282
図3-4　撫順炭鉱における日本人と中国人の賃金（月）の推移（1932-1944年前半）　271
〈第4節　撫順炭鉱における特殊工人の実態〉
表3-24　軍事部門省別就労人数　288

表 3-25　非軍事部門における省別、就労地別人数　288
表 3-26　月別特殊工人の入満数の比較　289
表 3-27　使用業者別輔導工人人数　291
表 3-28　使用業者別保護工人人数　291

補論
　〈第1節　中国人強制連行政策の制定と実施〉
表補-1　「試験的移入」の状況　324
表補-2　供出機関別死亡者数　326

主要参考資料

(著者、編者、出版社、出版年など不明なものは記入を省略する)

〈日本語単行本〉

小山清次『支那労働者研究』続支那研究叢書第二巻、東亜実進社、1919年

南満洲鉄道株式会社『南満洲鉄道株式会社十年史』同社発行、1919年

満蒙産業研究会編纂『満洲産業界より見たる支那の苦力』満洲経済時報社、1920年

中島宗一『民国十六年の満洲出稼者』満鉄調査資料第70編、1927年

南満洲鉄道株式会社『南満洲鉄道株式会社第二次十年史』同社発行、1928年

小澤茂一『山東避難民記實』1928年

栗本豊『民国十七年の満洲出稼者』満鉄調査資料第100編、1929年

永野賀成『満洲に於ける労働運動並に労働争議』1929年

満鉄調査課『支那の動乱と山東農村』元臨時経済調査委員会編資料第三十四編、1930年

栗本豊『満洲出稼移住漢民の数的考察』1931年

栗本豊『民国拾九年満洲出稼移民移動状況』満鉄調査資料第161編、1931年

武居郷一『満洲の苦力』満鉄経済調査会、1934年

横浜正金銀行頭取席調査課『最近北支より満洲国への苦力移動状態』号外第52号、行外秘、1934年

経済調査会第一部『大東公司ノ設置、組織並活動状況』国会図書館蔵

『満洲国と協和会』満洲評論社、1935年

満鉄経済調査会『外国労働者入満取締強化後における北支事情調査書』1935年

満洲経済調査会『満洲労働統制方策』立案調査書類第30編第1巻、1935年

満鉄経済調査会『満洲労働統制方策』立案調査書類第30編第1巻（続）1935年

稲葉岩吉『満洲発達史』増訂、日本評論社、1935年

満鉄経済調査会『満洲労働事情総覧』南満洲鉄道株式会社、1936

『満洲農業移民方策』立案調査書類第2編第1巻第1号、1936年

満鉄経済調査会『満洲鉱山労働事情』労務時報第66号特輯、南満洲鉄道株式会社、1936年

『協和会とは何ぞや』満洲評論叢書第10号、満洲評論社、1937年

三上安美『炭鉱読本』満鉄撫順炭鉱、1937年

近藤浩『撫順炭鉱ニ於ケル労働管理状況』弘報資料第50号、1938年

菊田太郎『北支洪水の原因に就いて』二委内一中間報告第一号、1939年

満洲労工協会『満洲労工協会概要』1940年

満鉄調査部『満洲鉱山労働概況調査報告』（満鉄調査研究資料第14編、1939年）南満洲鉄道株式会社、1940年

満洲国通信社『満洲開拓年鑑』1940年

興亜院華北連絡部政務局編『華北労働問題概説』興亜院華北連絡部、1940年

民生部労務司『労務関係法規集』1941年

満洲労工協会『満洲労働年鑑』厳松堂書店、1941年

満洲重工業開発株式会社『労務対策研究』（上）、調査資料第12号、1941年

満鉄調査部『昭和16年度総合調査報告書』別冊、満洲部分、資料編、1941年

昭和製鋼所総務部労工課『昭和製鋼所労務概況』1941年

北支那開発株式会社企画部『華北労働事情概観』1941年

満洲鉱工技術員協会編『満洲鉱工年鑑』亜細亜書房、1942年

横浜正金銀行調査部『満洲に於ける北支労働者及労働統制に就て』調査報告第130号、1942年

満洲国治安部警務司『満洲国警察史』上巻、1942年

大沼信耳『満洲の労務統制と労務興国会制度』調査研究第6輯、高岡高等商業学校調査課、1942年

前田一『特殊労務者の労務管理』山海堂、1943年（1944年再版）

藤本武『把頭炊事の研究』労働科学研究所報告第5部大東亜労務管理第3冊、大阪屋号書店、1943年

企画院研究会『大東亜建設の基本綱領』同盟通信社、1943年

中村俊孝『把頭制度の研究』労働科学研究所報告第5部大東亜労務管理第4冊、大阪屋号書店、1944年

満洲鉱工技術員協会編『満洲鉱工年鑑』東亜文化図書株式会社、1944年

主要参考資料　375

東亜新報天津支社編『華北建設年史』同社出版、1944年
七十年史編纂委員会『七十年史——北海道炭鉱汽船株式会社』北海道炭鉱汽船株式会社、1958年
防衛庁防衛研修所戦史室『関東軍〈1〉』戦史叢書、朝雲新聞社、1969年
梨本祐平『中国のなかの日本人』第2部、平凡社、1969年
青江舜二郎『大日本軍宣撫官』芙蓉書房、1970年
防衛庁防衛研修所戦史室『北支の治安戦』〈1〉〈2〉、朝雲新聞社、1971年
満洲国史編纂刊行会『満洲国史』総論・各論、満蒙同胞援護会、1971年
満洲史研究会『日本帝国主義下の満洲』御茶の水書房、1972年
赤津益造『花岡暴動』三省堂新書、1973年
小林英夫『「大東亜共栄圏」の形成と崩壊』御茶の水書房、1975年
南満洲鉄道株式会社『南満洲鉄道株式会社第三次十年史』龍渓書舎（復刻版）、1976年
満洲移民史研究会『日本帝国主義下の満洲移民』龍渓書舎、1976年
山田昭次編『近代民衆の記録6——満洲移民』新人物往来社、1978年
桑島節郎『満洲武装移民』教育社、1979年
日本建設工業会『華鮮労務者対策委員会活動記録』アジア問題研究所、1981年
満洲帝国協和会編『満洲帝国協和会組織沿革史』（1940年）不二出版株式会社、1982年
姫田光義ほか著『中国近代史』上巻、東京大学出版会、1982年
中村隆英『戦時日本の華北経済支配』山川出版社、1983年
岡田春生編『新民会外史——黄土に挺身した人達の歴史』前編、五陵出版社、1986年
野々村一雄『回想　満鉄調査部』徑草書房、1986年
今野敏彦ほか編著『移民史』Ⅲアメリカ・カナダ編、新泉社、1986年
石堂清倫ほか『十五年戦争と満鉄調査部』原書房、1986年
田中宏ほか解説『資料　中国人強制連行』明石書店、1987年
島田俊彦『関東軍』中央公論社、1988年
金賛汀『日の丸と赤い星』情報センター出版局、1988年
指紋なんてみんなで"不"の会編『抗日こそ誇り——訪中報告書』中国東北地区における指紋実態調査団、1988年

花岡問題全国連絡会（準）『中国人強制連行資料　暗闇の記録』1991年

愛新覚羅・溥儀著、小野忍ほか訳『わが半生』（下）、築摩書房、1992年

上羽修『中国人強制連行の軌跡「聖戦」の墓標』青木書店、1993年

中国人強制連行を考える会『花岡鉱泥の底から』第三集、1993年

野添憲治『花岡事件を見た二〇人の証言』御茶の水書房、1993年

永井清彦訳『荒れ野の40年　ヴァイツゼッカ——大統領演説全文』岩波ブックレットNO.55、岩波書店、1993年

内海愛子・越田稜・田中宏・飛田雄一監修、〈ハンドブック戦後補償〉委員会編『増補版　ハンドブック戦後補償』梨の木舎、1994年

上羽修『鎖された大地　満ソ国境の巨大地下要塞』青木書店、1995年

田中宏ほか編『中国人強制連行資料——「外務省報告書」全五分冊ほか』現代書館、1995年

中国人強制連行を考える会『2組の"1000人"——元将校・小島隆男さんが語る中国侵略』（花岡鉱泥の底から第5集、1995年）

小川津根子『祖国よ——「中国残留婦人」の半世紀』岩波書店、1995年

塩田潮『岸信介』講談社、1996年

相庭和彦ほか著『満洲「大陸の花嫁」はどうつくられたか』明石書店、1996年

小林英夫『満鉄「知的集団」の誕生と死』吉川弘文館、1996年

井村哲郎編『満鉄調査部——関係者の証言』アジア経済研究所、1996年

高崎宗司『中国朝鮮族』明石書店、1996年

鶴嶋雪嶺『中国朝鮮族の研究』関西大学出版部、1997年

歴史学研究会編『日本史史料5 現代』岩波書店、1997年

太平洋戦争研究会『図説　満洲帝国』河出書房新社、1997年

中国人強制連行を考える会『花岡鉱泥の底から』第七集、1997年

塚瀬進『満洲国「民族協和」の実像』吉川弘文館、1998年

桑島節郎『華北戦記』朝日新聞社、1998年

中国人強制連行を考える会『花岡鉱泥の底から』第八集、2001年

杉原達『中国人強制連行』岩波書店、2002年

李又鳳『在日一世が語る』「在日一世が語る」出版会、2002年

田村光章『ナチス・ドイツの強制労働と戦後処理』社会評論社、2006年

大沼保昭『「慰安婦」問題とは何だったのか』中央公論新社、2007年

野田正彰『虜囚の記憶』みすず書房、2009年

田中宏『在日外国人 第三版』岩波書店、2013年

田中宏・中山武敏・有光健他『未解決の戦後補償——問われる日本の過去と未来』創史社、2013年

野添憲治『花岡を忘れるな 耿諄の生涯』社会評論社、2014年

日本華僑華人研究会『日本華僑・留学生運動史』日本僑報社、2014年

内海愛子・大沼保昭・田中宏・加藤陽子『戦後責任——アジアのまなざしに応えて』岩波書店、2014年

〈日本語論文・雑誌〉

撫順炭鉱庶務課華工係「撫順炭鉱に於ける支那人労働」満鉄『調査時報』第3巻第1号、1923年1月

天野元之助「満洲経済の発達」『満鉄調査月報』第12巻第7号、1932年7月

近藤康男「満洲経済の封建性について」農業経済協会編『農業経済研究』第10巻第1号、岩波書店、1934年1月

満鉄産業部編『満洲経済年報』(1937年・下) 改造社、1937年

山崎堯「大東公司各出張所支店沿革と所在地事情」大東公司『大東』第3巻第2号、1938年2月

半田敏治「連合協議会の地位と本質とに就いて」満洲帝国協和会機関紙『協和運動』創刊号、満洲帝国協和会中央本部、1939年9月

満鉄調査部『満洲経済年報』(1938年版) 改造社、1939年

満洲労工協会『労工協会報』第3巻第4号、1940年4月

『支那』第31巻第6号、東亜同文会、1940年6月

「国民隣保組織育成に関する座談会」前掲『協和運動』第3巻第5号、1941年5月

三村宗弘「県連の教訓と分会運動への反省」前掲『協和運動』第4巻第6号、1942年6

月

『満洲鉱業協会誌』第8巻第3号、満洲鉱業協会発行、1942年3月

隅谷三喜男「満洲労働問題序説」下、昭和製鋼所『調査彙報』第2巻第3号、1942年

「康徳八年度末に於ける中央本部長に対する各部科の報告事項概況」前掲『協和運動』第4巻第3号、1942年3月

内山千松ほか「数字から見たる全聯」前掲『協和運動』第5巻第1号、1943年1月

山田宗次「昭和製鋼所の労務管理に就て」『満業』第64号、満洲重工業開発株式会社、1943年12月

日中友好協会会報『日本と中国』、1953年8月5日第52号

飯塚浩二「戦争末年の南満洲における経済事情と労務管理」『東洋文化研究所紀要』第32冊、東京大学東洋文化研究所、1964年

小林英夫「1930年代『満洲工業化』政策の展開過程——『満洲産業開発五ヶ年計画』実施過程を中心に」『土地制度史学』第44号、1969年7月

松村高夫「日本帝国主義下における『満洲』への中国人移動について」『三田学会雑誌』64巻9号、慶應義塾経済学会、1971年9月

八巻佳子「中華民国新民会の成立と初期工作状況」藤井昇三編『1930年代中国の研究』アジア経済出版会、1975年

野間清「満鉄経済調査会の設置とその役割」『紀要』56、愛知大学国際問題研究所、1975年1月

鍛冶邦雄「1920年代における中国人の『満洲移住』について」『関西大学商学論集』第21巻第6号、関西大学商学会、1977年2月

白取道博「『満洲』移民政策と『満蒙開拓青少年義勇軍』」『北海道大学教育学部紀要』第47号、同学部発行、1986年2月

高網博文「『満洲』における炭鉱労務管理体制——撫順炭鉱労務管理成立史」日本大学経済学部『経済科学研究所紀要』第10号、1986年3月

中居良文「経済計画の政治的決定——満洲産業開発五ヶ年計画への視角」『中国研究月報』第495号、中国研究所、1989年6月

野間清「満鉄経済調査会の組織的変遷」愛知大学法経学会『愛知大学経済論集』120、

121合併号、1989年12月

浜口裕子「満洲事変と中国人——『満洲国』に入る中国人官吏と日本の政策——」『法学研究』第64巻第11号、慶應法学会、1991年11月

伊藤一彦「日本の在満朝鮮人政策」『東京女子大学比較文化研究所紀要』第53巻、同所発行、1992年1月

浜口裕子「『満洲国』の中国人官吏と関東軍による中央集権化政策の展開」『アジア経済』第34巻第3号、アジア経済研究所、1993年3月

堀井弘一郎「新民会と華北占領政策」『中国研究月報』第539号、中国研究所、1993年1月

同上「新民会と華北占領政策」(中) 前掲『中国研究月報』第540号、1993年2月

川野幸男「中国人の東北 (旧満洲) 移民を再考する」東京大学経済学研究会『経済学研究』第38号、東京大学出版会、1996年5月

蘇崇民「撫順炭鉱の把頭制度」『日中にまたがる労務支配——中国人強制連行の背景と実相』1997年秋季国際シンポジウム・東京集会報告集、東京女子大学松沢哲成研究室、1998年

古海忠之「満洲労工ニ関スル罪行」『世界』第649号、岩波書店、1998年6月

老田裕美「『特殊工人』と『万人坑』」『日中にまたがる労務支配——中国人強制連行の背景と実相』1997年秋季国際シンポジウム・東京集会報告集、東京女子大学松沢哲成研究室、1998年

人民中国雑誌社『人民中国』東方書店、2000年11月号

『世界』岩波書店、2009年9月

〈日本語文書〉

1940年9月2日撫順炭鉱長久保孚より古宮正次郎宛「投降兵(匪)ノ就労状況調査ニ関スル件回答」撫総庶文15第9号4ノ50(撫順炭鉱鉱務局档案館蔵、以下撫鉱蔵)

1941年4月14日新京支社次長より鉄道総局文書課長、撫順炭鉱総務部長宛「入満労働者ニ対スル関東軍及北支軍間ノ申合セニ関スル件」撫総庶文01第14号6ノ1 (同上)

1941年8月16日天津地区労力委員会委員長雨宮巽より天津特別市市長温世珍宛「天津地

区労力統制委員会委員（幹事）委嘱ニ関スル件」天労委第22号（天津市档案館蔵）

1941年8月16日奉天防衛委員会委員長越生虎之助より関東軍参謀長吉本貞一宛「特殊工人入満ニ関スル件建議」撫総庶文01第14号6ノ39（撫鉱蔵）

1941年8月（何日不明）特務委員会委員長より各委員宛「特務委員会設置ニ関スル件」撫総庶文01第6号11ノ1（同上）

1941年8月25日撫順炭鉱特務委員会委員長より奉天特務委員会委員長宛「撫順炭鉱特務委員会設置ニ関スル件」撫総庶文10第6号11ノ3（同上）

1941年9月10日撫順炭鉱特務委員会委員長より満鉄特務委員会委員長宛「蛟河採炭所ニ於ケル保定特殊工人謀略被疑事件報告ノ件」撫総庶文01第6号11ノ10（同上）

1941年9月10日新民会徐水県総会事務局局長丁克強より新民会保定道弁事処長宛「大王店地区特別工作実施状況報告ノ件」撫総庶文01第6号11ノ16（同上）

1941年9月30日新民会中央総会長より満鉄撫順炭鉱長大垣研宛「特殊人ノ労働斡旋ニ関スル件」新民会中央総会公函第254号、新中組経第99号（同上）

1941年10月11日華北交通株式会社総裁宇佐美寛爾より満鉄撫順炭鉱長大垣研宛「満洲向工人ノ募集斡旋ニ関スル件」撫総庶文01第14号6ノ57（同上）

1941年10月［何日不明、18日受付印があり］特務委員会委員長より炭鉱長・撫順地区特務委員長宛「特殊労働者不穏動向ニ関スル件」撫総庶文01第6号8ノ24（同上）

1941年11月20日特務委員会委員長より各地区特務委員会委員長宛「不穏落書等一斉調査実施方ノ件」撫総庶文01第6号11ノ30（同上）

1941年11月24日日特務委員会委員長より地区特務委員会委員長宛「防諜上ノ事故速報励行方ノ件」撫総庶文01第6号11ノ28（同上）

1941年12月8日南部防衛司令官より炭鉱長宛「対米英宣戦ニ際シ防衛対策命令」撫総庶文01第6号11ノ34（同上）

1941年12月13日撫順炭鉱特務委員会委員長より中央特務委員会委員長宛「日米英開戦ニ伴フ当鉱ノ防諜対策其ノ他ニ関スル件」撫総庶文01第6号11ノ35（同上）

1942年1月10日撫順炭鉱特務委員会委員長より中央特務委員会委員長宛「年末年始ニ當リ警戒督励巡視ニ関スル件」撫総庶文01第6号11ノ42（同上）

1942年1月14日満鉄中央特務委員会委員長より各地区特務委員会委員長宛「謀略容疑事

件発生ノ件」撫総庶文01第6号11ノ44（同上）

1942年1月15日撫順地区特務委員会委員長より奉天中央特務委員会委員長宛「不穏落書等一斉調査実施報告ノ件」撫総庶文01第6号11ノ47（同上）

1942年1月22日撫順炭鉱総務局長太田雅夫より奉天陸軍特務機関長濱田平宛「特殊工人並国外緊急募集工人ニ関スル件」撫総庶文01第14号6ノ78（同上）

1942年1月23日撫順市長後藤英男より撫順炭鉱長宛「特種労働者状況調査ニ関スル件」撫総庶文01第14号6ノ82（同上）

1942年1月31日撫順炭鉱総務局庶務課長坂口遼より撫順市長後藤英男宛「特種労働者状況調査ニ関スル件」撫総庶文01第14号6ノ83（同上）

1942年3月27日満鉄労務代表佐々木雄哉より総裁室人事課長ほか宛「三月二十六日労務代表室ニ於テ華北労工協会益守斡旋科長ト懇談シタル事項」撫総庶文01第14号6ノ97（同上）

1942年4月6日「開発会社工人逃走ニ関スル件報告」通化憲兵隊、通憲高第135号（吉林省档案館蔵）

1942年4月27日労務課より炭鉱長宛「工人連座制度施行ニ関スル件」撫総労庶02第1号ノ1（撫鉱蔵）

1942年5月22日華北労工協会理事長殷同より華北労働者募集協定加入者会長宛「石門俘虜収容所工人供出ニ対スル謝金支出方ノ件」番号不明（同上）

1942年6月2日総務局労務課より炭鉱長宛「把頭制度一部改正ノ件」撫総労02第6号（同上）

1942年6月25日華北労働者募集協会加入者会長左枝當一より大使館、撫順炭鉱、東辺道開発、本渓湖煤鉄公司、昭和製鋼所宛「石門俘虜収容所工人供出ニ対スル謝金支出方ノ件」撫総庶文02第22号1ノ43（同上）

1942年7月17日華北労働者募集協定加入者会長左枝常一より満洲労務興国会、大使館、天津総領事館、済南、青島領事館、満洲重工業、撫順炭鉱、各事務所、各評議員宛「愛路村工人供出実施ニ関スル件」（番号不明）別紙添付「第三次工人供出実施要領」及びそれに対する同年8月（日不明）撫順炭鉱の返答「華北交通株式会社愛路村供出工人ニ関スル件」撫総労庶02第1号ノ23（同上）

1942年7月24日満洲労務興国会『鉱業部会第一回常任幹事会主要議事録』満洲労務興国会理事長梅野実より鉱山労務懇談会幹事長山本駒太郎宛「輔導工人取扱要領（案）」（別紙二）、「保護工人取扱要領（案）」（別紙三）、撫総庶文02第22号2ノ38（同上）

1943年5月29日「軍工事就労中ノ勤労報国隊員党與逃亡ニ関スル件」阿爾山独立憲兵分隊、阿憲高第81号Ⅰ（吉林省档案館蔵）

1943年5月6日満鉄撫順炭鉱長大垣研より中地区防衛隊長大石千里宛「輔導工人逃亡防止ニ関スル措置報告ノ件」付「輔導工人逃亡防止ニ関スル措置報告」撫総労03第4号（撫鉱蔵）

1943年7月13日関東軍司令官「関東軍特殊工人取扱規定制定ノ件達」関総参一発第9222号（吉林省档案館蔵）。

1943年8月31日労務課より総務局長・採炭局長宛「撫順炭鉱把頭給与内規一部改正ニ関スル件」撫総労03第20号（撫鉱蔵）

1943年7月22日撫順炭鉱労務課より炭鉱長・次長等宛「工人食糧箇所責任配給制度実施ニ関スル件」別紙「工人食糧箇所責任配給制度要項」撫総労03第15号（同上）

1943年11月20日総務局より炭鉱長宛「輔導工人隊長取扱内規制定ノ件」撫総労03第32号（同上）

1943年12月10日満鉄撫順炭鉱長宮本慎平より関東軍宛「輔導工人着鉱状況報告ノ件」附「特殊工人着鉱調」撫総庶文03第22号4ノ10（同上）

1944年2月22日労務課より炭鉱長・次長宛「国内供出工人及之ニ準ズル隊組織ヲ有スル工人ノ隊長取扱方ノ件」撫総労03第34号（同上）

〈中国語単行本〉

丁達『農村経済的崩壊』上海聯合書店、1930年

黄澤蒼『中国天災問題』商務印書館、1935年

東北糧食総局『東北農産統計』1949年

李文治編『中国近代農業史資料』第一輯、1840-1911、生活・読書・新知三聯書店、1957年

章有義編『中国近代農業史資料』第二輯、1912-1927、生活・読書・新知三聯書店、

1957年

梁方仲編著『中国歴代戸口、田地、田賦統計』上海人民出版社、1980年

姜念東ほか編『偽満洲国史』吉林人民出版社、1980年

来新夏編『北洋軍閥史稿』湖北人民出版社、1983年

馬千里ほか編著『中国鉄道建築編年簡史』1881-1981、中国鉄道出版社、1983年

田方ほか編『中国移民史略』知識出版社、1986年

黄宗智『華北的小農経済与社会変遷』中華書局、1986年

陳高傭ほか編『中国歴代天災人禍表』上・下、上海書店、1986年（1939年版の影印版）

金士宣ほか『中国鉄路発展史』1876-1949、中国鉄道出版社、1986年

解学詩主編『満鉄史資料』第4巻煤鉄篇第1～4分冊、中華書局、1987年

北京市档案館編『日偽在北京地区的五次強化治安運動』上・下、北京燕山出版社、1987年

章伯峰編『北洋軍閥　1912-1928』第五巻、武漢出版社、1989年

蘇崇民『満鉄史』中華書局、1990年

李聯誼『中国特殊工人史略』撫順鉱務局煤炭誌弁公室、1991年

中央档案館ほか編『東北経済掠奪』日本帝国主義侵華档案資料選編14、中華書局、1991年

劉宝辰編著『花岡暴動——中国"労工"在日本的抗日壮挙』人民出版社、1993年

石家庄市党史研究会『華北労工協会文献資料』1994年複製

中央档案館ほか編『偽満傀儡政権』日本帝国主義侵華档案資料選編3、中華書局、1994年

解学詩『偽満洲国史新編』人民出版社、1995年

蘇崇民ほか編『労工的血与涙』中国大百科全書出版社、1995年

何天義編『日軍槍刺下的中国労工』資料及研究叢書全4冊、新華出版社、1995年

中国抗日戦争史学会ほか編『日本対華北経済的掠奪和統制』北京出版社、1995年

郭素美ほか編『日軍暴行録』黒龍江分巻、東北淪陥十四年史叢書、中国大百科全書出版社、1995年

趙聆実編『日軍暴行録』吉林分巻、同上

傅波編『罪行　罪証　罪責』第1集、遼寧民族出版社、1995年
趙冬暉ほか編『苦難与闘争十四年』上・下巻、東北淪陥十四年史叢書、中国大百科全書出版社、1995年
居之芬ほか編『日本在華北経済統制掠奪史』天津古籍出版社、1997年
陳景彦『二戦期間在日中国労工問題研究』吉林人民出版社、1999年

〈中国語論文・雑誌〉
謝忠梁「中国歴代人口略記表（修訂稿）」『人口問題論叢』第3輯、四川大学学報叢刊哲学社会科学版、四川人民出版社、1979年
吉林省档案館「日本関東軍奴役、残害"特殊工人"的档案史料」東北淪陥十四年史編纂委員会『東北淪陥史研究』総第11期、東北淪陥史研究雑誌社、1999年2月

【著者略歴】

王　紅艶（オウ・コウエン）

中国河北省出身
1964年生まれ
最終学歴：一橋大学社会学研究科博士（社会学）
現職：立教大学異文化コミュニケーション学部助教
主要業績：

〈論文〉：1.「中国人遺骨送還運動と戦後中日関係」『一橋論叢』第119号
　　　　　　第2号、1998年
　　　　2.「『満州国』における特殊工人に関する一考察」（上）『中国
　　　　　　研究月報』613号、1999年
　　　　3.「『満州国』における特殊工人に関する一考察」（下）『中国
　　　　　　研究月報』614号、1999年
　　　　4.「戦後補償から見る日中関係——日本軍の性暴力被害者訴訟
　　　　　　を中心に」『立教大学ランゲージセンター紀要』20号、2008年
　　　　5.「中国人強制連行問題における日中民間人の交流」『立教大
　　　　　　学ランゲージセンター紀要』21号、2009年

〈著書〉：共著『話す中国語・読む中国語　你好！晴佳』Light版、朝日
　　　　　出版、2012年

「満洲国」労工の史的研究
―― 華北地区からの入満労工 ――

2015年8月10日　第1刷発行　　　　定価（本体6500円＋税）

　　　　　著　者　　王　　　紅　艶
　　　　　発行者　　栗　原　哲　也
　　　　　発行所　　株式会社 日本経済評論社
　　　　　〒101-0051　東京都千代田区神田神保町3-2
　　　　　電話　03-3230-1661　FAX　03-3265-2993
　　　　　info8188@nikkeihyo.co.jp
　　　　　URL：http://www.nikkeihyo.co.jp

装幀＊渡辺美知子　　　　　　　印刷＊文昇堂・製本＊誠製本

乱丁・落丁本はお取替えいたします。　　　　Printed in Japan
Ⓒ Wanghongyan 2015　　　　　　　ISBN978-4-8188-2385-3

・本書の複製権・翻訳権・上映権・譲渡権・公衆送信権（送信可能化権を含む）は、㈱
　日本経済評論社が保有します。
・JCOPY〈㈳出版者著作権管理機構　委託出版物〉
　本書の無断複写は著作権法上での例外を除き禁じられています。複写される場合は、
　そのつど事前に、㈳出版者著作権管理機構（電話03-3513-6969、FAX03-3513-6979、
　e-mail: info@jcopy.or.jp）の許諾を得てください。

満州企業史研究

鈴木邦夫編著
オンデマンド版
A5判 一八〇〇〇円

敗戦までに、日本の対満州投資活動で六〇〇〇件を超える企業が出現した。その全体像を日露戦争前に遡って経済政策や資本系列を踏まえた企業史的アプローチにより解明。

南満洲鉄道会社の研究

岡部牧夫編
オンデマンド版
A5判 一八〇〇〇円

植民地経営体満鉄の活動を、大豆の商品化と国際競争、戦時下港湾経営の実相、企業投資の性質や業態、中央試験所の技術開発、後期調査機関の制度と実践などを軸に実証する。

日本植民地鉄道史論

―台湾、朝鮮、満州、華北、華中鉄道の経営史的研究―

高橋泰隆著
A5判 八五〇〇円

台湾鉄道、朝鮮鉄道、そして満鉄に代表される中国東北部の鉄道が日本の進出によってどのように形成されていったか。またその経営はどのように為されていたか。

近代東アジアの経済倫理とその実践

―渋沢栄一と張謇を中心に―

陶徳民・姜克實・見城悌治・桐原健真編
A5判 三八〇〇円

同時代の東アジア空間を生きた渋沢栄一と張謇に焦点を当てつつ、日中両国でいかに経済倫理が認識され、また公益思想が展開していったのか、その異同を考察する。

東アジアにおける公益思想の変容

―近世から近代へ―

陶徳民・姜克實・見城悌治・桐原健真編
A5判 三八〇〇円

儒学をはじめとする東アジアの伝統思想が有した公益意識の実像を明らかにし、これが近代的公益事業の形成に果たした歴史的役割を、日中の企業家・教育家を中心に考察する。

（価格は税抜）　日本経済評論社